Référence
BUREAUTIQUE

Microsoft®

OUTLOOK
2016

ISBN : 978-2-7460-9824-4
Imprimé en France

Editions ENI

Rue Benjamin Franklin
44800 St HERBLAIN
Tél. 02.51.80.15.15
Fax 02.51.80.15.16

e-mail : editions@ediENI.com
http://www.editions-eni.com

Collection **Référence Bureautique** dirigée par Corinne HERVO

Avant-propos

Cet ouvrage est destiné à tout utilisateur du logiciel de messagerie **Microsoft Outlook 2016**. Le serveur de messagerie utilisé est **Microsoft Exchange Server** mais, si vous faites partie d'un réseau dont le serveur est d'une version antérieure à 2010, ou si vous utilisez Outlook en tant que particulier (sans faire partie d'un réseau d'entreprise), vous pourrez suivre sans problème les explications fournies : nous avons précisé lorsque cela était nécessaire, les fonctions nécessitant un serveur de messagerie et, plus particulièrement, les versions 2010 ou supérieures de Microsoft Exchange.

Il a été conçu pour vous permettre de retrouver rapidement les options à activer et les manipulations à effectuer pour réaliser telle ou telle opération.

Les dessins d'écrans proposés tout au long de ces pages permettent d'expliciter la manœuvre en cours en affichant la boîte de dialogue correspondant à la commande ou en proposant un exemple précis.

Cet ouvrage est composé de six parties.

Vous trouverez en **annexe** la liste des principaux raccourcis-clavier, les symboles Outlook.

De plus, les dernières pages de cet ouvrage présentent un **index thématique** qui sera fort utile pour retrouver rapidement les manipulations correspondant à tel ou tel thème.

Conventions typographiques

Pour que l'utilisateur puisse plus facilement retrouver et interpréter les informations qui l'intéressent, nous avons adopté les conventions typographiques suivantes.

Ces styles de caractère sont utilisés pour :

gras indiquer une option du menu ou d'une boîte de dialogue à activer.

Italique un commentaire introduisant la manipulation ou explicitant les modifications visibles sur votre écran.

Ctrl symboliser les touches du clavier sur lesquelles vous devez appuyer ; lorsque deux touches sont placées l'une à côté de l'autre, vous devez appuyer simultanément sur les deux touches.

Les symboles suivants introduisent :

la manipulation à exécuter (activer une option, cliquer avec la souris...).

une remarque d'ordre général sur la commande en cours.

une astuce à connaître et à retenir !

Table des matières

Microsoft Outlook 2016

Environnement

La messagerie

Envoi d'un message

Table des matières

Réception d'un message

Contenu d'un message

Messagerie : configuration

Flux RSS

Le Calendrier

Calendrier : généralités

Éléments du Calendrier

Table des matières

Réunions

Impression du Calendrier

Calendrier : configuration

Partage et groupes de calendriers

Les autres dossiers

Outlook Aujourd'hui

Contacts

Table des matières

Les éléments

Gestion des éléments

Catégories d'éléments

Archivage

Configuration d'Outlook

Affichage

Raccourcis

Dossiers

Table des matières

Qu'est-ce que Microsoft Outlook ?

Microsoft Outlook permet de gérer des informations personnelles et professionnelles telles que des messages électroniques, des rendez-vous, des réunions, des contacts, des tâches, des fichiers et d'assurer le suivi des activités.

Il permet également de partager des informations avec un groupe à l'aide de la messagerie électronique, de la planification de groupe, des dossiers publics...

Il permet de se connecter et de partager des informations par réseau ou sur Internet.

Lancer/quitter Outlook 2016

Lancer Outlook

- À partir de l'interface Windows 10, ouvrez le menu **Démarrer** et cliquez sur **Outlook 2016** si l'option est visible dans le volet gauche ou si la vignette est visible dans le volet droit, dans le cas contraire, cliquez sur l'option **Toutes les applications** visible en bas du volet gauche puis cliquez sur l'application **Outlook 2016**.

  *Vous pouvez également saisir **Outlook** dans la zone de recherche de la barre des tâches et cliquer sur l'application **Outlook** lorsqu'elle apparaît dans le volet de la recherche.*

  Si votre ordinateur est connecté à un réseau, il est possible que vous soyez invité à vous identifier.

- Si c'est votre cas, spécifiez vos informations de connexion puis validez par le bouton **OK**.
  L'application Microsoft Outlook s'ouvre.

Microsoft Outlook 2016

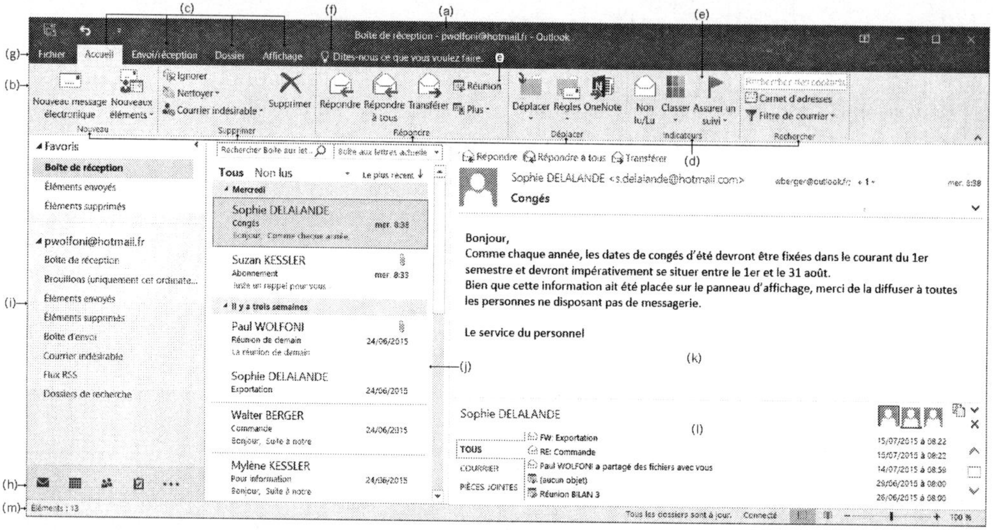

Selon les options d'affichage activées sur votre ordinateur, l'écran qui s'affiche lorsque vous lancez Outlook peut être légèrement différent de celui que vous visualisez ci-dessus.

La barre de titre (a) affiche, à gauche, la barre d'outils Accès rapide contenant l'outil **Envoyer/Recevoir tous les dossiers**, l'outil **Annuler**, qui permet d'annuler la dernière commande, et l'outil **Personnaliser la barre d'outils Accès rapide** permettant d'ajouter ou de supprimer des outils à la barre d'outils Accès rapide. Au centre apparaît le nom du dossier sélectionné (**Boîte de réception**, **Calendrier...**) suivi du nom du compte de messagerie (**pwolfoni@hotmail.fr**) puis du nom de l'application (**Outlook**).

À droite, vous visualisez l'outil permettant de choisir la façon dont le ruban doit s'afficher. À suivre, le bouton **Réduire** permet de réduire la fenêtre au minimum tout en conservant l'application active ; le bouton **Niveau inférieur** permet de réduire la fenêtre de manière à ce qu'elle occupe une partie de l'écran : dans ce cas, le bouton **Niveau inférieur** disparaît au profit du bouton **Agrandir** qui permet de retrouver le plein écran ; enfin, le bouton **Fermer** permet de quitter l'application.

Le **Ruban** (b) comporte la majorité des commandes de l'application. Ces commandes sont regroupées par tâches, chacune de ces tâches étant représentée par un **onglet** (c). Chaque onglet présente plusieurs **groupes de commandes** (d) dans lesquels vous visualisez plusieurs **boutons de commandes** (e) permettant de réaliser la plupart des manipulations. Certains des groupes présentent un **lanceur de boîte de dialogue** permettant d'afficher une boîte de dialogue donnant accès à des options supplémentaires.

La zone **En savoir plus** (f) appelée également **Aide intuitive**, permet de rechercher des fonctionnalités et de l'aide sur Outlook. Selon les mots-clés saisis dans la zone, les suggestions proposées qui s'affichent permettent d'exécuter la commande concernée sans que l'utilisateur ait besoin de la rechercher (cf. Utiliser l'Aide intuitive de ce chapitre).

L'onglet **Fichier** (g) donne accès aux fonctionnalités de base de l'application (enregistrer, ouvrir, imprimer...) mais aussi à d'autres fonctionnalités comme celles permettant de paramétrer vos comptes de messagerie ou encore de modifier les options de l'application Outlook.

La **Barre de navigation** (h) permet de basculer d'un affichage à un autre : **Courrier** (messages) , **Calendrier** , **Contacts** et **Tâches** .

Le **Volet des dossiers** (i) contient les dossiers des éléments que vous avez choisi d'afficher (Courrier, Calendrier, Contacts, Tâches...). Son contenu change en fonction de l'affichage actif.

La **fenêtre du dossier** actif (j) affiche les éléments contenus dans celui-ci.

Le **Volet de lecture** (k) permet de lire un élément, notamment un message, sans l'ouvrir. Pour afficher, masquer ou modifier la position de ce volet dans la fenêtre d'Outlook, cliquez sur l'onglet **Affichage** puis sur le bouton **Volet de lecture** du groupe **Disposition**.

Le volet **Contacts** (l) affiche les informations relatives à la personne associée à l'élément sélectionné (messages électroniques, réunions, pièces jointes...).

La **barre d'état** (m) contient des informations sur l'affichage en cours ainsi que sur l'environnement d'Outlook. Pour personnaliser la barre d'état, faites un clic droit dessus puis cliquez sur les options souhaitées pour les activer ou les désactiver.

Il est possible que l'icône d'Outlook ait été ajoutée (« épinglée ») à la barre des tâches du Bureau. Dans ce cas, un clic sur l'icône permet de lancer l'application.

Quitter Outlook

- Pour quitter Outlook, cliquez sur l'onglet **Fichier** puis sur l'option **Quitter** ou cliquez sur l'outil ✕ de la fenêtre Outlook ou utilisez le raccourci Alt F4.

Le volet des dossiers

- Pour réduire le volet des dossiers, utilisez une des méthodes suivantes :
  - Cliquez sur l'outil ‹ visible dans l'angle supérieur droit du volet des dossiers.
  - Dans l'onglet **Affichage**, cliquez sur le bouton **Volet des dossiers** du groupe **Disposition** puis cliquez sur l'option **Réduit**.
  - Pointez le bord droit du volet des dossiers puis faites un double clic lorsque le pointeur de la souris se transforme en ✥.
- Pour développer le volet des dossiers, utilisez une des méthodes suivantes :
  - Cliquez sur l'outil › visible dans la partie supérieure du volet des dossiers puis sur l'outil ⊣ pour l'ancrer.
  - Dans l'onglet **Affichage**, cliquez sur le bouton **Volet des dossiers** du groupe **Disposition** puis cliquez sur l'option **Normal**.
  - Pointez le bord droit du volet des dossiers réduit puis faites un double clic lorsque le pointeur de la souris se transforme en ✥.
- Pour afficher la liste des dossiers lorsque le volet des dossiers est réduit, cliquez sur l'outil ›.

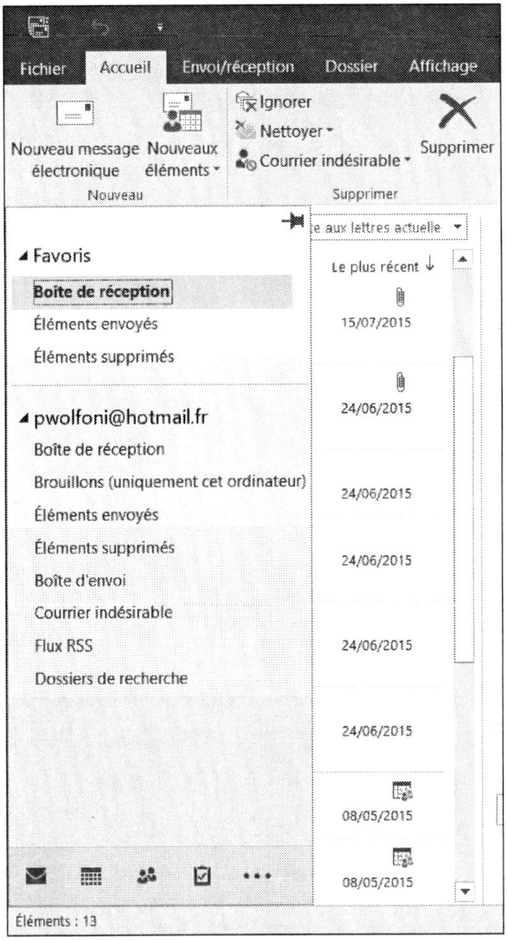

Il vous suffit ensuite de cliquer sur le nom du dossier pour lequel vous souhaitez afficher le contenu. Une fois le dossier sélectionné, la liste des dossiers n'est plus visible et le volet des dossiers est toujours réduit.

Pour les dossiers **Courrier**, le volet des dossiers est divisé en deux sections. Pour masquer le contenu d'une section, cliquez sur le bouton ◢ ; un clic sur le bouton ▷ permet d'afficher de nouveau le contenu de la section.

- Pour masquer le volet des dossiers, dans l'onglet **Affichage**, cliquez sur le bouton **Volet des dossiers** du groupe **Disposition** puis cliquez sur l'option **Inactif** ou utilisez une ou deux fois le raccourci-clavier Alt F1 selon que le volet des dossiers est réduit ou développé ; le raccourci-clavier Alt F1 permet d'afficher de nouveau le volet des dossiers.

- À l'ouverture d'Outlook, le volet des dossiers apparaît tel qu'il était à la fermeture de l'application (réduit, développé ou masqué).

Utiliser la barre de navigation

Dans la version 2016 d'Outlook, vous visualisez par défaut la barre de navigation compactée composée de boutons qui permettent de basculer rapidement d'un affichage à un autre (Courrier, Calendrier, Contacts, Tâches...). Vous pouvez choisir d'afficher les libellés à la place des boutons comme dans la version précédente d'Outlook.

- Pour activer un affichage, cliquez sur le bouton correspondant dans la barre de navigation : **Courrier**, **Calendrier**, **Contacts** et **Tâches**.
Par défaut, les affichages **Notes** et **Dossiers** ne sont pas visibles dans le volet de navigation, aussi, pour afficher les notes ou la liste des dossiers, cliquez sur le bouton ••• situé à droite des boutons puis cliquez sur l'option **Notes** ou **Dossiers**.

Le contenu du volet des dossiers change en fonction de l'affichage choisi.

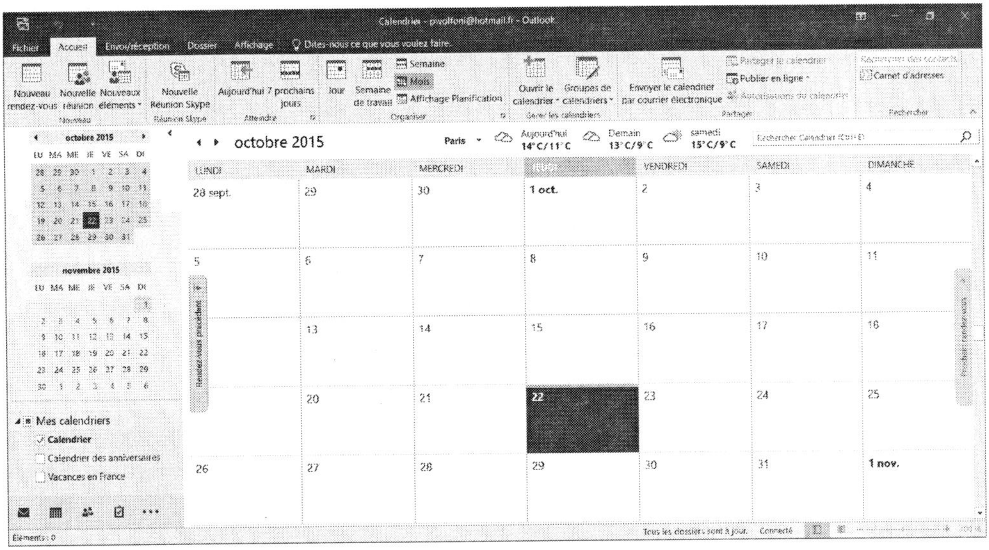

Sur l'exemple présenté ci-dessus, le Calendrier est sélectionné ; le bouton ***Calendrier***

 *s'affiche en bleu sur la barre de navigation.*

Selon l'affichage choisi, vous pouvez visualisez les dossiers suivants dans le volet des dossiers :

Outlook Aujourd'hui	Contient un aperçu de la journée : votre calendrier, la liste des tâches ou l'état de vos messages. Ce dossier s'affiche lorsque vous cliquez sur le nom de votre compte de messagerie visible dans la liste des dossiers Courrier.
Boîte de réception	Contient les messages que vous avez reçus.
Brouillons	Permet de conserver les messages enregistrés (ces messages pourront être modifiés et transmis ultérieurement).
Éléments envoyés	Stocke les messages envoyés uniquement si l'option **Enregistrer une copie des messages dans Éléments envoyés** de la boîte de dialogue **Options Outlook** (onglet **Fichier - Options** - catégorie **Courrier** - zone **Enregistrer les messages**) est active.
Éléments supprimés	Contient tous les éléments que vous avez supprimés dans les autres dossiers.

Boîte d'envoi	Contient la liste des messages en attente d'être envoyés.
Courrier indésirable	Contient les messages interceptés par le filtre de courrier indésirable.
Flux RSS	Contient les éléments de flux RSS (cf. chapitre Flux RSS).
Dossiers de recherche	Contient des dossiers virtuels contenant des éléments de courrier répondant à des critères de recherche. Par exemple, vous pouvez créer un dossier de recherche contenant les messages d'un destinataire précis.
Calendrier (Ctrl **2**)	Contient vos rendez-vous, des événements, des réunions planifiées.
Contacts (Ctrl **3**)	Contient la liste des noms et des adresses des personnes avec lesquelles vous souhaitez communiquer.
Tâches (Ctrl **4**)	Contient toutes les tâches dont vous souhaitez assurer le suivi jusqu'à leur accomplissement.
Notes (Ctrl **5**)	Contient la liste des notes que vous avez écrites pour vous-même ou pour les autres.

- Pour gérer le contenu de la barre de navigation, cliquez sur le bouton ••• puis sur l'option **Options de navigation.**

  Spécifiez le nombre d'affichage à visualiser sur la barre de navigation dans la zone associée à l'option **Nombre maximal d'éléments visibles.**

  Pour modifier la position d'un affichage sur la barre de navigation, sélectionnez son nom dans la liste **Afficher dans cet ordre** puis cliquez sur le bouton **Monter** ou **Descendre.**

- Pour remplacer les boutons par leur libellé, décochez l'option **Navigation compacte.**

  *Le bouton **Réinitialiser** permet de retrouver la barre de navigation par défaut (contenu et disposition des affichages).*

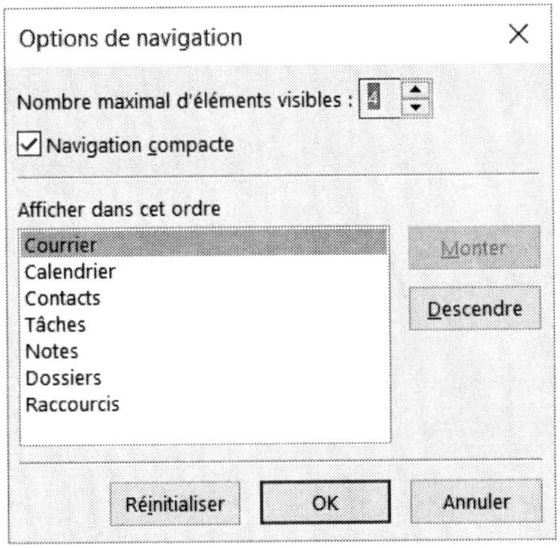

Validez vos choix en cliquant sur le bouton **OK**.

Le groupe **Favoris** est affiché par défaut dans le dossier **Courrier**. Si cela n'est pas votre cas, dans l'onglet **Affichage**, cliquez sur le bouton **Volet des dossiers** puis sur l'option **Favoris**.

Pour modifier la position d'un bouton (ou d'un libellé) dans la barre de navigation, vous pouvez directement faire glisser le bouton (ou le libellé) concerné à l'emplacement souhaité dans la barre de navigation.

La barre des tâches

Par défaut, la barre des tâches n'est pas visible dans la fenêtre de l'application Outlook. Vous pourrez choisir d'y afficher le calendrier du mois en cours ainsi que les rendez-vous, vos contacts favoris et/ou les tâches à venir.

Activez l'affichage dans lequel vous souhaitez visualiser la barre des tâches : **Courrier**, **Calendrier**, **Contacts**...

La barre des tâches sera affichée dans l'affichage actif uniquement, pas dans les autres affichages.

- Dans la barre de navigation, pointez le bouton (ou le libellé **Calendrier**) pour afficher le calendrier et les rendez-vous dans la barre des tâches ou pointez le bouton (ou le libellé **Contacts**) pour afficher les contacts favoris ou encore pointez le bouton (ou le libellé **Tâches**) pour afficher les tâches à venir.

Selon votre choix, vous visualisez un aperçu du calendrier, des contacts favoris ou des tâches à venir.

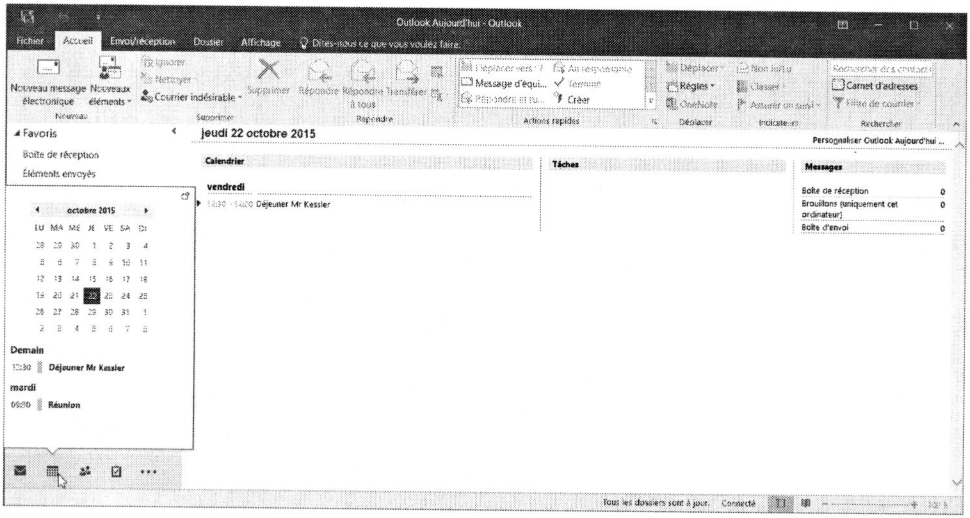

Sur l'exemple présenté ci-dessus, vous visualisez un aperçu du calendrier du mois actif ainsi que les rendez-vous du jour.

- Cliquez sur le bouton **Ancrer l'aperçu** pour afficher, selon le cas, l'aperçu du calendrier, des contacts favoris ou des tâches, dans la barre des tâches.

La barre des tâches s'affiche sur le côté droit de la fenêtre d'Outlook.

Un aperçu du calendrier, des tâches et des contacts favoris peuvent être affichés en même temps dans la barre des tâches.

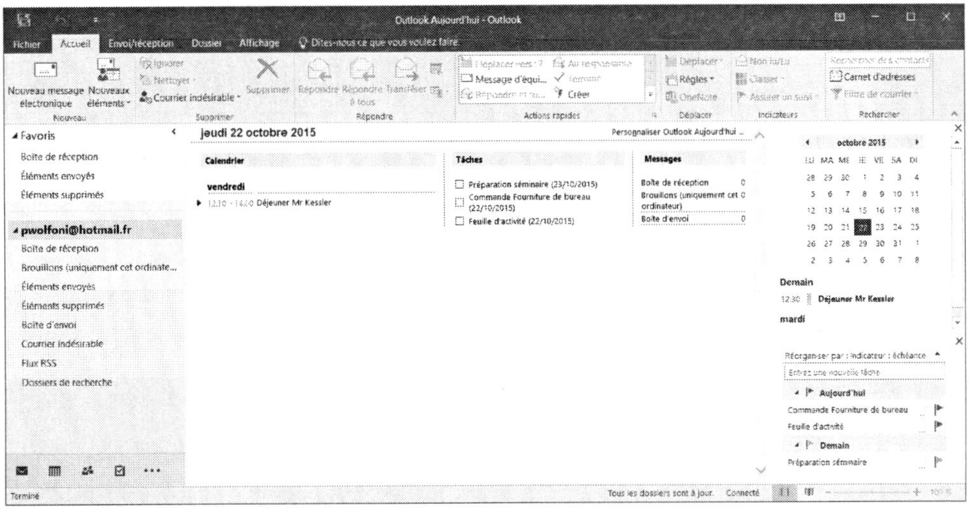

Sur l'exemple présenté ci-dessus, l'affichage ***Outlook Aujourd'hui*** *affiche la barre des tâches dans laquelle sont ancrés les aperçus du calendrier et des tâches à venir.*

- Si besoin, procédez ainsi pour afficher la barre des tâches dans un autre affichage.
- Pour modifier la largeur de la barre des tâches, pointez son bord gauche puis, lorsque le pointeur se transforme en flèche à deux pointes, faites glisser la barre vers la gauche pour agrandir la largeur de la barre ou vers la droite pour la réduire.
- Pour supprimer l'aperçu du calendrier, des tâches à venir ou des contacts favoris dans la barre des tâches, cliquez sur l'outil **Supprimer l'aperçu** correspondant.

  À la suppression du dernier aperçu, la barre des tâches disparaît.

Pour afficher la barre des tâches, après avoir activé l'affichage concerné, vous pouvez également cliquer sur l'onglet **Affichage** puis sur le bouton **Barre des tâches** du groupe **Disposition**. Il vous suffit ensuite de cliquer sur l'option **Calendrier**, **Contacts** ou **Tâches**, selon ce que vous souhaitez visualiser dans la barre des tâches. L'option **Inactif** du bouton **Barre des tâches** permet de masquer la barre des tâches.

À l'ouverture d'Outlook, la barre des tâches apparaît telle qu'elle était à la fermeture de l'application (affichée ou masquée).

Le volet de lecture

*Le volet de lecture permet de lire un élément, notamment un message, sans l'ouvrir. Certains dossiers, comme les dossiers **Courrier** et **Tâches**, affichent ce volet par défaut.*

- Pour afficher le **Volet de lecture**, dans l'onglet **Affichage**, cliquez sur le bouton **Volet de lecture** du groupe **Disposition** puis cliquez sur l'option **À droite** ou **En bas** selon l'endroit où vous souhaitez l'afficher.
- Pour modifier la valeur du zoom appliquée au volet de lecture, faites glisser le curseur de zoom situé à droite dans la barre d'état ou utilisez l'outil pour augmenter la valeur du zoom ou l'outil pour la diminuer.

*La valeur du zoom s'affiche à droite de l'outil ; un clic sur cette valeur ouvre la boîte de dialogue **Zoom** permettant de spécifier une valeur de zoom personnalisée.*

Par défaut, la valeur du zoom appliquée au volet de lecture est de 100 %.

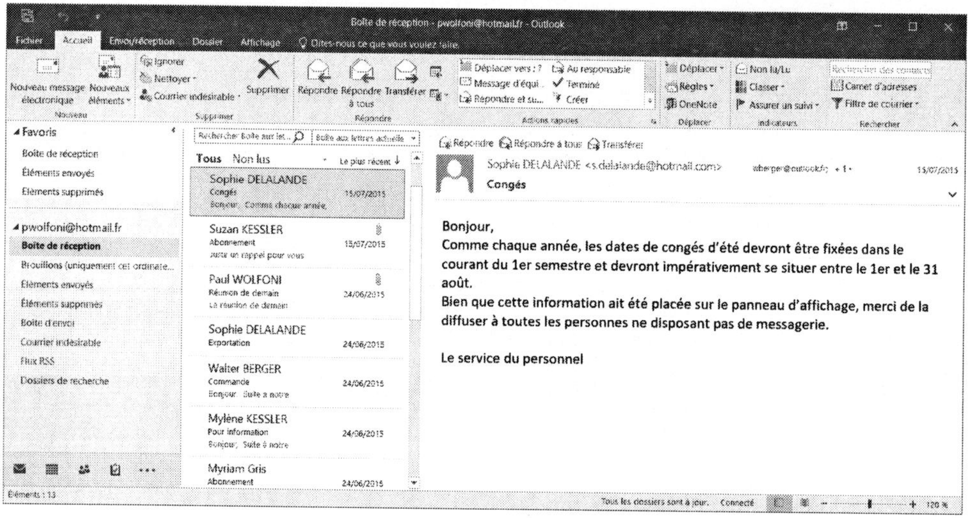

Sur l'écran ci-dessus, le volet de lecture est situé à droite et la valeur du zoom est de 120 %.

- Pour redimensionner le volet de lecture, pointez, selon sa position, le bord gauche ou le bord supérieur puis, lorsque le pointeur se transforme en une flèche à double pointe ⇹, faites glisser la bordure vers la gauche ou la droite ou vers le haut ou le bas.
- Pour masquer le volet de lecture, dans l'onglet **Affichage**, cliquez sur le bouton **Volet de lecture** du groupe **Disposition** puis cliquez sur l'option **Inactif**.

Le volet Contacts

*Le volet **Contacts** affiche les informations relatives à la personne associée à l'élément sélectionné dans le dossier Courrier. Parmi ces informations, vous pourrez afficher les messages électroniques, les réunions et les pièces jointes.*

- Cliquez sur le bouton (ou l'intitulé) **Courrier** dans la barre de navigation.
- Pour afficher, réduire ou désactiver le volet **Contacts**, dans l'onglet **Affichage**, cliquez sur le bouton **Volet contacts** du groupe **Volet contacts** puis, selon le cas, cliquez sur une des options suivantes :
  - **Normal** : affiche le volet Contacts dans la partie inférieure du volet de lecture.
  - **Réduit** : réduit la taille du volet Contacts à une seule ligne.
  - **Désactiver** : ferme le volet Contacts.

Lorsque le volet Contacts est affiché, vous pouvez cliquer sur le bouton ˅ situé dans le coin supérieur droit du volet pour réduire sa taille ; lorsque le volet apparaît réduit, vous pouvez cliquer sur ˄ pour le développer.

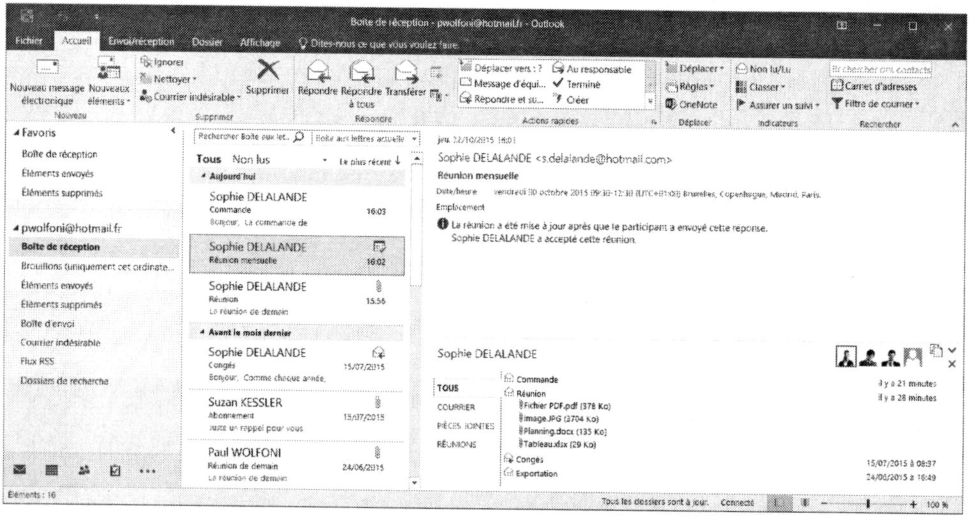

Sur l'exemple présenté ci-dessus, Sophie Delalande étant l'expéditeur du message sélectionné dans la Boîte de réception, tous les éléments la concernant apparaissent dans le volet Contacts. En plus de l'image réduite de Sophie Delalande, active dans la barre de titre du volet, vous visualisez également les images réduites des autres personnes auxquelles le message a été également envoyé.

- Pour modifier la hauteur du volet Contacts, pointez son bord supérieur puis, lorsque le pointeur se transforme en flèche à deux pointes ⇕, réalisez un cliqué-glissé vers le haut pour agrandir la hauteur du volet ou vers le bas pour la réduire.
- Pour modifier l'affichage du volet Contacts et ainsi visualiser uniquement les images des personnes, cliquez sur l'outil situé dans le coin supérieur droit du volet : l'outil est remplacé par l'outil .

Pour revenir à l'affichage des informations, cliquez sur l'outil .

- Pour afficher les informations relatives à une autre personne, cliquez sur son image.
- Pour modifier les informations à afficher dans le volet Contacts, cliquez sur l'onglet **TOUS, COURRIER, PIÈCES JOINTES** ou **RÉUNIONS.**

*L'onglet **TOUS** regroupe toutes les informations associées à la personne active.*

Si le volet Contacts est affiché, vous le visualisez également dans la partie inférieure de la fenêtre de création ou de modification des messages et des contacts.

Lorsque vous pointez l'image d'une personne dans le volet Contacts, vous visualisez son nom dans une petite fenêtre. Si cette personne fait partie de vos contacts, selon les informations disponibles sur celle-ci, vous visualisez également sa disponibilité, sa fonction et/ou le nom de sa société. Un clic sur l'outil de cette petite fenêtre permet d'afficher la carte du contact s'il existe. Si le contact n'existe pas, vous aurez la possibilité de le créer.

Utiliser/gérer le ruban

Le ruban regroupe la majorité des commandes de l'application.

- Pour afficher le contenu d'un onglet, cliquez sur l'onglet correspondant : le nom de l'onglet actif apparaît en bleu.

Chaque onglet est divisé en plusieurs groupes.

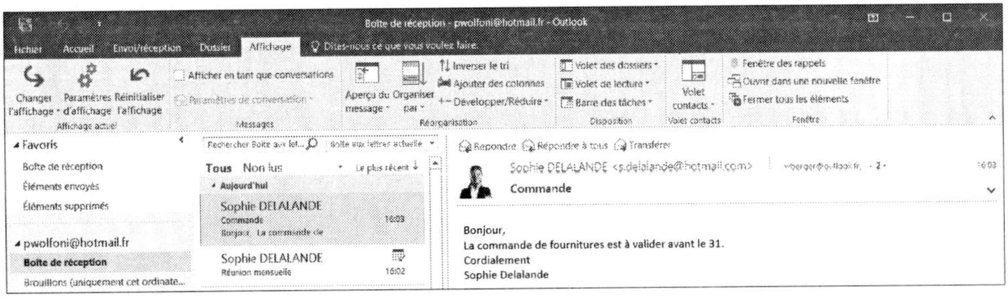

*Sous l'onglet **Affichage**, vous visualisez les commandes relatives à l'affichage des dossiers dans six groupes : **Affichage actuel**, **Messages**, **Réorganisation**, **Disposition**, **Volet contacts** et **Fenêtre**.*

- Pour afficher le texte descriptif d'une commande, pointez l'icône ou le bouton pour lequel vous souhaitez afficher le descriptif.

  Par défaut, le texte explicatif lié à la commande pointée s'affiche dans une info-bulle (cf. remarque).

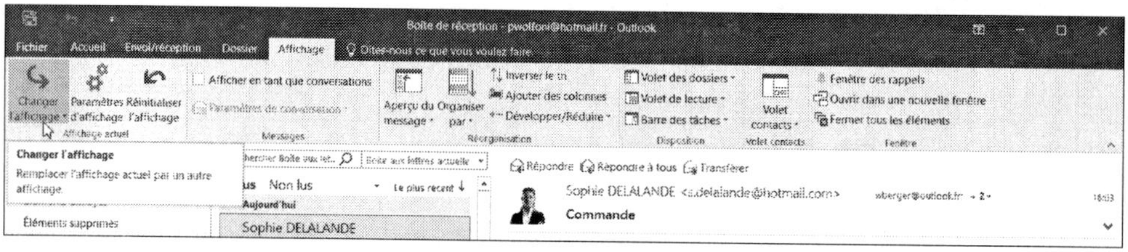

- Pour faire disparaître l'info-bulle, déplacez la souris en dehors du ruban.
- Pour réduire temporairement le ruban afin de disposer de plus d'espace à l'écran, faites un double clic sur un onglet ou utilisez le raccourci-clavier Ctrl F1 ou encore, cliquez sur l'outil **Réduire le ruban** situé en bas à droite du ruban ; vous pouvez aussi cliquer sur l'outil situé dans le coin supérieur de la fenêtre puis choisir l'option **Afficher les onglets.**

  Seuls les onglets restent visibles à l'écran permettant ainsi d'augmenter la taille de la fenêtre d'Outlook. Lorsque vous cliquez sur un onglet, le symbole s'affiche en bas à droite du ruban et permet d'afficher de nouveau le ruban en permanence.

  Un double clic sur un onglet ou le raccourci-clavier Ctrl F1 permet d'afficher de nouveau le ruban en permanence ; vous pouvez aussi cliquer sur l'outil puis choisir l'option **Afficher les onglets et commandes.**
- Pour masquer automatiquement le ruban, cliquez sur l'outil situé dans le coin supérieur droit de la fenêtre puis choisissez l'option **Masquer automatiquement le ruban.**

Le ruban est masqué et trois points, signifiant que le ruban est masqué, sont désormais visibles dans le coin supérieur droit de la fenêtre.

Pour afficher le ruban provisoirement, cliquez n'importe où dans la barre contenant les trois points située en haut de la fenêtre.

Le ruban disparaît de nouveau automatiquement lorsque la commande choisie dans le ruban ouvre une boîte de dialogue ou un volet, ou lorsque vous cliquez dans la fenêtre Outlook.

Pour afficher de nouveau le ruban en permanence, cliquez sur l'outil puis choisissez l'option **Afficher les onglets et commandes.**

- Pour afficher la boîte de dialogue associée à un groupe, cliquez sur l'outil (appelé **Lanceur de boîte de dialogue**) visible dans la partie inférieure droite du groupe de commandes concerné.

- Pour activer une commande à l'aide du clavier, appuyez sur la touche Alt : les raccourcis des onglets sont désormais visibles sous chacun d'eux.

Appuyez sur le raccourci-clavier correspondant à l'onglet à activer.

Un raccourci est désormais associé à chaque commande de l'onglet actif.

Continuez à utiliser les raccourcis-clavier proposés afin d'exécuter la commande souhaitée.

Les raccourcis-clavier sont masqués automatiquement après exécution d'une commande. Cependant, si finalement aucune commande ne doit être exécutée, appuyez sur la touche Alt pour les masquer.

Selon la résolution de votre écran, les options du ruban peuvent être présentées différemment. Par exemple, les options d'un groupe peuvent être regroupées dans un bouton ou encore, le libellé d'un bouton peut ne pas être visible.

Pour choisir de ne pas afficher les info-bulles ou de n'afficher que le nom de la commande sans son descriptif, dans l'onglet **Fichier**, cliquez sur **Options** puis sélectionnez la catégorie **Général**. Choisissez ensuite l'option souhaitée dans la liste **Style d'info-bulle.**

Modifier l'affichage d'un dossier

Qu'est-ce qu'un affichage ?

Les **affichages** permettent de présenter de diverses façons et sous différents formats les informations contenues dans chaque dossier.

Chaque dossier possède ses propres affichages.

Ces différents affichages peuvent être regroupés en cinq grands types :

Table	Présente les éléments en tableau. Par défaut, les dossiers **Courrier** et le dossier **Tâches** sont présentés avec un affichage Table. Ce type d'affichage est disponible pour tous les dossiers.
Jour/Semaine/Mois	Est disponible par défaut dans le dossier Calendrier.
Carte/Carte de visite	Se retrouve principalement dans le dossier Contacts.
Icône	Est présenté par défaut dans le dossier Notes.

Changer l'affichage d'un dossier

Les affichages permettent de présenter de différentes façons les éléments contenus dans les dossiers.

- Sélectionnez le dossier pour lequel vous souhaitez changer l'affichage.
- Dans l'onglet **Affichage**, cliquez sur le bouton **Changer l'affichage** du groupe **Affichage actuel**.
- Cliquez sur l'option correspondant à l'affichage à activer.

  Les affichages disponibles dépendent du dossier actif.

Il est possible de personnaliser les affichages standard ou d'en créer de nouveaux (cf. chapitre Affichage - Créer un nouvel affichage).

Afficher la liste des dossiers

*La **liste des dossiers** permet de visualiser les dossiers d'Outlook sous forme d'arborescence ; elle donne aussi accès aux dossiers publics.*

- Pour afficher la liste des dossiers dans le volet des dossiers, cliquez sur l'outil ••• visible dans la barre de navigation puis cliquez sur l'option **Dossiers** ou cliquez sur l'affichage **Dossiers** si celui-ci est visible sur la barre de navigation ou utilisez le raccourci-clavier Ctrl **6**.

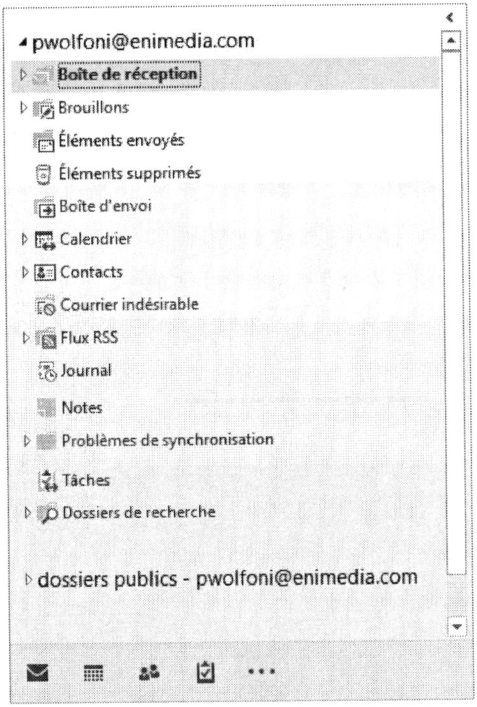

Outlook liste tous les dossiers qu'il a recensés. Les dossiers précédés du symbole ▷ sont des dossiers qui possèdent des sous-dossiers.

Lorsqu'un dossier est suivi d'un nombre, celui-ci indique le nombre d'éléments non lus qu'il contient.

- Cliquez éventuellement sur le symbole ▷ qui précède un dossier afin de visualiser les dossiers qu'il contient ; un clic sur le symbole ◢ permet de masquer les dossiers.
- Cliquez sur le nom du dossier pour lequel vous souhaitez visualiser le contenu.

Utiliser l'Aide intuitive

*Intégrée à toutes les applications Office 2016, l'Aide intuitive est un assistant de recherche, nommé **Tell Me**, matérialisé par une zone de recherche visible à droite de la barre d'onglets du ruban. Selon les mots-clés saisis, les suggestions proposées qui s'affichent permettent d'exécuter la commande concernée sans que l'utilisateur ait besoin de rechercher la commande pour l'exécuter.*

- Activez la zone de recherche **Dites-nous ce que vous voulez faire.**

La liste qui s'affiche propose les recherches récentes et des suggestions :

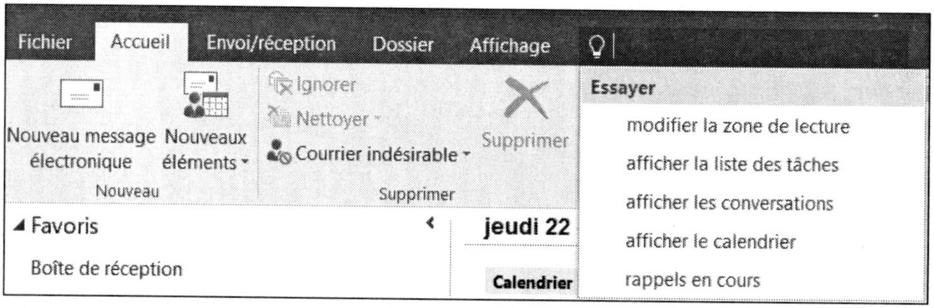

- Saisissez le(s) mot(s)-clé(s) de la commande recherchée.

*Des commandes associées au(x) mot(s)-clé(s) saisi(s) sont proposées dans la liste ; la dernière option **Obtenir de l'aide sur** permet d'accéder à l'aide classique d'Outlook :*

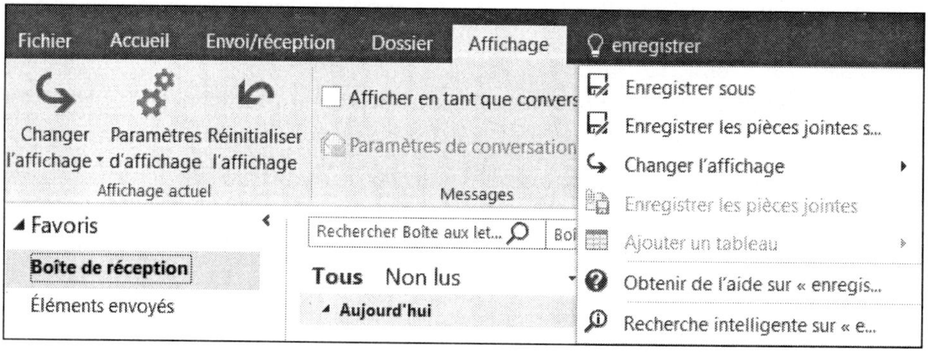

Parmi les suggestions proposées, sélectionnez la commande que vous souhaitez exécuter.

Pour simplement consulter l'aide associée au(x) mot(s)-clé(s) saisi(s), choisissez l'option **Obtenir de l'aide sur.**

Pour rechercher l'information sur le Web (à l'aide du moteur Bing), choisissez l'option **Découvrez la signification.**

*Si vous avez choisi cette dernière option, le volet **Insights**, qui s'affiche à droite de l'écran, vous fournit les informations demandées ; le lien **Définir** permet de consulter la définition du ou des mots-clés saisis :*

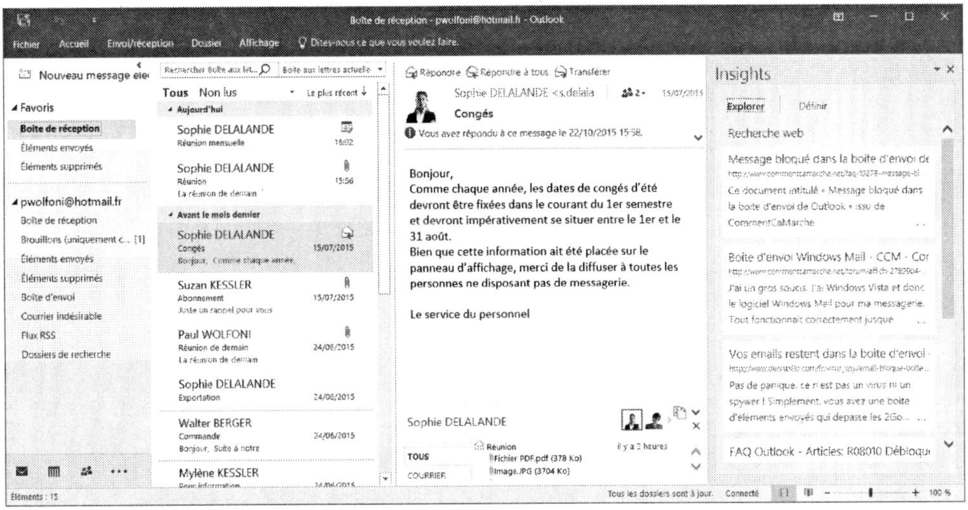

*Si l'information recherchée se trouve dans un message, vous pouvez, après avoir sélectionné le texte, cliquer avec le bouton droit de la souris sur la sélection et choisir l'option **Recherche intelligente** pour afficher le résultat de la recherche dans le volet **Insight**.*

L'outil **Aide** n'est plus visible dans la barre de titre de l'application, vous pouvez néanmoins y accéder en utilisant la touche F1.

Qu'est-ce que la messagerie ?

La messagerie est destinée à l'envoi et à la réception du courrier électronique.

Six dossiers peuvent contenir des messages : les dossiers **Boîte de réception**, **Brouillons**, **Boîte d'envoi**, **Éléments envoyés**, **Éléments supprimés** et **Courrier indésirable**.

- Pour accéder à l'un de ces dossiers, cliquez sur **Courrier** situé dans la barre de navigation (ou Ctrl **1**) puis cliquez sur le bouton correspondant au dossier à sélectionner visible dans le volet des dossiers.

Outlook utilise un éditeur de messagerie électronique basé sur Microsoft Word 2016 vous permettant ainsi de disposer de nombreuses fonctionnalités et commandes de Word 2016. Cet éditeur est intégré à Outlook et ne nécessite pas que l'application Microsoft Word 2016 soit installée sur votre ordinateur.

Modifier l'affichage d'un dossier de messages

- Sélectionnez le dossier de messages dont vous souhaitez changer l'affichage.
- Cliquez sur l'onglet **Affichage** puis sur le bouton **Changer l'affichage** du groupe **Affichage actuel**.
- Cliquez sur le bouton correspondant à l'affichage à activer :

Compacter Pour visualiser les messages dans une liste dans laquelle les informations des messages (objets, expéditeurs ou destinataires...) s'affichent sur deux lignes d'en-tête suivies d'une ligne d'aperçu du texte du message. Les messages sont organisés par date et le volet de lecture est visible à droite de la liste.

Unique Pour visualiser les messages dans une liste dans laquelle les informations des messages (objets, expéditeurs ou destinataires...) s'affichent sur une seule ligne d'en-tête suivie d'une ligne d'aperçu du texte du message. Les messages sont organisés par date et le volet de lecture est visible à droite de la liste.

Aperçu Pour visualiser les messages dans une liste affichant une ligne d'aperçu du texte des messages. Les messages sont organisés par date, leurs informations (objets, expéditeurs ou destinataires...) s'affichent sur une seule ligne d'en-tête et le volet de lecture est masqué.

Envoyé à Pour visualiser les messages dans une liste comportant les noms des destinataires du message et non ceux des expéditeurs. Les messages sont organisés par date, leurs informations (objets, expéditeurs, destinataires...) s'affichent sur deux lignes d'en-tête suivies d'une ligne d'aperçu du texte du message et le volet de lecture est visible à droite de la liste.

L'option **Appliquer l'affichage actuel aux autres dossiers de courrier** du bouton **Changer l'affichage** (onglet **Affichage**) permet d'appliquer les paramètres d'affichage du dossier actif à un autre dossier de courrier.

Pour rétablir les paramètres d'origine d'un affichage, sélectionnez le dossier de messages concerné puis, dans l'onglet **Affichage**, cliquez sur le bouton **Réinitialiser l'affichage** du groupe **Affichage actuel**. Cliquez ensuite sur le bouton **Oui** du message de confirmation qui s'affiche. Si le bouton **Réinitialiser l'affichage** est grisé, cela signifie que les paramètres d'origine de l'affichage n'ont pas été modifiés.

Modifier la disposition du contenu d'un dossier de messages

Une disposition est une combinaison prédéfinie d'un regroupement et d'un ordre de tri. Par défaut, l'application Outlook possède quatorze dispositions standards, disponibles pour le type d'affichage ***Table****.*

- Activez le dossier pour lequel vous souhaitez modifier la disposition ; nous vous rappelons que ce dossier doit bénéficier d'un type d'affichage tableau.
- Concernant certaines dispositions, les éléments ne peuvent être regroupés que si l'option **Afficher dans des groupes** est active : cliquez sur le bouton **Organiser par** de l'onglet **Affichage** puis veillez à ce qu'une coche apparaisse à gauche de l'option **Afficher dans des groupes**.
- Cliquez sur l'onglet **Affichage** puis sur le bouton **Autres** du groupe **Réorganisation** pour ouvrir la galerie contenant les dispositions disponibles.

Si la largeur de votre fenêtre Outlook n'est pas suffisamment large, la galerie contenant les dispositions est remplacée par le bouton ***Organiser par****.*

- Cliquez sur l'option correspondant à la disposition souhaitée pour le dossier en cours :

Date (conversation) Regroupe les éléments par date et les organise par conversation.

Date Regroupe et trie les éléments par date.

De	Regroupe les éléments par expéditeur puis les trie par date.
À	Regroupe les éléments en fonction du ou des noms des destinataires visibles dans la ligne **À** puis les trie par date.
Catégories	Regroupe les éléments par catégorie puis les trie par date.
Indicateur : date de début	Regroupe les éléments contenant un indicateur puis les trie par ordre croissant des dates de début.
Indicateur : échéance	Regroupe les éléments contenant un indicateur puis les trie par ordre croissant des dates d'échéance.
Taille	Regroupe les éléments selon plusieurs catégories de taille (**Énorme**, **Grande**, **Moyenne**, **Petite**...) puis les trie selon leur taille.
Objet	Regroupe les éléments par objet puis les trie par date.
Type	Regroupe les éléments par type (messages, demande de réunion, demande de tâche...) puis les trie par date.
Dossier	Regroupe les éléments par ordre alphabétique des noms de dossier où ils sont stockés puis les trie par date de réception. Cette disposition est disponible pour les dossiers de recherche.
Pièces jointes	Rassemble les éléments dans les groupes **Avec pièces jointes** et **Aucune pièce jointe** puis les trie par date.
Compte	Regroupe les éléments par compte de messagerie puis les trie par date.
Importance	Regroupe les messages par niveau d'importance (faible, normale ou haute) puis les trie par date.

Pour retrouver l'affichage par défaut du dossier sélectionné, dans l'onglet **Affichage**, cliquez sur le bouton **Réinitialiser l'affichage** du groupe **Affichage actuel**.

Pour appliquer une nouvelle disposition à un dossier auquel l'affichage **Compacter** est actif, vous pouvez aussi cliquer sur l'en-tête de colonne **Par : nom de la disposition** (par exemple **Par date**, **Par catégorie**...) puis sur l'option correspondant à la disposition de votre choix.

Utiliser l'affichage Conversation

*Vous pouvez organiser les messages des dossiers **Courrier** d'Outlook par conversation. Une conversation regroupe les messages liés entre eux au même message d'origine et dont l'objet est identique, vous permettant ainsi d'améliorer le suivi et la gestion de vos messages.*

- Sélectionnez le dossier **Courrier** concerné (**Boîte de réception**, **Éléments envoyés**, **Brouillons**...).
- Pour activer l'affichage Conversation, cliquez sur l'onglet **Affichage** puis cochez l'option **Afficher en tant que conversations** du groupe **Messages**.

  Cliquez ensuite sur le bouton **Toutes les boîtes aux lettres** du message qui s'affiche pour que cette activation s'applique à tous les dossiers **Courrier** ; si seuls les messages du dossier actif doivent être organisés par conversation, cliquez sur le bouton **Ce dossier**.
- Pour ouvrir une conversation, cliquez sur le symbole ▷ situé à gauche de l'en-tête.

  Tous les messages de la conversation sont désormais visibles, classés du plus récent ou plus ancien.

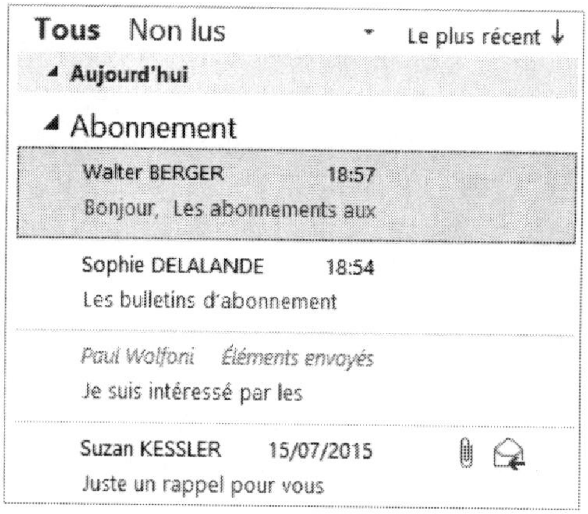

*Vous pouvez remarquer que les messages provenant des autres dossiers s'affichent en gris. C'est le cas ici d'un message de la conversation **Abonnement** qui fait partie du dossier **Éléments envoyés** et non du dossier **Boîte de réception** qui est le dossier actif.*

- Pour sélectionner un message de la conversation et ainsi visualiser son contenu dans le volet de lecture, cliquez sur ce message.

- Pour réduire l'affichage d'une conversation, cliquez sur le symbole ◢ situé à gauche de l'en-tête (objet) de la conversation concernée ou cliquez sur un message autre qu'un message de la conversation à réduire.
- Pour désactiver l'affichage Conversation, cliquez sur l'onglet **Affichage** puis décochez l'option **Afficher en tant que conversations** du groupe **Messages**.

  Choisissez si cette désactivation de l'affichage Conversation s'applique à tous les dossiers de Courrier ou uniquement au dossier actif en cliquant sur le bouton **Toutes les boîtes aux lettres** ou **Ce dossier**.

Si une conversation contient des messages non lus, l'objet de celle-ci apparaît en gras et le nombre de messages non lus s'affiche en regard de l'objet si celui-ci est supérieur ou égal à 2.

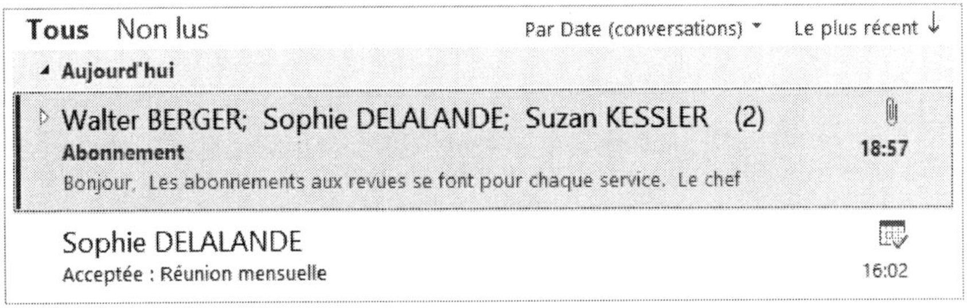

La position d'une conversation dans la liste des messages se fait par rapport au dernier message ajouté à celle-ci. Ainsi, lors de la réception d'un nouveau message, si celui-ci s'ajoute à une conversation alors, l'intégralité de cette conversation s'affiche en haut de la liste des messages.

Pour modifier les options d'affichage des messages dans les conversations, dans l'onglet **Affichage**, cliquez sur le bouton **Paramètres de conversation** du groupe **Messages** puis cochez les options correspondant aux paramètres à activer : vous pouvez choisir d'afficher les messages des autres dossiers dans les conversations (cette option est active par défaut), d'afficher les noms des expéditeurs au-dessus de l'objet lorsque la conversation est réduite, de développer une conversation par un simple clic sur son en-tête, et encore d'utiliser l'affichage mis en retrait classique. Pour plus de détails concernant la gestion de l'affichage Conversation, reportez-vous au titre Gérer l'affichage Conversation situé dans le chapitre Messagerie : configuration.

Créer et envoyer un message

- Sélectionnez un dossier de messages (Boîte de réception, Éléments envoyés...) puis, dans l'onglet **Accueil**, cliquez sur le bouton **Nouveau message électronique** du groupe **Nouveau**.

  Vous pouvez aussi utiliser le raccourci-clavier Ctrl ⇧ ***M*** *à partir de n'importe quel dossier Outlook.*

  La fenêtre du message s'affiche à l'écran.

- Si vous utilisez plusieurs comptes de messagerie, cliquez sur le bouton De ▾ et choisissez le compte que vous souhaitez utiliser pour la création de ce message.

  Pour plus d'informations sur les comptes de messagerie, reportez-vous au chapitre Comptes de messagerie.

- Spécifiez l'adresse du ou des destinataires du message en utilisant une des méthodes ci-dessous :

  - Dans la zone **À**, tapez l'adresse du destinataire du message ; si plusieurs destinataires sont concernés, séparez les différents destinataires à l'aide d'un point-virgule.

    Lorsque vous saisissez la première lettre d'une adresse de destinataire pour laquelle plusieurs adresses peuvent correspondre, Outlook affiche automatiquement une liste contenant les destinataires répondant à la saisie. Vous devez avoir saisi au moins une fois entièrement l'adresse d'un destinataire pour que celle-ci soit ensuite proposée dans la liste des suggestions.

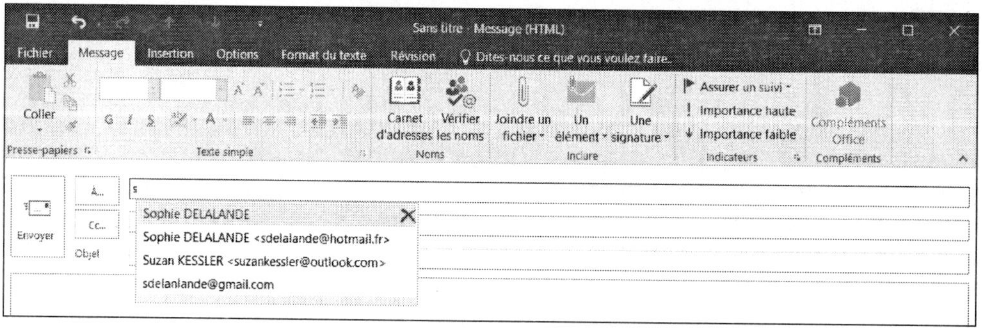

Si parmi les destinataires proposés vous visualisez celui à ajouter, cliquez dessus pour l'insérer dans la zone **À**.

Un clic sur le symbole ✕ *situé à droite du nom pointé permet de le supprimer de la liste.*

- Cliquez sur le bouton À... pour sélectionner les noms des destinataires à partir d'un carnet d'adresses dans lequel vous les aurez créés au préalable.

*La boîte de dialogue **Choisir des noms** apparaît.*

Si vous avez plusieurs carnets d'adresses à votre disposition, ouvrez la liste **Carnet d'adresses** puis sélectionnez le carnet d'adresses à utiliser.

*Tous vos dossiers **Contacts** sont visibles en haut de la liste (cf. Contacts - Créer un contact).*

Activez, si besoin, l'option **Nom uniquement**.

Pour chaque destinataire à ajouter, sélectionnez son **Nom** dans la liste puis cliquez sur le bouton À -> ou faites un double clic sur le nom concerné ; pour sélectionner plusieurs destinataires à la fois, maintenez la touche ⇧ enfoncée pour une sélection continue et/ou la touche Ctrl pour une sélection discontinue.

À partir de cette boîte de dialogue, il est également possible de choisir une liste de distribution (cf. Contacts - Créer un groupe de contacts).

*Pour visualiser rapidement un nom dans la liste, saisissez la ou les premières lettres du nom concerné dans la zone de saisie **Rechercher**.*

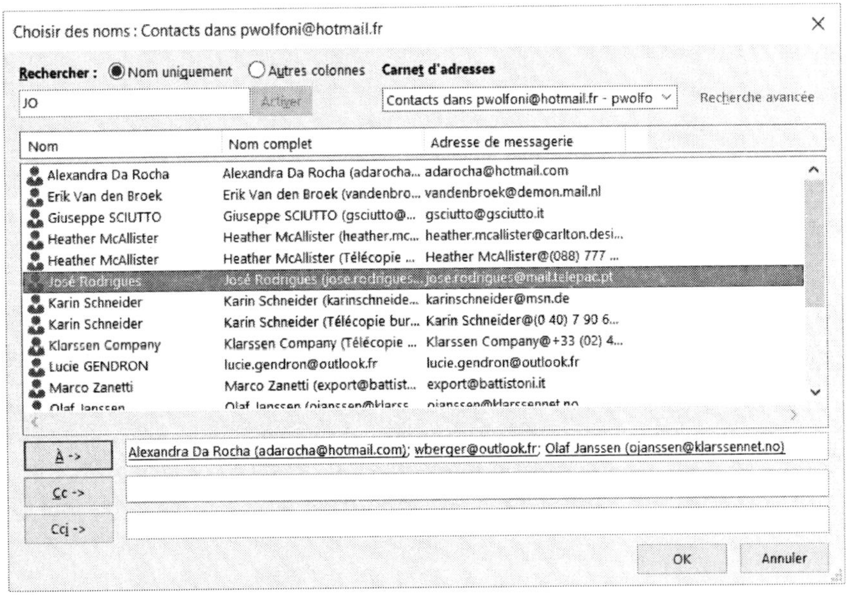

Vous pouvez également rechercher des noms en fonction du contenu des colonnes (Nom, Nom complet, Adresses de messagerie, Téléphone professionnel...) : activez l'option **Autres colonnes**, spécifiez le texte à rechercher dans la zone de saisie **Rechercher** puis cliquez sur le bouton **Activer** : seuls les noms correspondant à la recherche sont désormais visibles dans la liste. Procédez ensuite comme expliqué ci-dessus pour ajouter les destinataires à la zone **À**.

Pour retirer un destinataire, cliquez sur son nom dans la zone associée au bouton [À ->] puis appuyez sur la touche [Suppr] du clavier.

Validez le choix de vos destinataires en cliquant sur le bouton **OK** de la boîte de dialogue **Choisir des noms**.

*Lorsque vous quittez la zone **À**, si l'adresse du destinataire est reconnue par Outlook, ce dernier la souligne à condition que l'option **Vérifier les noms automatiquement** de la boîte de dialogue **Options Outlook** soit cochée (onglet **Fichier - Options** - catégorie **Courrier** - zone **Envoi des messages**).*

*Si vous utilisez un compte Exchange Server 2010, 2013 ou supérieur, la barre **Infos-courrier** vous informe lorsque l'adresse d'un destinataire de votre organisation n'est plus valide ou lorsque le nombre de destinataires est important, ou encore lorsqu'un destinataire envoie une réponse automatique.*

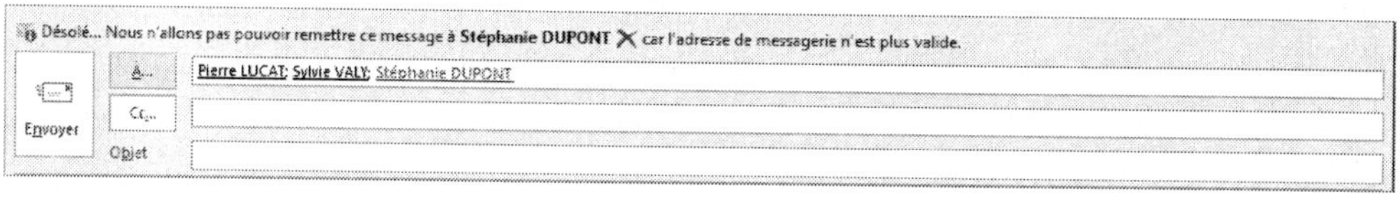

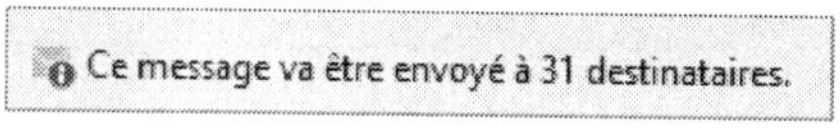

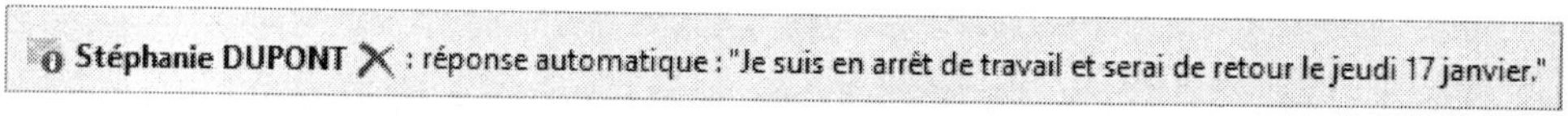

Si vous avez choisi une liste de distribution, vous pouvez la développer afin d'afficher chacun de ses membres en cliquant sur le bouton ⊞ qui précède la liste. Ainsi, vous pourrez enlever un ou plusieurs membres de cette liste.

- Cliquez dans la zone **Cc** (Copie conforme) puis saisissez, si besoin est, la ou les adresses du ou des destinataires de la copie du message ou cliquez sur le bouton [Cc...] pour sélectionner les adresses à partir d'un carnet d'adresses.

L'envoi d'une copie d'un message est fait pour information et suppose que vous n'attendez pas de réponse de la part de ces destinataires.

- Si vous souhaitez envoyer une copie du message à des destinataires cachés, affichez le champ **Cci** (Copie carbone invisible) : dans l'onglet **Options**, cliquez sur le bouton **Cci** du groupe **Afficher les champs**. Tapez ensuite la ou les adresses du ou des destinataires cachés dans le champ **Cci** ou cliquez sur le bouton Cci... pour les sélectionner à partir d'un carnet d'adresses.

  *Les destinataires de la zone **À** et **Cc** ne sauront pas que les destinataires de la zone **Cci** ont reçu une copie du message. Les destinataires de la zone **Cci** ne connaissent pas non plus les autres destinataires de cette même zone.*

  *Lorsque la zone **Cci** est affichée, elle le reste pour tous les nouveaux messages.*

- Dans la zone ***Objet***, saisissez le sujet de votre courrier.

  L'objet étant visualisé par le destinataire du message, c'est lui qui influence la lecture ou la non lecture de votre message.

- Utilisez la grande zone de saisie pour renseigner le texte global du message puis, si besoin est, modifiez la mise en forme de ce texte (onglet **Format du texte**).

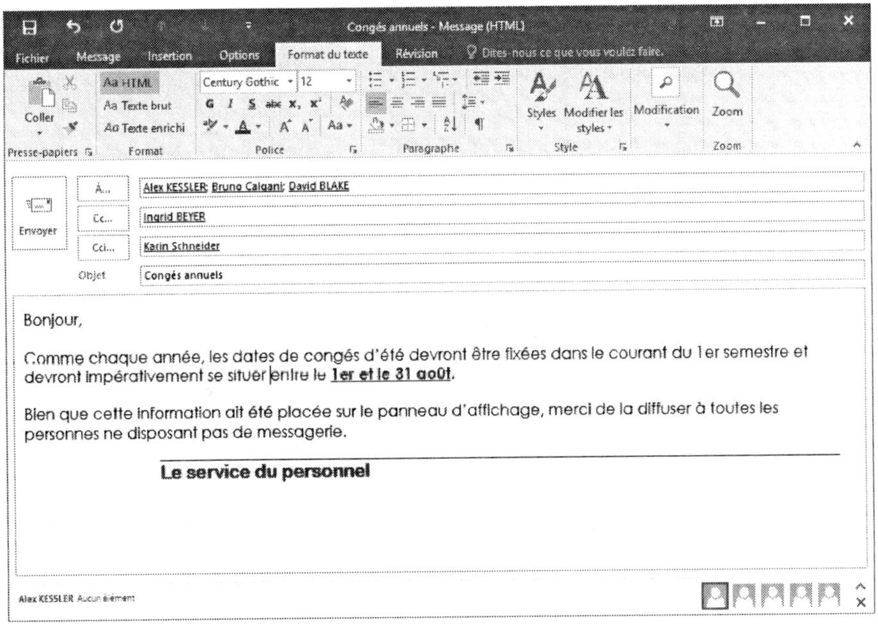

L'éditeur de messagerie étant basé sur Microsoft Word, vous disposez de nombreuses fonctionnalités et commandes de Word pour élaborer et mettre en forme le texte du message.

Une version réduite du volet Contacts est visible dans la partie inférieure de la fenêtre du message. Ce volet affiche une image réduite de chaque destinataire du message. Un clic sur une image permet d'afficher les informations relatives au destinataire correspondant comme, par exemple, les messages électroniques, les réunions ou encore les pièces jointes.

- Pour envoyer le message, cliquez sur le bouton **Envoyer**.

  Si vous n'avez pas spécifié d'objet pour votre message, le message d'avertissement suivant s'affiche à l'écran.

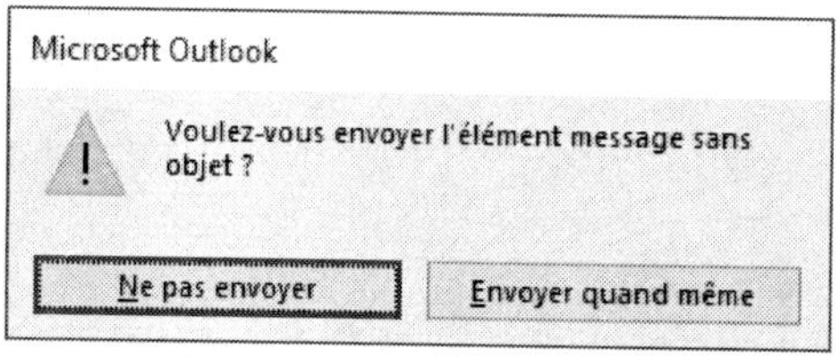

- Dans ce cas, cliquez sur le bouton **Envoyer quand même** pour envoyer le message sans objet ou cliquez sur le bouton **Ne pas envoyer** pour revenir à la fenêtre du message afin de remplir la zone **Objet**.

  *Une fois le message envoyé, la fenêtre du message disparaît. Le message est stocké dans le dossier **Éléments envoyés** si l'option **Enregistrer une copie des messages dans Éléments envoyés** de la boîte de dialogue **Options Outlook** est cochée (onglet **Fichier - Options** - catégorie **Courrier** - zone **Enregistrer les messages**). Chez les destinataires, le message est stocké dans la boîte de réception précédé d'un trait vertical bleu signifiant qu'il n'a pas été lu. Si l'envoi n'a pas pu être effectué, le message est stocké dans le dossier **Boîte d'envoi** et vous pourrez éventuellement le modifier par un double clic dessus.*

- Si vous ne souhaitez pas envoyer le message tout de suite car vous prévoyez d'y apporter des modifications, enregistrez-le : cliquez sur l'onglet **Fichier** puis sur l'option **Enregistrer** ou cliquez sur l'outil **Enregistrer** visible dans la barre d'outils **Accès rapide** ou utilisez le raccourci-clavier Ctrl **S**. Fermez ensuite la fenêtre du message en cliquant sur le bouton **Fermer**.

  *Le message est classé dans le dossier **Brouillons**.*

Lorsque vous serez prêt à envoyer le message, accédez au dossier **Brouillons**, faites un double clic sur le message pour l'ouvrir, modifiez-le ou complétez-le si besoin, puis cliquez sur le bouton **Envoyer**.

Le message disparaît automatiquement du dossier ***Brouillons***.

Pour envoyer un message, vous pouvez également utiliser le raccourci-clavier Ctrl ↵. Dans ce cas, il est possible qu'un message s'affiche vous demandant de confirmer l'utilisation du raccourci-clavier Ctrl ↵. Pour ne plus visualiser ce message par la suite, cochez l'option **Ne plus afficher ce message** puis cliquez sur le bouton **Oui** pour envoyer le message.

Si vous ne souhaitez plus utiliser la liste des suggestions des noms lors de la saisie des adresses des destinataires, décochez l'option **Utiliser la liste de saisie semi-automatique pour suggérer des noms lors de la saisie dans les lignes À, Cc et Cci** de la boîte de dialogue **Options Outlook** (onglet **Fichier - Options** - catégorie **Courrier**, zone **Envoi des messages**). Vous pouvez également vider la liste en cliquant sur le bouton **Vider la liste de saisie semi-automatique.**

Vous pouvez envoyer un message à un contact à partir de sa carte Contacts : affichez les contacts en cliquant sur  dans la barre de navigation ; veillez à ce que l'affichage **Contacts** soit actif (c'est d'affichage actif par défaut), sélectionnez le contact concerné puis cliquez sur le lien de son adresse électronique situé sous l'option **Envoyer un message électronique** de la carte qui s'affiche dans le volet de droite.

Par défaut, les messages en cours de création sont enregistrés toutes les trois minutes. Il est possible d'activer ou non cet enregistrement automatique en cochant ou non l'option **Enregistrer automatiquement les éléments qui n'ont pas été envoyés après ce nombre de minutes** de la boîte de dialogue **Options Outlook** (onglet **Fichier - Options** - catégorie **Courrier** - zone **Enregistrer les messages**) De plus, si vous avez choisi de garder active cette option, vous pouvez modifier le délai d'enregistrement dans la zone associée à cette option (de 1 à 99 minutes).

Dans l'onglet **Options** de la fenêtre de création d'un message, le bouton **Enregistrer l'élément envoyé dans** du groupe **Autres options** permet de modifier le dossier dans lequel la copie du message envoyé doit être enregistrée : **Autre dossier** ou **Utiliser le dossier par défaut** (dossier **Éléments envoyés**) ; si vous ne souhaitez pas stocker le message envoyé dans un dossier, cliquez sur l'option **Ne pas enregistrer**.

Créer un message sur un papier à lettres ou un thème Outlook

- Sélectionnez un des dossiers de messages.
- Dans l'onglet **Accueil**, cliquez sur le bouton **Nouveaux éléments** du groupe **Nouveau**, pointez l'option **Message en utilisant** puis cliquez sur l'option **Davantage de papier à lettres**.
- Sélectionnez le papier à lettres ou le thème désiré dans la liste **Sélectionnez un thème**.

*Les noms des papiers à lettres sont suivis du libellé (**Papier à lettres**).*

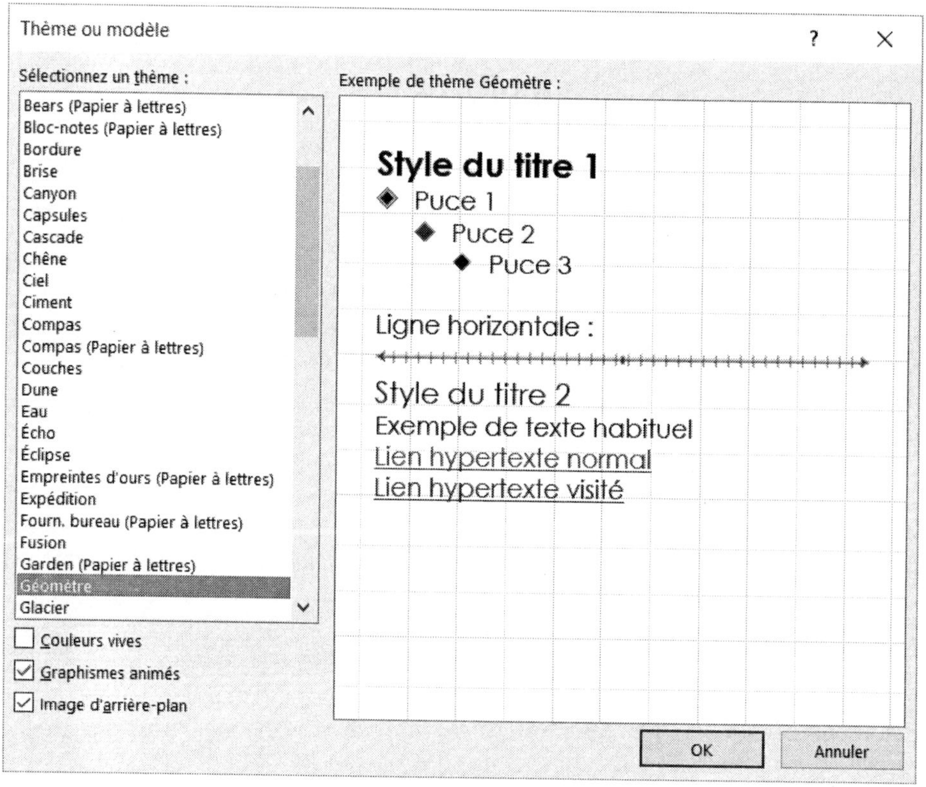

*Un aperçu du papier à lettres ou du thème sélectionné est visible dans la zone **Exemple de thème**.*

- Si vous avez choisi d'appliquer un thème à votre message, vous avez la possibilité d'intervenir sur les options suivantes :

Couleurs vives	Cochez cette option pour appliquer des couleurs plus vives au texte et aux graphismes.
Graphismes animés	Cochez cette option pour animer certains graphismes du thème si celui-ci en contient.
Image d'arrière-plan	Cochez cette option si l'image d'arrière-plan associée au thème doit être appliquée.

- Cliquez sur le bouton **OK**.

  La fenêtre de création du message apparaît et le papier à lettres ou le thème choisi s'affiche dans le fond de la zone de saisie du message.

- Continuez l'élaboration de votre message comme n'importe quel autre message (choix des destinataires, saisie de l'objet...) puis, si besoin, modifiez la mise en forme du texte (onglet **Format du texte**).

- Envoyez le message en cliquant sur le bouton **Envoyer**.

Le choix d'un papier à lettres pour créer un message entraîne systématiquement l'application du format HTML pour ce message.

Vous pouvez également appliquer un papier à lettres ou un thème Outlook à tous les nouveaux messages créés (cf. Appliquer un papier à lettres ou un thème Outlook par défaut du chapitre Messagerie : configuration).

Après l'utilisation d'un papier à lettres, son nom apparaît dans la liste **Message en utilisant** du bouton **Nouveaux éléments** (onglet **Accueil**). Il suffit alors de cliquer sur son nom pour créer un nouveau message basé sur celui-ci.

Créer un message basé sur un format particulier

Quel que soit le format des messages paramétré par défaut, vous pouvez à tout moment spécifier un autre format pour un nouveau message.

- Sélectionnez un dossier de messagerie.

- Dans l'onglet **Accueil**, cliquez sur le bouton **Nouveaux éléments** puis pointez l'option **Message en utilisant**.

- Cliquez sur l'une des options suivantes :

Texte brut Vos messages ne pourront pas contenir de mise en forme (gras, italique, couleurs) ; ils ne pourront pas non plus afficher d'images directement dans le corps des messages, mais elles pourront être incluses en pièce jointe. Par contre, ils seront parfaitement lisibles par les destinataires s'ils transitent par Internet.

Texte enrichi Ce format prend en charge la mise en forme, notamment les puces, l'alignement et les objets liés. Mais attention ce format n'est lu que par Outlook et le programme de messagerie Microsoft Exchange Server doit être utilisé. Ce format est aussi appelé **Format RTF**.

HTML Vous pouvez réaliser de multiples mises en forme (arrière-plan, lien hypertexte, papiers à lettres...) ; c'est le format de message actif par défaut.

- Élaborez votre message (choix des destinataires, saisie de l'objet, du message...) puis si besoin, modifiez la mise en forme du texte (onglet **Format du texte**).
- Envoyez le message en cliquant sur le bouton **Envoyer**.

Vous pouvez aussi changer le format d'un message à partir de la fenêtre de création de celui-ci : dans l'onglet **Format du texte**, cliquez sur le bouton **HTML**, **Texte brut** ou **Texte enrichi** visible dans le groupe **Format**.

Pour changer le format par défaut, reportez-vous au titre Choisir le format des messages par défaut du chapitre Messagerie : configuration.

Les modèles de message

Créer un modèle de message

Si vous avez besoin d'envoyer le même message régulièrement en changeant uniquement une partie du contenu de celui-ci, vous pouvez enregistrer la trame de ce message sous forme de modèle afin d'éviter de la recréer lors de chaque envoi.

- Sélectionnez le dossier **Boîte de réception** puis, dans l'onglet **Accueil**, cliquez sur le bouton **Nouveau message électronique** du groupe **Nouveau**.
- Saisissez les informations que vous souhaitez retrouver lors de l'utilisation de ce modèle.
- Enregistrez la trame du message : dans l'onglet **Fichier**, cliquez sur l'option **Enregistrer sous**.

- Saisissez le nom du modèle dans la zone de saisie **Nom de fichier**.
- Ouvrez la liste **Type** puis sélectionnez l'option **Modèle Outlook (*.oft)** : le dossier **Templates** est automatiquement sélectionné.

  *Dans Outlook, les modèles de message portent l'extension **.oft**.*
- Cliquez sur le bouton **Enregistrer**.
- Fermez le message en cliquant sur l'outil .

  Un message vous demande si vous souhaitez enregistrer les modifications.
- Cliquez sur le bouton **Oui** pour enregistrer le message dans le dossier **Brouillon** ou sur le bouton **Non** pour fermer le message sans l'enregistrer.

Utiliser un modèle de message

- Dans l'onglet **Accueil**, cliquez sur le bouton **Nouveaux éléments**, pointez l'option **Autres éléments** puis cliquez sur l'option **Choisir un formulaire**.
- Ouvrez la liste **Regarder dans** puis cliquez sur l'option **Modèles dans le fichier système**.

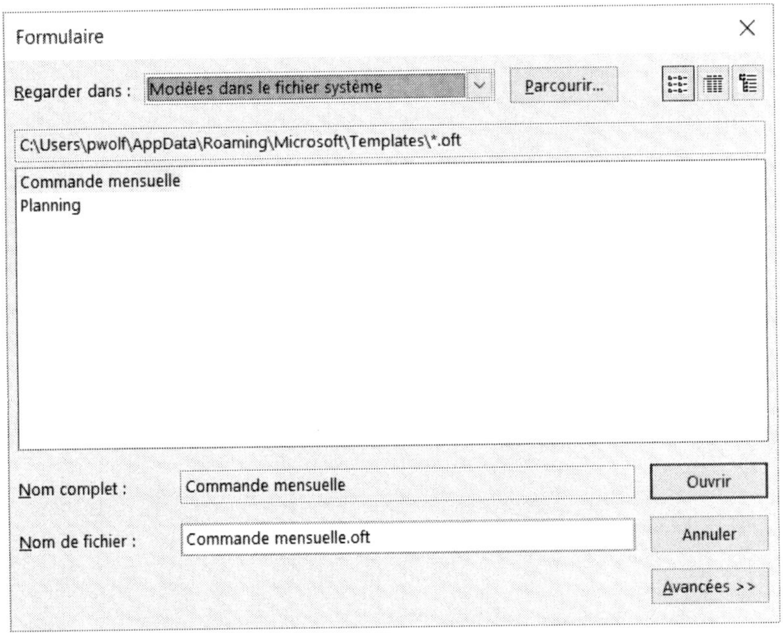

*La liste des modèles contenus dans le dossier **Templates** est désormais visible. Au-dessus de cette liste, vous visualisez également le chemin du dossier dans lequel les modèles sont enregistrés.*

- Sélectionnez le modèle à utiliser puis cliquez sur le bouton **Ouvrir** ou, faites un double clic sur le modèle pour l'ouvrir.
- Saisissez les informations variables du message.
- Le message terminé, transmettez-le en cliquant sur le bouton **Envoyer**.

Vous pouvez également, en procédant comme pour un message, créer un modèle de rendez-vous, de réunion, de contact, de tâche ou un modèle de note.

Pour supprimer un modèle, ouvrez la fenêtre de l'Explorateur de fichiers, sélectionnez le dossier C:\Utilisateurs\nom_utilisateur\AppData\Roaming\Microsoft\Templates, sélectionnez le modèle à supprimer puis appuyez sur la touche Suppr.

Renvoyer un message

Si votre destinataire tarde à vous répondre ou si vous avez besoin de modifier un message déjà envoyé, vous pouvez le renvoyer.

- Sélectionnez le dossier **Éléments envoyés** situé dans le dossier **Courrier**.
- Ouvrez le message à renvoyer en réalisant un double clic sur celui-ci.

*Dans la fenêtre affichée, notez l'absence du bouton **Envoyer**.*

- Dans l'onglet **Fichier**, cliquez sur l'option **Informations**.
- Cliquez ensuite sur le bouton **Renvoi ou rappel** pour ouvrir la liste correspondante puis cliquez sur l'option **Renvoyer ce message**.
- Si besoin est, modifiez le message.
- Renvoyez le message en cliquant sur le bouton **Envoyer**.
- Fermez la fenêtre du message en cliquant sur le bouton ☒.

*Le message renvoyé s'ajoute à la liste des éléments envoyés dans le dossier **Éléments envoyés** de l'expéditeur.*

Pour renvoyer un message, vous pouvez également cliquer sur le bouton **Actions** de la fenêtre du message (onglet **Message** - groupe **Déplacer**) puis sur l'option **Renvoyer ce message**.

Rappeler/remplacer un message déjà envoyé

Outlook offre la possibilité de rappeler ou de remplacer un message envoyé. Attention, ce message ne doit pas avoir été lu par les destinataires. Cette fonctionnalité n'est disponible que si vous travaillez avec Microsoft Exchange Server.

- Ouvrez le dossier **Éléments envoyés** situé dans le dossier **Courrier**.
- Ouvrez le message concerné en réalisant un double clic sur celui-ci.
- Dans l'onglet **Fichier**, cliquez sur l'option **Informations**.
- Cliquez ensuite sur le bouton **Renvoi ou rappel** puis sur l'option **Rappeler ce message**.

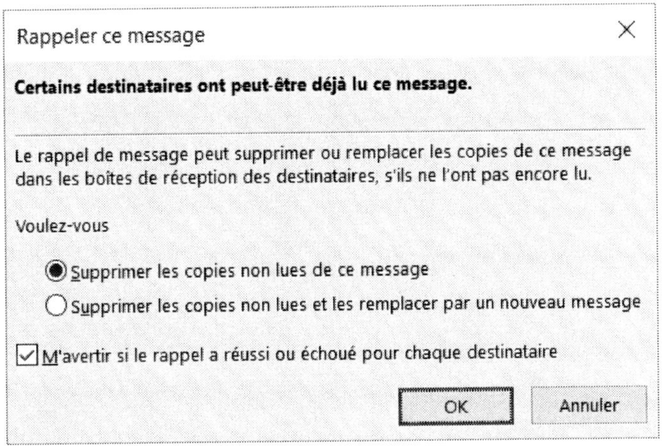

- Pour rappeler le message, activez l'option **Supprimer les copies non lues de ce message**.
  Pour remplacer le message, préférez l'option **Supprimer les copies non lues et les remplacer par un nouveau message**.
- Pour connaître le résultat du rappel, gardez cochée l'option **M'avertir si le rappel a réussi ou échoué pour chaque destinataire**.
- Cliquez sur le bouton **OK**.
- Si vous avez choisi de remplacer le message, modifiez-le puis envoyez-le en cliquant sur le bouton **Envoyer**.
- Fermez la fenêtre du message en cliquant sur le bouton ⊠.

Lorsque le rappel a pu être fait, le message disparaît chez les destinataires et l'expéditeur reçoit un message l'informant que le rappel de message a réussi.

Si le rappel n'a pas pu être fait, l'expéditeur reçoit un message l'informant que la tentative de rappel du message a échoué.

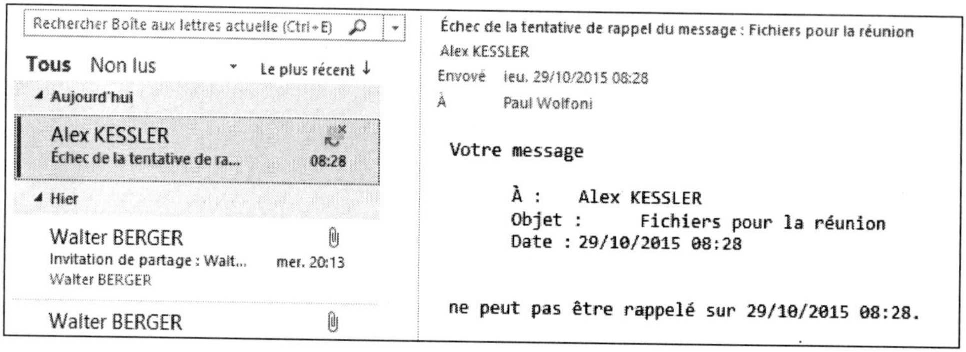

Pour rappeler un message, vous pouvez aussi cliquer sur le bouton **Actions** de la fenêtre du message (onglet **message** - groupe **Déplacer**) puis sur l'option **Rappeler ce message**.

Définir l'importance et la nature d'un message

- Lors de la création ou de la modification du message, dans l'onglet **Message**, cliquez sur le bouton visible dans le groupe **Indicateurs**.
- Pour indiquer la priorité à donner à votre message, sélectionnez une des options de la liste **Importance** : **Faible**, **Normale** ou **Haute**.
- Pour choisir la nature du message, sélectionnez une des options de la liste **Niveau de confidentialité** :

Normal	Indique que le contenu du message est standard.
Personnel	Suggère que le contenu du message est de nature personnelle.
Privé	Indique que le contenu du message est privé.
Confidentiel	Indique que l'accès au contenu du message est restreint (ou privé).

- Cliquez sur le bouton **Fermer**, continuez l'élaboration du message puis envoyez-le.

Les messages de haute importance sont précédés de ce symbole ! et ceux de faible importance du symbole ↓. L'importance et la nature d'un message sont signalées dans le volet de lecture lorsque le message est sélectionné dans la Boîte de réception. Ces informations sont également visibles dans la partie supérieure de la fenêtre du message lorsque celui-ci est ouverte.

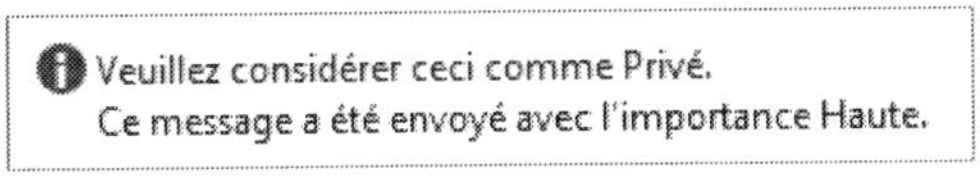

Par défaut, tout nouveau message est proposé d'importance normale et de niveau de confidentialité normal. Pour changer ceci, modifiez l'option des listes **Niveau d'importance par défaut** et **Niveau de confidentialité par défaut** de la boîte de dialogue **Options Outlook** (onglet **Fichier - Options** - catégorie **Courrier** - zone **Envoi des messages**).

Il est possible de rechercher les messages en fonction de leur importance : cliquez dans la zone **Recherche instantanée** (ou Ctrl **E**) Rechercher Boîte au lettres actuelle (Ctrl+E), sur le bouton **Plus** de l'onglet **Recherche** (groupe **Affiner**) puis sur l'option **Importance**. Ouvrez ensuite la liste **Importance** qui s'affiche sous la zone **Recherche instantanée** puis choisissez l'option **Faible**, **Normale** ou **Haute**. Si vous souhaitez afficher uniquement les messages marqués d'une importance élevée, vous pouvez directement cliquer sur le bouton **Important** situé dans le groupe **Affiner** de l'onglet **Recherche** : par défaut, Outlook effectue la recherche dans tous les dossiers de messagerie de votre boîte aux lettres. Pour annuler la recherche, cliquez sur le bouton **Fermer la recherche** de l'onglet **Recherche**. Pour plus de détails concernant la recherche instantanée, reportez-vous au titre Utiliser la recherche instantanée situé dans le chapitre Gestion des éléments.

Pour afficher les messages marqués d'une importance élevée, vous pouvez également cliquer sur le bouton **Filtre de courrier** de l'onglet **Accueil** (groupe **Rechercher**) puis sur l'option **Important**.

Pour indiquer la priorité à donner à votre message, lors de la création d'un message, vous pouvez aussi cliquer sur le bouton **Importance haute** ou **Importance faible** visible dans le groupe **Indicateurs** de l'onglet **Message**.

Marquer un message pour le suivi

Il s'agit de poser un indicateur sur un message afin d'attirer l'attention sur celui-ci grâce à un texte précisant le suivi à réaliser. Lors de la création d'un message, l'expéditeur de celui-ci pourra affecter un indicateur à son intention et/ou à l'intention du destinataire du message. Ainsi, selon le cas, c'est l'expéditeur et/ou le destinataire qui devront assurer le suivi du message. Il est également possible d'affecter des indicateurs à des messages reçus.

Affecter un indicateur de message à l'intention de l'expéditeur du message

- Lors de la création ou de la modification du message, dans l'onglet **Message**, cliquez sur le bouton **Assurer un suivi** visible dans le groupe **Indicateurs.**
- Cliquez sur l'option correspondant à l'échéance jusqu'à laquelle l'expéditeur devra suivre ce message : **Aujourd'hui**, **Demain**, **Cette semaine**, **Semaine prochaine** ou **Aucune date**.

  Si aucun des indicateurs prédéfinis ne vous convient, cliquez sur l'option **Personnalisé** pour affecter un indicateur personnalisé au message.

  *Dans ce cas, la boîte de dialogue **Personnalisé** s'affiche à l'écran.*
- Veillez à ce que l'option **Mon indicateur** soit cochée puis, si besoin, décochez l'option **Indicateur pour les destinataires**.
- Ouvrez la liste **Indicateur pour** puis sélectionnez le texte d'accompagnement de l'indicateur ou, si aucun texte ne vous convient, saisissez-le.
- Modifiez éventuellement la date de début et/ou de fin de l'indicateur à l'aide des listes **Date de début** et **Échéance**.
- Cochez l'option **Rappel** si vous souhaitez associer une alerte de rappel à l'indicateur ; à l'inverse, gardez cette option décochée.
- Modifiez éventuellement la date et/ou l'heure d'échéance du rappel à l'aide des listes associées à l'option **Rappel**.

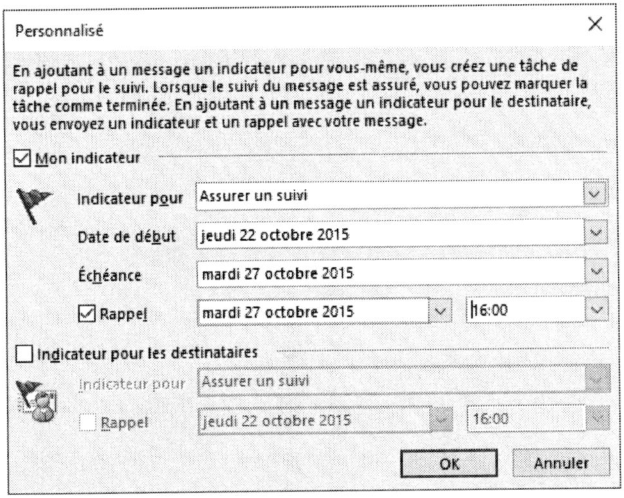

- Cliquez sur le bouton **OK**.
- Terminez, si besoin, l'élaboration du message puis expédiez-le en cliquant sur le bouton **Envoyer**.

*Dans le dossier **Éléments envoyés** de l'expéditeur, le symbole est visible en regard du message ainsi que le symbole permettant de marquer le suivi du message comme terminé. Si une alerte de rappel a été associée à l'indicateur, vous visualisez le symbole . Le message est désormais visible dans la liste des **Tâches**.*

Chez le destinataire du message, rien ne laisse voir qu'un indicateur à l'intention de l'expéditeur a été affecté au message reçu.

Affecter un indicateur de message à l'intention du destinataire du message

- Lors de la création ou de la modification du message, dans l'onglet **Message**, cliquez sur le bouton **Assurer un suivi** visible dans le groupe **Indicateurs** puis cliquez sur l'option **Personnalisé**.

*La boîte de dialogue **Personnalisé** s'affiche à l'écran.*

- Décochez l'option **Mon indicateur** puis cochez l'option **Indicateur pour les destinataires**.

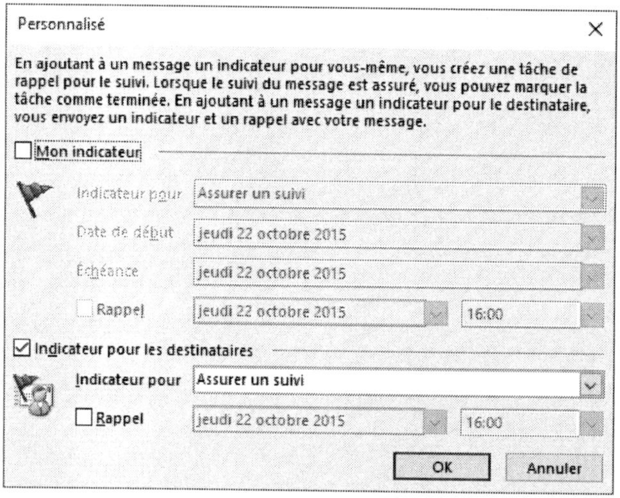

- Ouvrez la liste **Indicateur pour** puis sélectionnez le texte d'accompagnement de l'indicateur ou, si aucun texte ne vous convient, saisissez-le.
- Cochez l'option **Rappel** si vous souhaitez associer une alerte de rappel à l'indicateur ; à l'inverse, désactivez cette option.
- Modifiez éventuellement la date et/ou l'heure d'échéance du rappel à l'aide des listes associées à l'option **Rappel**.

  Il est intéressant d'associer un rappel à l'indicateur car, lorsque celui-ci arrive à terme et que le suivi n'a pas été effectué, alors, une boîte de dialogue s'affiche, rappelant l'objet du message ainsi que le texte d'accompagnement de l'indicateur (cf. Élément du calendrier - Répondre à une alarme).
- Cliquez sur le bouton **OK**.
- Terminez l'élaboration du message puis expédiez-le en cliquant sur le bouton **Envoyer**.

*Le message est présenté avec le symbole dans la **Boîte de réception** du destinataire de celui-ci. Si une alerte a été associée au message, vous visualisez également le symbole . Un clic sur le symbole permet au destinataire d'ajouter le message reçu à la liste des **Tâches**. Dans ce cas, le symbole est remplacé par le symbole .*

Le destinataire du message visualise le texte concernant l'action à suivre dans le volet de lecture lorsque le message est sélectionné dans la Boîte de réception ou, dans la fenêtre du message lorsque celui-ci est ouvert.

ⓘ Assurer un suivi avant le lundi 26 octobre 2015 16:00.

Pour supprimer un indicateur lors de la création ou de la modification d'un message, dans l'onglet **Message**, cliquez sur le bouton **Assurer un suivi** du groupe **Indicateurs** puis cliquez sur l'option **Supprimer l'indicateur**.

Pour regrouper les messages contenant un indicateur puis les trier par ordre croissant des dates de début, dans l'onglet **Affichage**, cliquez sur le bouton **Autres** du groupe **Réorganisation** pour ouvrir la galerie contenant les dispositions puis cliquez sur l'option **Indicateur : date de début** ; l'option **Indicateur : échéance** regroupe les messages contenant un indicateur puis les trie par ordre croissant des dates d'échéance.

Vous pouvez également marquer un contact pour le suivi en procédant comme pour un message.

Affecter un indicateur de message à l'intention de l'expéditeur et du destinataire du message

- Lors de la création ou de la modification du message, dans l'onglet **Message**, cliquez sur le bouton **Assurer un suivi** visible dans le groupe **Indicateurs**.
- Cliquez sur l'option **Personnalisé**.
- Cochez les options **Mon indicateur** et **Indicateur pour les destinataires**.
- Spécifiez les options pour chaque indicateur en procédant comme expliqué dans les sous-titres précédents.
- Cliquez sur le bouton **OK**.
- Continuez si besoin l'élaboration du message puis expédiez-le en cliquant sur le bouton **Envoyer**.

Affecter un indicateur à un message reçu

- Sélectionnez la **Boîte de réception** pour visualiser la liste des messages reçus.
- Pour affecter un indicateur défini sur le jour actuel, pointez le message concerné puis cliquez sur le symbole en regard du message : le texte d'accompagnement de l'indicateur est **Assurer un suivi**.

- Pour affecter un indicateur prédéfini, pointez le message concerné puis cliquez avec le bouton droit de la souris sur le symbole en regard du message concerné.

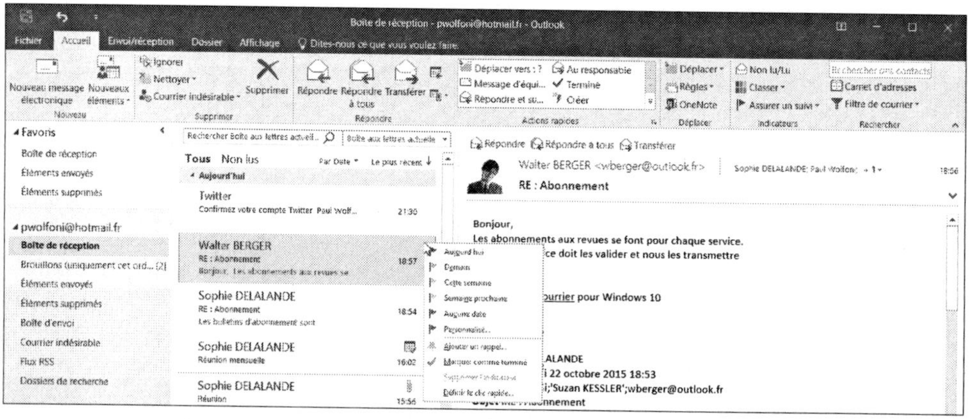

Cliquez sur l'option correspondant à l'échéance jusqu'à laquelle le message devra être suivi : **Aujourd'hui**, **Demain**, **Cette semaine**, **Semaine prochaine** ou **Aucune date**.

Quelle que soit l'option choisie, le texte d'accompagnement de l'indicateur est ***Assurer un suivi****.*

- Pour affecter un indicateur personnalisé, pointez le message concerné, cliquez avec le bouton droit de la souris sur le symbole en regard du message concerné puis cliquez sur l'option **Personnalisé**.

  Spécifiez les options de l'indicateur en procédant comme expliqué dans les sous-titres précédents ; le bouton permet d'associer un son à l'alerte de rappel de l'indicateur.

Dans le dossier ***Boîte de réception****, le symbole est visible en regard du message. Le message est désormais visible dans la liste des* ***Tâches****.*

Par défaut, lorsque vous cliquez une fois sur le symbole , l'indicateur affecté au message correspondant est défini pour le jour actuel. Pour affecter une autre échéance par défaut, pointez n'importe quel message, faites un clic droit sur le symbole puis cliquez sur l'option **Définir le clic rapide**. Ouvrez la liste de la boîte de dialogue **Clic rapide** qui s'affiche puis cliquez sur une des échéances proposées ou cliquez sur l'option **Terminé** si le clic doit marquer l'indicateur comme terminé. Terminez en cliquant sur le bouton **OK**.

Pour afficher uniquement les messages marqués, dans l'onglet **Accueil**, cliquez sur le bouton **Filtre de courrier** du groupe **Rechercher** puis cliquez sur l'option **Avec indicateur** ; un clic sur le bouton **Fermer la recherche** de l'onglet **Recherche** permet d'afficher de nouveau tous les messages.

Pour afficher les options de suivi du message sélectionné, vous pouvez également cliquer sur le bouton **Assurer un suivi** situé dans l'onglet **Accueil** (groupe **Indicateurs**).

Poser un indicateur d'achèvement

Lorsque l'action de suivi est accomplie, vous devez poser un indicateur d'achèvement.

- Sélectionnez le message pour lequel vous souhaitez poser un indicateur d'achèvement.
- Cliquez avec le bouton droit de la souris sur l'indicateur visible en regard du message sélectionné.

*Vous pouvez également cliquer sur le bouton **Assurer un suivi** de l'onglet **Accueil**.*

- Cliquez sur l'option **Marquer comme terminé**.

Les messages considérés comme achevés sont présentés avec le symbole .

*De plus, la tâche correspondante disparaît automatiquement de la liste des **Tâches**.*

Pour poser un indicateur d'achèvement, vous pouvez également directement cliquer sur l'indicateur de suivi visible en regard du message concerné : le message est alors présenté avec le symbole .

Vous pouvez également poser un indicateur d'achèvement à partir de la tâche correspondante visible dans la liste des **Tâches** ou dans le volet **Barre des tâches** : dans la **Boîte de réception** ou le dossier **Éléments envoyés**, le message correspondant est automatiquement mis à jour avec le symbole ✓.

Supprimer un indicateur de message

- Sélectionnez le message dont vous souhaitez supprimer l'indicateur.
- Cliquez avec le bouton droit de la souris sur l'indicateur visible en regard du message sélectionné.

  *Vous pouvez également cliquer sur le bouton **Assurer un suivi** de l'onglet **Accueil**.*
- Cliquez sur l'option **Supprimer l'indicateur**.

  *La tâche correspondante disparaît automatiquement de la liste des **Tâches**.*

Vous pouvez également supprimer un indicateur de message à partir de la tâche correspondante visible dans la liste des **Tâches** ou dans le volet **Barre des tâches** : dans la **Boîte de réception** ou le dossier **Éléments envoyés**, l'indicateur du message correspondant est automatiquement supprimé.

Envoyer un message proposant un vote

Cette fonctionnalité n'est disponible que si vous utilisez un compte de messagerie Microsoft Exchange Server.

- Dans la fenêtre de création du message, cliquez sur l'onglet **Options**.
- Cliquez sur le bouton **Utiliser les boutons de vote** visible dans le groupe **Suivi**.

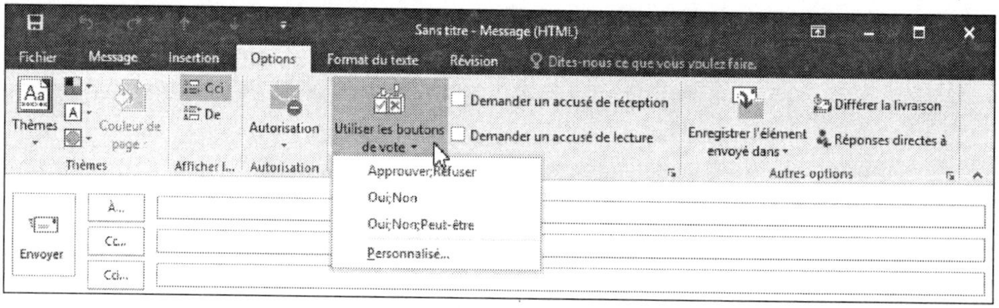

- Si, dans la liste qui s'affiche, un des types de bouton de vote proposés vous convient, cliquez sur l'option correspondante. À l'inverse, cliquez sur l'option **Personnalisé** pour créer des boutons de vote personnalisés.

  *Si vous avez cliqué sur le bouton **Personnalisé**, la boîte de dialogue **Propriétés** s'affiche à l'écran.*

- Dans ce cas, veillez à ce que l'option **Utiliser les boutons de vote** soit cochée.

  Supprimez le texte visible dans la zone associée à l'option **Utiliser les boutons de vote** puis saisissez les noms des boutons séparés par un point-virgule.

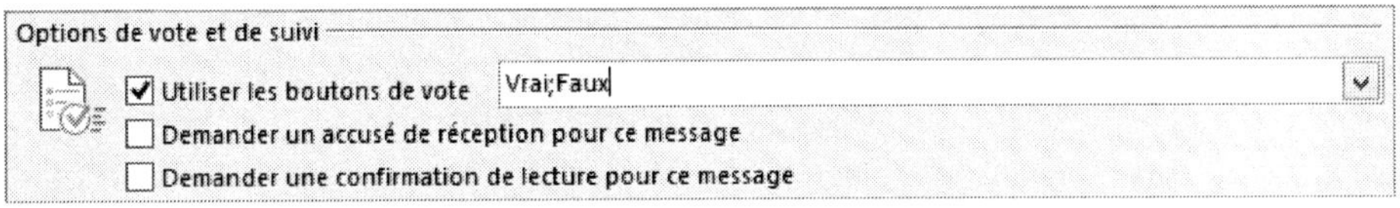

Cliquez sur le bouton **Fermer**.

*Si vous avez créé des boutons de vote personnalisés, leurs noms sont désormais visibles dans la liste associée au bouton **Utiliser les boutons de vote** du groupe **Suivi** (onglet **Options**). Une coche apparaît à gauche de l'option correspondant aux boutons de vote de votre choix.*

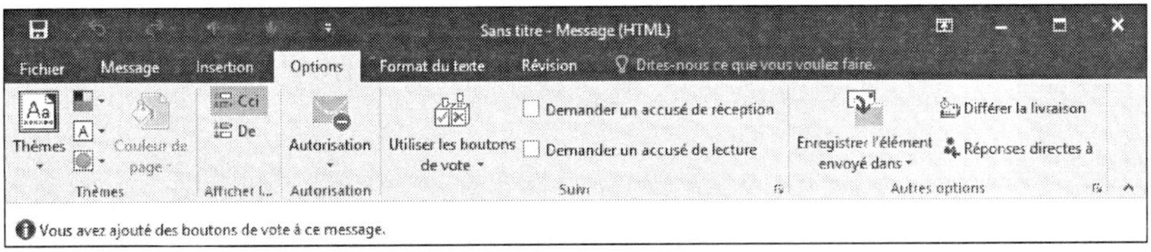

La barre d'information vous informe que des boutons de vote ont été ajoutés au message.

- Continuez si besoin l'élaboration du message puis expédiez-le en cliquant sur le bouton **Envoyer**.

  *Lorsque le destinataire ouvre son message, la barre d'information l'informe qu'il peut voter en cliquant sur le bouton **Vote** visible dans le groupe **Répondre** (onglet **Message**).*

Lorsque les destinataires ont voté, les réponses apparaissent dans la boîte de réception de l'expéditeur du message ; l'expéditeur peut également consulter les réponses en ouvrant le message proposant le vote (dans le dossier **Éléments envoyés**, le symbole  est visible en regard du message) et en cliquant sur le bouton **Suivi** visible dans le groupe **Afficher**).

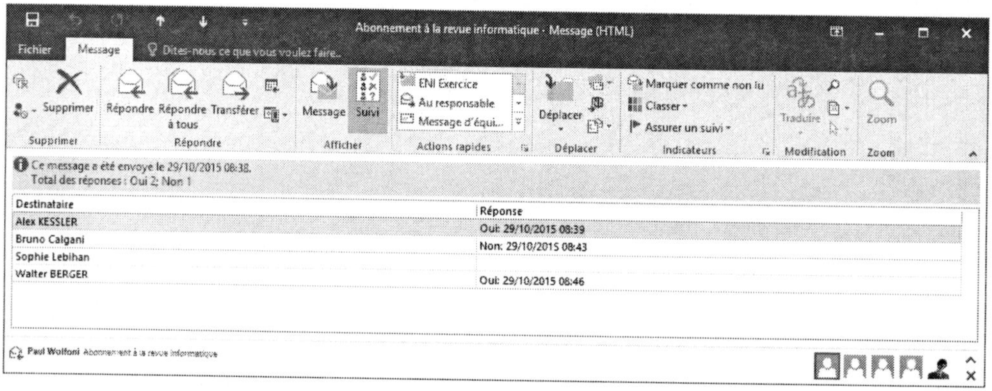

Si le **Volet de lecture** est affiché, vous pouvez voter sans ouvrir le message : cliquez sur la barre d'information (**Ce message comporte des boutons de vote. Veuillez cliquer ici pour voter**) visible dans la partie supérieure du volet puis cliquez sur l'option de vote de votre choix.

Définir les options de suivi d'un message

- Lors de la création ou de la modification du message, cliquez sur l'onglet **Options**.
- Si vous souhaitez être prévenu lorsque les destinataires ont reçu le message, cochez l'option **Demander un accusé de réception** visible dans le groupe **Suivi** : vous recevrez automatiquement un message précisant la date et l'heure de la réception chez le destinataire.
- Si vous souhaitez être prévenu lorsque les destinataires ont lu le message, cochez l'option **Demander un accusé de lecture** visible dans le groupe **Suivi** : vous recevrez automatiquement un message précisant la date et l'heure de l'ouverture du message par le destinataire.

Si vous souhaitez déléguer la réception des réponses à un autre utilisateur, cliquez sur le bouton **Réponses directes à** visible dans le groupe **Autres options**. Spécifiez ensuite son adresse e-mail dans la zone **Envoyer les réponses à** ou cliquez sur le bouton **Sélectionner des noms** pour sélectionner son nom dans un carnet d'adresses.

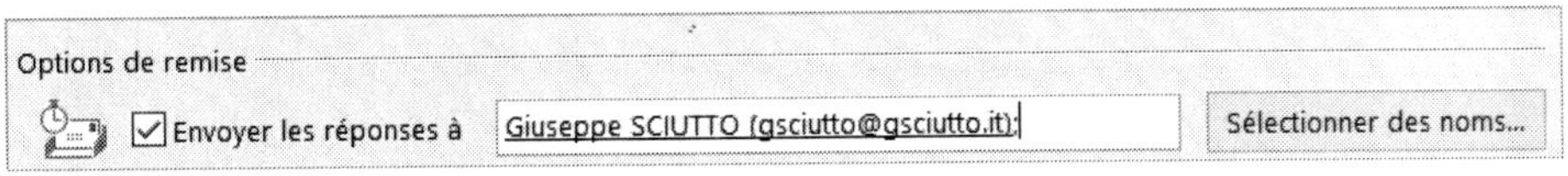

Cliquez sur le bouton **Fermer**.

Continuez si besoin l'élaboration de votre message puis envoyez-le en cliquant sur le bouton **Envoyer**.

*Dans le cas d'un accusé de lecture, lorsque le destinataire ouvre le message, une fenêtre de confirmation de lecture s'affiche à l'écran. Un clic sur le bouton **Oui** permet d'envoyer un message de confirmation de lecture à l'expéditeur du message ; si le destinataire clique sur le bouton **Non**, aucune confirmation de lecture ne parviendra à l'expéditeur.*

*Dans la **Boîte de réception** de l'expéditeur, le symbole est associé aux messages remis tandis que le symbole est associé aux messages lus.*

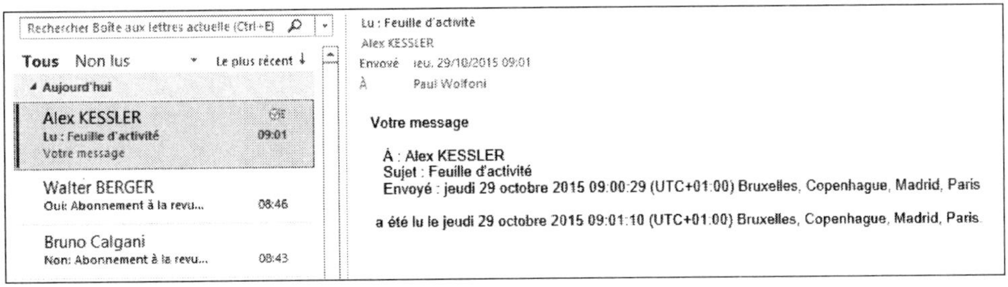

*Lorsque vous ouvrez un message envoyé pour lequel vous avez coché l'option **Demander un accusé de réception** et/ou l'option **Demander un accusé de lecture**, le bouton **Suivi** est visible dans le groupe **Afficher**. Un clic sur ce bouton permet de recenser si le message a été remis et/ou lu aux destinataires, ainsi que la date et l'heure de réception et/ou de lecture du message.*

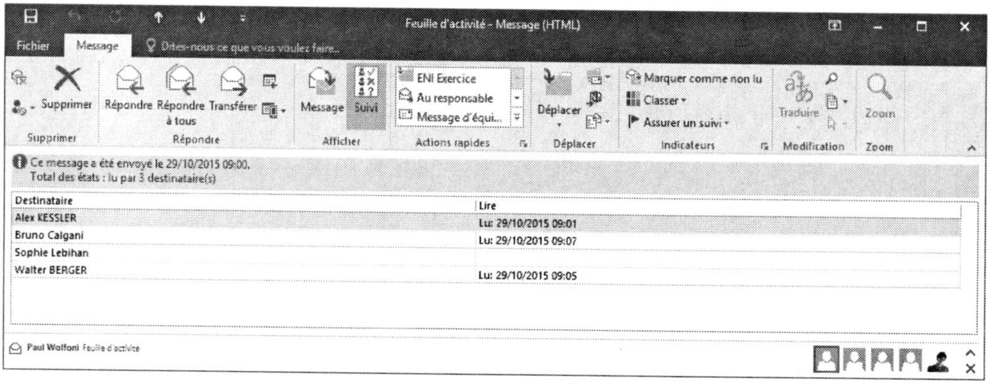

Si vous souhaitez assurer systématiquement le suivi de vos messages, accédez à la boîte de dialogue **Options d'Outlook** (onglet **FICHIER - Options** - catégorie **Courrier** - zone **Suivi**) puis cochez les options **Accusé de réception confirmant que le message a été remis au serveur de messagerie du destinataire** et/ou **Confirmation de lecture indiquant que le destinataire a consulté le message.**

Définir les options d'envoi d'un message

- Lors de la création ou de la modification du message, cliquez sur l'onglet **Options.**
- Pour que les réponses à ce message soient adressées directement à la (ou les) personne(s) de votre choix, cliquez sur le bouton **Réponses directes à** visible dans le groupe **Autres options.** Saisissez ensuite l'adresse du destinataire dans la zone associée à l'option **Envoyer les réponses à** ou utilisez le bouton **Sélectionner des noms** pour choisir des noms dans un carnet d'adresses.

  Terminez en cliquant sur le bouton **Fermer.**
- Si vous souhaitez que ce message, une fois envoyé, soit enregistré dans un dossier autre que le dossier **Éléments envoyés**, cliquez sur le bouton **Enregistrer l'élément envoyé dans** visible dans le groupe **Autres options** puis cliquez sur l'option **Autre dossier**. Sélectionnez le dossier de votre choix puis validez par le bouton **OK.**
- Si vous ne souhaitez pas stocker le message envoyé dans un dossier, cliquez sur le bouton **Enregistrer l'élément envoyé dans** du groupe **Autres options** puis cliquez sur l'option **Ne pas enregistrer.**

  Vous pouvez aussi décocher l'option ***Enregistrer une copie du message envoyé*** *de la boîte de dialogue* ***Propriétés*** *(un clic sur le bouton du groupe* ***Suivi****).*

- Pour différer l'envoi de ce message, cliquez sur le bouton **Différer la livraison** du groupe **Autres options** puis définissez le jour et l'heure de l'envoi à l'aide des deux listes associées à l'option **Ne pas envoyer avant**. Terminez en cliquant sur le bouton **Fermer**.

  *Le message reste alors en attente dans le dossier **Boîte d'envoi** tant qu'il n'est pas envoyé :*

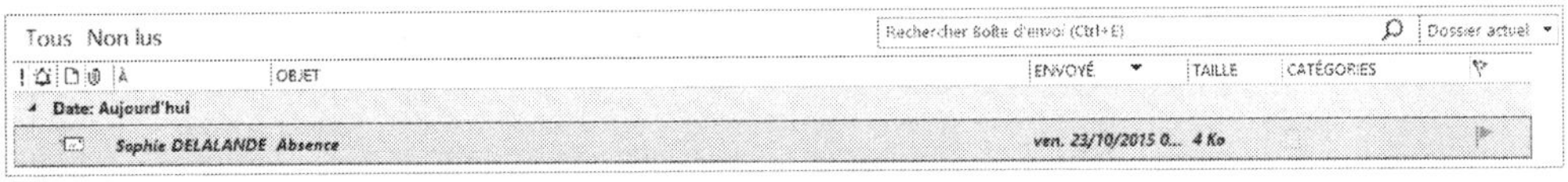

  *Vous visualisez sa date de création et non sa date d'envoi. Pour modifier le message, faites un double clic dessus pour l'ouvrir puis refermez le message en cliquant sur le bouton **Envoyer** afin qu'il puisse être envoyé dès le rétablissement de la connexion.*

- Pour rendre un message non disponible à partir d'une date précise, cliquez sur le bouton visible dans le groupe **Suivi**. Cochez l'option **Expire après** puis définissez, à l'aide des deux listes associées, la date et l'heure d'expiration. Terminez en cliquant sur le bouton **Fermer**.

- Continuez, si besoin, l'élaboration de votre message puis envoyez-le en cliquant sur le bouton **Envoyer**.

Consulter un message reçu

- Sélectionnez le dossier **Boîte de réception.**
- Affichez, si besoin, le volet de lecture (onglet **Affichage** - bouton **Volet de lecture - À droite** ou **En bas**) puis cliquez sur le message à consulter ou ouvrez le message à consulter en réalisant un double clic dessus.

  *Il est possible qu'une alerte apparaisse discrètement dans le coin inférieur droit du bureau afin de vous avertir de l'arrivée d'un courrier si l'option **Afficher une alerte sur le Bureau** de la boîte de dialogue **Options Outlook** est cochée (onglet **Fichier - Options** - catégorie **Courrier** - zone **Réception des messages**).*

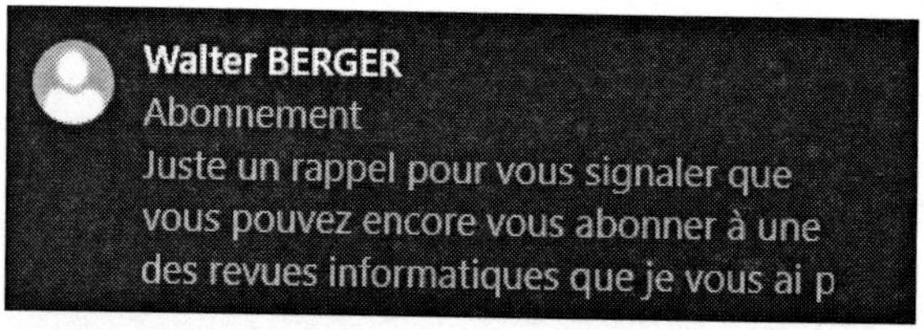

Dans ce cas :

- Cliquez sur le nom de l'expéditeur, sur l'objet ou sur l'aperçu du texte du message pour ouvrir le message et le lire aussitôt.
- Pointez la notification et cliquez sur l'outil pour ne pas le lire maintenant : la notification est alors conservée dans le CENTRE DE NOTIFICATIONS (icône à droite de la barre des tâches, sous l'environnement Windows 10) et le message apparaît en caratère gras dans le dossier Boîte de réception.

Lorsque vous faites un double clic sur un message, celui-ci s'affiche dans une nouvelle fenêtre qui rappelle, entre autres, le nom de l'expéditeur et celui des différents destinataires.

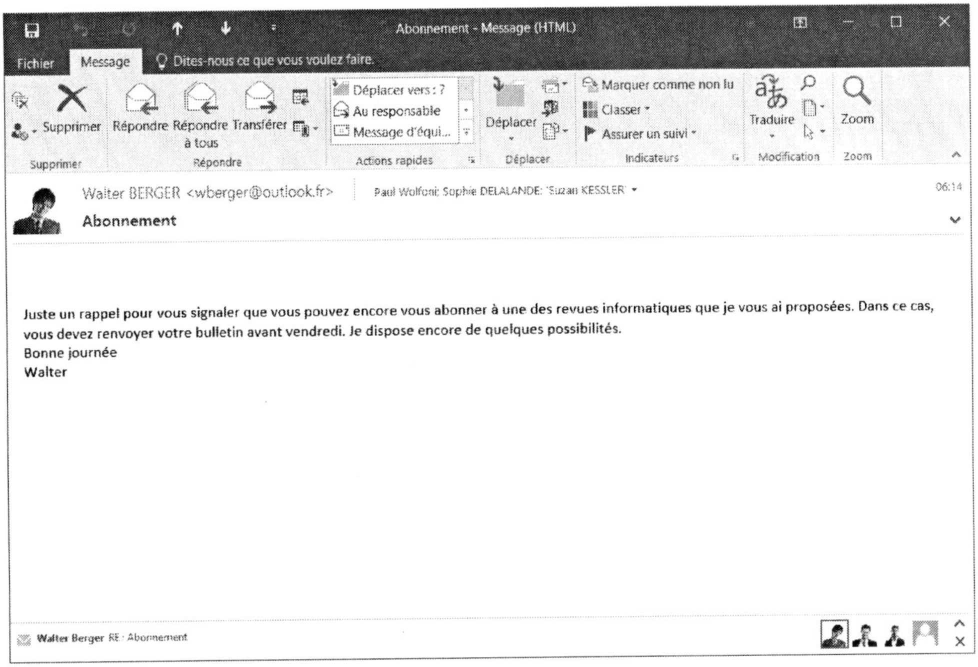

Si votre message contient des images, il est possible que celles-ci ne soient pas visibles et que vous deviez les télécharger.

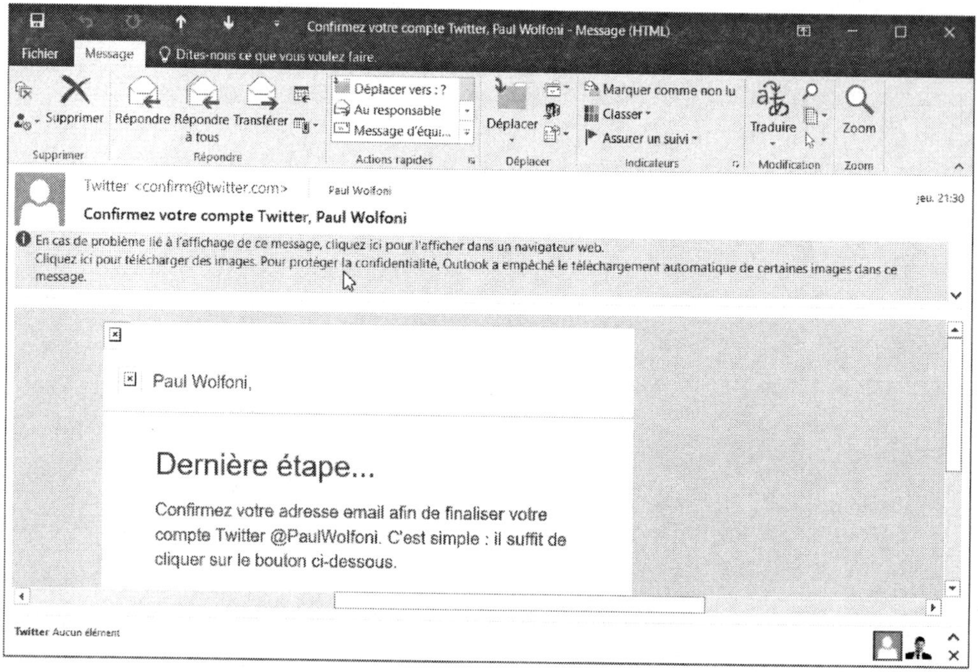

- Si c'est votre cas, cliquez sur la barre d'information vous informant qu'Outlook a empêché le téléchargement automatique de certaines images puis cliquez sur l'option **Télécharger les images**.

Les images sont désormais visibles dans le message.

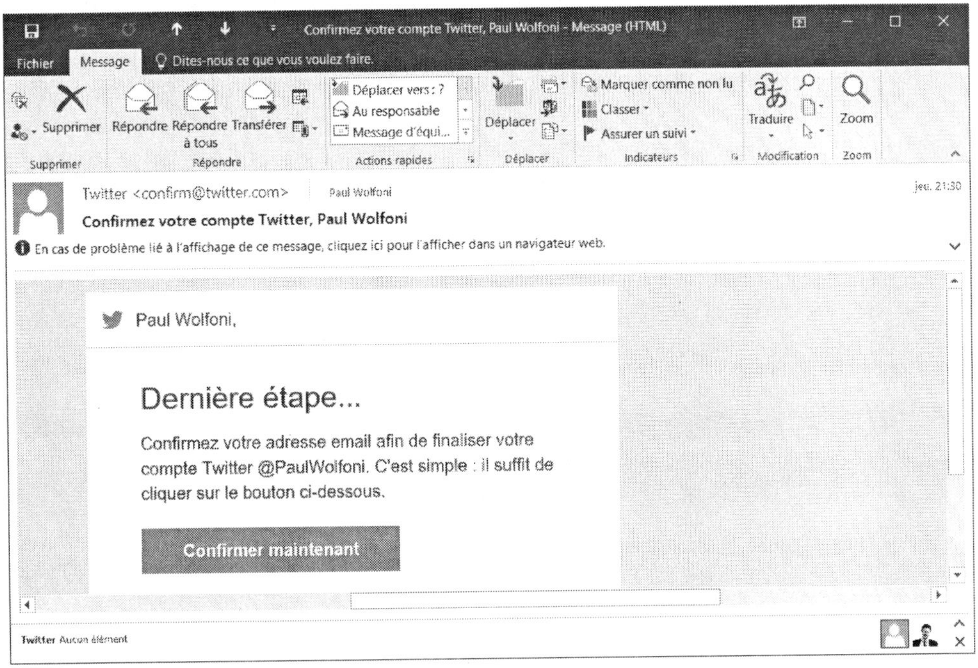

- Pour consulter le message suivant ou le message précédent, utilisez les outils  et  visibles dans la barre d'outils **Accès rapide**.
- Lorsque la lecture du message est terminée, cliquez sur l'outil  de la fenêtre du message pour le fermer.

  Dès qu'un message a été consulté, il est considéré comme lu ; le trait vertical bleu n'apparaît plus à gauche du message et son en-tête n'apparaît plus en caractères gras.

Pour afficher uniquement les messages non lus, cliquez sur l'option **Non lus** située en haut de la liste des messages dans votre Boîte de réception ; l'option **Tous** permet d'afficher de nouveau tous les messages.

Si vous ouvrez un message pour lequel l'expéditeur a défini une confirmation de lecture, une boîte de dialogue apparaît vous demandant si vous souhaitez ou non envoyer la confirmation. Cliquez sur le bouton de votre choix : **Oui** ou **Non**. Vous pouvez choisir de répondre ou non automatiquement aux demandes de confirmation de lecture : dans l'onglet **Fichier**, cliquez sur **Options** puis sur la catégorie **Courrier**. Affichez ensuite la zone **Suivi** puis activez l'option **Toujours envoyer une confirmation de lecture** ou **Ne jamais envoyer de confirmation de lecture** ou **Demander chaque fois si une confirmation de lecture doit être envoyée** avant de cliquer sur le bouton **OK**.

Déclarer des messages comme lus ou non lus

- Sélectionnez le ou les messages concernés ; pour sélectionner plusieurs messages, utilisez la touche ⇧ pour une sélection continue et/ou la touche Ctrl pour une sélection discontinue.
- Positionnez le pointeur de la souris à gauche du ou des message(s) sélectionné(s).

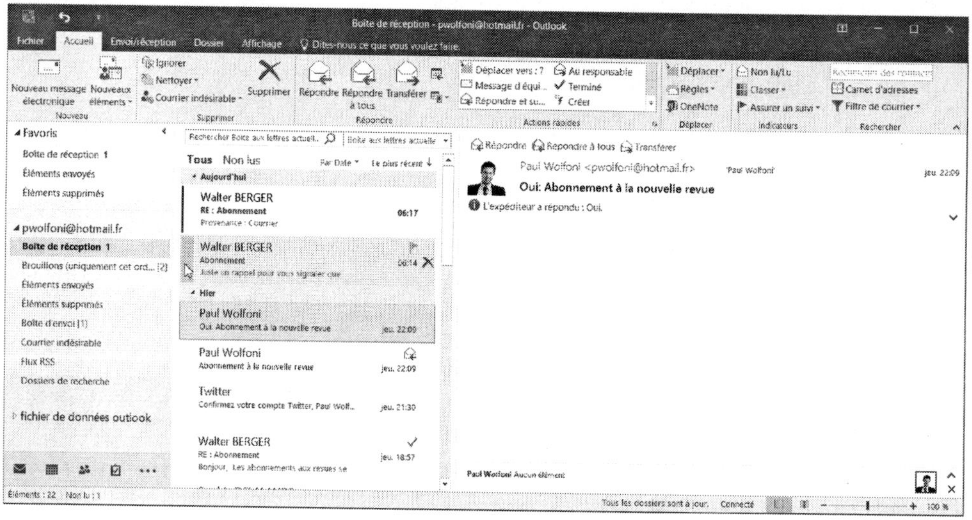

Cliquez pour déclarer, selon le cas, les messages lus ou non lus.

Si les messages sélectionnés étaient lus, ils sont désormais déclarés comme non lus et un trait vertical bleu est désormais visible à gauche de chacun des messages concernés. À l'inverse, si les messages sélectionnés étaient non lus, ils sont désormais déclarés comme lus et le trait vertical bleu n'est désormais plus visible à gauche de chacun des messages concernés.

Pour déclarer des messages comme lus ou non lus, vous pouvez également cliquer sur l'onglet **Accueil** puis sur le bouton **Non lu/Lu** du groupe **Indicateurs** ou utiliser le raccourci-clavier Ctrl **Q** pour les marquer comme lus ou Ctrl **U** pour les marquer comme non lus.

Pour déclarer lue l'intégralité des éléments d'un dossier, faites un clic droit sur le dossier concerné puis cliquez sur l'option **Marquer tout comme lu** ou cliquez sur le bouton **Marquer tout comme lu** de l'onglet **Dossier** (groupe **Nettoyer**) après avoir sélectionné le dossier concerné.

Lorsque vous passez de la sélection d'un message non lu à la sélection d'un autre message, le message précédemment non lu est automatiquement marqué comme lu. Pour changer ceci, décochez l'option **Marquer l'élément comme lu lors du changement de sélection** visible dans la boîte de dialogue **Volet de lecture** (onglet **Fichier - Options** - catégorie **Courrier** - zone **Volets Outlook** - bouton **Volet de lecture**) : dans ce cas, seule l'ouverture du message pourra le déclarer comme lu. Dans la boîte de dialogue **Volet de lecture**, vous pouvez également cocher l'option **Marquer les éléments comme lus quand ils ont été affichés dans le Volet de lecture** puis spécifiez, dans la zone de saisie associée, le nombre de secondes avant que l'élément soit marqué comme lu.

Pour visualiser uniquement les messages non lus, cliquez sur l'option **Non lus** située en haut de la liste des messages dans votre Boîte de réception ; l'option **Tous** permet d'afficher de nouveau tous les messages.

Vous pouvez également rechercher les messages lus ou non lus à l'aide de la recherche instantanée : cliquez dans la zone **Recherche instantanée** 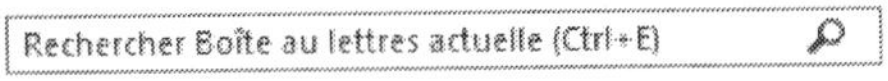

(ou Ctrl **E**), sur le bouton **Plus** de l'onglet **Recherche** (groupe **Affiner**) puis sur l'option **Lu**. Ouvrez la liste **Lu** qui s'affiche sous la zone **Recherche instantanée** puis, selon le cas, choisissez l'option **Oui** pour afficher les messages lus ou le bouton **Non** pour afficher ceux qui n'ont pas été lus : par défaut, Outlook réalise la recherche dans tous les dossiers de messsagerie de votre boîte aux lettres. Pour annuler la recherche, cliquez sur le bouton **Fermer la recherche** de l'onglet **Recherche** : tous les messages sont de nouveau visibles. Pour plus de détails concernant la recherche instantanée, reportez-vous au titre Utiliser la recherche instantanée situé dans le chapitre Gestion des éléments.

Pour déclarer un message comme lu ou non lu, vous pouvez également cliquer avec le bouton droit de la souris sur le message concerné puis cliquez sur l'option **Marquer comme lu(s)** ou sur l'option **Marquer comme non lu(s)**.

Répondre à un message

- Sélectionnez la **Boîte de réception** dans le dossier **Courrier**.
- Ouvrez le message auquel vous souhaitez répondre par un double clic dessus ou sélectionnez-le sans l'ouvrir si le volet de lecture est affiché.
- Pour répondre à l'expéditeur du message, cliquez sur **Répondre** visible dans la partie supérieure du volet de lecture (seulement si le message n'a pas été ouvert au préalable) ou cliquez sur le bouton **Répondre** situé dans le groupe **Répondre** (onglet **Message**) ou utilisez le raccourci-clavier Ctrl **R**.

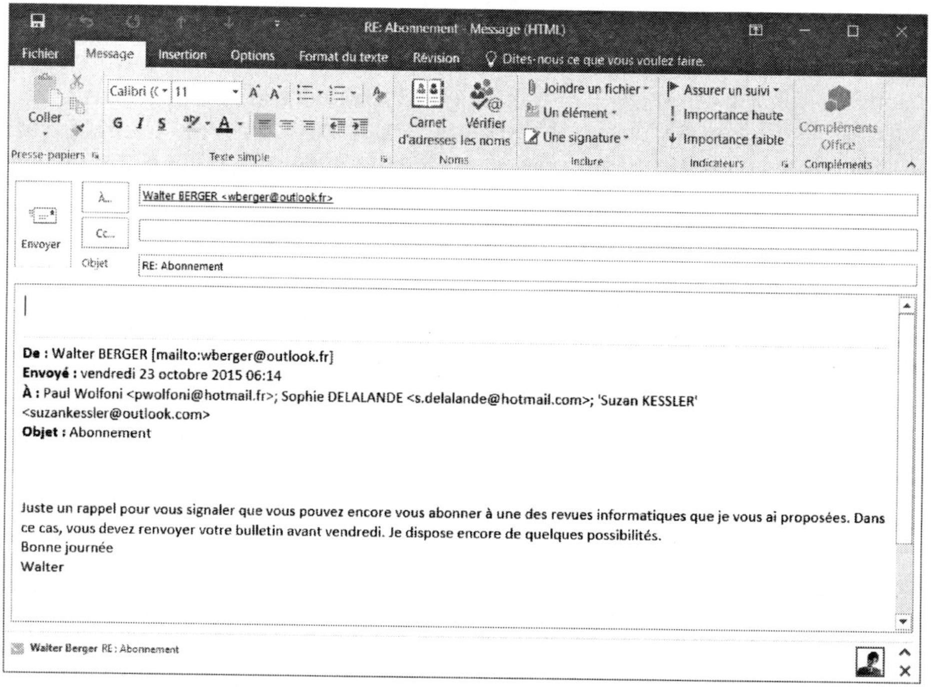

*Si vous avez sélectionné le message d'origine sans l'ouvrir, la fenêtre de réponse (**RE**) s'affiche dans le volet de lecture ; si vous avez ouvert le message d'origine, une fenêtre de réponse (**RE**) apparaît, ce qui est le cas sur l'exemple présenté ci-dessus. Quelle que soit la méthode utilisée, Outlook reprend le nom de l'expéditeur du message d'origine en tant que destinataire de la réponse et il fait précéder l'objet des caractères **RE** ; le message d'origine est intégralement repris dans la zone de saisie du texte.*

Pour répondre à l'expéditeur et à tous les destinataires du message, cliquez sur **Répondre à tous** visible dans la partie supérieure du volet de lecture (seulement si le message n'a pas été ouvert au préalable) ou cliquez sur le bouton **Répondre à tous** visible dans le groupe **Répondre** (onglet **Message**) ou utilisez le raccourci-clavier Ctrl ⇧ **R**.

Si vous utilisez un compte Exchange Server 2010 ou supérieur, la barre ***Infos-courrier*** *vous informe du nombre de destinataires lorsque celui-ci est important.*

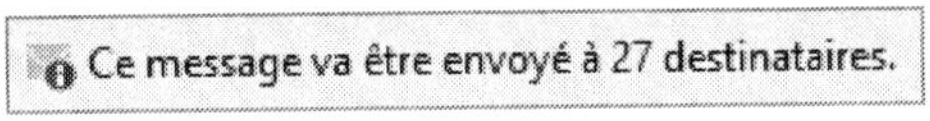

- Renseignez votre réponse dans la zone de saisie réservée au texte (au-dessus du message d'origine).

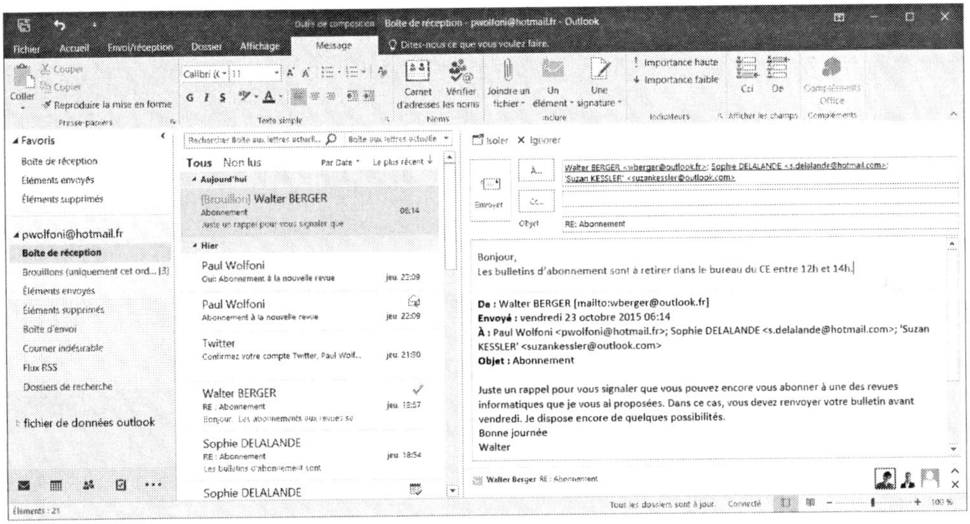

Remarquez que le texte de la réponse apparaît en bleu. Sachez que rien ne vous empêche de modifier le texte d'origine.

Si vous répondez dans le volet de lecture, ce qui est le cas sur l'exemple présenté ci-dessus, vous visualisez les boutons ***Isoler*** *et* ***Ignorer*** *dans la partie supérieure du volet. Un clic sur le bouton* ***Isoler*** *permet d'afficher la réponse dans une nouvelle fenêtre tandis qu'un clic sur le bouton* ***Ignorer*** *permet d'annuler la réponse et de revenir au message d'origine.*

- Cliquez sur le bouton **Envoyer** pour envoyer votre réponse.

Dans la fenêtre du message d'origine, Outlook rappelle la date et l'heure de votre réponse dans la barre d'information.

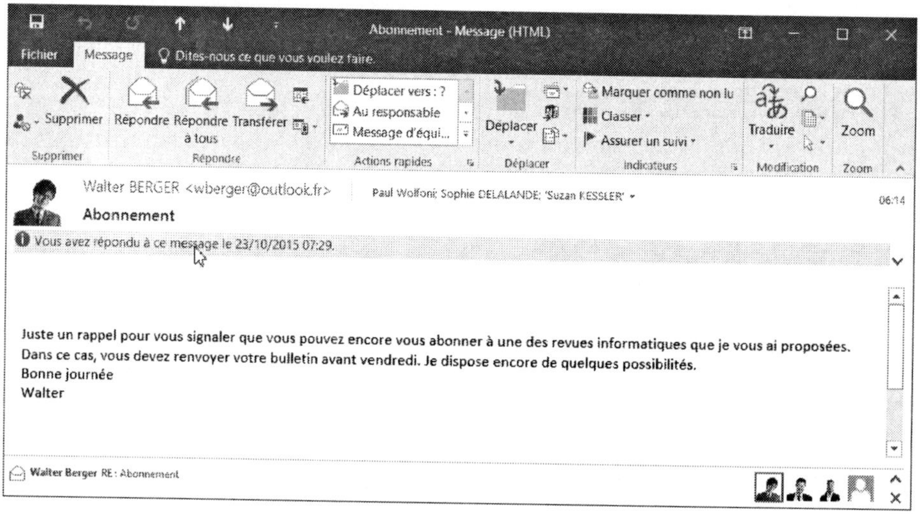

Un clic sur la barre d'information permet d'afficher l'option permettant de rechercher les messages du même type.

Si besoin, fermez la fenêtre du message d'origine en cliquant sur l'outil ✕.

*Dans la **Boîte de réception** de l'expéditeur de la réponse, le symbole est associé au message.*

Pour répondre à un message et supprimer le message d'origine, dans l'onglet **Accueil**, cliquez sur le bouton **Répondre et supprimer** visible dans le groupe **Actions rapides** : le message d'origine est supprimé de la **Boîte de réception** et est désormais visible dans le dossier **Éléments supprimés.**

Si vous souhaitez qu'un clic sur **Répondre**, **Répondre à tous** et **Transférer** situés dans la partie supérieure du volet de lecture ouvre une nouvelle fenêtre, cochez l'option **Ouvrir les réponses et les transferts dans une nouvelle fenêtre** de la boîte de dialogue **Options Outlook** (onglet **Fichier - Options** - catégorie **Courrier** - zone **Réponses et transferts**).

Vous pouvez personnaliser vos réponses (cf. Messagerie : configuration - Configurer les messages de réponse/de transfert).
Vous pouvez répondre à un message à l'aide de la messagerie instantanée si celle-ci est installée et paramétrée sur votre ordinateur.

Transférer un message reçu

Vous pouvez transférer un message à une tierce personne.

- Ouvrez le message que vous souhaitez transférer par un double clic ou sélectionnez-le sans l'ouvrir si le volet de lecture est affiché.
- Pour transférer un message, cliquez sur **Transférer** visible dans la partie supérieure du volet de lecture (seulement si le message n'a pas été ouvert au préalable) ou cliquez sur le bouton **Transférer** visible dans le groupe **Répondre** (onglet **Message**) ou utilisez le raccourci-clavier Ctrl **F**.

  *Si vous avez sélectionné le message d'origine sans l'ouvrir, la fenêtre de transfert du message (**TR**) s'affiche dans le volet de lecture ; si vous avez ouvert le message d'origine, la fenêtre de transfert (**TR**) apparaît. Quelle que soit la méthode utilisée, l'objet du message est repris, précédé des lettres **TR** et le message d'origine est rappelé dans la zone de saisie du texte.*
- Renseignez les adresses du ou des nouveaux destinataires dans les zones **À** et **Cc**.
- Si nécessaire, saisissez vos propres commentaires dans la zone de texte.

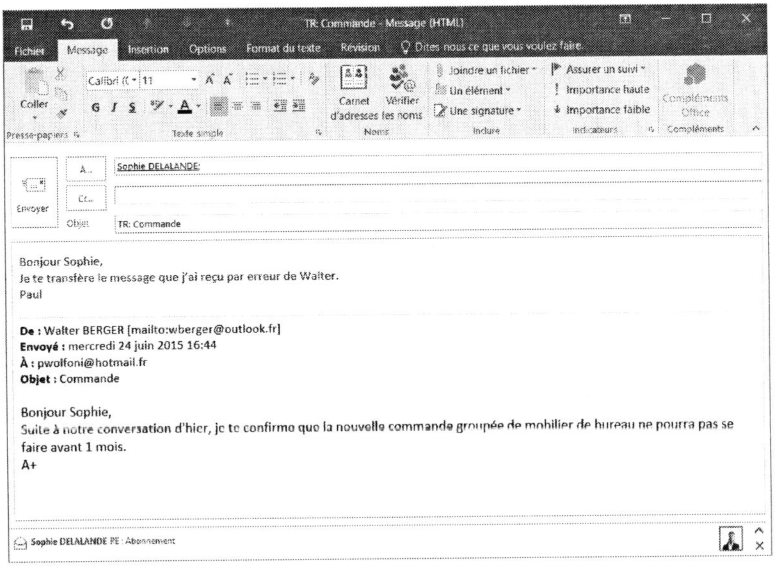

Comme pour la saisie d'une réponse, les commentaires saisis s'affichent en bleu. Sur l'exemple présenté ci-dessus, le transfert du message est réalisé par le biais d'une nouvelle fenêtre.

- Cliquez sur le bouton **Envoyer** pour expédier ce message.

  La date et l'heure du transfert sont rappelées par Outlook dans la fenêtre d'origine du message transféré.

- Si besoin, fermez la fenêtre du message d'origine en cliquant sur l'outil .

Dans le dossier **Boîte de réception** de l'expéditeur, le symbole est associé au message transféré.

Pour éviter de conserver en double les messages transférés, décochez l'option **Enregistrer les messages transférés** de la boîte de dialogue **Options Outlook** (onglet **Fichier - Options** - catégorie **Courrier** - zone **Enregistrer les messages**). Ainsi, les messages transférés sont stockés uniquement dans le dossier **Boîte de réception** et ne sont donc plus visibles dans le dossier **Éléments envoyés**.

Vous pouvez personnaliser les messages de transfert (cf. Messagerie : configuration - Configurer les messages de réponse/de transfert).

Répondre à un message en votant

- Ouvrez le message concerné par un double clic dessus.

  Le destinataire sait qu'il doit voter car la barre d'information affiche le texte ***Votez en cliquant sur Vote dans le groupe Répondre ci-dessus****.*

- Cliquez sur le bouton **Vote** visible dans le groupe **Répondre**.

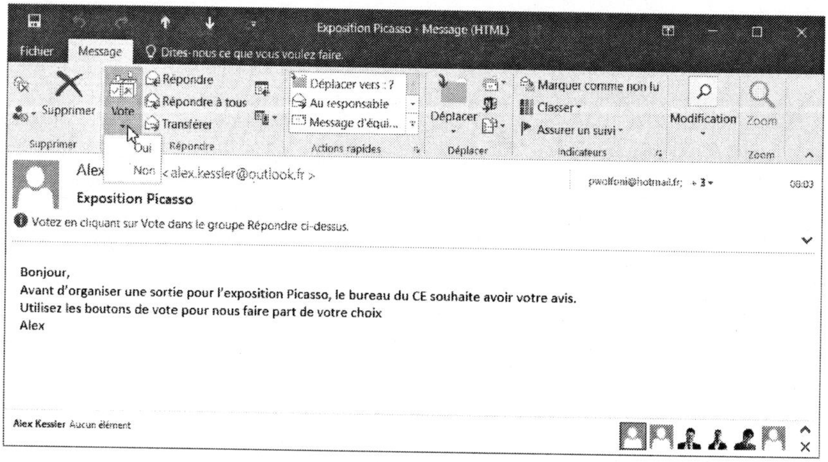

Dans cet exemple, nous avons créé un vote de type ***Oui ; Non****.*

Cliquez sur l'option correspondant à votre choix.

Outlook rappelle votre choix et il demande si vous souhaitez ou non commenter votre vote :

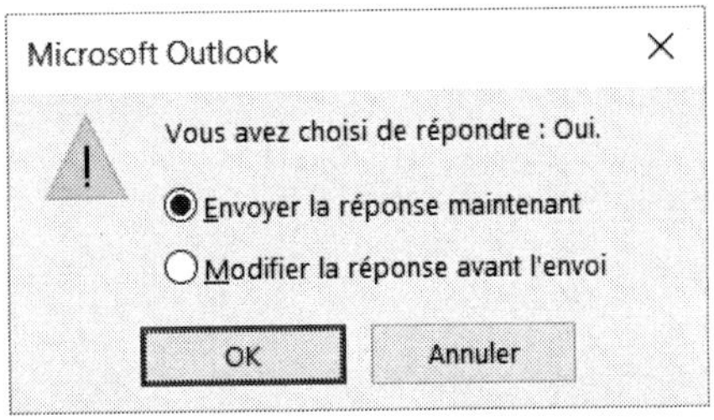

Pour envoyer directement la réponse sans commenter votre vote, activez l'option **Envoyer la réponse maintenant.**

Pour commenter la réponse avant l'envoi du message, activez l'option **Modifier la réponse avant l'envoi.**

Cliquez sur le bouton **OK.**

Si vous avez choisi de modifier la réponse avant l'envoi, saisissez le texte de la réponse dans le corps du message puis cliquez le bouton **Envoyer.**

Fermez la fenêtre du message d'origine en cliquant sur l'outil .

Si le **Volet de lecture** est affiché, vous pouvez voter sans ouvrir le message : cliquez sur la barre d'information qui affiche le texte **Ce message comporte des boutons de vote. Veuillez cliquer ici pour voter** puis cliquez sur l'option de vote de votre choix.

Recevoir un message comportant une pièce jointe

Rappelons que pour des raisons de sécurité, Outlook analyse les pièces jointes aux messages reçus ou expédiés et rejette systématiquement tous les types de fichiers susceptibles de contenir un virus (tels que les fichiers .bat, .exe, .vbs, .js...). Dans le cas d'un rejet, Outlook remplace la pièce jointe par ce message :

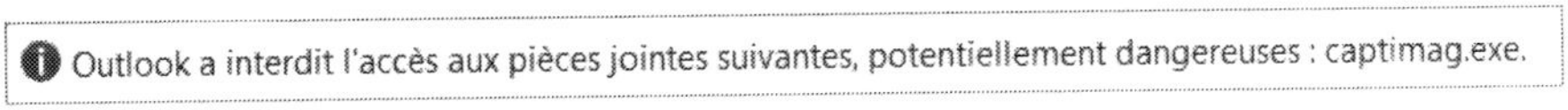

Afficher un aperçu d'une pièce jointe dans le volet de lecture

Vous pouvez rapidement voir le contenu d'une pièce jointe sans devoir l'ouvrir. Pour cela, le message correspondant doit être au format HTML ou Texte brut, mais pas au format Texte enrichi.

- Veillez à ce que le volet de lecture soit affiché : onglet **Affichage** - groupe **Disposition** - bouton **Volet de lecture** - **À droite** ou **En bas**.
- Sélectionnez le message contenant la pièce jointe à prévisualiser.

*Le contenu du message correspondant est désormais visible dans le volet de lecture et la ou les pièces jointes associées sont affichées à droite de la zone **Message** située dans la partie supérieure du volet.*

- Cliquez sur la pièce jointe pour laquelle vous souhaitez afficher un aperçu.

Selon le type de fichier, il est possible que le volet de lecture affiche un message de recommandation.

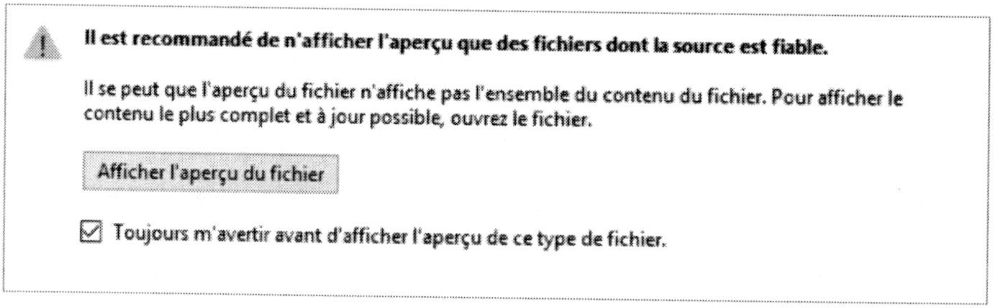

- Si c'est votre cas et que vous ne souhaitez plus visualiser ce message par la suite, décochez l'option **Toujours m'avertir avant d'afficher l'aperçu de ce type de fichier** puis cliquez sur le bouton **Afficher l'aperçu du fichier**.

*Un aperçu du contenu du fichier joint est désormais visible dans le volet de lecture et l'onglet **Pièces jointes** est sélectionné dans le ruban.*

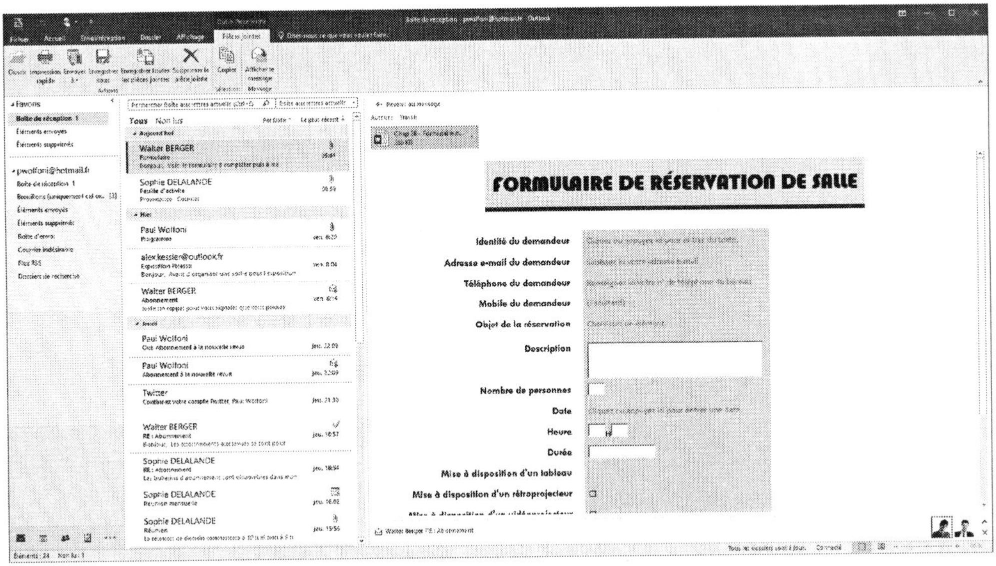

- Si besoin, utilisez les barres de défilement horizontal et vertical pour faire défiler le contenu du volet de lecture.
- Pour afficher de nouveau le contenu du message, cliquez sur **Revenir au message** visible dans la partie supérieure du volet de lecture ou cliquez sur le bouton **Afficher le message** de l'onglet **Pièces jointes.**

Vous pouvez également, en procédant comme expliqué ci-dessus, afficher un aperçu d'une pièce jointe dans la fenêtre d'un message ouvert.

Vous pouvez choisir de ne plus afficher l'aperçu des pièces jointes en cochant l'option **Désactiver l'aperçu des pièces jointes** visible dans la boîte de dialogue **Centre de gestion de la confidentialité** (onglet **Fichier - Options** - catégorie **Centre de gestion de la confidentialité** - bouton **Paramètres du Centre de gestion de la confidentialité** - catégorie **Gestion des pièces jointes**). Le bouton **Générateurs d'aperçus de pièces jointes et de documents** affiche la boîte de dialogue **Options d'aperçu de fichier** permettant de choisir les applications utilisées pour l'aperçu des fichiers. Vous devez ensuite fermer puis ouvrir de nouveau l'application Outlook pour que les nouveaux paramètres soient pris en compte par Outlook.

Ouvrir un fichier joint

- Ouvrez le message contenant la pièce jointe par un double clic dessus ou sélectionnez-le sans l'ouvrir.

  Si vous recevez un message créé au format HTML ou Texte brut, l'icône de la pièce jointe apparaît dans l'en-tête du message. Dans le cas d'un message créé au format RTF (Texte enrichi), l'icône de la pièce jointe apparaît dans le message.

- Faites un double clic sur l'icône de la pièce jointe correspondant au fichier à ouvrir ou ouvrez la liste associée à la pièce jointe et choisissez l'option **Ouvrir**.

  L'ouverture du fichier entraîne le lancement de l'application d'origine du document lorsque cela est possible. Néanmoins, il est possible que la boîte de dialogue suivante apparaisse :

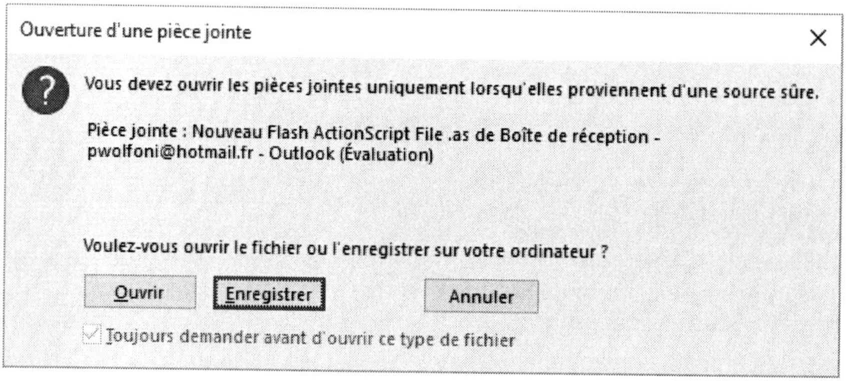

  *Le bouton **Enregistrer** permet d'enregistrer le fichier : après l'enregistrement du fichier, celui-ci ne s'ouvre pas. Vous devez refaire un double clic sur son icône pour pouvoir visualiser à nouveau la boîte de dialogue **Ouverture d'une pièce jointe** et ainsi cliquer sur le bouton **Ouvrir**.*

- Si besoin, cliquez sur le bouton **Ouvrir**.
- Après consultation puis modifications éventuelles du contenu du fichier, fermez la fenêtre de l'application en cliquant sur l'outil .
- Si vous avez apporté des modifications au fichier, un message vous propose de les enregistrer : cliquez sur le bouton **Enregistrer** (ou **Oui**) pour fermer l'application en enregistrant les modifications ou cliquez sur le bouton **Ne pas enregistrer** (ou **Non**) pour fermer l'application sans enregistrer les modifications.

- Si vous avez ouvert le message, fermez sa fenêtre en cliquant sur l'outil .

Enregistrer plusieurs pièces jointes d'un message

- Ouvrez le message contenant les pièces jointes à enregistrer ou sélectionnez-le sans l'ouvrir.
- Cliquez sur l'une des pièces jointes puis sur le bouton **Enregistrer toutes les pièces jointes** de l'onglet **Pièces jointes** (groupe **Actions**).

  Vous pouvez également ouvrir la liste d'une des pièces jointes puis cliquer sur l'option ***Enregistrer toutes les pièces jointes****.*

  Une première boîte de dialogue ***Enregistrer toutes les pièces jointes*** *apparaît : par défaut, toutes les pièces jointes sont sélectionnées.*

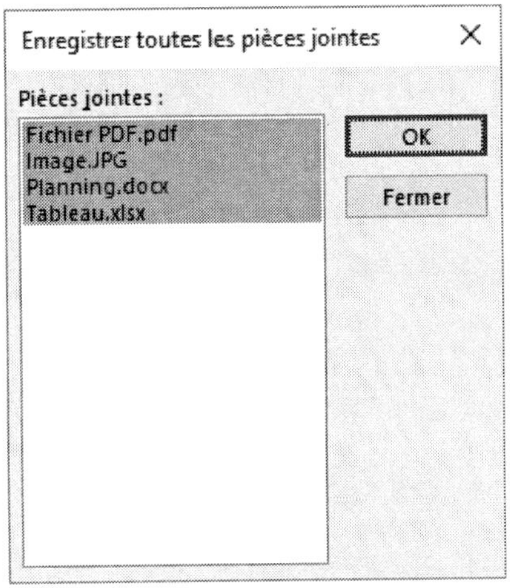

- Pour enregistrer toutes les pièces jointes, cliquez sur le bouton **OK**.

  Si seules quelques pièces jointes doivent être enregistrées, sélectionnez-les en maintenant la touche Ctrl enfoncée puis cliquez sur le bouton **OK**.
- Sélectionnez le dossier dans lequel les documents joints doivent être enregistrés puis cliquez sur le bouton **OK**.
- Si besoin, cliquez sur le bouton **Fermer** de la boîte de dialogue **Enregistrer toutes les pièces jointes**.
- Si vous avez ouvert le message, fermez sa fenêtre en cliquant sur l'outil .

Enregistrer une pièce jointe d'un message

- Ouvrez le message contenant la pièce jointe à enregistrer ou sélectionnez-le sans l'ouvrir (ce message peut contenir une ou plusieurs pièces jointes).
- Cliquez sur la pièce jointe concernée pour la sélectionner.
- Dans l'onglet **Pièces jointes**, cliquez sur le bouton **Enregistrer sous** du groupe **Actions** ou ouvrez la liste associée à la pièce jointe et sélectionnez l'option **Enregistrer sous.**

  *La boîte de dialogue **Enregistrer la pièce jointe** apparaît.*
- Sélectionnez le dossier dans lequel la pièce jointe doit être enregistrée.
- Modifiez éventuellement le nom du fichier dans la zone **Nom de fichier**.
- Cliquez sur le bouton **Enregistrer**.
- Si vous avez ouvert le message, fermez sa fenêtre en cliquant sur l'outil ☒.

Dans le volet de lecture, vous pouvez également faire un clic droit sur l'icône de la pièce jointe à enregistrer puis cliquer sur l'option **Enregistrer sous.**

Gérer les pièces jointes

- Ouvrez le message contenant les pièces jointes à gérer ou sélectionnez-le sans l'ouvrir.
- Pour supprimer une pièce jointe, cliquez sur la pièce jointe à supprimer.

  Dans l'onglet **Pièces jointes**, cliquez sur le bouton **Supprimer la pièce jointe** du groupe **Actions** puis cliquez sur le bouton **Supprimer la pièce jointe**.

  *Vous pouvez également choisir l'option **Supprimer la pièce jointe** dans la liste associée à la pièce jointe concernée.*

  Si vous avez ouvert le message, fermez sa fenêtre en cliquant sur l'outil ☒.
- Pour imprimer une pièce jointe, cliquez sur la pièce jointe à imprimer puis, dans l'onglet **Pièces jointes**, cliquez sur le bouton **Impression rapide** du groupe **Actions** ou ouvrez la liste associée à la pièce jointe et choisissez l'option **Impression rapide**.

  Si besoin, cliquez sur le bouton **Ouvrir** de la boîte de dialogue **Ouverture d'une pièce jointe**.

Insérer une signature

Pour réaliser cette manipulation, la signature doit avoir été préalablement créée (cf. Messagerie : configuration - Créer une ou plusieurs signatures).

- Soyez en création ou en modification d'un message.
- Positionnez le point d'insertion à l'endroit où la signature doit être insérée.
- Dans l'onglet **Message**, cliquez sur le bouton **Une signature** visible dans le groupe **Inclure**.

  *Le bouton **Une signature** est également visible dans le groupe **Inclure** de l'onglet **Insertion**.*
- Cliquez sur le nom correspondant à la signature à insérer.

  *L'option **Signatures** permet d'accéder à la boîte de dialogue **Signatures et thème**.*

Vous pouvez paramétrer Outlook afin qu'une signature apparaisse automatiquement dans chaque nouveau message (cf. Messagerie : configuration - Signer automatiquement les messages).

Insérer un fichier

Il s'agit de joindre un fichier au message.

- Soyez en création ou en modification d'un message.
- Dans l'onglet **Message**, cliquez sur le bouton **Joindre un fichier** visible dans le groupe **Inclure**.

  *Le bouton **Joindre un fichier** est également visible dans le groupe **Inclure** de l'onglet **Insertion**.*

La liste des derniers documents utilisés s'affiche :

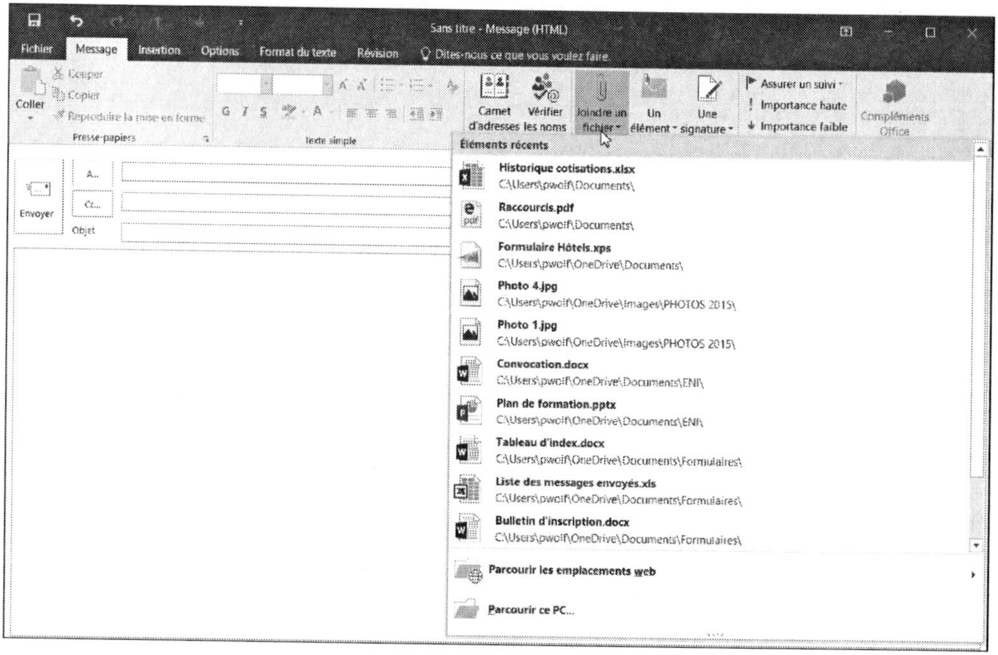

- Si le fichier à joindre est présent dans la liste, cliquez sur ce dernier.

  Si le fichier se trouve dans votre espace de stockage OneDrive (ou sur un site SharePoint), pointez l'option **Parcourir les emplacements web** et choisissez l'option **OneDrive - Personnel** (ou **Sites - Microsoft** dans le cas d'un site SharePoint).

  Si le fichier est enregistré sur votre poste de travail, sélectionnez l'option **Parcourir ce PC**.

  Si vous avez choisi une des deux dernières options, la boîte de dialogue ***Insérer un fichier*** *s'affiche à l'écran.*

- Accédez au dossier dans lequel se trouve le fichier à joindre.
- Sélectionnez le nom du fichier à insérer dans votre message ; si plusieurs fichiers doivent être insérés dans votre message, sélectionnez-les à l'aide de la touche [Ctrl] (sélection discontinue) et/ou de la touche [⇧] (sélection continue).

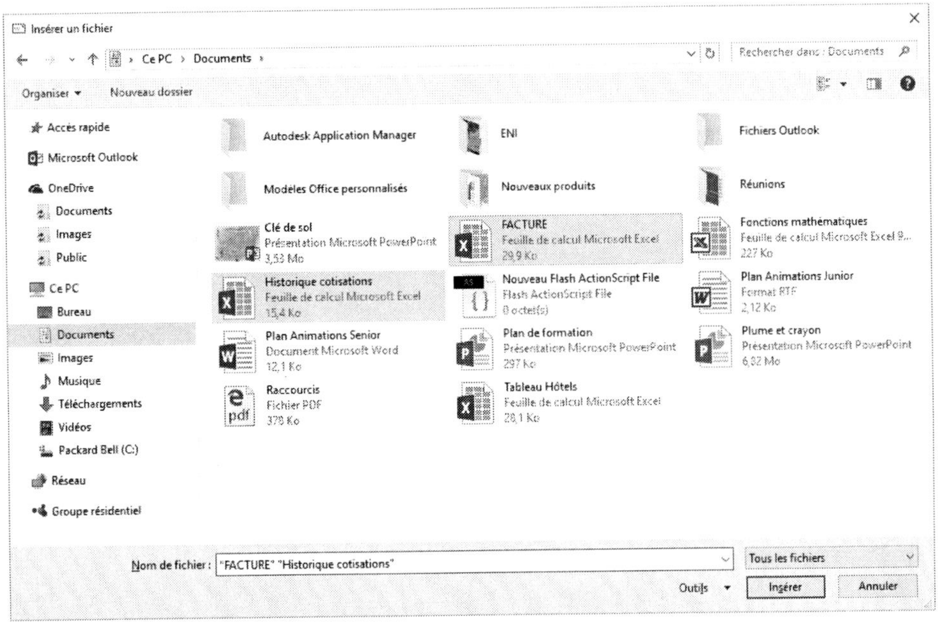

Cliquez sur le bouton **Insérer**.

*Si votre message est au format **HTML** ou **Texte brut**, le fichier sélectionné s'affiche dans la zone **Joint**.*

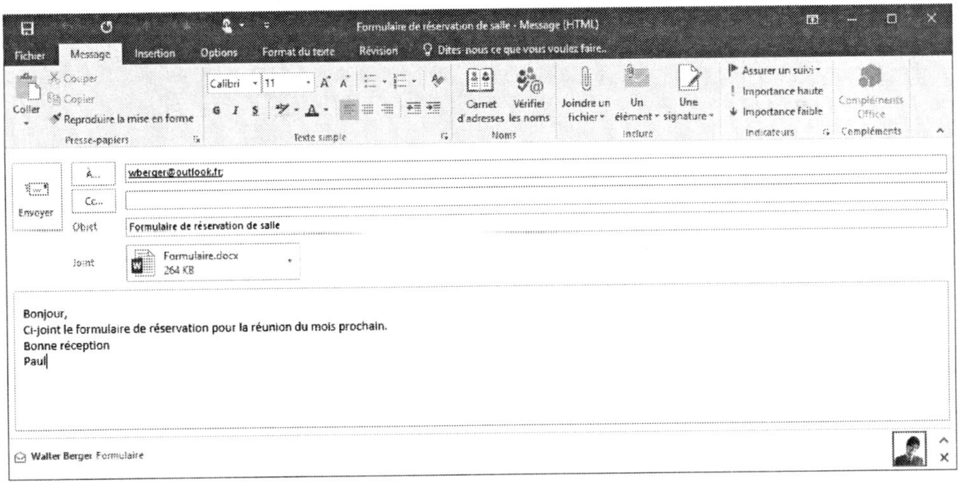

*Si votre message est au format **Texte enrichi** (RTF), le document sélectionné s'affiche dans le corps du message sous la forme d'une icône :*

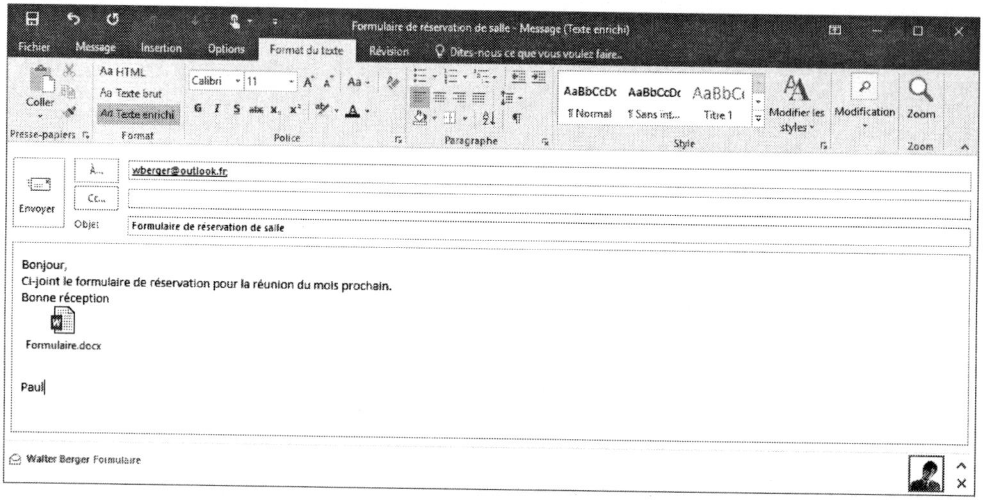

☐ Continuez si besoin l'élaboration du message puis envoyez-le en cliquant sur le bouton **Envoyer**.

Selon le type de fichier mis en pièce jointe, il est possible qu'Outlook le considère comme non sûr. De ce fait, ce message peut apparaître :

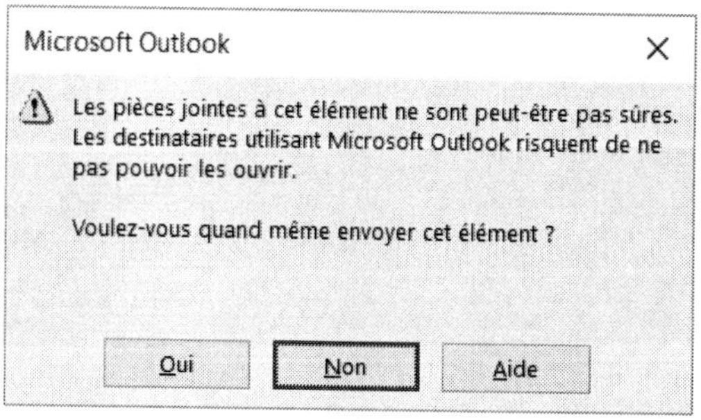

☐ Dans ce cas, cliquez sur le bouton **Oui**.

Chez l'expéditeur et chez les destinataires, les messages avec pièce jointe apparaissent avec le symbole .

Pour des raisons de sécurité, Outlook analyse les pièces jointes aux messages reçus ou expédiés et rejette systématiquement tous les types de fichiers susceptibles de contenir un virus (tels que les fichiers .bat, .exe, .vbs, .js...). Cela signifie que si votre correspondant utilise Outlook, il ne pourra pas recevoir de fichier de type "exe" par exemple. Outlook remplace la pièce jointe par ce message :

> Outlook a interdit l'accès aux pièces jointes suivantes, potentiellement dangereuses : captimag.exe.

Vous pouvez, de la même manière, joindre un fichier à un élément du calendrier, à un contact ou à une tâche lors de la création de l'élément : dans l'onglet **Insertion**, cliquez sur le bouton **Joindre un fichier** du groupe **Inclure**.

Insérer un calendrier

Il s'agit ici de joindre à un message les éléments d'une période du calendrier, appelé "instantané de calendrier". Il ne sera pas nécessaire pour le ou les destinataires du message de posséder l'application Outlook pour visionner ces informations puisqu'elles apparaîtront dans le corps du message.

- Soyez en création ou en modification d'un message.
- Cliquez dans le corps du message à l'endroit où vous souhaitez insérer les informations de votre calendrier.
- Dans l'onglet **Insertion**, cliquez sur le bouton **Calendrier** du groupe **Inclure**.

*La boîte de dialogue **Envoyer un calendrier par courrier électronique** s'affiche à l'écran.*

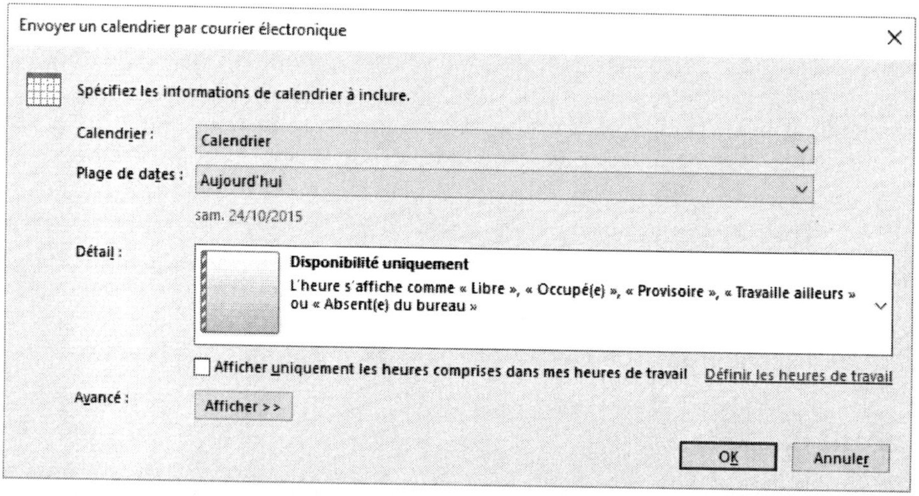

- Sélectionnez le calendrier à inclure au message dans la liste **Calendrier** ; par défaut, le **Calendrier** Outlook est sélectionné et, aucun calendrier supplémentaire n'est visible dans la liste si vous n'en avez pas créé (cf. Créer un calendrier supplémentaire du chapitre Éléments du Calendrier).
- Dans la liste **Plage de dates**, sélectionnez l'option correspondant à la plage de dates contenant les informations à insérer au message : sélectionnez une plage de dates prédéfinie (**Aujourd'hui, Demain, Les 7 prochains jours...**) ou, si aucune ne vous convient, sélectionnez l'option **Spécifier les dates** afin de spécifier une plage de dates personnalisée.

  *Si vous avez choisi une plage de dates prédéfinie, les dates correspondant à la plage sont visibles en grisées sous la liste **Plage de dates**.*
- Si vous avez choisi l'option **Spécifier les dates**, sélectionnez les dates de début et de fin à l'aide des listes **Début** et **Fin**.
- Dans la liste **Détail**, sélectionnez l'option correspondant à la quantité d'informations que le destinataire du message doit visualiser : **Disponibilité uniquement, Détails limités** ou **Tous les détails**.

  *Un texte explicatif est visible sous chacune des options de la liste **Détail**.*

- Cochez éventuellement l'option **Afficher uniquement les heures comprises dans mes heures de travail** si les informations à inclure au message doivent se limiter à vos heures de travail (cf. Définir la semaine et les heures de travail du chapitre Calendrier : configuration).

  *Cette option est disponible uniquement si vous avez choisi l'option **Disponibilité uniquement** dans la liste **Détail**.*

  *Le lien **Définir les heures de travail** permet d'accéder à la boîte de dialogue **Options Outlook** dans laquelle vous pouvez paramétrer vos heures de travail.*

- Cliquez sur le bouton **Afficher** pour afficher les options avancées.
- Si vous souhaitez afficher les détails des éléments privés, cochez l'option **Inclure les détails des éléments marqués comme privés.**

  *Cette option est indisponible lorsque l'option **Disponibilité uniquement** est sélectionnée dans la liste **Détail**.*

  Pour plus d'informations sur les éléments privés, reportez-vous au titre Rendre privé un élément du chapitre Gestion des éléments.

- Si vous souhaitez inclure les pièces jointes, cochez l'option **Inclure les pièces jointes dans les éléments du calendrier**.

  *Cette option est disponible uniquement lorsque l'option **Tous les détails** est sélectionnée dans la liste **Détail**.*

- Sélectionnez la mise en page souhaitée dans la liste **Mise en page du message** : **Agenda quotidien** ou **Liste d'événements** ; l'option **Agenda quotidien** est sélectionnée par défaut.

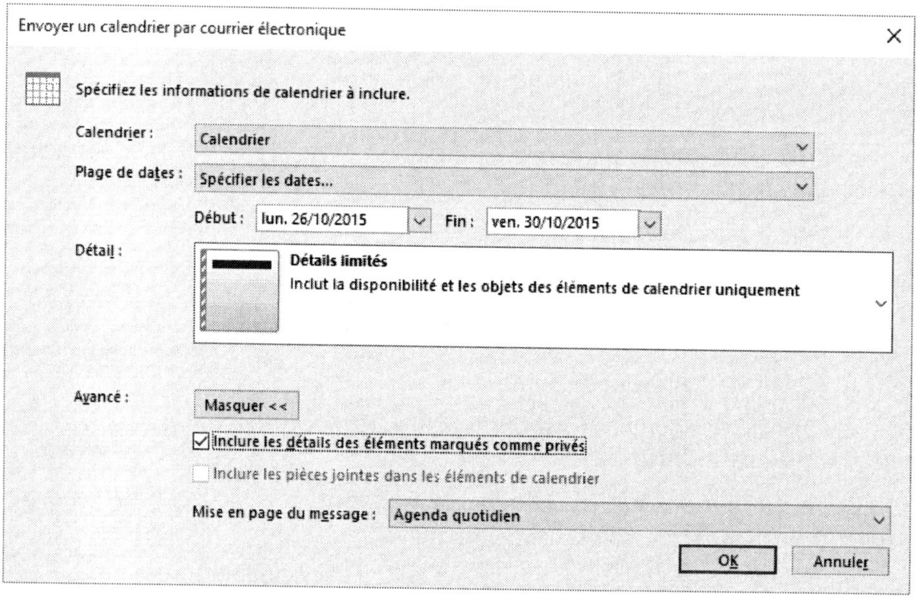

- Cliquez sur le bouton **OK**.

  *Les informations correspondant aux options définies précédemment s'affichent dans le corps du message. Si aucun objet n'avait été spécifié auparavant, le texte **Calendrier de "nom de l'expéditeur"** est visible dans la zone **Objet**. De plus, vous visualisez une nouvelle zone intitulée **Joint** dans laquelle est affiché le fichier correspondant au calendrier de l'expéditeur ; seuls les éléments compris dans la plage de dates spécifiée sont visibles dans le calendrier.*

- Si besoin, continuez l'élaboration du message puis envoyez-le en cliquant sur le bouton **Envoyer**.

  Après avoir ouvert le message, le destinataire visualise les informations de la période du calendrier spécifiée par l'expéditeur, dans le corps du message.

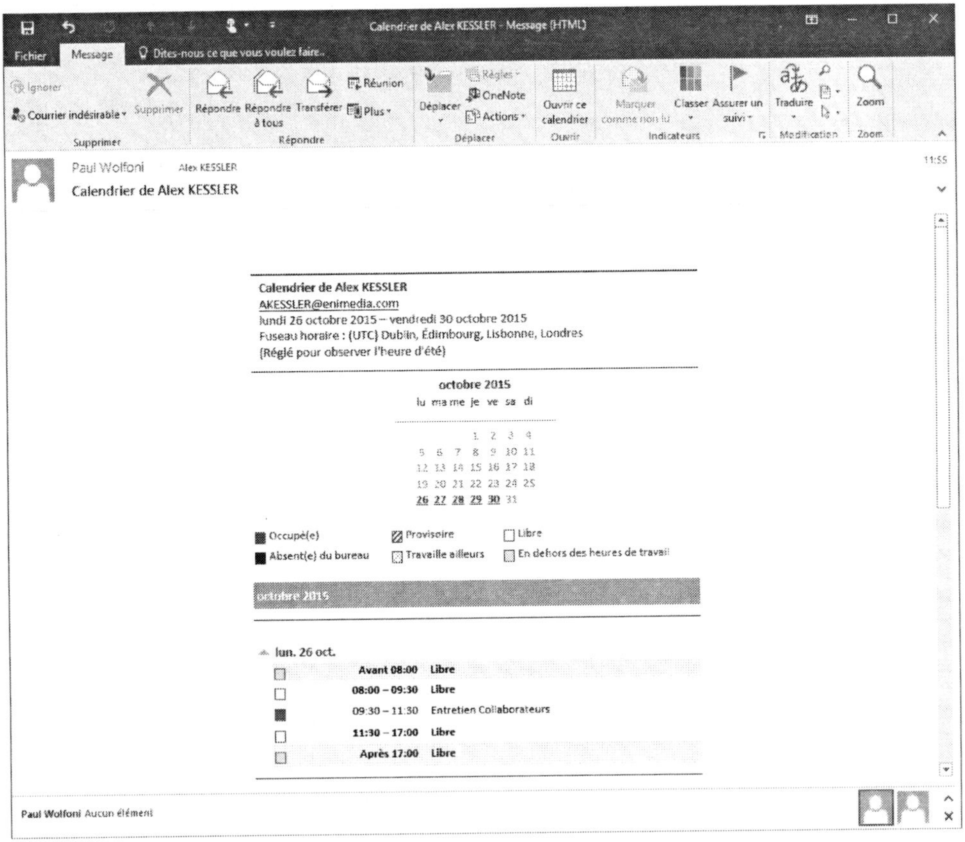

*La zone **Joint**, visible lors de la création du message, ne l'est plus dans la fenêtre du message du destinataire.*

*Le bouton **Ouvrir ce calendrier** du groupe **Ouvrir** permettra au destinataire, s'il utilise Outlook, d'ouvrir le calendrier inclus dans le message et de l'ajouter à la liste de ses calendriers dans le dossier **Calendrier** ; seuls les éléments de la plage de dates spécifiée par l'expéditeur seront visibles dans le calendrier.*

Si l'expéditeur du message sélectionne une plage de dates ne contenant aucun élément, un message s'affiche après validation de la boîte de dialogue **Envoyer un calendrier par courrier électronique** : cliquez sur le bouton **Modifier les dates** pour changer les dates, sur le bouton **Annuler** pour annuler l'insertion du calendrier ou sur le bouton **Continuer** pour poursuivre l'insertion du calendrier sachant qu'il n'y a aucun intérêt à inclure un calendrier ne contenant aucun élément.

Pour ouvrir un calendrier, après avoir sélectionné le message correspondant dans la **Boîte de réception**, le destinataire du message peut également cliquer sur le bouton **Ouvrir ce calendrier** visible dans la partie supérieure du volet de lecture.

Insérer un élément Outlook

Il s'agit d'insérer un élément Outlook dans un message dans le but de le transmettre à une ou plusieurs autres personnes.

- Soyez en création ou en modification d'un message.
- Dans l'onglet **Insertion**, cliquez sur le bouton **Élément Outlook** visible dans le groupe **Inclure**.

  *La boîte de dialogue **Insertion d'un élément** s'affiche à l'écran.*
- Dans la liste **Regarder dans**, sélectionnez le dossier dans lequel se trouve l'élément à insérer dans votre message.
- Dans la zone de liste **Éléments**, sélectionnez le ou les éléments à insérer ; utilisez la touche [Maj] pour une sélection continue et/ou la touche [Ctrl] pour une sélection discontinue.

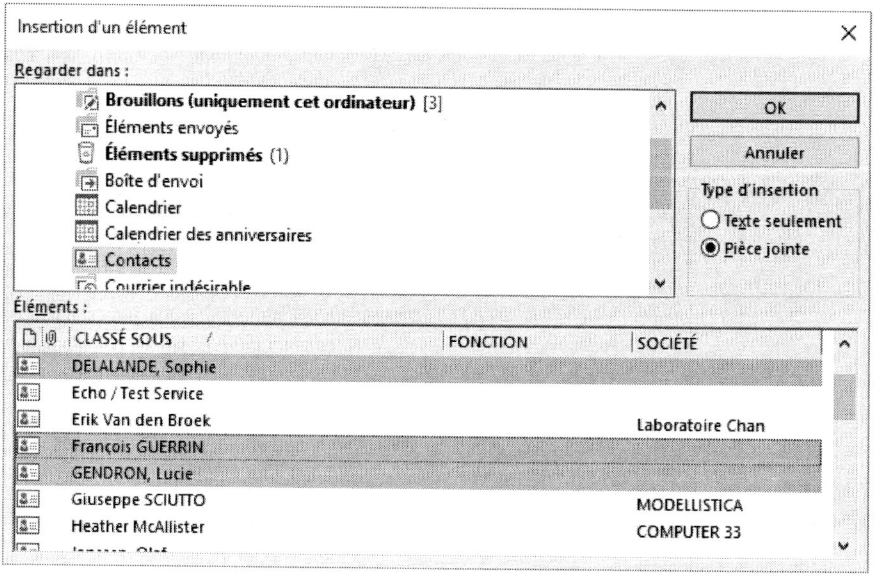

- Activez l'option correspondant au type d'insertion à réaliser dans l'encadré **Type d'insertion** :

Texte seulement Pour insérer le ou les éléments sélectionnés sous forme de texte dans le corps du message.

Pièce jointe Pour insérer le ou les éléments sélectionnés sous forme de pièce jointe.

- Cliquez sur le bouton **OK**.

*Les éléments Outlook dont le type d'insertion est **Pièce jointe** apparaissent dans la zone **Joint** (format HTML ou Texte brut) ou dans le corps du message (format Texte enrichi) sous la forme d'icônes qui rappellent l'origine de l'élément :*

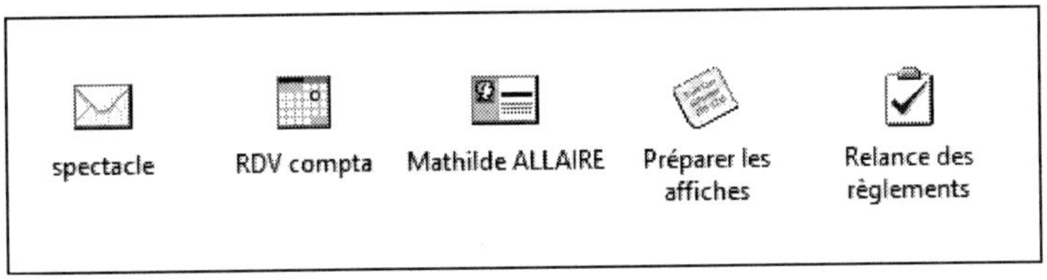

- Continuez si besoin l'élaboration du message puis envoyez-le en cliquant sur le bouton **Envoyer**.

Vous pouvez également insérer un rendez-vous, une tâche et/ou une note dans un message en les sélectionnant dans le dossier correspondant puis en utilisant le raccourci-clavier Ctrl **F**. Dans le cas d'un message, cliquez sur le bouton **Plus** de l'onglet **Accueil** (groupe **Répondre**) puis sur l'option **Transférer en tant que pièce jointe** après l'avoir sélectionné. Vous pouvez également utiliser le raccourci-clavier Ctrl **F** pour un message mais dans ce cas, le contenu du message s'insère dans le corps du message et pas comme pièce jointe.

Pour insérer un contact dans un message, vous pouvez également, après avoir sélectionné le contact, cliquer sur le bouton **Transférer un contact** de l'onglet **Accueil** (groupe **Partager**) puis cliquer sur l'option **Comme carte de visite** ou **Comme contact Outlook** (cf. Contacts - Envoyer les informations d'un contact par messagerie).

Le bouton **Carte de visite** visible dans l'onglet **Insertion** (groupe **Inclure**) de la fenêtre de création d'un message, permet d'insérer dans celui-ci, un ou plusieurs contacts sous forme de cartes de visite électroniques (vcard). Dans ce cas, en plus d'être inséré en tant que fichier dans la zone **Joint**, la carte de visite est également visible dans le corps du message.

Vous pouvez, de la même manière, joindre un élément à un élément du calendrier, à un contact ou à une tâche : lors de la création de l'élément, dans l'onglet **Insertion**, cliquez sur le bouton **Élément Outlook** du groupe **Inclure**.

Imprimer le contenu des messages

- Activez le dossier contenant le ou les messages à imprimer.
- Sélectionnez le ou les messages concernés ; utilisez la touche [⇧] pour une sélection continue et la touche [Ctrl] pour une sélection discontinue.
- Cliquez sur l'onglet **Fichier** puis sur l'option **Imprimer** ou utilisez le raccourci-clavier [Ctrl] **P**.
- Sélectionnez l'option **Mémo** située dans la zone **Paramètres.**

  *Le style **Tableau** permet d'imprimer la liste des messages et non leur contenu.*
- Si vous souhaitez modifier les **Options d'impression**, cliquez sur le bouton correspondant.
- Si les messages contiennent des pièces jointes, et que vous souhaitez aussi imprimer le contenu de celles-ci, cochez l'option **Imprimer les fichiers joints. Les pièces jointes sont imprimées uniquement sur l'imprimante par défaut.**

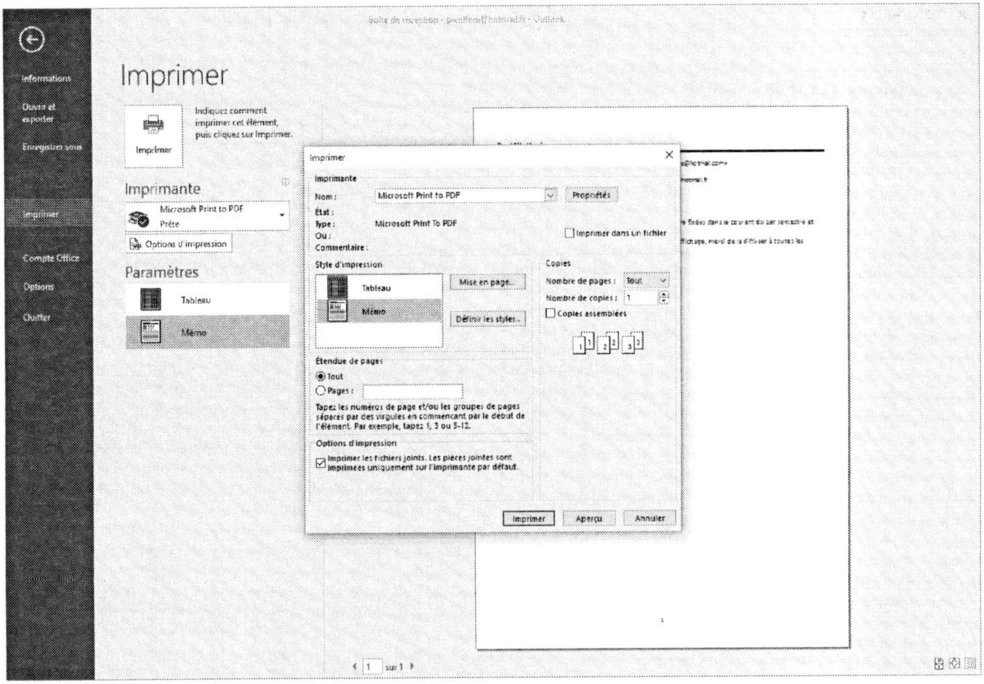

- Pour imprimer uniquement les pages paires et/ou impaires, sélectionnez l'option correspondante dans la liste **Nombre de pages** de l'encadré **Copies**.
- Saisissez le nombre d'exemplaires à imprimer dans la zone de saisie **Nombre de copies** de l'encadré **Copies.**
- Cochez l'option **Copies assemblées** pour que l'impression se fasse exemplaire par exemplaire et non page par page.
- Cliquez sur le bouton **Imprimer** pour lancer l'impression.

Le bouton **Imprimer** (onglet **Fichier** - option **Imprimer**) lance directement l'impression en prenant en compte les paramètres par défaut définis dans la boîte de dialogue **Imprimer**.

Gérer l'aperçu partiel des messages

*Par défaut, les dossiers des messages (**Boîte de réception, Éléments envoyés, Éléments supprimés...**) affichent sous l'objet de chaque message un aperçu du texte de celui-ci sur une ligne. Vous pouvez modifier le nombre de lignes de l'aperçu ou ne plus afficher d'aperçu.*

- À partir de la fenêtre principale d'Outlook, cliquez sur **Courrier** dans la barre de navigation.
- Dans l'onglet **Affichage**, cliquez sur le bouton **Aperçu du message** visible dans le groupe **Réorganisation.**

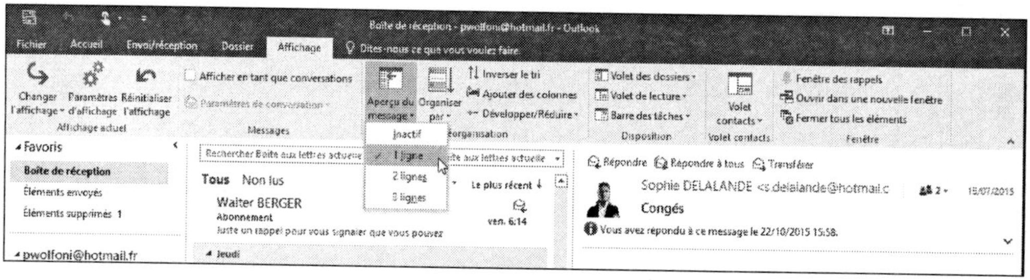

Sur l'exemple présenté ci-dessus, une ligne d'aperçu de texte est visible sous chaque message ; c'est la valeur définie par défaut dans Outlook.

- Pour visualiser une ou plusieurs lignes d'aperçu des messages, cliquez sur l'option **1 ligne**, **2 lignes** ou **3 lignes** en fonction du nombre de lignes à afficher.

  Pour ne plus visualiser les lignes d'aperçu, cliquez sur l'option **Inactif.**
- Cliquez ensuite sur le bouton **Toutes les boîtes aux lettres** du message qui s'affiche pour que l'option choisie s'applique à tous les dossiers **Courrier** ou sur le bouton **Ce dossier** si seuls les messages du dossier actif sont concernés.

Choisir le format des messages par défaut

Il existe trois sortes de format de messages : format HTML, Texte enrichi (Format RTF) ou Texte brut.

- À partir de la fenêtre principale d'Outlook, cliquez sur l'onglet **Fichier**, sur **Options** puis sur la catégorie **Courrier.**

- Choisissez le type de format à utiliser par défaut dans la liste **Composer les messages dans ce format** située dans la zone **Composition des messages** :

HTML	Vous pouvez réaliser de multiples mises en forme (arrière-plan, lien hypertexte, papiers à lettres...). Sachez que le téléchargement des messages HTML est plus long ; le format HTML est celui sélectionné par défaut à l'installation de l'application Outlook.
Texte enrichi	Le format Texte enrichi prend en charge la mise en forme, notamment les puces, l'alignement et les objets liés. Mais attention, ce format n'est lu que par Outlook et le programme de messagerie Microsoft Exchange Server doit être utilisé. Ce format est aussi appelé **Format RTF**.
Texte brut	Vos messages ne pourront pas contenir de mise en forme (gras, italique, couleur) ; ils ne pourront pas non plus afficher d'image directement dans le corps des messages, mais l'image pourra être incluse en pièce jointe. Par contre, ils seront parfaitement lisibles par tous les programmes de messagerie.

- Cliquez sur le bouton **OK**.

Quel que soit le format choisi par défaut, vous pouvez à tout moment créer un message basé sur un autre format : onglet **Accueil** - groupe **Nouveau** - bouton **Nouveaux éléments** - option **Message en utilisant** (cf. Envoi d'un message - Créer un message basé sur un format particulier) ou encore, en choisissant le format souhaité dans le groupe **Format** de l'onglet **Format du texte** de la fenêtre de création d'un message.

Lire les messages au format texte brut

Outlook vous permet de configurer automatiquement l'affichage de vos messages au format texte brut si, par crainte des virus, vous ne souhaitez pas les lire au format HTML.

- Cliquez sur l'onglet **Fichier**, sur **Options**, sur la catégorie **Centre de gestion de la confidentialité** puis sur le bouton **Paramètres du Centre de gestion de la confidentialité**.
- Sélectionnez la catégorie **Sécurité de messagerie électronique**.
- Cochez l'option **Lire tous les messages standard au format texte brut** située dans la zone **Lire comme texte brut**.

- Si les messages contenant une signature numérique doivent également être lus au format de texte brut, cochez l'option **Lire tous les messages électroniques signés numériquement au format texte brut**.
- Cliquez à deux reprises sur le bouton **OK**.

*Désormais, lorsque vous ouvrez un message, son contenu s'affiche au format texte brut. La barre d'information affiche le texte **Nous avons converti ce message au format texte brut**.*

Bien que vous ayez configuré l'affichage de vos messages au format texte brut, Outlook vous donne tout de même la possibilité d'afficher un message au format HTML : après avoir ouvert le message, cliquez sur la barre d'information puis sur l'option **Afficher en HTML** ; l'option **Sécurité de messagerie électronique** permet d'afficher la boîte de dialogue **Centre de gestion de la confidentialité**.

Créer une ou plusieurs signatures

Vous pouvez créer plusieurs signatures afin de personnaliser vos messages.

- Cliquez sur l'onglet **Fichier**, sur **Options** puis sur la catégorie **Courrier**.
- Cliquez sur le bouton **Signatures** de la zone **Composition des messages**.
- Cliquez sur le bouton **Nouveau**, saisissez le nom à attribuer à la signature dans la zone **Tapez un nom pour cette signature** puis cliquez sur le bouton **OK**.
- Saisissez le texte de la signature dans la zone de saisie de l'encadré **Modifier la signature** puis mettez-le en forme à l'aide des outils mis à votre disposition.

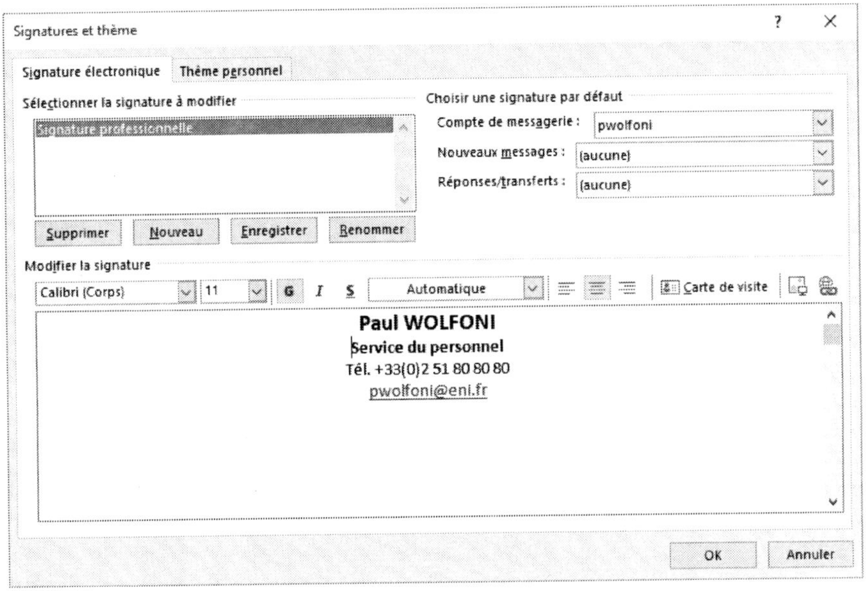

- Pour ajouter une carte de visite électronique, positionnez le point d'insertion à l'emplacement souhaité dans la zone de texte de la signature puis cliquez sur le bouton Carte de visite. Sélectionnez ensuite le contact correspondant à la carte de visite électronique à ajouter, modifiez éventuellement sa taille à l'aide de la liste **Taille** puis cliquez sur le bouton **OK**.
- Pour ajouter un lien hypertexte, positionnez le point d'insertion à l'emplacement souhaité dans la zone de texte de la signature puis cliquez sur l'outil **Insérer un lien hypertexte**. Sélectionnez le fichier, la page web ou l'adresse de messagerie auquel le lien doit faire référence puis cliquez sur le bouton **OK** pour l'insérer.
- Pour ajouter une image, positionnez le point d'insertion à l'emplacement souhaité dans la zone de texte de la signature puis cliquez sur l'outil **Image**. Recherchez l'image, sélectionnez-la puis cliquez sur le bouton **Insérer**.
- Lorsque vous avez terminé de créer votre signature, cliquez sur le bouton **Enregistrer**.
- Si besoin, procédez ainsi pour créer d'autres signatures.

- Lorsque toutes vos signatures sont créées, cliquez sur le bouton **OK** de la boîte de dialogue **Signatures et thème.**

  *La boîte de dialogue **Options Outlook** est de nouveau visible à l'écran.*

- Cliquez sur le bouton **OK.**

Pour modifier une signature, accédez à la boîte de dialogue **Signatures et thème,** sélectionnez ensuite la signature à modifier, réalisez les modifications souhaitées dans l'encadré **Modifier la signature** puis cliquez sur le bouton **Enregistrer** ; pour supprimer une carte de visite électronique ou une image, cliquez dessus pour la sélectionner puis appuyez sur la touche [Suppr].

Pour supprimer une signature, accédez à la boîte de dialogue **Signatures et thème,** sélectionnez la signature à supprimer puis cliquez sur le bouton **Supprimer.** Confirmez ensuite la suppression en cliquant sur le bouton **Oui** du message qui s'affiche.

Signer automatiquement les messages

Pour éviter d'insérer votre signature dans chaque nouveau message, paramétrez la signature automatique.

- Cliquez sur l'onglet **Fichier**, sur **Options**, sur la catégorie **Courrier** puis sur le bouton **Signatures** situé dans la zone **Composition des messages.**
- Si vous possédez plusieurs comptes de messagerie, sélectionnez celui pour lequel vous souhaitez signer automatiquement les messages à l'aide de la liste **Compte de messagerie.**
- Sélectionnez dans la liste **Nouveaux messages**, la signature qui sera insérée dans tous les nouveaux messages créés.
- Sélectionnez dans la liste **Réponses/transferts**, la signature devant être insérée dans les messages de réponse et de transfert.
- Si vous possédez plusieurs comptes de messagerie, effectuez éventuellement ces manipulations pour le ou les autres comptes de messagerie concernés.
- Cliquez à deux reprises sur le bouton **OK.**

Pour désactiver l'insertion automatique d'une signature, ouvrez la boîte de dialogue **Signatures et thème**, sélectionnez le compte concerné dans la liste **Compte de messagerie** puis sélectionnez l'option **(aucune)** dans la liste **Nouveaux messages** et/ou **Réponses/transferts.** Pour terminer, cliquez à deux reprises sur le bouton **OK.**

Vous pouvez également insérer manuellement une signature dans un message (cf. Insérer une signature du chapitre Contenu d'un message).

Appliquer un papier à lettres ou un thème Outlook par défaut

Ainsi, tout nouveau message créé sera présenté avec le papier à lettres ou le thème Outlook choisi. Pour cela, le format de message HTML doit être actif par défaut.

- Cliquez sur l'onglet **Fichier**, sur **Options**, sur la catégorie **Courrier** puis sur le bouton **Papier à lettres et polices** situé dans la zone **Composition des messages**.
- Cliquez sur le bouton **Thème**.

  *La boîte de dialogue **Thème ou modèle** s'affiche à l'écran.*
- Sélectionnez le papier à lettres ou le thème Outlook désiré dans la zone de liste **Sélectionnez un thème**.

  *Les noms des papiers à lettres sont suivis du libellé (**Papier à lettres**).*
- Si vous avez choisi d'appliquer un thème Outlook à votre message, vous avez la possibilité d'intervenir sur les options suivantes :

Couleurs vives	Cochez cette option pour appliquer des couleurs plus vives au texte et aux graphismes.
Graphismes animés	Cochez cette option pour animer certains graphismes du thème si celui-ci en contient.
Image d'arrière-plan	Cochez cette option si l'image d'arrière-plan associée au thème doit être appliquée.

- Cliquez sur le bouton **OK**.

  *Le nom du papier à lettres ou du thème Outlook sélectionné est désormais visible à droite du bouton **Thème**.*

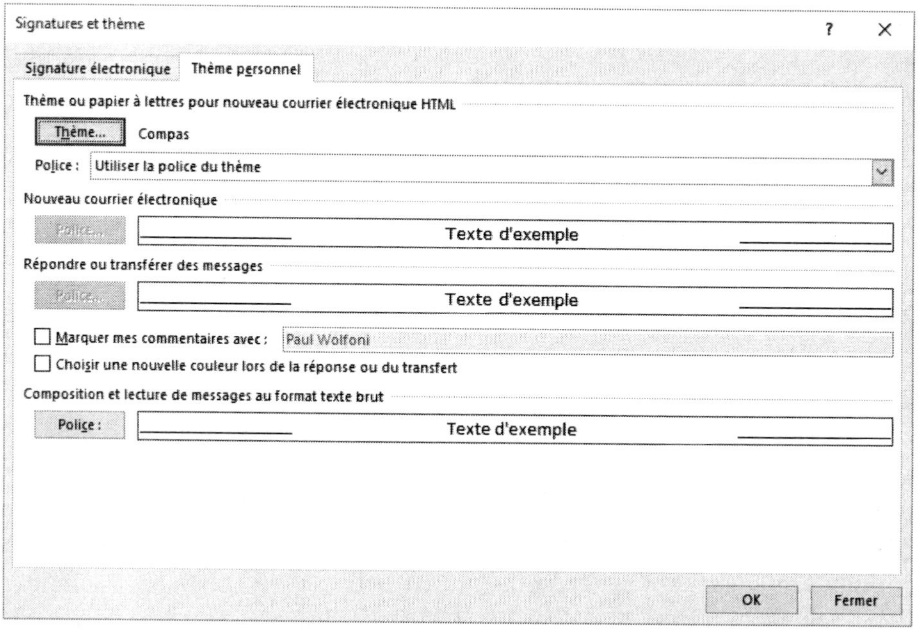

- Sélectionnez, dans la zone de liste **Police** visible sous le bouton **Thème**, la police à utiliser pour le papier à lettres ou le thème Outlook choisi ; la police du thème est utilisée par défaut.
- Cliquez à deux reprises sur le bouton **OK**.

Si vous ne souhaitez plus utiliser le papier à lettres ou le thème Outlook par défaut, ouvrez la boîte de dialogue **Signatures et thème** puis cliquez sur le bouton **Thème**. Sélectionnez **(Aucun thème)** dans la zone de liste **Sélectionnez un thème** puis cliquez à trois reprises sur le bouton **OK**.

Modifier la police par défaut des messages

- Cliquez sur l'onglet **Fichier**, sur **Options**, sur la catégorie **Courrier** puis sur le bouton **Papier à lettres et polices** situé dans la zone **Composition des messages**.

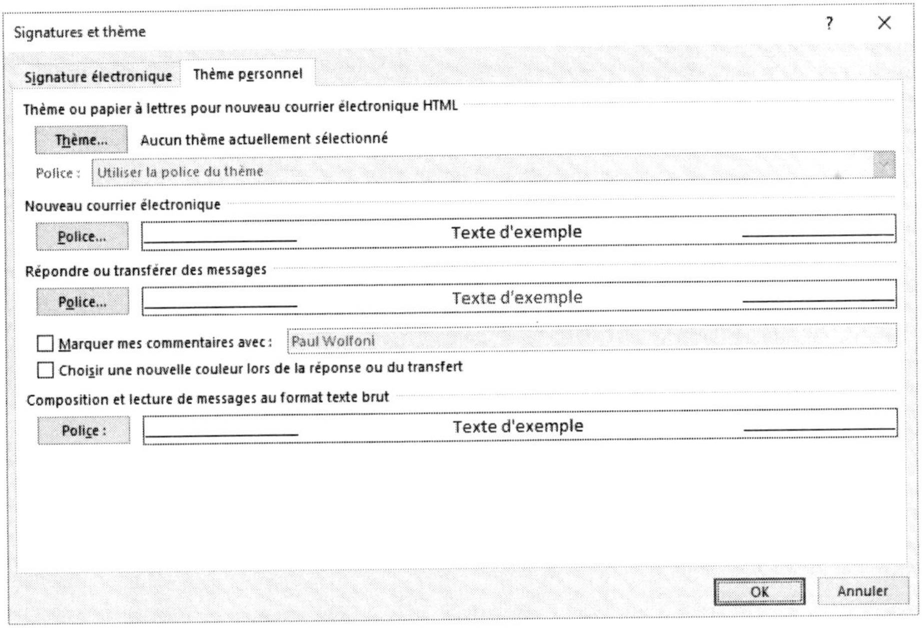

- Cliquez sur le bouton **Police** visible dans la zone correspondant au type de message pour lesquels vous souhaitez changer la police :

Nouveau courrier électronique	Permet de modifier la police par défaut des nouveaux messages créés.
Répondre ou transférer des messages	Permet de modifier la police par défaut des messages de réponse et de transfert.
Composition et lecture de messages au format texte brut	Permet de modifier la police par défaut des messages créés et lus au format texte brut.

*Les boutons **Police** des zones **Nouveau courrier électronique** et **Répondre ou transférer des messages** sont grisés, donc indisponibles, si un papier à lettres ou un thème Outlook a été appliqué par défaut à tout nouveau message (cf. titre précédent).*

- Modifiez les attributs de police souhaités dans la boîte de dialogue **Police** qui s'affiche puis cliquez sur le bouton **OK**.

  *Un aperçu des attributs de police sélectionnés est visible dans chacune des zones **Texte d'exemple**.*

- Cliquez à deux reprises sur le bouton **OK**.

Choisir comment être prévenu de l'arrivée de nouveaux messages

*Outlook met à votre disposition plusieurs choix permettant de vous prévenir de l'arrivée d'un nouveau message dans votre **Boîte de réception**.*

- Cliquez sur l'onglet **Fichier**, sur **Options** puis sur la catégorie **Courrier**.
- Dans la zone **Réception des messages**, cochez ou décochez les options souhaitées en fonction de la façon dont vous souhaitez être prévenu lors de l'arrivée de nouveaux messages ; l'option **Afficher une alerte sur le Bureau** permet, à l'arrivée d'un nouveau message, de visualiser durant quelques secondes, une petite fenêtre rappelant le nom de l'expéditeur, l'objet et un aperçu rapide du texte.
- Cliquez sur le bouton **OK** de la boîte de dialogue **Options Outlook**.

  *Suite au choix **Afficher une alerte sur le Bureau**, l'arrivée d'un nouveau message entraîne l'apparition de la fenêtre suivante dans la partie supérieure droite du Bureau :*

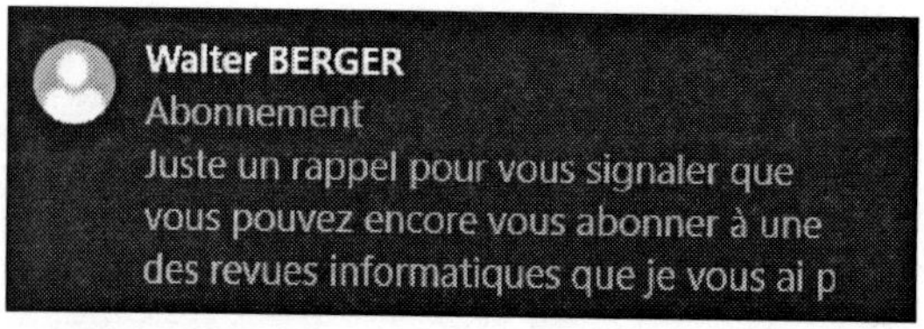

Configurer les messages de réponse/de transfert

- Cliquez sur l'onglet **Fichier**, sur **Options** puis sur la catégorie **Courrier**.
- Affichez la zone **Réponses et transferts** à l'aide de la barre de défilement vertical.

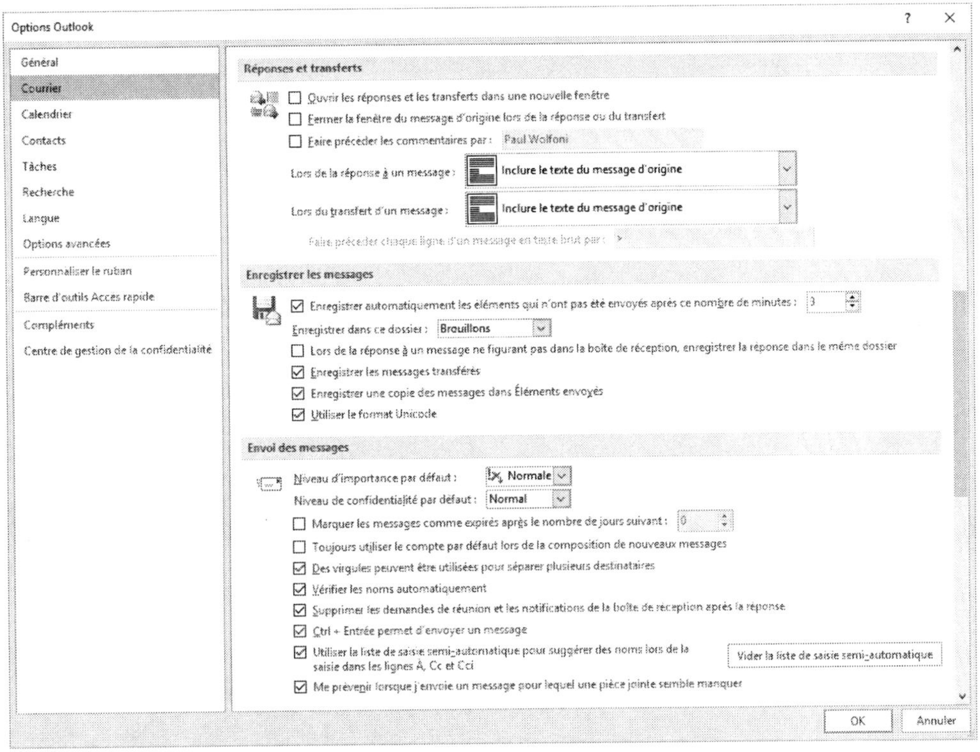

- Cochez l'option **Ouvrir les réponses et les transferts dans une nouvelle fenêtre** si vous souhaitez qu'un clic sur **Répondre**, **Répondre à tous** et **Transférer** situés dans la partie supérieure du volet de lecture ouvre une nouvelle fenêtre.
- Cochez l'option **Fermer la fenêtre du message d'origine lors de la réponse ou du transfert** pour éviter de retourner dans le message d'origine suite à l'envoi d'une réponse ou suite à un transfert.
- Si vous souhaitez ajouter un commentaire à chaque texte saisi dans le corps du message d'origine, cochez l'option **Faire précéder les commentaires par** puis spécifiez le texte à ajouter dans la zone de saisie associée ; par défaut, la zone de saisie affiche votre nom.
- Choisissez l'apparence de vos messages de réponse et/ou de transfert grâce aux options des listes **Lors de la réponse à un message** et/ou **Lors du transfert d'un message**.

- Si vous avez choisi l'option **Préfixer chaque ligne du message d'origine**, modifiez éventuellement le caractère qui précèdera chaque ligne dans la zone **Faire précéder chaque ligne d'un message en texte brut par**.
- Cliquez sur le bouton **OK**.

Gérer l'affichage Conversation

Une conversation regroupe les messages dont l'objet est identique vous permettant ainsi d'améliorer le suivi et la gestion de vos messages.

Modifier les paramètres d'affichage des conversations

- Sélectionnez le dossier **Courrier** (**Boîte de réception**, **Éléments envoyés**, **Brouillons**...) pour lequel vous avez choisi l'affichage Conversation (cf. Utiliser l'affichage Conversation du chapitre Envoi d'un message).
- Dans l'onglet **Affichage**, cliquez sur le bouton **Paramètres de conversation** du groupe **Conversations** puis cochez ou décochez les options suivantes en fonction de vos souhaits :

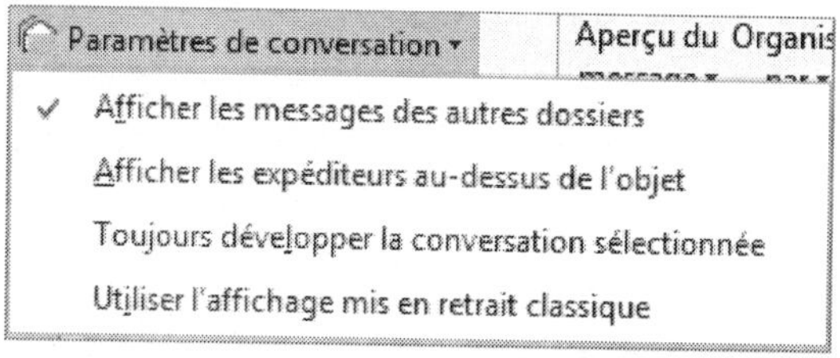

Afficher les messages des autres dossiers : veillez à ce que cette option soit cochée si vous souhaitez que les messages provenant des autres dossiers soient affichés dans les conversations ; cette option est cochée par défaut.

Afficher les expéditeurs au-dessus de l'objet : par défaut, l'objet de la conversation est affiché au-dessus des noms (ou des adresses) des expéditeurs. Cochez cette option pour inverser cet affichage et ainsi visualiser les expéditeurs au-dessus de l'objet.

Toujours développer la conversation sélectionnée : par défaut, lorsque vous cliquez sur l'en-tête (objet) d'une conversation, cela ne la développe pas (pour cela vous devez cliquer sur le symbole ▷ situé à gauche de son en-tête). Cochez cette option si vous souhaitez qu'un simple clic sur l'en-tête (objet) d'une conversation permette de la développer entièrement.

Utiliser l'affichage mis en retrait classique : par défaut, les messages d'une conversation sont classés du plus récent au plus ancien. Si vous cochez cette option, les messages de la conversation s'afficheront du plus ancien au plus récent.

Ignorer une conversation

*Si une conversation ne vous intéresse pas, vous pouvez demander à Outlook d'ignorer cette conversation et ainsi placer tous ses messages actuels et futurs dans le dossier **Éléments supprimés**.*

- Dans la liste des messages, sélectionnez l'en-tête (objet) ou l'un des messages de la conversation que vous souhaitez ignorer.
- Cliquez sur l'onglet **Accueil** puis sur le bouton **Ignorer** du groupe **Supprimer**.

Si vous avez sélectionné l'en-tête de la conversation, un message vous informe que cette action s'appliquera à tous les messages de la conversation sélectionnée.

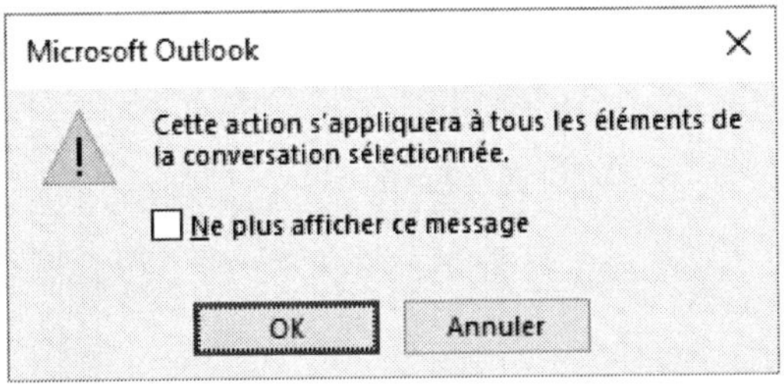

- Si vous ne souhaitez plus que ce message s'affiche par la suite, cochez l'option **Ne plus afficher ce message** avant de cliquer sur le bouton **OK**.

*Un message vous informe que la conversation sélectionnée ainsi que tous les messages futurs seront placés dans le dossier **Éléments supprimés**.*

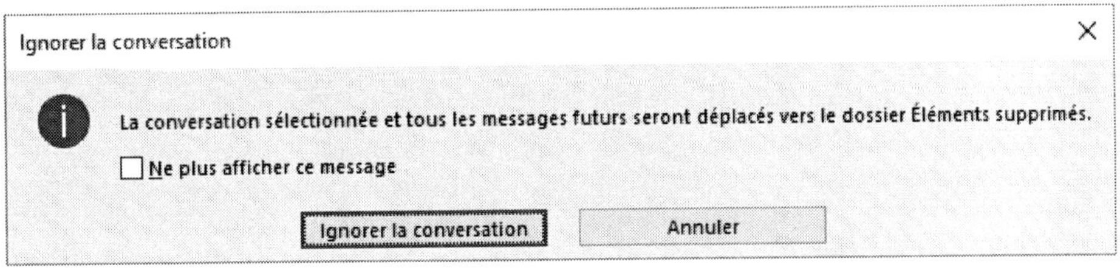

- Si vous ne souhaitez plus que ce message s'affiche par la suite, cochez l'option **Ne plus afficher ce message** avant de cliquer sur le bouton **Ignorer la conversation**.

*La conversation est désormais visible dans le dossier **Éléments supprimés**. Tous les nouveaux messages de la conversation ignorée seront directement envoyés dans le dossier **Éléments supprimés**.*

Pour cesser d'ignorer une conversation et ainsi la récupérer, dans le dossier **Éléments supprimés**, sélectionnez l'en-tête (objet) ou l'un des messages de la conversation concernée. Dans l'onglet **Accueil**, cliquez sur le bouton **Ignorer** du groupe **Supprimer** pour le désactiver. Si besoin, cliquez sur le bouton **OK** du message vous informant que cette action s'appliquera à tous les éléments de la conversation concernée puis cliquez sur le bouton **Arrêter d'ignorer la conversation** du prochain message qui s'affiche. Attention, vous ne pourrez pas récupérer une conversation supprimée du dossier **Éléments supprimés**.

Réduire la taille d'une conversation

*Outlook permet de « nettoyer » une conversation et ainsi réduire sa taille en plaçant ses messages redondants dans le dossier **Éléments supprimés**.*

- Dans la liste des messages, sélectionnez l'en-tête (objet) ou l'un des messages de la conversation pour laquelle vous souhaitez réduire la taille.
- Dans l'onglet **Accueil**, cliquez sur le bouton **Nettoyer** visible dans le groupe **Supprimer**.

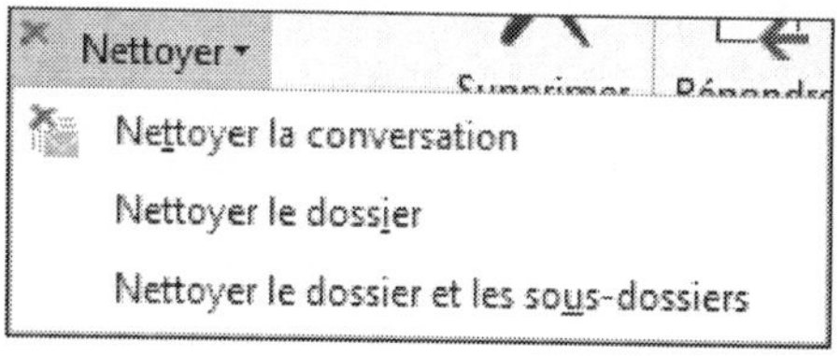

- Cliquez sur une des options proposées dans la liste :

  Nettoyer la conversation : permet de supprimer les messages redondants pour la conversation sélectionnée uniquement.

  Nettoyer le dossier : permet de supprimer les messages redondants pour toutes les conversations contenues dans le dossier actif.

  Nettoyer le dossier et les sous-dossiers : permet de supprimer les messages redondants pour toutes les conversations contenues dans le dossier actif ainsi que dans ses sous-dossiers.

*Un message vous informe que tous les messages redondants de la conversation sélectionnée, du dossier actuel ou du dossier actuel et de ses sous-dossiers seront placés dans le dossier **Éléments supprimés**.*

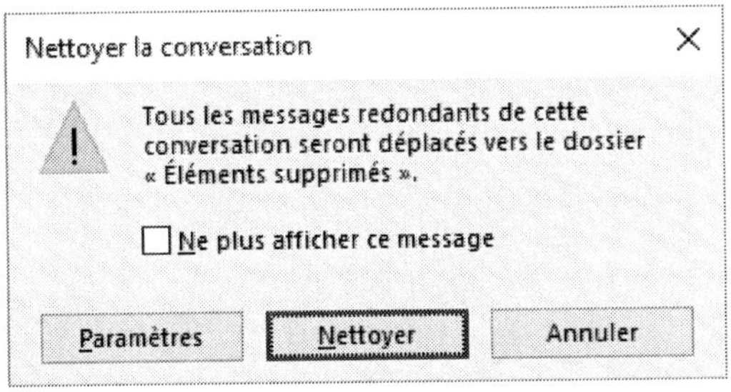

- Si vous souhaitez modifier les paramètres permettant de définir les messages devant être placés dans le dossier **Éléments supprimés** lors du « nettoyage », cliquez sur le bouton **Paramètres**. Spécifiez les options de la zone **Nettoyage de conversation** de la boîte de dialogue **Options Outlook** qui s'affiche puis cliquez sur le bouton **OK**.

  *Vous pouvez également accéder à cette boîte de dialogue par l'onglet **Fichier**, **Options** puis la catégorie **Courrier**.*

- Si vous ne souhaitez plus que ce message s'affiche par la suite, cochez l'option **Ne plus afficher ce message** avant de cliquer sur le bouton **Nettoyer le dossier**.

  *Les messages redondants sont placés dans le dossier **Éléments supprimés**. Si aucun élément n'a été placé dans le dossier **Éléments supprimés**, Outlook affiche un message pour vous en informer.*

Le bouton **Nettoyer le dossier** de l'onglet **Dossier** (groupe **Nettoyer**) permet également de nettoyer le dossier actif ou de nettoyer le dossier et les sous-dossiers.

Gérer la barre Infos-courrier

*Si vous utilisez un compte Exchange Server 2010 ou supérieur, lors de la création d'un message, Outlook affiche la barre **Infos-courrier** suite à la réalisation de certaines actions afin de vous alerter et, dans certains cas, de vous éviter de commettre des erreurs. Vous pouvez modifier les options liées à cette barre Infos-courrier.*

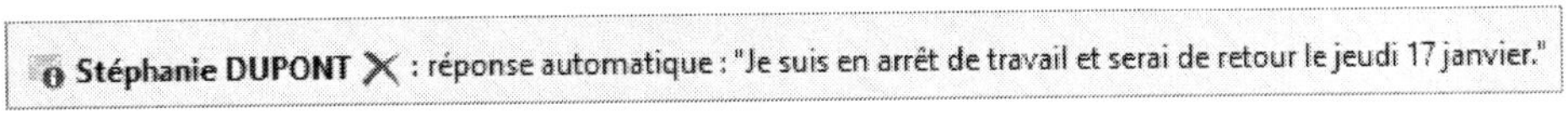

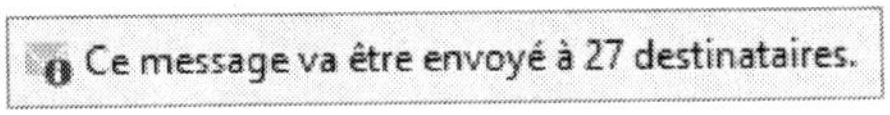

- Cliquez sur l'onglet **Fichier**, sur le bouton **Options** puis choisissez la catégorie **Courrier**.
- Affichez la zone **Infos-courrier** puis cliquez sur le bouton **Options Infos-courrier**.

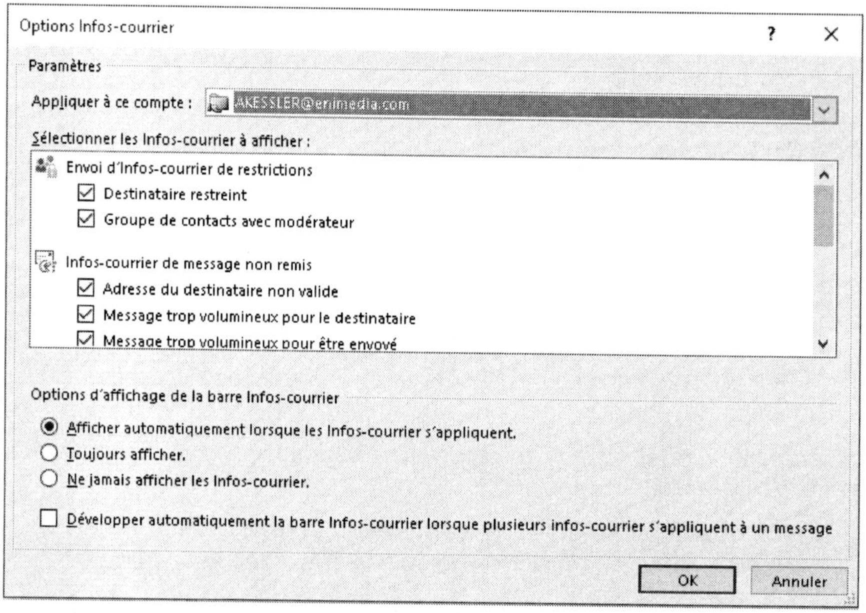

- Si vous possédez plusieurs comptes de messagerie, sélectionnez celui pour lequel vous souhaitez modifier les options de la barre Infos-courrier dans la liste **Appliquer à ce compte.**
- Dans la zone de liste **Sélectionner les Infos-courrier à afficher**, cochez les options correspondant aux Infos-courrier à afficher puis, à l'inverse, décochez celles correspondant aux Infos-courrier à ne pas afficher.
- Choisissez ensuite quand la barre Infos-courrier doit s'afficher en activant une des options suivantes : **Afficher automatiquement lorsque les Infos-courrier s'appliquent** ou **Toujours afficher** ou **Ne jamais afficher les Infos-courrier.**
- Si vous souhaitez développer la barre Infos-courrier lorsque plusieurs infos-courrier s'appliquent à un message, cochez l'option **Développer automatiquement la barre Infos-courrier lorsque plusieurs infos-courrier s'appliquent à un message.**
- Cliquez à deux reprises sur le bouton **OK.**

Gérer la messagerie en votre absence

Cette fonctionnalité n'est disponible que si vous utilisez un compte Microsoft Exchange Server.

Notifier une absence

Vous pouvez ainsi envoyer automatiquement un message aux utilisateurs qui essaient de vous joindre alors que vous êtes absent.

Si vous utilisez un compte Exchange Server 2003 ou version antérieure, la boîte de dialogue permettant de gérer la messagerie en votre absence ne se présente pas comme celle visible ci-après. Elle ne vous permettra pas de mettre en forme vos réponses, de planifier une plage de temps pendant laquelle les messages automatiques devront être envoyés ou encore, d'envoyer des réponses automatiques différentes aux personnes faisant ou non partie de votre organisation (votre société). En effet, pour disposer de toutes ces fonctionnalités, vous devez utiliser un compte Microsoft Exchange Server 2007 ou supérieur.

- Cliquez sur l'onglet **Fichier**, sur l'option **Informations** puis sur le bouton **Réponses automatiques**.
- Activez l'option **Envoyer des réponses automatiques**.
- Pour planifier une plage de temps pendant laquelle les messages automatiques devront être envoyés, cochez l'option **Envoyer uniquement pendant ce laps de temps**. Spécifiez ensuite la date et l'heure de début ainsi que la date et l'heure de fin de ce laps de temps à l'aide des listes **Heure de début** et **Heure de fin**.

  Si aucune plage de temps n'est définie, des réponses automatiques seront envoyées jusqu'à ce que vous désactiviez l'envoi de réponses automatiques.
- Pour saisir le texte de la réponse à envoyer aux personnes de votre organisation, veillez à ce que l'onglet **Au sein de mon organisation** soit actif puis tapez le texte souhaité dans la zone de saisie. Utilisez éventuellement les outils proposés pour mettre en forme le texte.

  L'organisation inclut généralement les personnes de votre société possédant un compte Exchange Server sur votre système de messagerie.

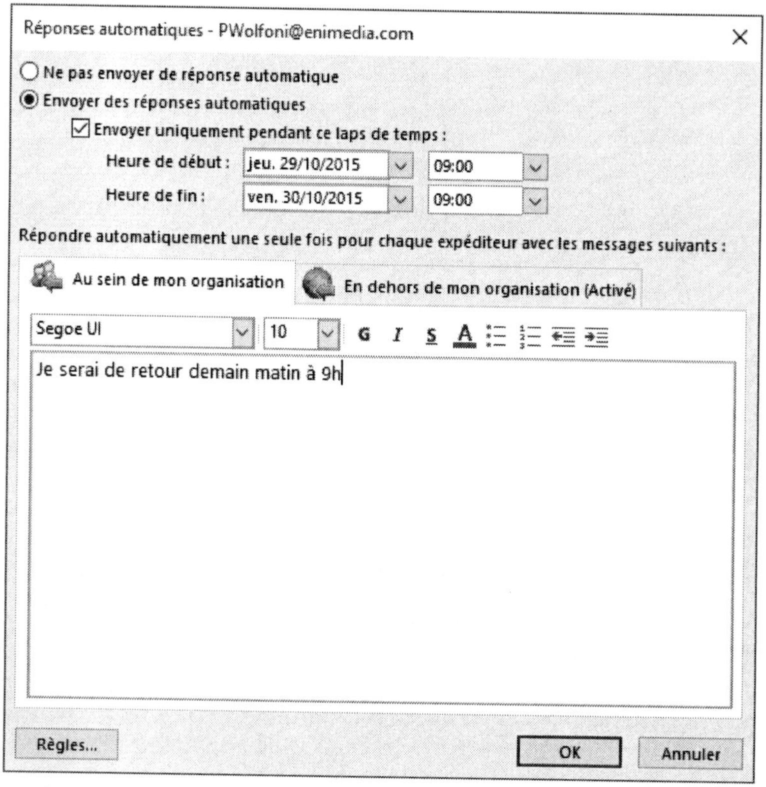

Pour saisir le texte de la réponse à envoyer aux personnes ne faisant pas partie de votre organisation, cliquez sur l'onglet **En dehors de mon organisation (Activé)** puis veillez à ce que l'option **Envoyer une réponse automatique aux contacts étrangers à ma société** soit cochée.

Choisissez ensuite à quelles personnes vous souhaitez envoyer les réponses automatiques en activant une des options suivantes :

Mes contacts uniquement : les réponses automatiques seront envoyées uniquement aux personnes pour lesquelles les contacts figurent dans votre dossier **Contacts.**

Toute personne étrangère à ma société : les réponses automatiques seront envoyées à toutes les personnes ne faisant pas partie de votre organisation qu'elles figurent ou non dans votre dossier **Contacts.**

Tapez le texte de votre réponse dans la zone de saisie puis utilisez éventuellement les outils proposés pour mettre en forme le texte.

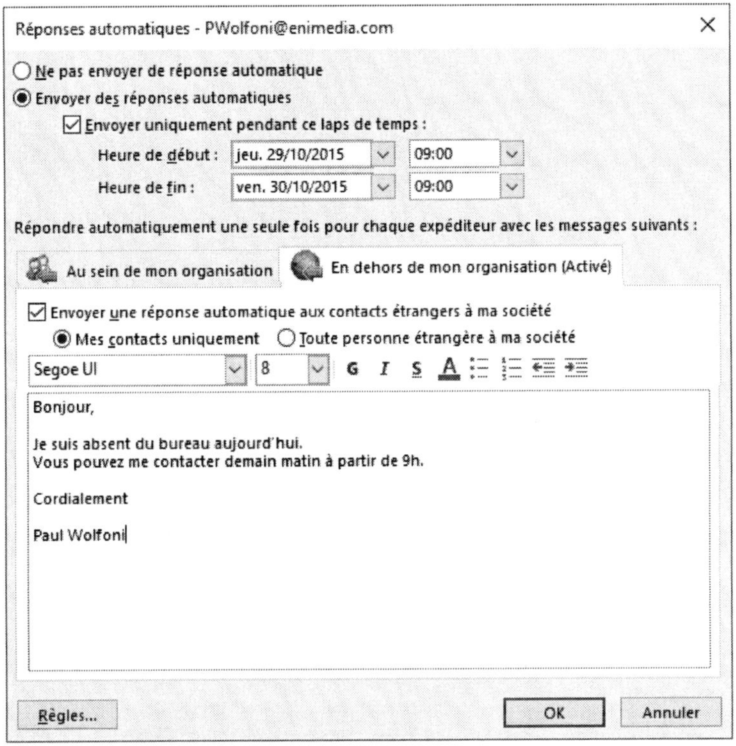

- Pour ne pas envoyer de réponses automatiques aux personnes étrangères à votre organisation, décochez l'option **Envoyer une réponse automatique aux contacts étrangers à ma société** située dans l'onglet **En dehors de mon organisation (Activé).**
- Cliquez sur le bouton **OK.**

Une barre d'information vous informant que des réponses automatiques sont envoyées pour ce compte est désormais visible sous le ruban. De plus, l'information ***Réponses automatiques*** *s'affiche à droite dans la barre d'état.*

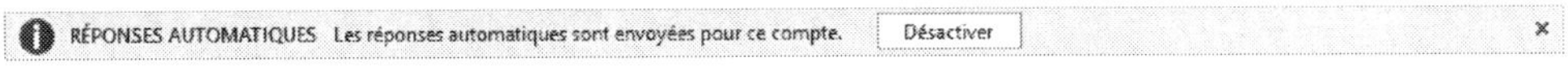

Les personnes qui vous envoient un message ou qui vous invitent à une réunion pendant que vous êtes absent voient s'afficher dans leur ***Boîte de réception*** *un message auquel est associé le symbole*  *et dont l'objet est précédé de la mention* ***Réponse automatique****.*

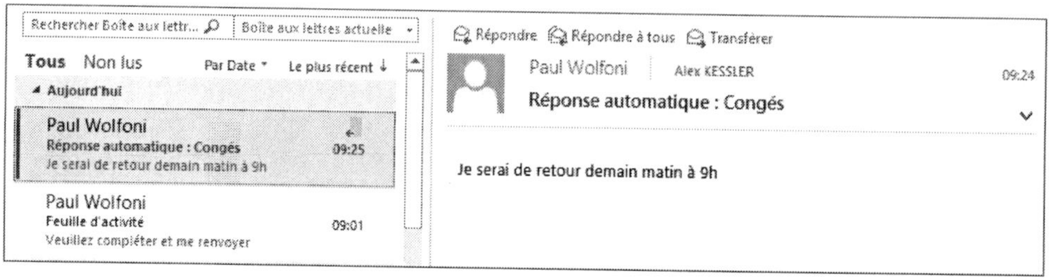

- Pour signaler votre retour, cliquez sur le bouton **Désactiver** visible dans la barre d'information située sous le ruban.

*Vous pouvez également cliquer sur l'onglet **Fichier**, sur l'option **Informations** puis sur le bouton **Désactiver** situé en regard du bouton **Réponses automatiques**.*

Si vous utilisez un compte Exchange Server 2010 ou supérieur, la barre **Infos-courrier** vous informe lorsque vous saisissez l'adresse d'un destinataire pour lequel une absence du bureau a été notifiée.

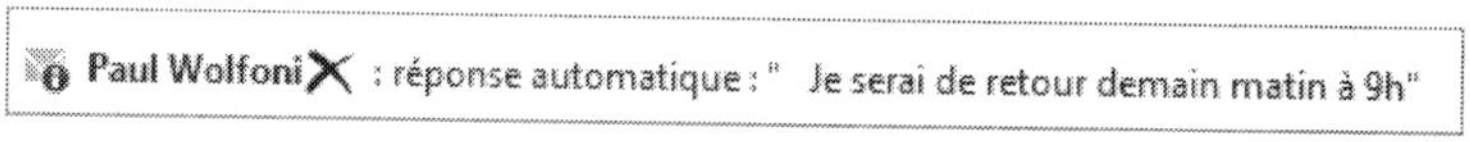

Pour signaler votre retour, vous pouvez aussi activer l'option **Ne pas envoyer de réponse automatique** de la boîte de dialogue **Réponses automatiques** (onglet **Fichier** - options **Informations** - bouton **Réponses automatiques**).

Si les réponses automatiques d'absence du bureau sont activées, vous pouvez accéder à la boîte de dialogue **Réponses automatiques** en cliquant sur **Réponses automatiques** visible dans la barre d'état.

Gérer les messages en votre absence

Outre l'apparition d'un message d'absence, vous pouvez choisir ce qui doit advenir des messages reçus.

- Activez l'un des dossiers de messages de la fenêtre principale d'Outlook.
- Dans l'onglet **Fichier**, cliquez sur l'option **Informations** puis sur le bouton **Réponses automatiques**.
- Cliquez sur le bouton **Règles** puis sur le bouton **Ajouter une règle**.

*Le bouton **Règles** est visible uniquement si vous utilisez Microsoft Exchange Server 2010 ou supérieur.*

- À l'aide des différentes options de l'encadré **Lorsqu'un message répondant aux critères suivants arrive**, posez les conditions correspondant à la règle que vous êtes en train d'élaborer.

  *Le bouton **Options avancées** permet d'affiner ces conditions.*

- Définissez alors les actions à réaliser grâce aux différents choix de l'encadré **Accomplir ces actions.**

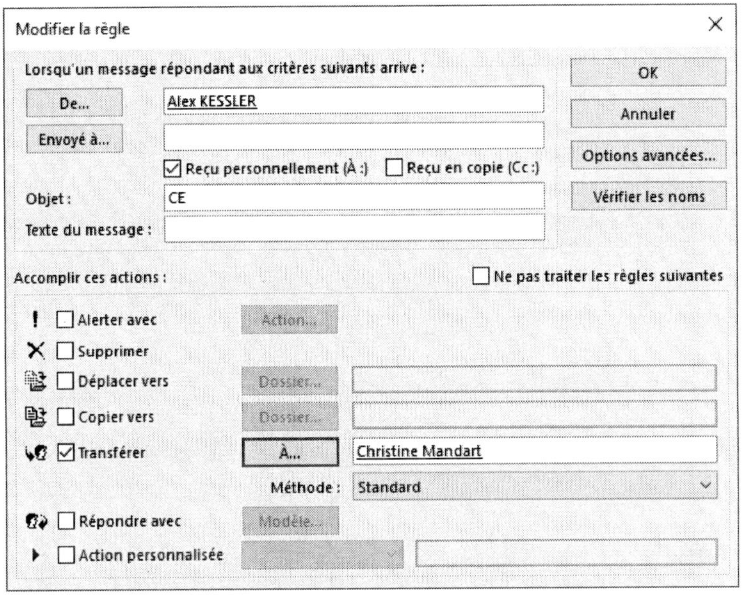

*Sur cet exemple, les messages **Reçu personnellement (À :)** venant d'**Alex KESSLER** dont l'objet est **CE** seront transférés à **Christine Mandart**.*

- Cliquez sur le bouton **OK**.

  La nouvelle règle s'ajoute aux règles existantes.

- Cliquez sur le bouton **OK** de la boîte de dialogue **Réponses automatiques**.

Gérer les règles d'absence

- Activez l'un des dossiers de messages à partir de la fenêtre d'Outlook.
- Dans l'onglet **Fichier**, cliquez sur l'option **Informations**, sur le bouton **Réponses automatiques** puis sur le bouton **Règles**.

*Le bouton **Règles** est visible uniquement si vous utilisez Microsoft Exchange Server 2010 ou supérieur.*

- Pour modifier une règle, sélectionnez-la, cliquez sur le bouton **Modifier la règle**, réalisez les modifications souhaitées puis cliquez sur le bouton **OK**.
- Pour supprimer une règle, sélectionnez-la, cliquez sur le bouton **Supprimer la règle** puis confirmez en cliquant sur le bouton **Oui**.
- Pour désactiver une règle, décochez la case de la ligne correspondante dans la colonne **État**.
- Pour déplacer une règle, sélectionnez-la puis utilisez le bouton **Monter** ou **Descendre**.
- Cliquez sur le bouton **OK**.
- Cliquez sur le bouton **OK** de la boîte de dialogue **Réponse automatique**.

Appliquer une mise en forme conditionnelle au texte des messages

Créer une règle d'affichage

Il s'agit ici de créer des règles d'affichage permettant d'appliquer automatiquement une mise en forme au texte de certains messages d'un dossier. Par exemple, vous souhaitez que les messages provenant du contact Walter Berger s'affichent en souligné dans votre Boîte de réception, ou encore qu'une taille de police de 14 pt soit appliquée aux messages de Sophie Delalande. Les règles ainsi définies s'appliquent aux messages de l'affichage actif.

- Sélectionnez le dossier contenant les messages auxquels vous souhaitez appliquer une règle d'affichage.
- Sélectionnez l'affichage pour lequel vous souhaitez créer une règle à l'aide du bouton **Changer l'affichage** de l'onglet **Affichage** (groupe **Affichage actuel**).
- Toujours dans l'onglet **Affichage**, cliquez sur le bouton **Paramètres d'affichage** du groupe **Affichage actuel** puis cliquez sur le bouton **Mise en forme conditionnelle**.
- Cliquez sur le bouton **Ajouter** de la boîte de dialogue **Mise en forme conditionnelle** qui s'affiche puis saisissez le nom de cette nouvelle règle d'affichage dans la zone de saisie **Nom**.

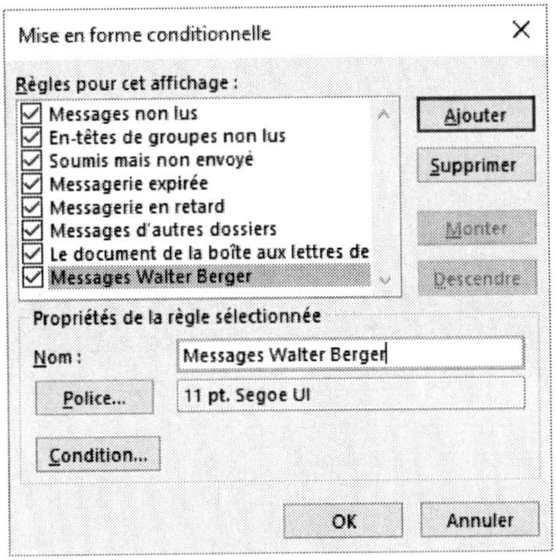

- Cliquez sur le bouton **Police**, spécifiez la mise en forme souhaitée à l'aide des options de la boîte de dialogue **Police** puis validez vos choix en cliquant sur le bouton **OK**.
- Cliquez ensuite sur le bouton **Conditions** puis définissez les critères de la règle à l'aide des options de l'onglet **Messages**.

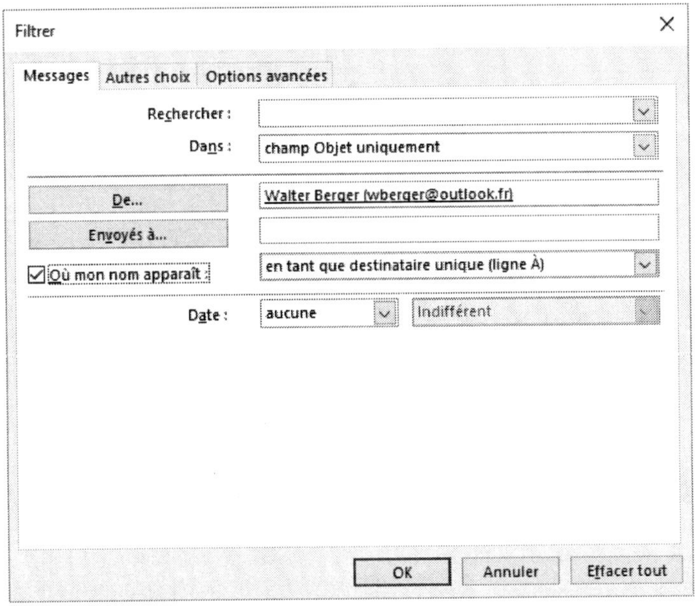

*Ici, la mise en forme définie au préalable dans la boîte de dialogue **Police** s'appliquera aux messages provenant de Walter Berger pour lesquels je suis le seul destinataire.*

Une fois les critères définis, cliquez sur le bouton **OK**.

- Procédez ainsi pour définir d'éventuelles autres règles d'affichage.
- Lorsque toutes les règles sont définies, cliquez sur le bouton **OK** de la boîte de dialogue **Mise en forme conditionnelle** puis sur le bouton **OK** de la boîte de dialogue **Paramètres d'affichage avancés**.

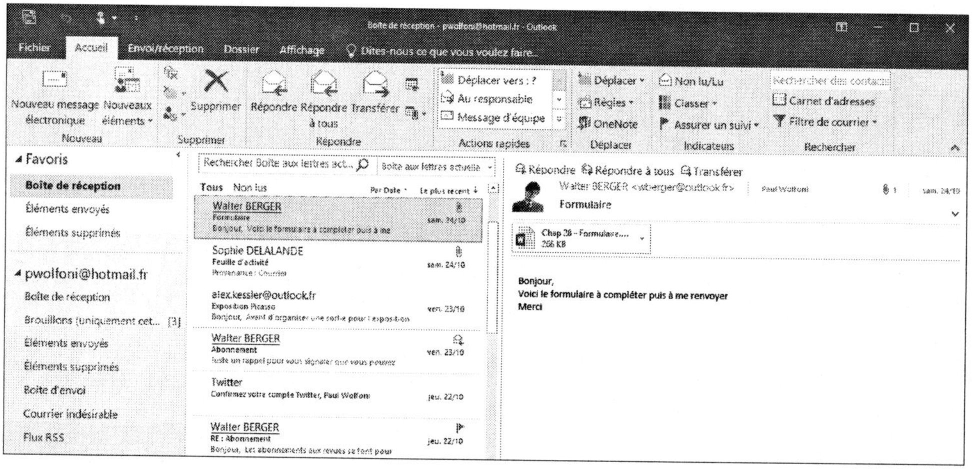

La mise en forme automatique s'applique aux messages existants du dossier actif ainsi qu'à tous les nouveaux messages.

Dans l'exemple ci-dessus, la Boîte de réception de Paul Wolfoni est sélectionnée : ses messages provenant de Walter Berger pour lesquels il est le seul destinataire sont soulignés.

Modifier/supprimer une règle d'affichage

- Sélectionnez le dossier contenant les messages auxquels vous souhaitez modifier ou supprimer une règle d'affichage.
- Sélectionnez l'affichage pour lequel vous souhaitez modifier ou supprimer une règle à l'aide du bouton **Changer l'affichage** de l'onglet **Affichage** (groupe **Affichage actuel**).
- Toujours dans l'onglet **Affichage**, cliquez sur le bouton **Paramètres d'affichage** du groupe **Affichage actuel** puis cliquez sur le bouton **Mise en forme conditionnelle**.

- Pour modifier une règle d'affichage, sélectionnez-la dans la liste **Règles pour cet affichage** puis utilisez le bouton **Police** pour modifier sa mise en forme et/ou le bouton **Condition** pour modifier ses critères d'application.

  Vous pouvez aussi modifier le nom de la règle à l'aide de la zone **Nom**.

- Pour supprimer une règle d'affichage, sélectionnez-la dans la liste **Règles pour cet affichage** puis cliquez sur le bouton **Supprimer**.

  Vous pouvez également désactiver une règle d'affichage sans la supprimer en décochant la case associée.

- Cliquez à deux reprises sur le bouton **OK**.

Gérer le courrier indésirable

Le filtre de courrier indésirable est conçu pour vous éviter de recevoir des messages électroniques indésirables. Ce filtre utilise une technologie qui évalue si un message doit être traité comme courrier indésirable ou non en fonction de plusieurs critères, tels que l'heure de l'envoi et le contenu du message.

De plus, Outlook intègre une protection contre les attaques par phishing (hameçonnage en français) qui est une méthode consistant à usurper des renseignements personnels (nom, date de naissance, numéro d'assurance social, mots de passe...) ou financiers (coordonnées bancaires, numéros de carte de crédit...) par le biais d'un faux e-mail qui semble émaner d'une société digne de confiance. Cet e-mail signale au destinataire que la société a besoin de vérifier certaines informations le concernant, et l'invite donc à cliquer sur un lien hypertexte menant sur un faux site qui ressemble, à s'y méprendre, au vrai site. Arrivé sur ce site, le destinataire est invité à saisir des informations confidentielles qui sont alors récupérées par le pirate et utilisées pour détourner des fonds à son avantage.

Modifier les options de filtre Courrier indésirable

- Dans l'onglet **Accueil**, cliquez sur le bouton **Courrier indésirable** du groupe **Supprimer** puis cliquez sur l'option **Options du courrier indésirable**.
- Veillez à ce que l'onglet **Options** soit actif.

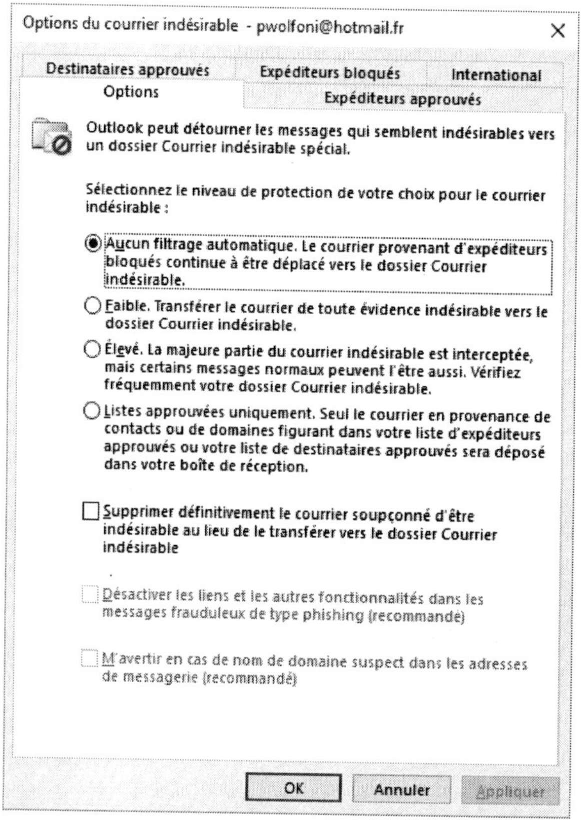

Sélectionnez le niveau de protection de votre choix :

Aucun filtrage automatique	Le filtre de courrier indésirable est désactivé ; cependant, Outlook continue de déplacer, dans le dossier **Courrier indésirable**, les courriers provenant des expéditeurs ajoutés à la liste **Expéditeurs bloqués** ; c'est l'option active par défaut.
Faible	Seuls les messages qui semblent clairement indésirables seront ajoutés au dossier **Courrier indésirable.**
Élevé	La plupart des messages indésirables sont déplacés dans le dossier **Courrier indésirable.** Cependant, des messages normaux peuvent l'être également, aussi, vous devez vérifier régulièrement le contenu du dossier **Courrier indésirable.**

Listes approuvées uniquement : Seuls les courriers provenant des personnes ajoutées à la liste **Expéditeurs approuvés** ou **Destinataires approuvés** sont déposés dans votre boîte de réception. Les messages provenant d'autres personnes sont automatiquement déplacés dans le dossier **Courrier indésirable.**

- Pour supprimer automatiquement le courrier indésirable, cochez l'option **Supprimer définitivement le courrier soupçonné d'être indésirable au lieu de le transférer vers le dossier Courrier indésirable.**

Dans ce cas, les messages soupçonnés d'être indésirables ne sont pas transférés dans le dossier ***Courrier indésirable*** *mais sont définitivement supprimés.*

- Cochez l'option **Désactiver les liens et les autres fonctionnalités dans les messages frauduleux de type phishing** si vous souhaitez que les liens et les boutons **Répondre** et **Répondre à tous** soient indisponibles dans les messages de phishing.
- Cochez l'option **M'avertir en cas de nom de domaine suspect dans les adresses de messagerie** si vous souhaitez être averti lorsqu'un nom de domaine peut vous laisser penser qu'il s'agit d'une adresse émanant d'une société digne de confiance alors que cette adresse de messagerie est usurpée.
- Cliquez sur le bouton **OK.**

La protection contre le phishing fonctionne même si le niveau de protection du courrier indésirable est **Aucun filtrage automatique**.

Ajouter un nom à vos listes Expéditeurs approuvés, Destinataires approuvés et Expéditeurs bloqués

Pour augmenter la précision du filtre de courrier indésirable, vous pouvez ajouter des adresses électroniques dans la liste des expéditeurs fiables et bloqués ou encore, dans la liste des destinataires fiables. Le filtre de courrier indésirable prendra donc en compte le contenu de ces listes avant d'intercepter un message et de le déplacer dans le dossier ***Courrier indésirable.***

- Dans l'onglet **Accueil**, cliquez sur le bouton **Courrier indésirable** du groupe **Supprimer** puis cliquez sur l'option **Options du courrier indésirable.**
- Cliquez sur l'onglet correspondant à la liste pour laquelle vous souhaitez ajouter un nom : **Expéditeurs approuvés, Destinataires approuvés** ou **Expéditeurs bloqués.**
- Cliquez sur le bouton **Ajouter.**
- Saisissez l'adresse de messagerie que vous souhaitez ajouter à la liste dans la zone correspondante ; vous pouvez aussi saisir le nom d'un domaine Internet.

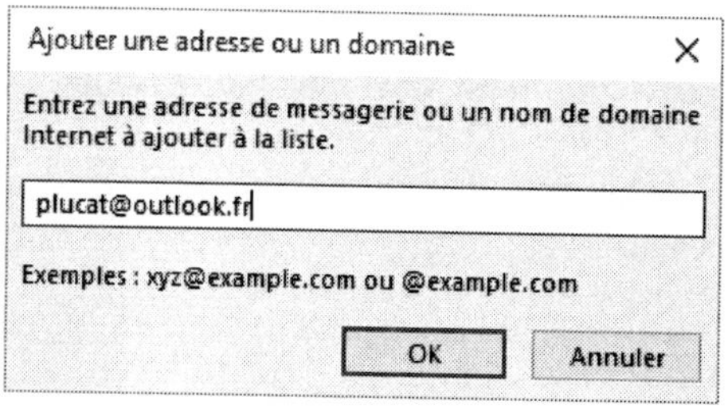

- Cliquez sur le bouton **OK**.

  L'adresse de messagerie apparaît désormais dans la liste correspondante.

- Procédez ainsi pour chaque adresse ou domaine à ajouter.

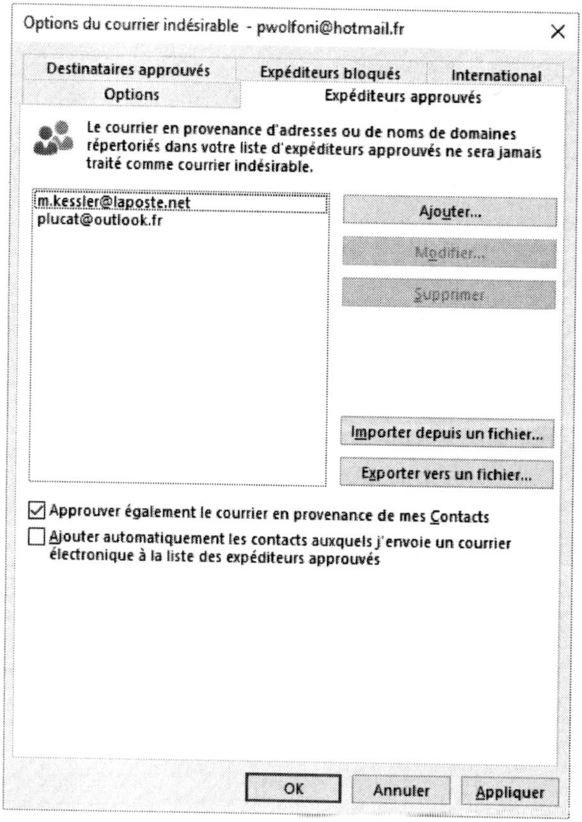

- Pour que vos contacts soient considérés comme des expéditeurs fiables, cochez l'option **Approuver également le courrier en provenance de mes Contacts** de l'onglet **Expéditeurs approuvés**.
- Si vous souhaitez que tous les destinataires de vos messages soient considérés comme des expéditeurs approuvés, cochez l'option **Ajouter automatiquement les contacts auxquels j'envoie un courrier électronique à la liste des expéditeurs approuvés** visible dans l'onglet **Expéditeurs approuvés**.
- Cliquez sur le bouton **OK**.

Si un message est considéré comme indésirable, il est envoyé dans le dossier ***Courrier indésirable****. Tout message envoyé dans le dossier* ***Courrier indésirable*** *est converti en texte brut, ses liens sont désactivés et l'accès à ses pièces jointes interdit.*

Ces informations sont visibles dans la barre d'information du message correspondant :

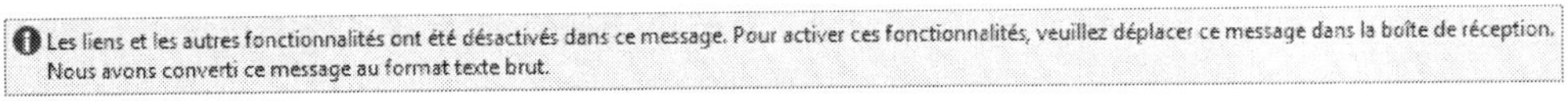

Si un message est à la fois considéré comme indésirable et de phishing, il est envoyé dans le dossier ***Courrier indésirable****. S'il est uniquement considéré comme un message de phishing, il est envoyé dans le dossier Boîte de réception mais tous ses liens suspects sont bloqués.*

Si un message est considéré comme indésirable mais que l'expéditeur de celui-ci est ajouté à la liste des expéditeurs approuvés, le message est envoyé dans la ***Boîte de réception*** *mais ses liens sont désactivés et l'accès à ses pièces jointes interdit.*

Si le même nom est ajouté aux listes **Expéditeurs approuvés** et **Expéditeurs bloqués**, les messages de cet expéditeur seront considérés comme fiables.

Le bouton **Importer depuis un fichier** visible dans les onglets **Destinataires approuvés**, **Expéditeurs approuvés** et **Expéditeurs bloqués** de la boîte de dialogue **Options du courrier indésirable** permet d'importer une liste existante d'adresses électroniques. Le bouton **Exporter vers un fichier** permet, comme son nom l'indique, d'exporter la liste vers un fichier texte d'extension **.txt**.
Si vous utilisez un compte de messagerie Microsoft Exchange Server, les noms et les adresses de messagerie de votre organisation sont automatiquement considérés comme fiables.

Pour ajouter rapidement un nom aux listes **Expéditeurs approuvés, Destinataires approuvés** ou **Expéditeurs bloqués**, cliquez avec le bouton droit de la souris sur un des messages de l'expéditeur concerné, pointez l'option **Courrier indésirable** puis cliquez sur l'option **Bloquer l'expéditeur, Ne jamais bloquer l'expéditeur, Ne jamais bloquer le domaine de l'expéditeur (@exemple.com)** ou **Ne jamais bloquer ce groupe ni cette liste de distribution**. Cliquez ensuite, si besoin, sur le bouton **OK** du message de confirmation qui s'affiche. Vous retrouvez ces options lorsque vous cliquez sur le bouton **Courrier indésirable** de l'onglet **Accueil** (groupe **Supprimer**) ou de l'onglet **Message** de la fenêtre du message de l'expéditeur.

Bloquer des domaines/des codages

Il s'agit ici de bloquer les messages provenant de certains pays et/ou ceux adoptant un codage ou un jeu de caractères spécial.

- Dans l'onglet **Accueil**, cliquez sur le bouton **Courrier indésirable** du groupe **Supprimer** puis cliquez sur l'option **Options du courrier indésirable.**
- Cliquez sur l'onglet **International.**
- Pour bloquer les messages provenant de certains pays, cliquez sur le bouton **Liste des domaines de premier niveau bloqués.**

  Cochez la ou les options correspondant aux pays dont les messages doivent être bloqués ; le bouton **Sélectionner tout** permet de cocher toutes les options de la liste tandis que le bouton **Effacer tout** permet de toutes les décocher.

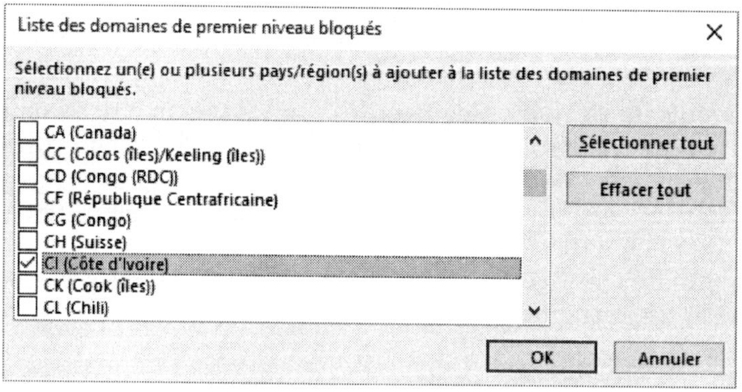

*Ici, les messages dont l'adresse électronique se termine par **CI** seront bloqués.*

Cliquez sur le bouton **OK**.

- Pour bloquer les messages adoptant un codage ou un jeu de caractères spécial, cliquez sur le bouton **Liste des codages bloqués.**

  Cochez la ou les options correspondant aux codages à bloquer ; le bouton **Sélectionner tout** permet de cocher toutes les options tandis que le bouton **Effacer tout** permet de toutes les décocher.

  Cliquez sur le bouton **OK.**

- Cliquez sur le bouton **OK** de la boîte de dialogue **Options du courrier indésirable.**

Gérer les listes de filtre

- Dans l'onglet **Accueil**, cliquez sur le bouton **Courrier indésirable** du groupe **Supprimer** puis cliquez sur l'option **Options du courrier indésirable.**
- Cliquez sur l'onglet correspondant à la liste que vous souhaitez gérer : **Expéditeurs approuvés**, **Destinataires approuvés** ou **Expéditeurs bloqués.**
- Pour modifier une adresse de messagerie, sélectionnez-la dans la liste, cliquez sur le bouton **Modifier**, réalisez les modifications nécessaires puis cliquez sur le bouton **OK.**
- Pour supprimer une adresse de messagerie, sélectionnez-la dans la liste puis cliquez sur le bouton **Supprimer.**
- Cliquez sur le bouton **OK.**

Gérer les messages indésirables

- Si un message que vous jugez normal est ajouté au dossier **Courrier indésirable**, vous pouvez le déplacer dans le dossier **Boîte de réception** : sélectionnez le message concerné dans le dossier **Courrier indésirable** puis cliquez sur la barre d'information visible dans le volet de lecture.

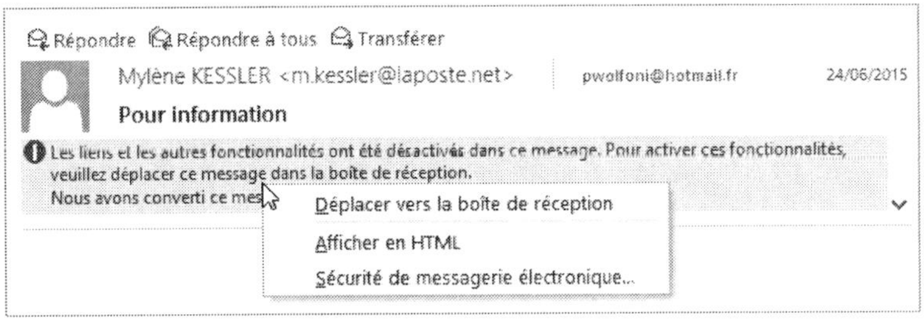

Cliquez sur l'option **Déplacer vers la boîte de réception.**

Une fois dans la boîte de réception, le message retrouve son format d'origine, ses liens sont actifs et l'accès à ses pièces jointes autorisé.

- Pour afficher un message indésirable dans son format d'origine, sélectionnez-le dans le dossier **Courrier indésirable** puis cliquez sur la barre d'information visible dans le volet de lecture.

  Cliquez ensuite sur l'option **Afficher en HTML** ou **Afficher en texte enrichi**, selon le format d'origine du message.

- Pour activer les liens et les fonctionnalités d'un message de phishing, sélectionnez-le, cliquez sur la barre d'information visible dans le volet de lecture puis cliquez sur l'option **Activer les liens et autres fonctionnalités (non recommandé).**

Pour déplacer un message du dossier **Courrier indésirable** vers la Boîte de réception, vous pouvez également le marquer comme légitime : dans le dossier **Courrier indésirable**, cliquez avec le bouton droit de la souris sur le message concerné, pointez l'option **Courrier indésirable** puis cliquez sur l'option **Ceci n'est pas indésirable.** Dans la boîte de dialogue **Marquer comme légitime** qui s'affiche, gardez l'option **Toujours approuver le courrier en provenance de "adresse de messagerie"** cochée si vous souhaitez ajouter l'expéditeur à la liste des **Expéditeurs approuvés.** À l'inverse, décochez cette option. Validez votre choix en cliquant sur le bouton **OK.** L'option **Ceci n'est pas indésirable** est également accessible à partir du bouton **Courrier indésirable** de l'onglet **Accueil** (groupe **Supprimer**) ou de l'onglet **Message** de la fenêtre du message.

Gérer les messages à l'aide de l'Assistant Gestion des messages

L'Assistant Gestion des messages permet de créer des règles afin de gérer vos messages.

Créer une règle

- Veillez à ce qu'un dossier de courrier soit sélectionné.
- Dans l'onglet **Accueil**, cliquez sur le bouton **Règles** du groupe **Déplacer** puis cliquez sur l'option **Gérer les règles et les alertes.**
- Cliquez, si besoin est, sur l'onglet **Règles du courrier électronique.**
- Cliquez sur le bouton **Nouvelle règle.**
- Pour créer une règle à partir d'un modèle, sélectionnez, dans la zone **Rester organisé** ou **Rester à jour** de l'**Étape 1**, le modèle de règle à utiliser pour créer la nouvelle. Ensuite, cliquez sur chaque lien souligné de la zone **Étape 2** pour préciser les conditions et les actions du modèle de règle sélectionné.

  Les conditions et les actions du modèle peuvent éventuellement être précisées dans l'étape suivante de l'Assistant Gestion des messages.

Pour créer une règle à partir d'une règle vide, spécifiez quand les messages doivent être vérifiés en sélectionnant une des deux options de la zone **Démarrer à partir d'une règle vierge** (Étape 1) : **Appliquer la règle aux messages que je reçois** ou **Appliquer la règle aux messages que j'envoie.**

- Cliquez sur le bouton **Suivant**.
- Si des conditions supplémentaires doivent être définies pour votre nouvelle règle, cochez la ou les options correspondantes dans la zone **Étape 1** puis, spécifiez si besoin, la ou les nouvelles conditions en cliquant sur chaque lien souligné dans la zone **Étape 2**.
- Cliquez sur le bouton **Suivant**.

Si certaines conditions sont incorrectes ou absentes, Outlook vous en informe par le biais d'un message et vous demande d'effectuer les corrections.

- Si des actions supplémentaires doivent être définies pour votre nouvelle règle, cochez la ou les actions correspondantes dans la zone **Étape 1** puis spécifiez, si besoin est, la ou les nouvelles actions en cliquant sur chaque lien souligné dans la zone **Étape 2**.

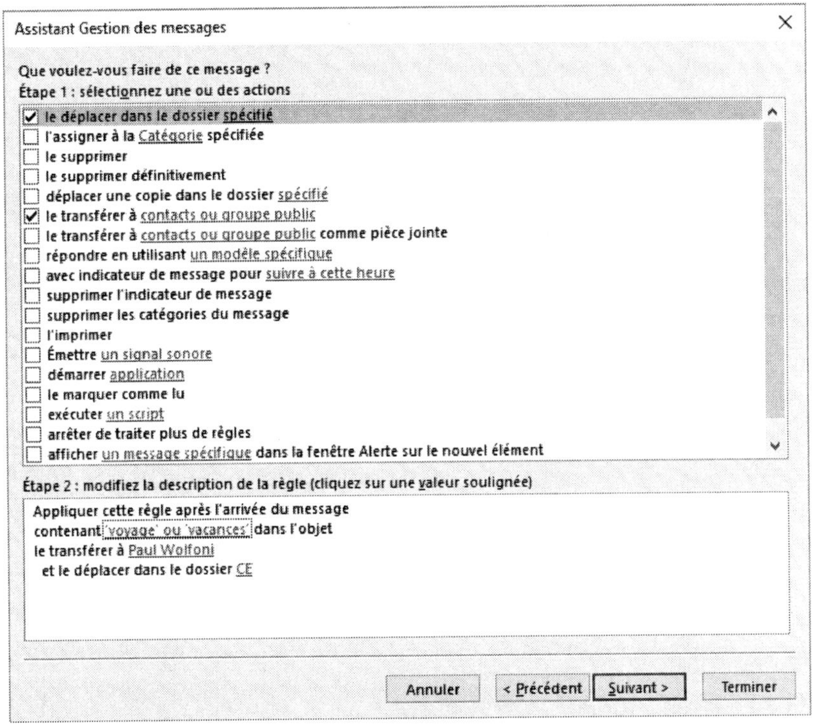

*Sur cet exemple, nous avons choisi de transférer à **Paul Wolfoni** les messages dont l'objet contient le mot **voyage** ou **vacances** et de les déplacer vers le dossier **CE**.*

- Cliquez sur le bouton **Suivant.**

De même que pour les conditions, si certaines actions sont incorrectes ou absentes, Outlook vous en informe par le biais d'un message et vous demande d'effectuer les corrections.

- Si des exceptions doivent être ajoutées à la règle, cochez les options correspondantes dans la zone **Étape 1** puis spécifiez, si besoin est, la ou les nouvelles exceptions en cliquant sur chaque lien souligné dans la zone **Étape 2.**
- Cliquez sur le bouton **Suivant.**
- Saisissez le nom de la nouvelle règle dans la zone **attribuez un nom à cette règle.**

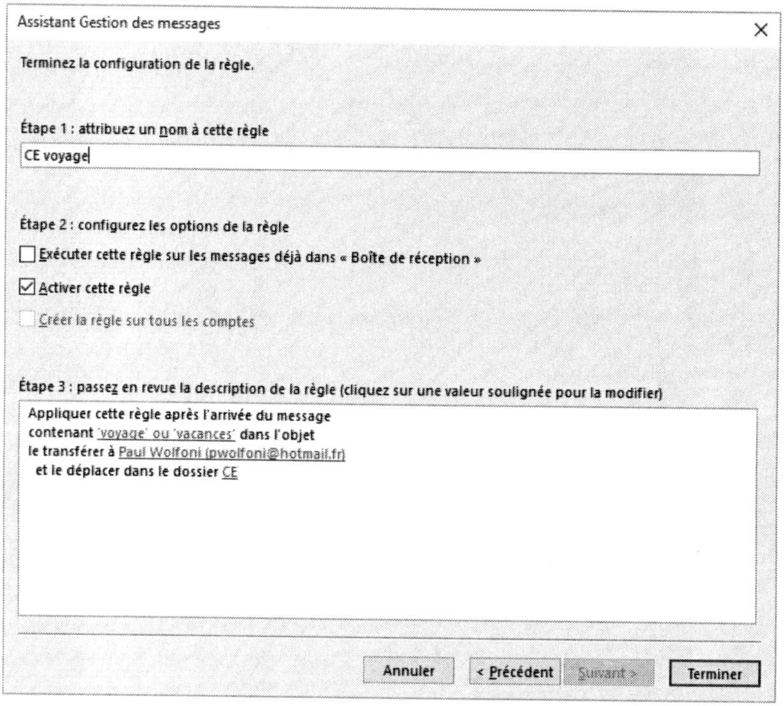

- Si vous souhaitez que cette règle s'applique aux messages qui se trouvent déjà dans le dossier **Boîte de réception**, cochez l'option **Exécuter cette règle sur les messages déjà dans « Boîte de réception ».**

- Si vous possédez plusieurs comptes de messagerie et que vous souhaitez que cette règle soit créée pour tous vos comptes, cochez l'option **Créer la règle sur tous les comptes.**

  Cette option est disponible uniquement si vous possédez plusieurs comptes.

- Si vous ne souhaitez pas activer cette règle pour l'instant, décochez l'option **Activer cette règle.**
- Vérifiez que la description de la règle est correcte dans la zone **Étape 3** puis, si besoin, modifiez-la en cliquant sur un ou plusieurs liens soulignés.
- Cliquez sur le bouton **Terminer** puis sur le bouton **OK** de la boîte de dialogue **Règles et alertes.**

Pour créer une règle directement à partir d'un message, sélectionnez le message concerné, cliquez sur le bouton **Règles** de l'onglet **Accueil** (groupe **Déplacer**) puis sur l'option **Créer une règle**. Définissez les conditions de la règle dans la boîte de dialogue **Créer une règle** puis cliquez sur le bouton **OK**. Pour appliquer cette règle aux messages qui se trouvent déjà dans le dossier actif, cochez l'option **Exécuter cette règle maintenant sur les messages qui se trouve déjà dans le dossier actif** dans le message qui s'affiche puis cliquez sur le bouton **OK**. Cette nouvelle règle s'ajoute à la liste des règles existantes dans la boîte de dialogue **Règles et alertes.**

Pour créer rapidement une règle permettant de déplacer les messages d'une personne vers un dossier spécifique, sélectionnez un message provenant de la personne concernée. Cliquez ensuite sur le bouton **Règles** de l'onglet **Accueil** (groupe **Déplacer**) puis cliquez sur l'option **Toujours déplacer les messages de : "nom de la personne"**. Sélectionnez le dossier dans lequel les messages doivent être déplacés ou créez-le à l'aide du bouton **Nouveau** puis cliquez sur le bouton **OK**. Cette nouvelle règle s'exécute immédiatement sur les messages du dossier actif et s'ajoute à la liste des règles existantes dans la boîte de dialogue **Règles et alertes.**

Gérer les règles

- Veillez à ce qu'un dossier de courrier soit sélectionné.
- Dans l'onglet **Accueil**, cliquez sur le bouton **Règles** du groupe **Déplacer** puis sur l'option **Gérer les règles et les alertes**.
- Cliquez, si besoin, sur l'onglet **Règles du courrier électronique**.
- Pour activer ou désactiver une règle, cochez ou décochez la case située en regard du nom de la règle concernée.
- Si une règle est désactivée, elle peut être exécutée manuellement : cliquez sur le bouton **Exécuter les règles**, cochez la règle concernée puis modifiez éventuellement les conditions d'exécution de la règle à l'aide des options **Exécuter dans le dossier** et **Appliquer les règles à**. Cliquez ensuite sur le bouton **Exécuter** puis sur les boutons **Fermer** et **OK**.
- Pour modifier une règle, faites un double clic sur son nom puis suivez les instructions de l'**Assistant Gestion des messages** (cf. sous-titre précédent).
- Pour renommer une règle, sélectionnez-la, cliquez sur le bouton **Modifier la règle** puis sur l'option **Renommer la règle**. Modifiez ensuite le nom de la règle puis cliquez sur le bouton **OK**.
- Pour modifier l'ordre dans lequel les règles s'appliquent aux messages, sélectionnez la règle que vous souhaitez déplacer puis utilisez le bouton  pour déplacer la règle vers le haut et le bouton  pour la déplacer vers le bas.
- Pour copier une règle, sélectionnez-la puis cliquez sur le bouton **Copier**. Si vous possédez plusieurs comptes de messagerie, ouvrez la liste **Dossier** puis sélectionnez la **Boîte de réception** dans laquelle vous souhaitez copier la règle avant de cliquer sur le bouton **OK**.
- Pour supprimer une règle, sélectionnez-la, cliquez sur le bouton **Supprimer** puis confirmez la suppression en cliquant sur le bouton **Oui**.
- Cliquez sur le bouton **OK** de la boîte de dialogue **Règles et alertes**.

Utiliser les Actions rapides pour automatiser les tâches répétitives

Si vous devez souvent réaliser une même tâche, vous pouvez enregistrer les actions nécessaires à l'exécution de celle-ci dans une action rapide. Ainsi, vous pourrez par exemple déplacer rapidement des messages vers un dossier spécifique ou encore, transférer un message à votre responsable. Par défaut, Outlook met à votre disposition quelques actions rapides mais vous pouvez bien sûr en créer de nouvelles.

Paramétrer une Action rapide existante

Si vous souhaitez utiliser l'une des cinq actions rapides proposées par Outlook, vous devez les paramétrer au préalable.

- Dans l'onglet **Accueil**, cliquez sur le bouton ⧉ situé dans le groupe **Actions rapides**.

  *La boîte de dialogue **Gérer les actions rapides** affiche les actions rapides dans la liste **Étape rapide**.*

- Sélectionnez l'action rapide à paramétrer.

  *Vous visualisez une **Description** de l'action rapide sélectionnée dans l'encadré correspondant.*

- Cliquez sur le bouton **Modifier**.

*La zone **Actions** affiche la ou les actions associées à l'action rapide. Remarquez que certaines de ces actions ne sont pas renseignées. C'est le cas ici pour la première action pour laquelle l'utilisateur devra choisir le dossier dans lequel les messages devront être déplacés.*

- Modifiez éventuellement le nom à donner à l'action rapide dans la zone **Nom**.
- Si vous souhaitez modifier l'icône associée à l'action rapide, cliquez sur l'icône visible en regard de la zone **Nom**, sélectionnez une nouvelle icône puis cliquez sur le bouton **OK**.
- Renseignez les paramètres des actions existantes en fonction de ce que vous souhaitez faire effectuer à l'action rapide.

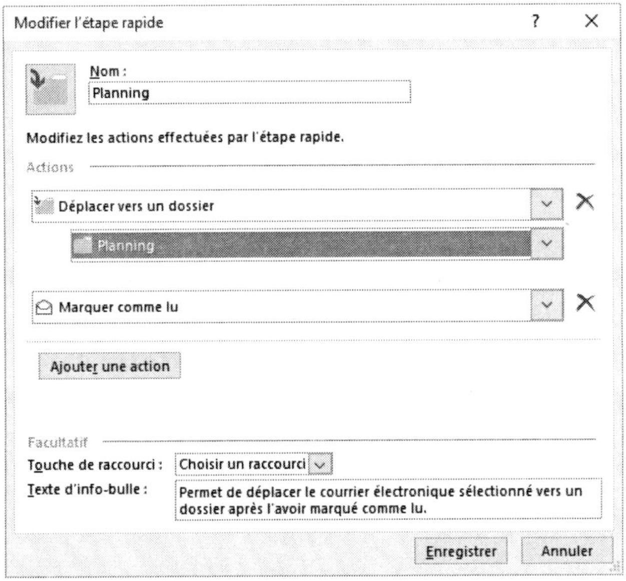

Dans notre exemple, les messages seront déplacés dans le dossier **Planning** *après avoir été marqués comme lus.*

Pour chaque action à ajouter, cliquez sur le bouton **Ajouter une action**, choisissez l'action souhaitée dans la liste puis renseignez ses paramètres.

Pour certaines actions, vous visualisez le lien **Afficher les options** permettant d'afficher plus de paramètres pour l'action correspondante. C'est le cas par exemple pour l'action **Transférer** ou encore pour l'action **Répondre**.

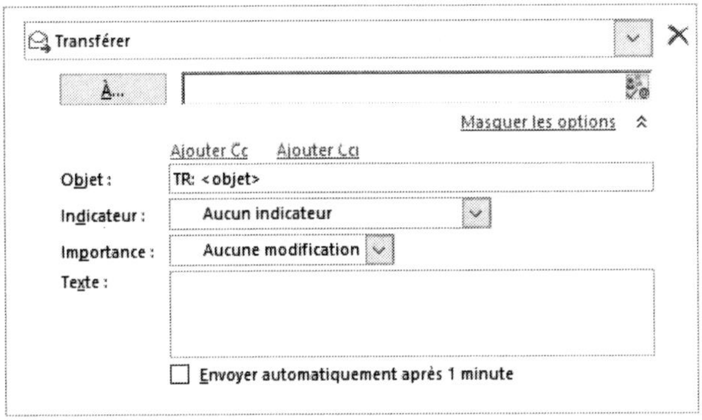

Concernant l'action ***Transférer****, vous pourrez spécifier l'objet du message de transfert, sélectionner un indicateur et/ou une importance, ou encore saisir un texte pour le corps du message. Vous pourrez même demander à ce que le message soit envoyé automatiquement après 1 minute. Même si elles sont facultatives, ces options peuvent vous permettre de gagner encore plus de temps.*

Ces options supplémentaires peuvent être masquées par un clic sur le lien **Masquer les options.**

- Si une action doit être supprimée, cliquez sur le bouton ✕ situé en regard de l'action concernée.
- Si vous souhaitez affecter un raccourci à l'action rapide, ouvrez la liste **Touche de raccourci** puis sélectionnez un des raccourcis-clavier proposés dans cette liste.
- Modifiez éventuellement le texte de l'info-bulle dans la zone **Texte d'info-bulle** : ce texte s'affichera dans une info-bulle lorsque vous pointerez l'action rapide située dans la galerie des **Actions rapides** du groupe du même nom dans l'onglet **Accueil.**

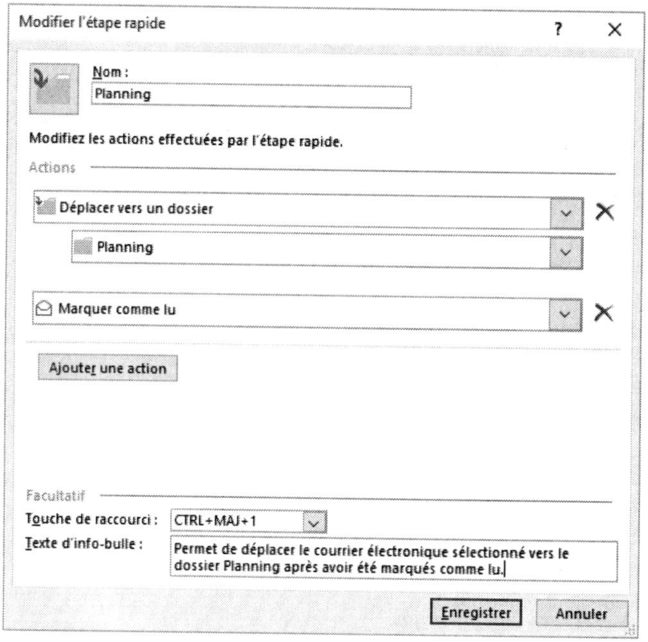

- Cliquez sur le bouton **Enregistrer**.
- Cliquez sur le bouton **OK** de la boîte de dialogue **Gérer les actions rapides.**

Si vous tentez d'utiliser une des actions rapides proposées par défaut sans l'avoir paramétrée au préalable, la boîte de dialogue **Première installation** s'affiche à l'écran vous permettant ainsi de définir les paramètres de l'action rapide.

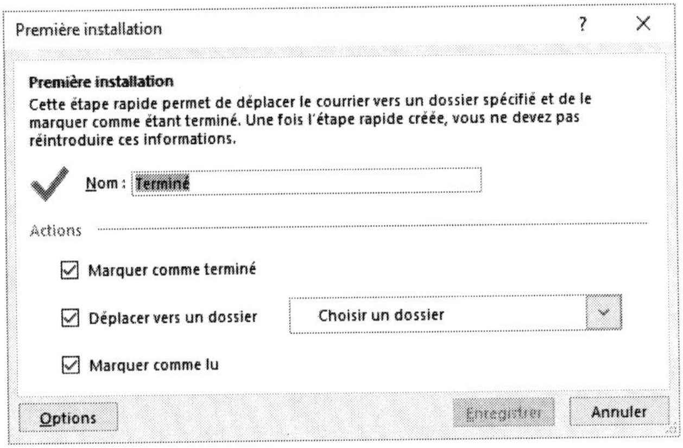

Le bouton **Options** permet d'ajouter d'autres actions à l'action rapide : vous retrouvez la boîte de dialogue **Modifier l'étape rapide**, détaillée plus haut dans ce titre. Une fois l'action rapide paramétrée, vous devez de nouveau cliquer dessus dans le groupe **Actions rapides** (onglet **Accueil**) pour l'utiliser sur le message sélectionné.

Créer une nouvelle Action rapide

Outlook vous propose cinq actions rapides par défaut mais vous pouvez bien sûr en créer d'autres.

- Dans l'onglet **Accueil**, cliquez sur le bouton **Créer** situé dans le groupe **Actions rapides** ; si vous ne visualisez pas ce bouton, faites défiler le contenu de la galerie des **Actions rapides** à l'aide de la barre de défilement verticale ou cliquez sur le bouton  pour afficher tout son contenu.

  *La boîte de dialogue **Modifier l'étape rapide** s'affiche à l'écran, vide de toute action.*

- Spécifiez le nom de la nouvelle action rapide dans la zone **Nom** puis ajoutez et paramétrez les actions souhaitées (pour plus d'informations, reportez-vous au sous-titre précédent).

- Une fois tous les paramètres définis, cliquez sur le bouton **Terminer**.

  *La nouvelle action rapide s'ajoute à la galerie des **Actions rapides** dans le groupe **Actions rapides** de l'onglet **Accueil**.*

Pour créer une nouvelle action rapide contenant une action, cliquez sur le bouton pour afficher le contenu de la galerie des **Actions rapides** (onglet **Accueil** - groupe **Accès rapides**), pointez l'option **Nouvelle action rapide** puis cliquez sur l'action à intégrer à la nouvelle action rapide. Paramétrez ensuite la nouvelle action rapide en procédant comme habituellement.

Pour créer une nouvelle action rapide basée sur une action rapide existante, dans l'onglet **Accueil**, cliquez sur le bouton du groupe **Actions rapides** pour afficher la boîte de dialogue **Gérer les actions rapides**. Sélectionnez l'action rapide à partir de laquelle vous souhaitez créer la nouvelle puis cliquez sur le bouton **Dupliquer**. Donnez un nom à la nouvelle action rapide dans la zone **Nom** puis modifiez ses paramètres avant de cliquer sur le bouton **Terminer**.

Utiliser une Action rapide

- Dans le dossier **Courrier**, sélectionnez le ou les messages pour lesquels vous souhaitez utiliser une action rapide ; pour sélectionner plusieurs messages, utilisez la touche ⇧ pour une sélection continue et/ou la touche Ctrl pour une sélection discontinue.
- Dans l'onglet **Accueil**, cliquez sur l'action rapide à utiliser visible dans la galerie des **Actions rapides** du groupe **Actions rapides** ; si vous ne visualisez pas l'action rapide à utiliser, faites défiler le contenu de la galerie des **Actions rapides** à l'aide de la barre de défilement verticale ou cliquez sur sur le bouton pour afficher tout son contenu.

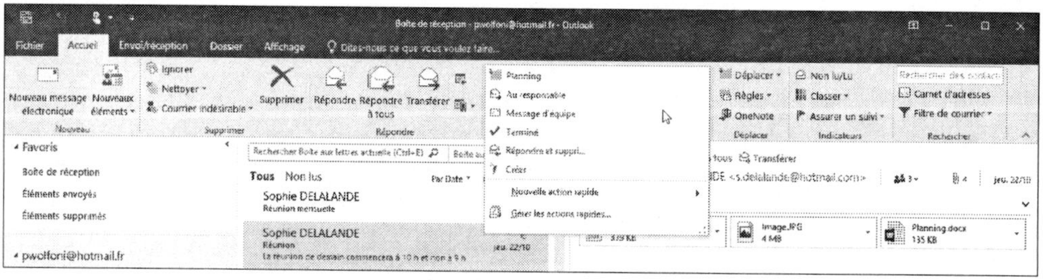

Les actions rapides sont visibles dans la partie supérieure de la galerie. Si plusieurs messages sont sélectionnés, il est possible que certaines actions rapides soient grisées, donc indisponibles, car elles ne peuvent pas être utilisées sur plusieurs messages en même temps.

Gérer les Actions rapides

- Dans l'onglet **Accueil**, cliquez sur le bouton du groupe **Actions rapides** pour afficher la boîte de dialogue **Gérer les actions rapides**.
- Sélectionnez l'action rapide concernée dans la liste **Étape rapide**.

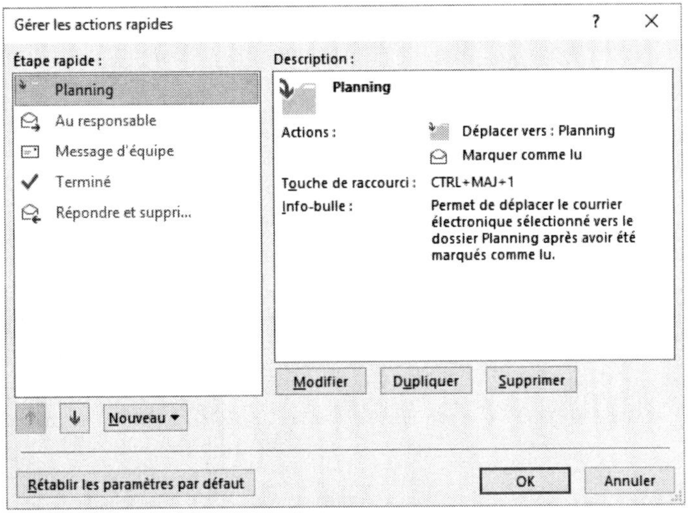

- Pour modifier l'action rapide, cliquez sur le bouton **Modifier**, réalisez les modifications souhaitées puis cliquez sur le bouton **Enregistrer**.
- Pour supprimer l'action rapide, cliquez sur le bouton **Supprimer**.

  *Attention, la suppression est immédiate, aucune demande de confirmation ne vous sera demandée. Cependant, la suppression ne sera réellement réalisée que lorsque vous validerez la boîte de dialogue **Gérer les actions rapides**.*

- Pour modifier la position de l'action rapide dans la liste, utilisez le bouton pour la déplacer vers le haut et le bouton pour la déplacer vers le bas.

Le bouton **Rétablir les paramètres par défaut** de la boîte de dialogue **Gérer les actions rapides** permet de retrouver les actions rapides proposées par défaut par Outlook : les modifications apportées aux actions rapides existantes seront perdues et les actions rapides créées seront supprimées.

Ajouter un flux RSS

Certains sites web utilisent la technologie appelée flux RSS (Really Simple Syndication) permettant aux internautes d'être informés des mises à jour de leurs sites préférés sans avoir à les consulter. Outlook 2016 permet de vous abonner à des flux RSS et ainsi de recevoir automatiquement les nouveaux contenus des sites web correspondants. En effet, lorsque vous ajoutez un flux RSS, celui-ci interroge régulièrement le serveur de l'éditeur RSS afin de voir si des mises à jour ont été publiées. Si c'est le cas, ces mises à jour sont automatiquement ajoutées au dossier Flux RSS d'Outlook.

Ajouter un flux RSS via Internet Explorer

Les versions antérieures à la version 7 d'Internet Explorer ne permettent pas d'ajouter des flux RSS à Outlook.

- Dans l'application Outlook, cochez l'option **Synchroniser les flux RSS avec la liste globale des flux de Windows** de la boîte de dialogue **Options Outlook** (onglet **Fichier - Options** - catégorie **Options avancées** - zone **Flux RSS**).

  Si cette option n'est pas cochée, vous ne pourrez pas ajouter un flux RSS via Internet Explorer.

- Ouvrez l'application Internet Explorer puis affichez le site contenant la technologie RSS : lorsqu'un site utilise cette technologie, le bouton de la barre des commandes apparaît de couleur orange, ou un ou plusieurs boutons RSS (ou ressemblant à ce bouton) ou encore un ou plusieurs liens (Abonnez vous) sont visibles dans la page web.

  Une même page web peut contenir plusieurs flux RSS.

- Selon le cas, utilisez une des deux méthodes suivantes :

  - Ouvrez la liste associée au bouton situé dans la barre de commandes puis cliquez sur le flux auquel vous souhaitez vous abonner ; si la page web contient un seul flux, vous pouvez directement cliquer sur le bouton . Si la page web contient plusieurs flux, cliquer sur le bouton (sans ouvrir la liste) permet de s'abonner au premier flux de la liste.

Si la barre de commandes n'est pas visible, affichez-la par un clic droit sur la barre de titre de la fenêtre puis sur l'option ***Barre de commandes****.*

- Cliquez, dans la page web, sur le bouton 

(ou ressemblant à ce bouton) ou sur le lien 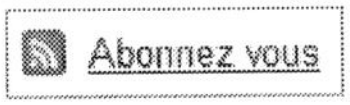

correspondant au flux auquel vous souhaitez vous abonner.

Les informations du site étant susceptibles d'être mises à jour s'affichent à l'écran : Internet Explorer propose de vous abonner à ce flux.

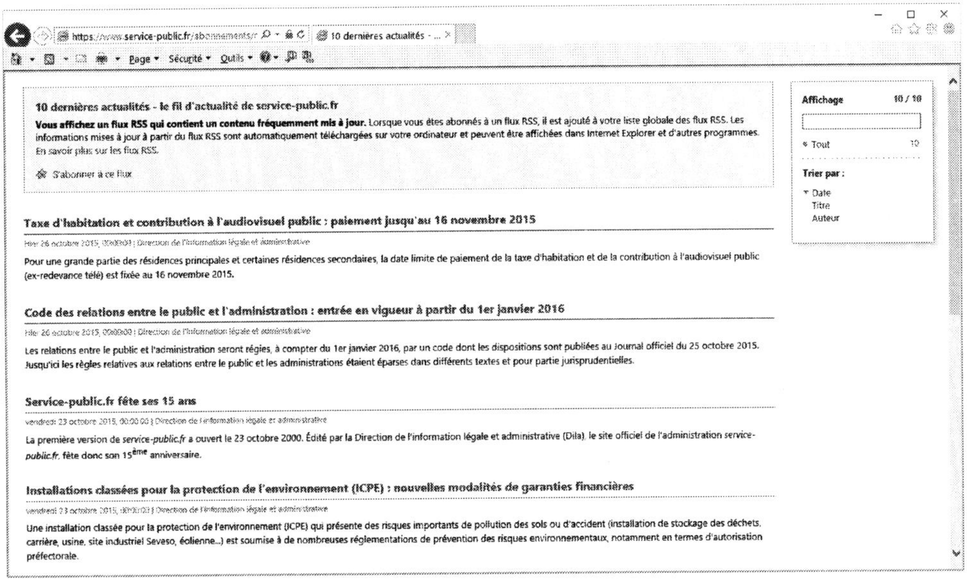

- Cliquez sur le lien **S'abonner à ce flux** visible dans l'encadré jaune situé en haut de la page.

  L'encadré jaune n'est pas visible lorsque vous tentez de vous abonner à un flux auquel vous êtes déjà abonné.

- Dans la zone de saisie **Nom**, saisissez le nom que vous souhaitez donner à ce flux.

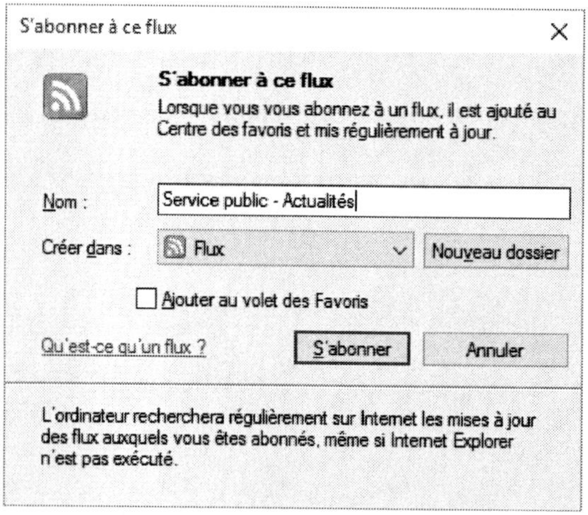

- Si vous souhaitez que ce flux soit ajouté au volet Favoris, cochez l'option **Ajouter au volet des Favoris.**
- Cliquez sur le bouton **S'abonner**.
- Fermez la fenêtre du navigateur Internet Explorer puis, si besoin, activez de nouveau la fenêtre de l'application Outlook.
- Pour afficher les éléments du flux RSS auquel vous venez de vous abonner, activez l'affichage **Courrier** en cliquant sur l'icône **Courrier** dans la barre de navigation puis développez, si besoin, le dossier **Flux RSS** en cliquant sur le bouton qui lui est associé.

  Cliquez ensuite sur le dossier correspondant au nom donné précédemment au flux RSS ; le nombre d'éléments RSS non lus s'affiche à droite du nom du dossier.

  Les éléments RSS contenus dans le flux s'affichent sous forme de messages électroniques dans la partie centrale de la fenêtre. La totalité des éléments RSS s'affichent en caractères gras car aucun d'entre eux n'a encore été lu. Le contenu de l'élément RSS sélectionné est visible dans le volet de lecture.

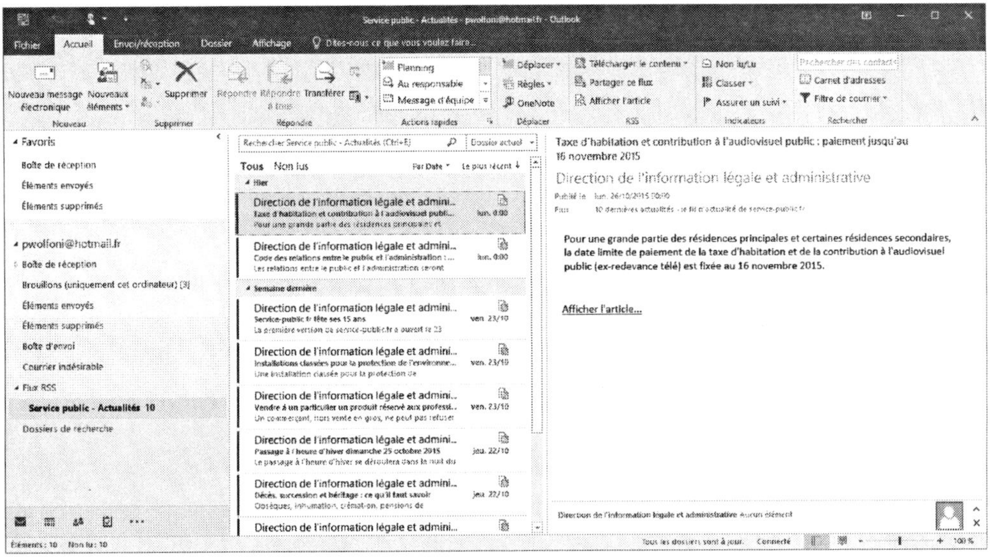

Vous pouvez gérer l'affichage du dossier ***Flux RSS*** *en procédant comme pour n'importe quel dossier de courrier (Boîte de réception, Éléments envoyés).*

Vous pouvez transférer, supprimer, appliquer un indicateur ou encore, associer une catégorie à un élément RSS en procédant comme avec n'importe quel message électronique mais vous ne pouvez toutefois pas répondre à l'expéditeur.

Si l'option **Synchroniser les flux RSS avec la liste des flux communs de Windows** est active, les flux RSS auxquels vous êtes abonné par l'intermédiaire d'Internet Explorer sont automatiquement ajoutés au dossier **Flux RSS** d'Outlook. Aussi, si vous ne souhaitez pas qu'un flux RSS soit ajouté à Outlook, vous devrez l'annuler (cf. Annuler un flux RSS).

Ajouter un flux RSS via l'application Outlook

Si vous souhaitez utiliser cette méthode, cela suppose que vous connaissez l'adresse URL du flux RSS ou que vous l'avez copiée dans le presse-papiers de Windows afin de la coller ultérieurement.

Si vous ne connaissez pas l'adresse URL du flux RSS à ajouter, ouvrez la page du flux RSS dans votre navigateur web, sélectionnez son adresse visible dans la zone correspondante puis copiez-la dans le presse-papiers de Windows (Ctrl **C**).

- Si besoin, affichez la fenêtre de l'application Outlook puis cliquez sur l'icône **Courrier** dans la barre de navigation.
- Faites un clic droit sur le dossier **Flux RSS** puis cliquez sur l'option **Ajouter un nouveau flux RSS.**
- Saisissez l'adresse URL dans la zone de saisie ou, si vous l'avez copiée au préalable à partir de votre navigateur, collez-la à l'aide du raccourci-clavier Ctrl **V.**

- Cliquez sur le bouton **Ajouter.**
- Si vous souhaitez modifier les options de configuration du flux RSS, cliquez sur le bouton **Options avancées** du message qui s'affiche à l'écran, effectuez les modifications souhaitées dans la boîte de dialogue **Options de flux RSS** puis cliquez sur le bouton **OK.**

  *Les options de la boîte de dialogue **Options de flux RSS** sont détaillées dans le titre Modifier les options d'un flux RSS visible un peu plus loin dans ce chapitre.*

- Validez la création du flux RSS en cliquant sur le bouton **Oui** de la boîte de dialogue **Microsoft Outlook.**

  *Le dossier correspondant au flux RSS que vous venez d'ajouter est sélectionné dans le dossier **Flux RSS.** Les éléments RSS contenus dans le flux s'affichent sous forme de messages électroniques dans la partie centrale de la fenêtre. Le contenu de l'élément RSS sélectionné est visible dans le volet de lecture.*

Les flux RSS ajoutés via l'application Outlook, le sont également dans Internet Explorer si l'option **Synchroniser les flux RSS avec la liste globale des flux de Windows** (onglet **Fichier - Options** - catégorie **Options avancées** - zone **Flux RSS**) est cochée.

Pour ajouter un flux RSS via l'application Outlook, vous pouvez aussi cliquer sur le bouton **Nouveau** situé dans l'onglet **Flux RSS** de la boîte de dialogue **Paramètres du compte** (onglet **Fichier** - option **Informations** - bouton **Paramètres du compte** - option **Paramètres du compte**).

Ajouter un flux RSS via un message électronique d'invitation de partage

Cela suppose qu'une personne vous ait envoyé un message contenant une invitation à partager un flux RSS (cf. Partager un flux RSS via un message électronique).

- En affichage **Courrier**, sélectionnez le dossier **Boîte de réception.**
- Ouvrez le message contenant l'invitation à partager un flux RSS en réalisant un double clic dessus.

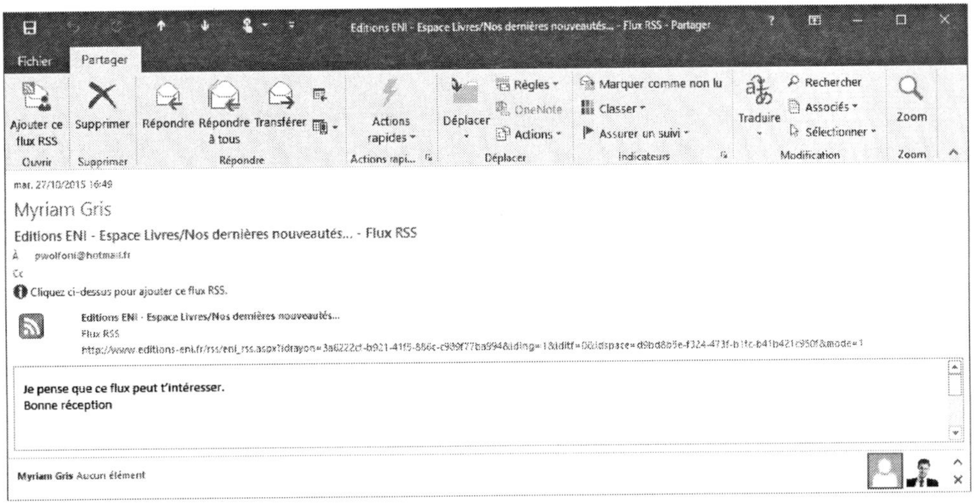

*Les caractéristiques du flux RSS sont visibles sous la zone **Objet**.*

- Cliquez sur le bouton **Ajouter ce flux RSS** visible dans le groupe **Ouvrir**.
- Si vous souhaitez modifier les options de configuration du flux RSS, cliquez sur le bouton **Options avancées** du message qui s'affiche à l'écran, effectuez les modifications souhaitées dans la boîte de dialogue **Options de flux RSS** puis cliquez sur le bouton **OK**.

  *Les options de la boîte de dialogue **Options de flux RSS** sont détaillées dans le titre Modifier les options d'un flux RSS visible un peu plus loin dans ce chapitre.*

- Validez la création du flux RSS en cliquant sur le bouton **Oui** de la boîte de dialogue **Microsoft Outlook.**

*Le dossier correspondant au flux RSS que vous venez d'ajouter est sélectionné dans le dossier **Flux RSS**. Les éléments RSS contenus dans le flux s'affichent sous forme de messages électroniques dans la partie centrale de la fenêtre. Le contenu de l'élément RSS sélectionné est visible dans le volet de lecture.*

- Activez la fenêtre du message ouvert précédemment en cliquant sur le bouton correspondant dans la barre des tâches puis cliquez sur le bouton [×] pour le fermer.

Les flux RSS ajoutés via un message électronique d'invitation de partage, le sont également dans Internet Explorer si l'option **Synchroniser les flux RSS avec la liste globale des flux de Windows** (onglet **Fichier - Options** - catégorie **Options avancées** - zone **Flux RSS**) est cochée.

Vous pouvez aussi cliquer sur le bouton **Ajouter ce flux RSS** visible en haut du volet de lecture du message contenant l'invitation de partage.

Lire un flux RSS

- En affichage **Courrier**, cliquez sur le dossier **Flux RSS** pour le sélectionner.
- Cliquez ensuite sur le dossier correspondant au flux RSS à lire.

  Les éléments RSS contenu dans le flux s'affiche dans la partie centrale de la fenêtre.
- Ouvrez le message correspondant à l'élément RSS à lire en réalisant un double clic sur celui-ci.

  Dans la plupart des cas, vous visualisez un résumé du contenu de l'élément RSS dans le corps du message. Un lien permettant d'afficher l'article complet est également visible dans cette zone.

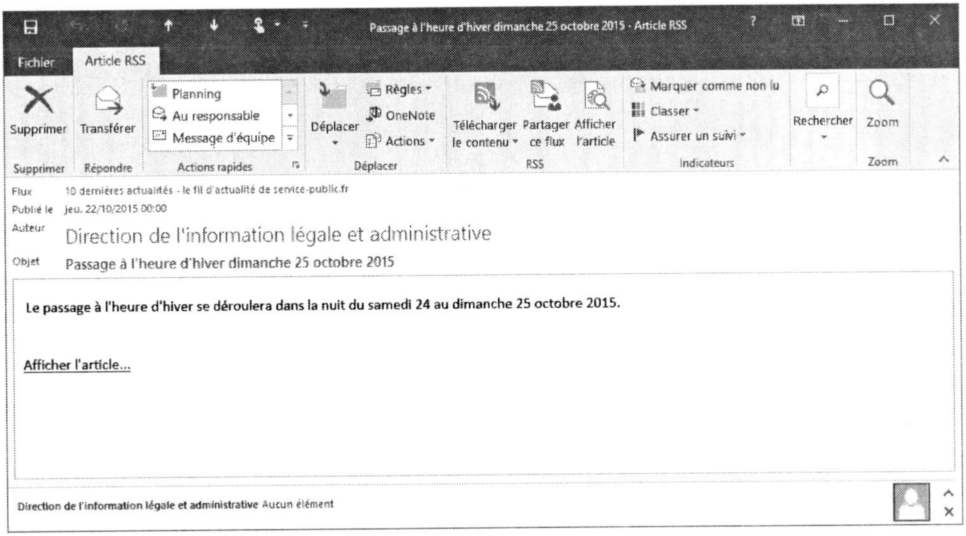

- Pour afficher l'article dans votre navigateur, cliquez sur le lien **Afficher l'article** visible dans le corps du message.

  *Vous pouvez également cliquer sur le bouton **Afficher l'article** visible dans le groupe **RSS**.*

  Fermez la fenêtre de votre navigateur après avoir consulté l'article.

- Pour télécharger dans la fenêtre du message, le contenu de l'article sous la forme d'une pièce jointe, cliquez sur le bouton **Télécharger le contenu** visible dans le groupe **RSS** puis sur l'option **Télécharger l'article**.

  *La pièce jointe **Article complet.htm** correspondant au contenu de l'article est visible sous la zone **Objet**. Quel que soit l'élément RSS téléchargé, la pièce jointe est toujours nommée **Article complet.htm**.*

  Si un générateur d'aperçu est installé sur votre ordinateur, vous pouvez afficher un aperçu du contenu de la pièce jointe en cliquant dessus ; pour revenir au contenu du message, cliquez sur le lien **Revenir au message**.

  Pour ouvrir la pièce jointe, faites un double clic dessus puis, si besoin, cliquez sur le bouton **Ouvrir** de la fenêtre **Ouverture d'une pièce jointe** qui s'affiche.

  Pour supprimer, imprimer, enregistrer ou copier la pièce jointe, ouvrez la liste de la pièce jointe puis, selon le cas, cliquez sur l'option **Supprimer la pièce jointe**, **Impression rapide**, **Enregistrer sous** ou **Copier**.

- Fermez la fenêtre du message en cliquant sur l'outil .

Modifier les options d'un flux RSS

- Cliquez sur l'onglet **Fichier**, sur l'option **Informations**, sur le bouton **Paramètres du compte**, sur l'option **Paramètres du compte** puis sur l'onglet **Flux RSS**.
- Sélectionnez le nom du flux RSS pour lequel vous souhaitez modifier les options dans la zone **Nom du flux** puis cliquez sur le bouton **Modifier**.

*La boîte de dialogue **Options de flux RSS** s'affiche à l'écran.*

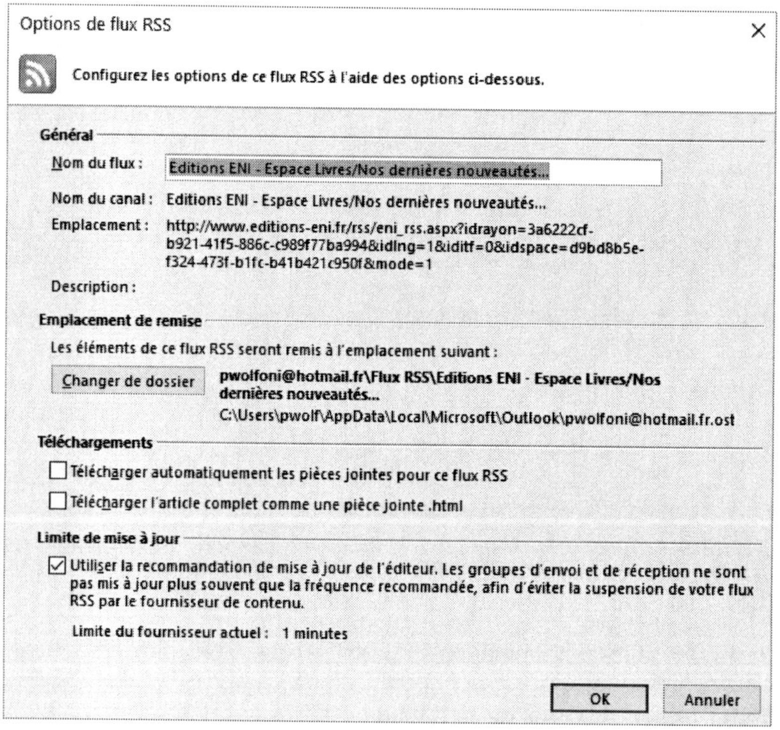

*Les informations liées au flux RSS sont visibles dans la zone **Général**.*

- Pour modifier le nom du flux, saisissez un nouveau nom dans la zone de saisie **Nom du flux**.

Le nom du dossier correspondant au flux RSS visible dans le dossier ***Flux RSS*** *du volet de navigation reste inchangé. Pour le renommer, vous devez faire un clic droit sur le dossier puis cliquer sur l'option* ***Renommer le dossier****.*

- Pour changer le dossier dans lequel les éléments du flux RSS seront remis, cliquez sur le bouton **Changer de dossier** visible dans la zone **Emplacement de remise**.

  Sélectionnez le dossier correspondant au nouvel emplacement de remise des éléments du flux RSS ou, s'il n'existe pas, créez-le à l'aide du bouton **Nouveau dossier**. Terminez en cliquant sur le bouton **OK**.

  Vous visualisez les informations liées à cet emplacement à droite du bouton ***Changer de dossier****.*

- Si certains éléments RSS du flux contiennent des fichiers joints, par défaut ils ne sont pas téléchargés par Outlook. Si vous souhaitez que cela soit le cas, cochez l'option **Télécharger automatiquement les pièces jointes pour ce flux RSS**.

- Si, pour chaque élément RSS lié à ce flux, vous souhaitez télécharger dans le message correspondant l'intégralité du contenu de l'article sous la forme d'une pièce jointe, cochez l'option **Télécharger l'article complet comme une pièce jointe .html**.

  Quel que soit l'élément RSS téléchargé, la pièce jointe est toujours nommée ***Article complet.htm****.*

- Gardez cochée l'option **Utiliser la recommandation de mise à jour de l'éditeur** afin que la fréquence maximale de vérification des nouvelles publications définie par l'éditeur du flux soit respectée. De cette façon, la gestion de la demande sur le serveur de l'éditeur est facilitée. Si toutefois vous décochez cette option afin de définir la recherche des mises à jour plus fréquemment que ne l'autorise l'éditeur RSS (cf. Comptes de messagerie - Groupes d'envoi/réception), celui-ci risque d'interrompre votre accès au flux ou même d'annuler votre abonnement de façon temporaire ou permanente.

  La fréquence de recherche des mises à jour déterminée par l'éditeur est visible à droite de l'option ***Limite du fournisseur actuel*** *dans la zone* ***Limite de mise à jour****.*

- Lorsque vous avez terminé de modifier les paramètres du flux, cliquez sur le bouton **OK** de la boîte de dialogue **Options de flux RSS** puis sur le bouton **Fermer** de la boîte de dialogue **Paramètres du compte**.

Nous vous rappelons également que les options d'un flux RSS peuvent être modifiées lors de l'ajout de celui-ci dans Outlook.

Annuler un flux RSS

- Cliquez sur l'icône **Courrier** dans la barre de navigation.
- Pour annuler le flux RSS ainsi que tous ses éléments RSS téléchargés, développez le dossier **Flux RSS** en cliquant sur le bouton associé. Faites ensuite un clic droit sur le dossier du flux RSS à supprimer puis cliquez sur l'option **Supprimer le dossier.**

  Vous pouvez également appuyer sur la touche Suppr *après avoir sélectionné le dossier du flux RSS à supprimer.*

  Confirmez la suppression du flux RSS et de son contenu en cliquant sur le bouton **Oui** du message de confirmation qui s'affiche.
- Pour annuler le flux RSS et conserver tous ses éléments RSS téléchargés, cliquez sur l'onglet **Flux RSS** de la boîte de dialogue **Paramètres du compte** (onglet **Fichier** - option **Informations** - bouton **Paramètres du compte** - option **Paramètres du compte**).

  Sélectionnez le nom du flux à annuler puis cliquez sur le bouton **Supprimer.**

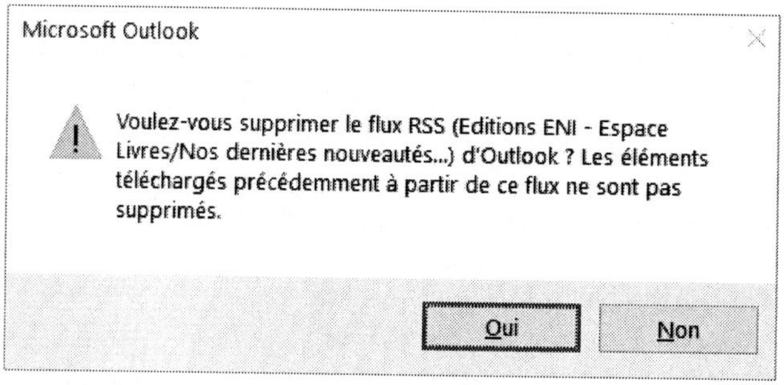

Le message de confirmation de la suppression du flux vous informe que ses éléments RSS téléchargés précédemment ne seront pas supprimés.

Confirmez la suppression du flux RSS en cliquant sur le bouton **Oui** du message de confirmation qui s'affiche.

Cliquez sur le bouton **Fermer** de la boîte de dialogue **Paramètres du compte.**

Vous visualisez toujours le dossier du flux RSS dans le dossier ***Flux RSS*** *(dossier* ***Courrier****). Il contient toujours les éléments RSS téléchargés précédemment. Ce flux RSS étant annulé, il ne pourra bien sûr plus être mis à jour.*

Attention, si vous supprimez un flux RSS dans Internet Explorer, il est automatiquement annulé dans l'application Outlook, s'il a été également ajouté à celle-ci ; ses éléments RSS téléchargés précédemment seront toujours visibles dans le dossier **Flux RSS** du dossier **Courrier**.

À l'inverse, si vous annulez un flux RSS dans l'application Outlook, il n'est pas supprimé dans l'application Internet Explorer, s'il existe également dans celle-ci.

Partager un flux RSS via un message électronique

Si vous souhaitez partager un flux RSS avec une autre personne, vous pouvez lui envoyer par messagerie afin qu'elle puisse l'ajouter à son dossier ***Flux RSS****.*

- En affichage **Courrier**, développez, si besoin, le dossier **Flux RSS** en cliquant sur le bouton ▷ associé.
- Cliquez ensuite sur le dossier correspondant au flux RSS à partager.

Les éléments RSS contenus dans le flux s'affichent dans la partie centrale de la fenêtre.

- Faites un clic droit sur un élément RSS quelconque puis cliquez sur l'option **Partager ce flux**.

Vous pouvez aussi ouvrir un élément RSS puis cliquer sur le bouton ***Partager ce flux*** *du groupe* ***RSS****.*

- Spécifiez l'adresse du destinataire dans la zone **À** ou cliquez sur le bouton [À...] pour sélectionner son nom dans un carnet d'adresses ; vous pouvez spécifier plusieurs noms si le flux RSS doit être partagé avec plusieurs personnes.
- Modifiez éventuellement l'objet du message dans la zone **Objet**.
- Saisissez éventuellement un texte d'information dans le corps du message.

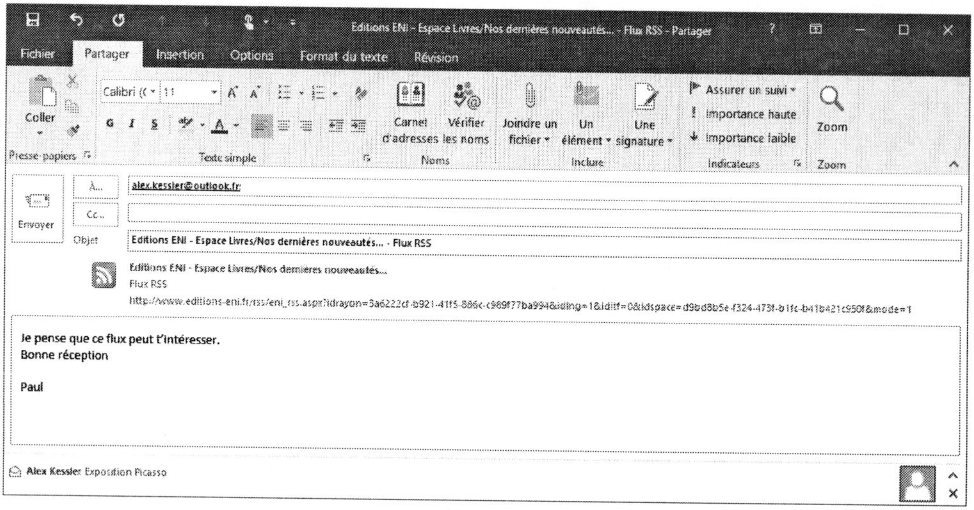

Les caractéristiques du flux RSS sont visibles sous la zone ***Objet****.*

Cliquez sur le bouton **Envoyer**.

Le message est stocké dans le dossier ***Éléments envoyés*** *de l'expéditeur. Une fois le message reçu dans sa* ***Boîte de réception****, le destinataire peut ajouter le flux RSS à son dossier* ***Flux RSS*** *(cf. sous-titre Ajouter un flux RSS via un message électronique d'invitation de partage du titre Ajouter un flux RSS).*

Exporter une collection de flux RSS

Il s'agit ici d'exporter plusieurs flux RSS vers un fichier .opml afin que celui-ci puisse être importé par la suite et ainsi être partagé avec d'autres personnes. La création d'un fichier .opml est également une manière de sauvegarder vos flux RSS.

Cliquez sur l'onglet **Fichier**, sur l'option **Ouvrir et exporter** puis sur le bouton **Importer/Exporter**.

*La première étape de l'****Assistant Importation et exportation*** *s'affiche à l'écran.*

Sélectionnez l'option **Exporter des flux RSS vers un fichier OPML** puis cliquez sur le bouton **Suivant**.

*La liste des flux RSS ajoutés à l'application Outlook s'affiche dans la boîte de dialogue **Exporter dans un fichier OPML**.*

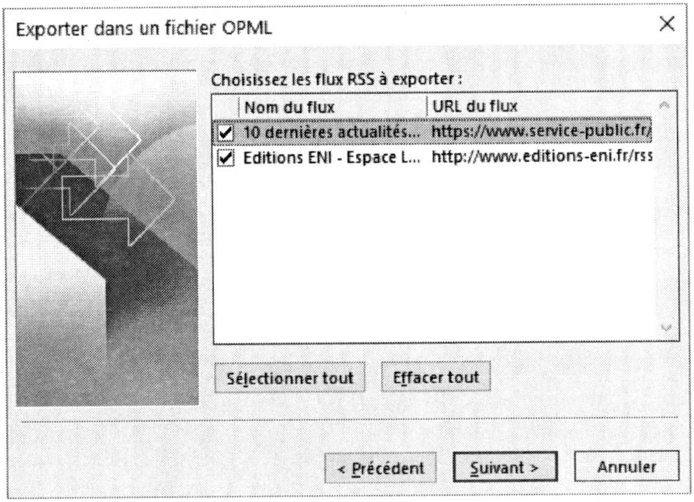

- Cochez les noms des flux RSS à inclure dans le fichier exporté et décochez ceux que vous ne souhaitez pas inclure dans ce fichier ; le bouton **Sélectionner tout** permet de cocher tous les noms des flux en même temps tandis que le bouton **Effacer tout** permet de les décocher tous.
- Cliquez sur le bouton **Suivant** pour atteindre l'étape suivante.
- Cliquez sur le bouton **Parcourir** pour spécifier l'emplacement ainsi que le nom du fichier exporté : sélectionnez le dossier de stockage du fichier exporté, saisissez le nom du fichier dans la zone de saisie **Nom de fichier** puis cliquez sur le bouton **Enregistrer**.

  *L'arborescence du fichier exporté ainsi que son nom sont désormais visibles dans la zone **Enregistrer le fichier exporté sous**.*
- Cliquez sur le bouton **Suivant**.

  Le fichier .opml est enregistré dans le dossier spécifié. La collection de flux RSS correspondante peut donc désormais être importée.

Un fichier .opml peut également être envoyé par messagerie électronique à un destinataire. Celui-ci pourra l'importer, après l'avoir enregistré dans un dossier.

Importer une collection de flux RSS

Il s'agit ici d'importer un fichier .opml contenant des flux RSS afin de les ajouter au dossier ***Flux RSS*** *de l'application Outlook.*

- Cliquez sur l'onglet **Fichier**, sur l'option **Ouvrir et exporter** puis sur le bouton **Importer/Exporter**.

  *La première étape de l'****Assistant Importation et exportation*** *s'affiche à l'écran.*

- Sélectionnez l'option **Importer des flux RSS à partir d'un fichier OPML** puis cliquez sur le bouton **Suivant**.

- Cliquez sur le bouton **Parcourir**, sélectionnez le fichier .opml à importer dans la boîte de dialogue **Fichier OPML** puis cliquez sur le bouton **Ouvrir**.

  L'arborescence du fichier importé ainsi que son nom sont désormais visibles dans la zone ***Choisir un fichier OPML RSS à importer****.*

- Cliquez sur le bouton **Suivant**.

- Cochez les noms des flux RSS à ajouter dans Outlook et décochez ceux que vous ne souhaitez pas ajouter ; le bouton **Sélectionner tout** permet de cocher tous les noms des flux en même temps tandis que le bouton **Effacer tout** permet de les décocher tous.

- Cliquez sur le bouton **Suivant**.

  La dernière étape de l'Assistant affiche la liste des flux RSS ajoutés dans Outlook.

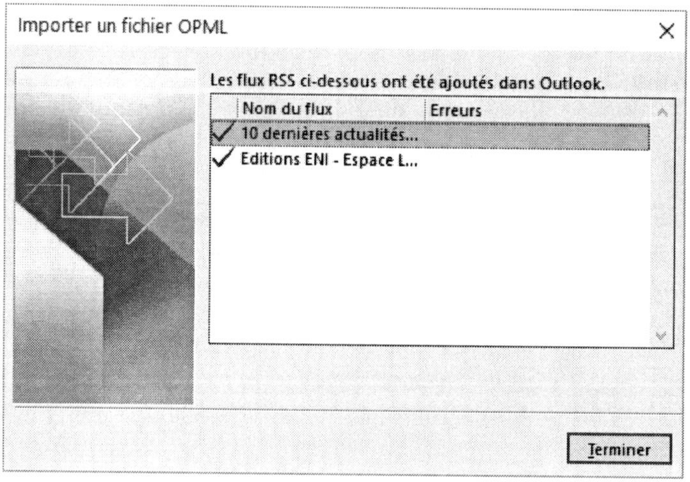

- Cliquez sur le bouton **Terminer**.
- Pour afficher les flux RSS que vous venez d'importer, sélectionnez le dossier **Flux RSS** visible dans le dossier **Courrier**.

Un fichier .opml peut également être envoyé par messagerie électronique à un destinataire. Celui-ci pourra l'importer, après l'avoir enregistré dans un dossier.

L'option **Importer des flux RSS à partir de la liste globale des flux** de l'**Assistant Importation et exportation** (onglet **Fichier** - option **Ouvrir et exporter** - bouton **Importer/Exporter**) permet d'importer les flux RSS ajoutés au navigateur Internet Explorer, qui n'ont pas déjà été ajoutés dans Outlook. Si tous les flux RSS ajoutés à Internet Explorer le sont dans Outlook, aucun flux RSS ne sera visible dans la liste des flux communs.

Qu'est-ce que le Calendrier ?

Le **Calendrier** est un outil qui vous permet d'organiser et de gérer au mieux votre emploi du temps.

Trois types d'activités sont gérés : les rendez-vous, les événements, les réunions. Toutes ces activités sont appelées des **éléments**.

À ces trois activités s'ajoute une prévision des tâches qui devront être exécutées.

Accéder au Calendrier

- Cliquez sur l'icône **Calendrier** visible dans la barre de navigation.

  Vous pouvez aussi utiliser le raccourci-clavier Ctrl ***2*** *(clavier numérique).*

  Sauf intervention, le Calendrier apparaît dans un affichage appelé ***Calendrier*** *et vous visualisez l'agenda du mois en cours :*

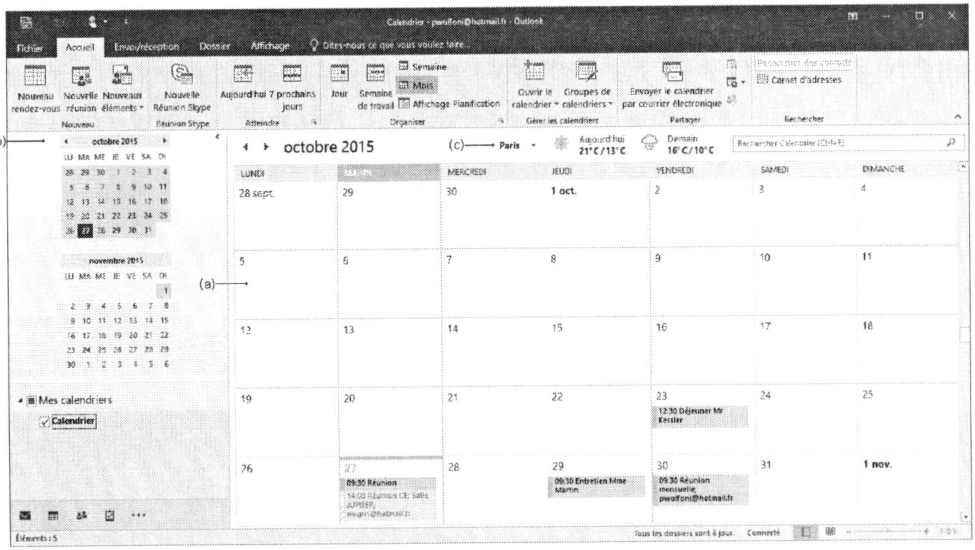

Cet affichage est composé d'un ***Agenda*** *(a) sur le mois en cours comprenant les différents événements programmés, d'un* ***Navigateur de dates*** *(b) qui apparaît dans le volet des dossiers et de la* ***Barre météorologique*** *(c).*

Vous pouvez modifier l'espace réservé à l'Agenda en faisant glisser la barre de fractionnement située sur la droite du volet des dossiers.

Pour visualiser rapidement les rendez-vous et réunions programmés ce jour sans avoir à activer le dossier Calendrier, pointez l'affichage **Calendrier** sur la barre de navigation.

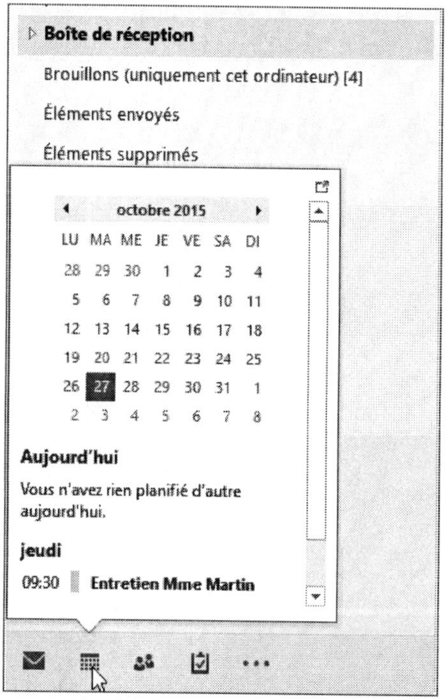

Pour afficher les éléments d'un autre jour, changez de mois si besoin puis cliquez sur la date souhaitée.

Les affichages du dossier Calendrier

*Les affichages permettent de présenter de différentes façons le contenu du dossier **Calendrier**.*

- Dans l'onglet **Affichage**, cliquez sur le bouton **Changer l'affichage** du groupe **Affichage actuel**.
- Cliquez sur l'option correspondant à un des affichages suivants :

Calendrier ou **Aperçu**	Pour visualiser la liste des rendez-vous, événements et réunions prévus pour un ou plusieurs jours, une ou plusieurs semaines, ou encore pour un mois donné.
Liste	Pour visualiser la liste de tous les rendez-vous, événements et réunions ainsi que les détails qui s'y rapportent.
Actives	Pour visualiser la liste de tous les rendez-vous, événements et réunions prévus à dater d'aujourd'hui ainsi que les détails qui s'y rapportent.

- Pour choisir le type d'affichage **Calendrier**, cliquez en fonction de votre attente, sur un des boutons suivants visibles dans le groupe **Réorganisation** de l'onglet **Affichage** :

Jour	Pour afficher l'agenda sur une journée.
Semaine de travail	Pour afficher l'agenda sur une semaine de travail ; par défaut, la semaine de travail est définie du lundi au vendredi.
Semaine	Pour afficher l'agenda sur une semaine entière.
Mois	Pour afficher l'agenda sur un mois.
Affichage Planification	Pour afficher l'agenda sur une journée dans une disposition horizontale.

*Les types d'affichage **Calendrier** sont également disponibles dans l'onglet **Accueil** (groupe **Organiser**).*

- Si vous avez choisi l'affichage **Liste** ou **Active**, vous pouvez réorganiser les éléments de la liste en cliquant sur l'un des boutons suivants du groupe **Réorganisation** (onglet **Affichage**) :

Catégories	Pour visualiser la liste de tous les éléments du calendrier regroupés par catégorie et les détails qui s'y rapportent.

Date de début Pour visualiser la liste de tous les éléments du calendrier triés sur la date de début des éléments, du plus récent au plus ancien.

Périodicité Pour visualiser la liste des éléments du calendrier triés par périodicité : **Quotidienne**, **Hebdomadaire**, **Mensuelle** puis **Annuelle.**

Emplacement Pour visualiser la liste des éléments du calendrier triés par ordre croissant du champ **Emplacement.**

Si vous avez choisi une réorganisation par **Date de début**, **Périodicité** ou **Emplacement**, vous pouvez choisir de regrouper les éléments de la liste par groupe : cliquez sur le bouton du groupe **Réorganisation** puis sur l'option **Afficher dans des groupes** pour l'activer ; de nouveau un clic sur cette option permet de la désactiver et ainsi d'annuler le regroupement des éléments de la liste.

L'option **Appliquer l'affichage actuel aux autres dossiers de calendriers** du bouton **Changer l'affichage** (onglet **Affichage**) permet d'appliquer les paramètres d'affichage du dossier actif à un autre dossier de calendrier.

Pour rétablir les paramètres d'origine d'un affichage, sélectionnez l'affichage concerné puis, dans l'onglet **Affichage**, cliquez sur le bouton **Réinitialiser l'affichage** du groupe **Affichage actuel.** Cliquez ensuite sur le bouton **Oui** du message de confirmation qui s'affiche. Si le bouton **Réinitialiser l'affichage** est grisé, cela signifie que les paramètres d'origine de l'affichage n'ont pas été modifiés.

Afficher une autre date

À l'aide du navigateur de dates

- Pour vous déplacer de mois en mois, utilisez les pointes de flèche visibles dans la partie supérieure du navigateur de dates : 

- Pour atteindre rapidement un autre mois, cliquez dans le navigateur de dates sur le nom du mois actif puis, tout en maintenant le bouton de la souris enfoncé, pointez le mois que vous souhaitez atteindre ; si celui-ci n'est pas proposé dans la liste, affichez-le en faisant glisser le pointeur de la souris, vers le haut ou vers le bas, en dehors de la liste.

Relâchez ensuite le bouton de la souris.

- Cliquez ensuite sur la date à atteindre.

À l'aide de la boîte de dialogue

- Dans l'onglet **Accueil**, cliquez sur le bouton visible dans le groupe **Atteindre** ou utilisez le raccourci-clavier Ctrl **B**.
- Saisissez la date à atteindre dans la zone de saisie **Date** ou ouvrez la liste pour la sélectionner.
- Ouvrez la liste **Visible dans** puis sélectionnez le format d'affichage de l'Agenda : **Calendrier quotidien, hebdomadaire, mensuel** ou **de la semaine de travail.**

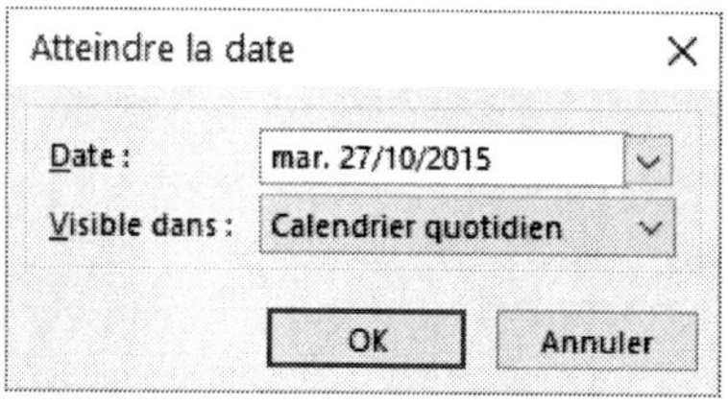

- Cliquez sur le bouton **OK**.

Pour revenir à la date du jour, cliquez sur le bouton **Aujourd'hui** de l'onglet **Accueil** (groupe **Atteindre**).

Accéder à l'élément précédent ou suivant

Si le calendrier affiché à l'écran ne contient aucun élément, en affichage quotidien, vous pouvez atteindre le précédent ou le prochain élément du calendrier qui pourra être un rendez-vous, un événement ou une réunion.

- Pour atteindre l'élément suivant, cliquez sur le bouton **Prochain rendez-vous** visible sur le côté droit du calendrier.
- Pour atteindre l'élément précédent, cliquez sur le bouton **Rendez-vous précédent** visible sur le côté gauche du calendrier.

Ces boutons sont visibles uniquement si le calendrier affiché ne contient aucun élément.

Personnaliser l'affichage en cours

Afficher par Mois

- Cliquez, dans le navigateur de dates, sur un des jours du mois que vous souhaitez afficher puis, dans l'onglet **Accueil** ou **Affichage**, cliquez sur le bouton **Mois**.

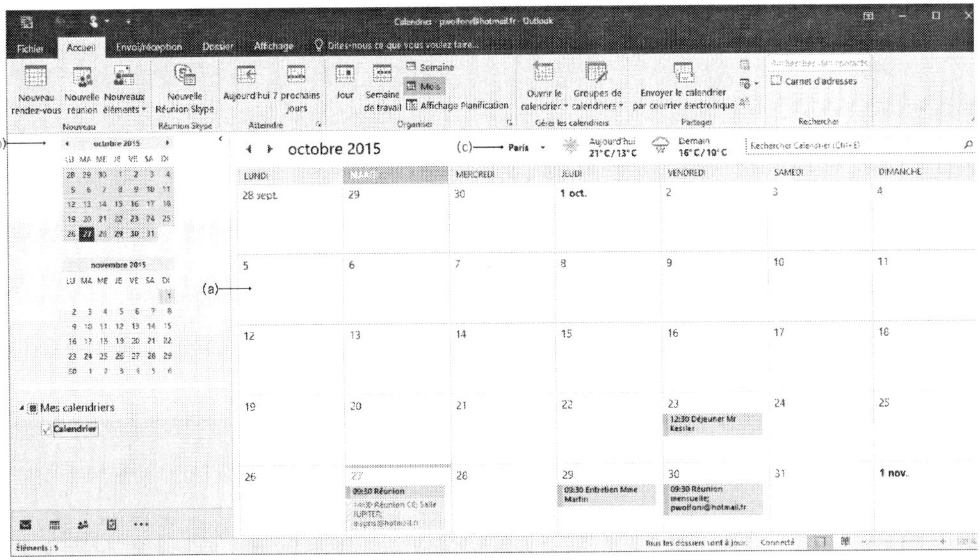

- Dans l'onglet **Affichage**, cliquez sur le bouton **Paramètres d'affichage** du groupe **Affichage actuel.**

  *Vous pouvez également faire un clic droit sur une zone vide du calendrier puis cliquez sur l'option **Paramètres d'affichage**.*

- Cliquez sur le bouton **Autres paramètres.**

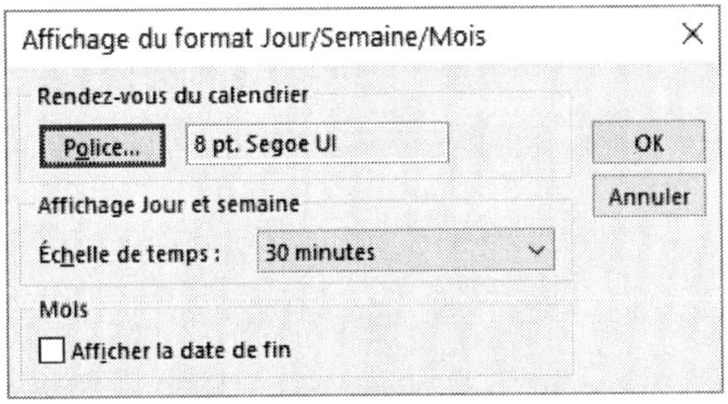

- Pour modifier la police des textes des éléments, cliquez sur le bouton **Police** visible dans l'encadré **Rendez-vous du calendrier**. Modifiez la police, le style et/ou la taille de la police à l'aide des options des zones **Police**, **Style** et **Taille** puis cliquez sur le bouton **OK** : un aperçu des options choisies est visible à droite du bouton **Police.**

- Pour afficher la date de fin des rendez-vous et des réunions, cochez l'option **Afficher la date de fin** située dans l'encadré **Mois** ; pour ne pas l'afficher, décochez cette option.

  Si vous avez choisi de ne pas afficher la date de fin, sachez que celle-ci est visible dans une info-bulle lorsque vous pointez l'élément.

- Cliquez à deux reprises sur le bouton **OK**.
- Pour modifier la couleur d'arrière-plan du calendrier sélectionné, cliquez sur le bouton **Couleur** du groupe **Couleur** puis cliquez sur la couleur de votre choix.
- Pour faire défiler les mois, utilisez la barre de défilement vertical ou les boutons ◀ et ▶ visibles dans la partie supérieure gauche du calendrier.

La couleur d'arrière-plan du calendrier associée à l'option **Automatique** du bouton **Couleur** (onglet **Affichage**) correspond à la couleur par défaut que vous pouvez modifier à l'aide de la liste **Couleur de calendrier par défaut** de la boîte de dialogue **Options Outlook** (onglet **Affichage** - groupe **Réorganisation** - bouton ⧉). Si vous souhaitez que la couleur sélectionnée dans la liste **Couleur de calendrier par défaut** soit appliquée à tous vos calendriers, cochez l'option **Utiliser cette couleur sur tous les calendriers**.

Afficher par Semaine

- Cliquez, dans le navigateur de dates, sur un des jours de la semaine à afficher puis, dans l'onglet **Accueil** ou **Affichage**, cliquez sur le bouton **Semaine** ou **Semaine de travail**.

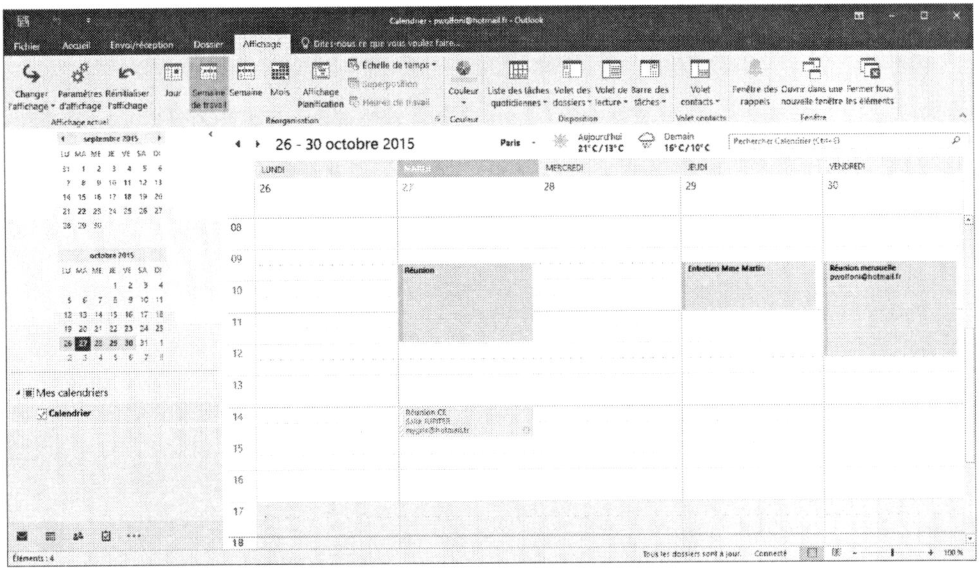

⮾ Dans l'onglet **Affichage**, cliquez sur le bouton **Paramètres d'affichage** du groupe **Affichage actuel**.

*Vous pouvez également faire un clic droit sur une zone vide du calendrier puis cliquez sur l'option **Paramètres d'affichage**.*

⮾ Cliquez sur le bouton **Autres paramètres.**

⮾ Pour modifier l'échelle de l'heure, ouvrez la liste **Échelle de temps** visible dans l'encadré **Affichage Jour et semaine** puis cliquez sur l'option correspondant à l'intervalle de temps souhaité ; par défaut, l'intervalle est de **30 minutes**.

⮾ Pour modifier la police des textes des éléments, cliquez sur le bouton **Police** visible dans l'encadré **Rendez-vous du calendrier**. Modifiez la police, le style et/ou la taille de la police à l'aide des options des zones **Police**, **Style** et **Taille** puis cliquez sur le bouton **OK** : un aperçu des options choisies est visible à droite du bouton **Police**.

Les options de police spécifiées s'appliquent également au calendrier journalier.

⮾ Cliquez à deux reprises sur le bouton **OK**.

⮾ Pour faire défiler les semaines, utilisez les boutons ◀ et ▶ visibles dans la partie gauche supérieure du calendrier.

Si la date du jour est incluse dans la semaine affichée, vous visualisez un trait horizontal bleu matérialisant l'heure actuelle.

Pour modifier l'échelle de l'heure, vous pouvez également utiliser la liste **Échelle de temps** visible dans l'onglet **Affichage** (groupe **Réorganisation**).

Afficher un ou plusieurs jours

- Cliquez sur le bouton **Jour** de l'onglet **Accueil** ou **Affichage.**
- Pour afficher un jour, cliquez sur le jour concerné dans le navigateur de dates.
- Pour afficher plusieurs jours, sélectionnez les jours concernés dans le navigateur de dates ; pour sélectionner des jours qui se suivent, réalisez un cliqué-glissé sur les dates correspondantes ou utilisez la touche [⇧] ; pour sélectionner des jours non contigus, maintenez la touche [Ctrl] enfoncée tout en cliquant sur les dates concernées.

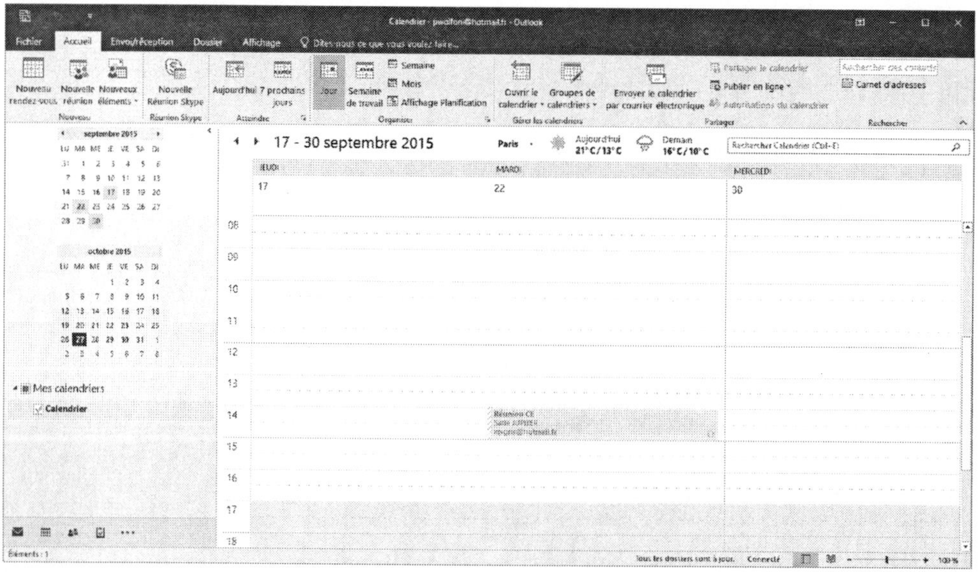

Sur l'écran précédent, les dates des 17, 22 et 30 septembre 2015 sont sélectionnées dans le navigateur de dates.

- Utilisez les combinaisons de touches suivantes pour modifier le nombre de jours affichés :

Afficher de 1 à 9 jours	Alt **n** où n correspond au nombre de jours contigus à afficher (saisir le nombre sur le clavier alphanumérique).
Afficher 10 jours	Alt **0** (clavier alphanumérique)
Afficher le mois	Alt =

Si vous avez affiché la date du jour ou si celle-ci fait partie des jours affichés, vous visualisez un trait horizontal bleu matérialisant l'heure actuelle.

Si l'affichage Mois est actif, un clic sur le chiffre d'une date (en haut à gauche) permet d'afficher l'agenda du jour correspondant.

Gérer la barre des prévisions météorologiques du Calendrier

Vous disposez des prévisions météorologiques du jour et des deux prochains jours dans la partie supérieure du Calendrier.

- Cliquez sur l'icône **Calendrier**  dans la barre de navigation.

Par défaut, la barre des prévisions météorologiques affiche les prévisions pour la ville de Paris.

- Pour afficher plus de détails sur les prévisions d'un jour, pointez le jour correspondant.

Les informations s'affichent dans une info-bulle.

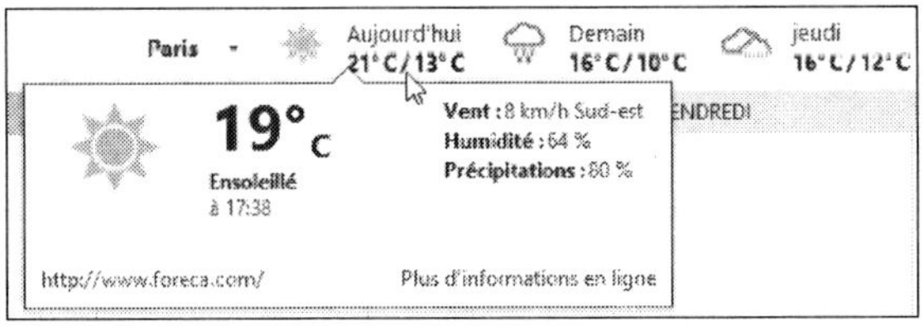

*Le lien **Plus d'informations en ligne** ouvre la page météo du site MSN permettant d'afficher une météo plus complète.*

- Pour ajouter une ville à la barre météorologique, cliquez sur le nom de la ville actuellement active puis sur l'option **Ajouter un emplacement.**

  Saisissez le nom de la ville à ajouter dans la zone de saisie qui s'affiche ; vous pouvez également saisir le code postal d'une ville.

  Un clic sur l'outil [x] *permet d'annuler la recherche.*

  Cliquez sur l'outil **Rechercher** [loupe] ou appuyez sur la touche [Entrée].

  Si plusieurs villes vous sont proposées, cliquez sur celle à ajouter.

  Cinq villes maximum peuvent être ajoutées à la liste.

- Pour changer de ville, cliquez sur le nom de la ville active puis cliquez sur la ville pour laquelle vous souhaitez afficher les prévisions.

- Pour supprimer une ville, cliquez sur le nom de la ville active puis pointez la ville à supprimer de la liste.

  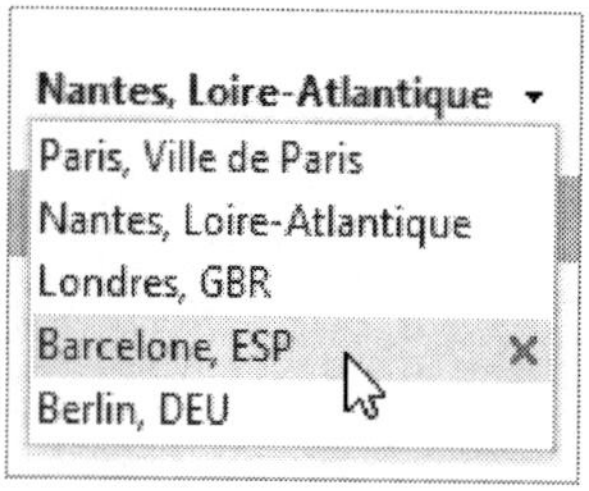

  Cliquez sur l'outil [x].

Si vous ne souhaitez plus visualiser la barre des prévisions météorologiques dans le Calendrier, cliquez sur l'onglet **Fichier** puis sur **Options**. Sélectionnez ensuite la catégorie **Calendrier** puis décochez l'option **Afficher la météo sur le calendrier** du cadre **Météo** ; par défaut les températures sont affichées en degrés **Celsius**, pour les afficher en degrés Fahrenheit, activez l'option **Fahrenheit**.

Afficher plusieurs calendriers

Si, en plus du Calendrier Outlook par défaut, vous possédez d'autres calendriers, vous pouvez en afficher plusieurs en même temps en les affichant côte à côte ou en les superposant.

- Cliquez sur **Calendrier** dans la barre de navigation.
- Veillez à ce que l'affichage du dossier Calendrier soit **Calendrier** (onglet **Affichage** - groupe **Affichage actuel** - bouton **Changer l'affichage**).
- Pour afficher plusieurs calendriers côte à côte, dans le volet des dossiers, cochez les cases visibles à gauche des noms des calendriers à afficher.

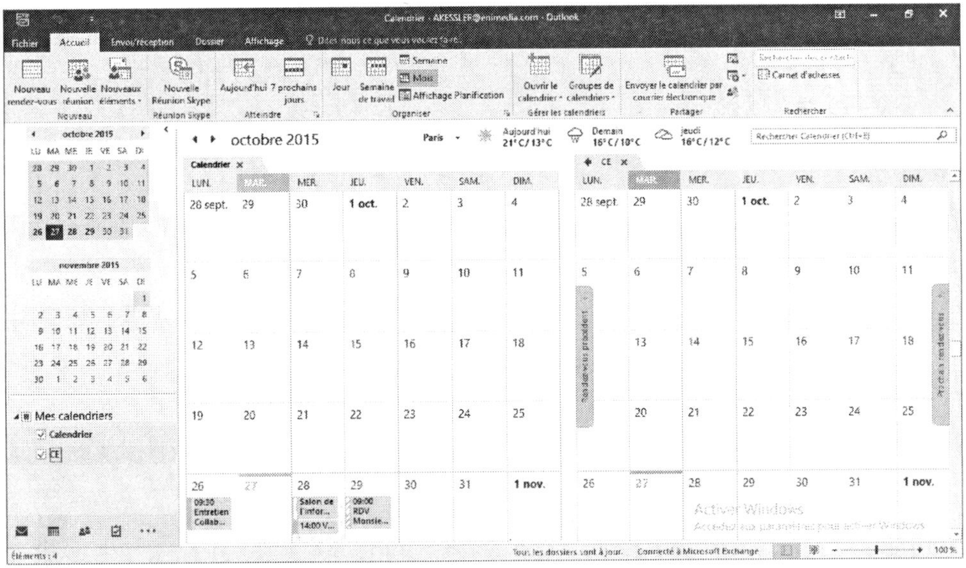

Ici, vous visualisez côte à côte le calendrier par défaut d'Outlook et le calendrier CE. Le nom de chaque calendrier affiché est visible dans son onglet.

- Pour afficher plusieurs calendriers dans une disposition horizontale afin, par exemple, de simplifier l'organisation d'une réunion en identifiant rapidement le meilleur horaire, affichez-les côte à côte dans un premier temps. Ensuite, dans l'onglet **Accueil** ou **Affichage**, cliquez sur le bouton **Affichage Planification** du groupe **Organiser** ou **Réorganisation**.

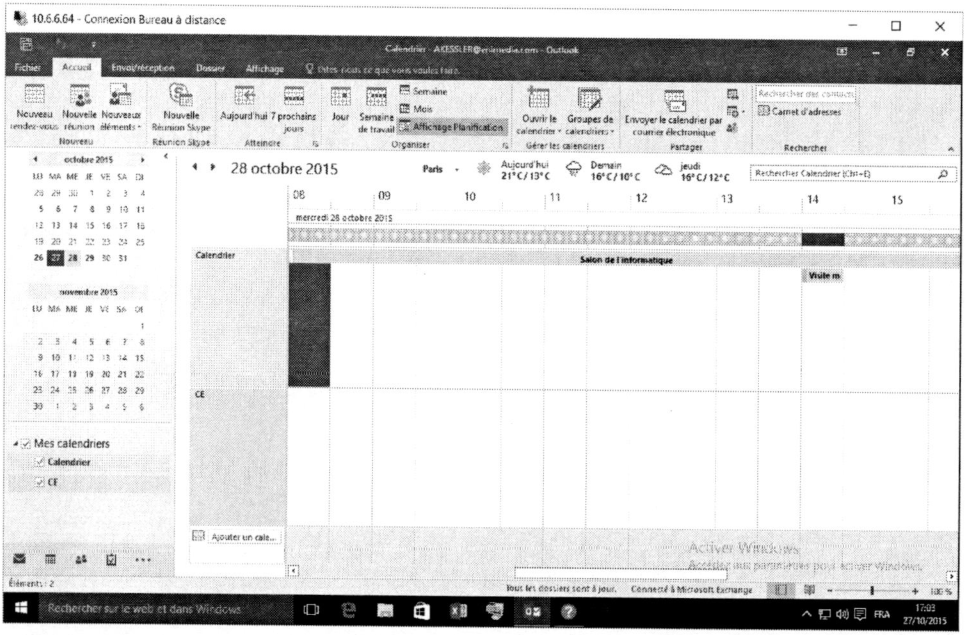

Il vous suffit de choisir un autre affichage (**Jour**, **Semaine**...) pour annuler l'**Affichage Planification**.

- Pour superposer des calendriers, affichez-les côte à côte dans un premier temps. Cliquez ensuite sur le bouton  visible dans l'onglet de chaque calendrier que vous souhaitez superposer au **Calendrier** Outlook.

*Remarquez que l'onglet du **Calendrier** Outlook ne contient pas le bouton*  *puisque ce sont les autres calendriers qui peuvent être superposés à celui-ci.*

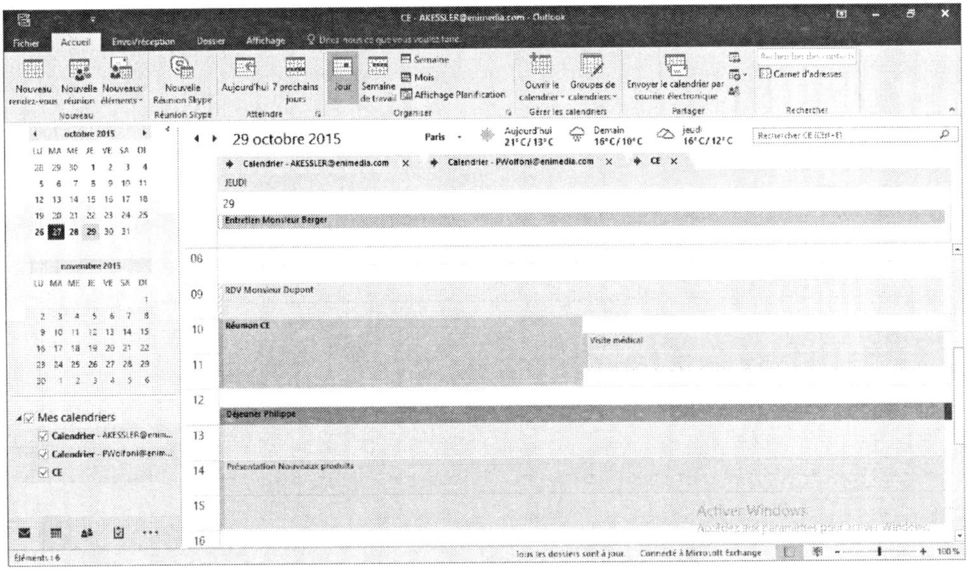

*Ici, le calendrier **CE** et le calendrier de Paul Wolfoni sont superposés au **Calendrier** Outlook. Vous visualisez les éléments des trois calendriers. La couleur d'arrière-plan de chaque calendrier permet de distinguer les éléments de chacun d'eux.*

Pour supprimer la superposition d'un calendrier avec le Calendrier Outlook, cliquez sur le bouton visible dans son onglet : le calendrier est aussitôt affiché en mode côte à côte.

L'affichage choisi pour le dossier Calendrier (en affichage **Calendrier**) s'applique à tous les calendriers affichés dans celui-ci. En effet, il n'est pas possible, par exemple, d'afficher un calendrier en affichage **Jour** et un autre en affichage **Semaine**.

Pour superposer des calendriers, vous pouvez également cliquer sur le bouton **Superposition** (onglet **Affichage** - groupe **Réorganiser**) après avoir activé le calendrier à superposer au **Calendrier** Outlook. De nouveau un clic sur ce bouton permet de supprimer la superposition.

Pour masquer un calendrier, décochez la case correspondante visible à gauche de son nom dans le volet des dossiers ou cliquez sur l'outil visible dans l'onglet du calendrier à masquer ; tous les calendriers ne peuvent pas être masqués, au moins un des calendriers doit rester affiché.

Vous pouvez également ouvrir un calendrier dans une nouvelle fenêtre : faites un clic droit sur son nom visible dans le volet des dossiers puis cliquez sur l'option **Ouvrir dans une nouvelle fenêtre.** Si le calendrier concerné est affiché, vous pouvez alors cliquer sur le bouton **Ouvrir dans une nouvelle fenêtre** de l'onglet **Affichage** (groupe **Fenêtre**) après l'avoir activé en cliquant dedans.

Enregistrer un calendrier en tant que fichier iCalendar

Il s'agit ici d'enregistrer un calendrier au format de fichier iCalendar afin de pouvoir ensuite le transmettre à d'autres utilisateurs par e-mail.

- Cliquez sur l'icône **Calendrier** dans la barre de navigation.
- Si plusieurs calendriers sont affichés, cliquez dans celui que vous souhaitez enregistrer pour l'activer.

  Cette manipulation n'est pas nécessaire si un seul calendrier est affiché.
- Cliquez sur l'onglet **Fichier** puis sur l'option **Enregistrer le calendrier.**

  La boîte de dialogue ***Enregistrer sous*** *s'affiche à l'écran.*
- Sélectionnez le dossier dans lequel vous souhaitez enregistrer le fichier.
- Modifiez éventuellement le nom du fichier dans la zone de saisie **Nom de fichier.**

  L'extension .ics est associée au fichier iCalendar. L'option ***Format iCalendar (*.ics)*** *est sélectionnée dans la liste* ***Type****.*

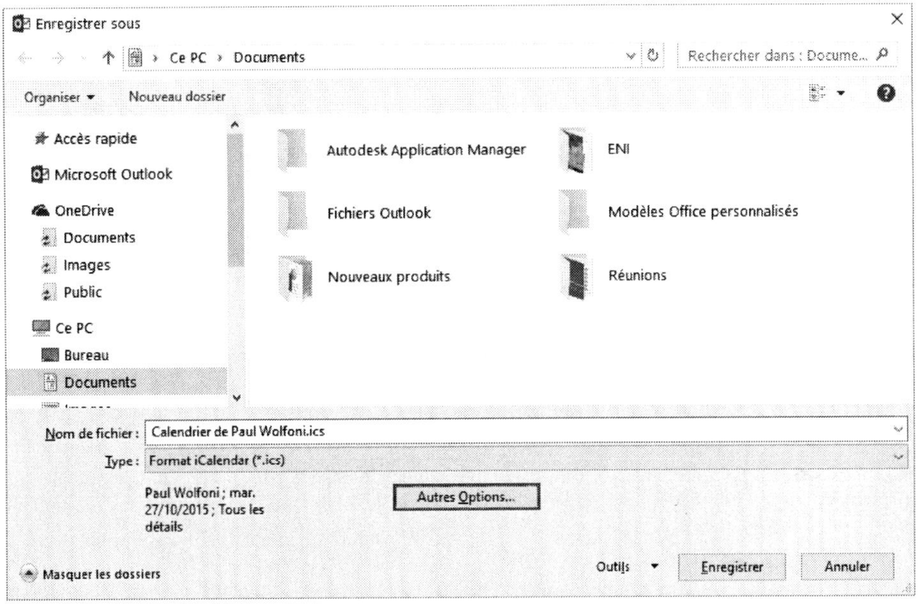

*À gauche du bouton **Autres Options**, vous visualisez le nom du calendrier, la plage de dates ainsi que la quantité d'informations à enregistrer dans le fichier.*

Si ces options ne vous conviennent pas, vous pouvez les modifier en cliquant sur le bouton **Autres Options**.

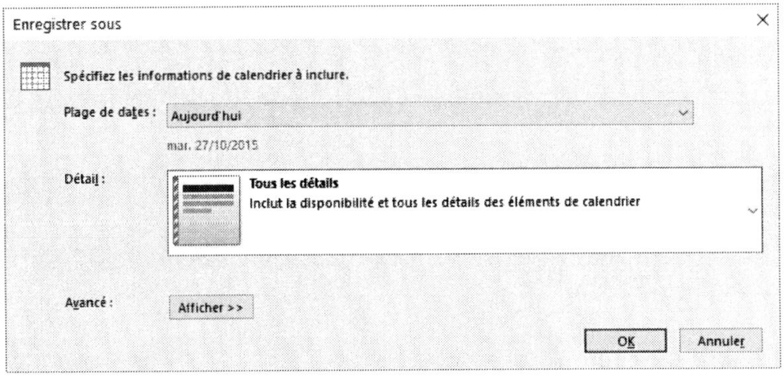

- Dans la liste **Plage de dates**, sélectionnez l'option correspondant à la plage de dates contenant les informations à enregistrer dans le fichier : sélectionnez le **Calendrier entier**, une plage de dates prédéfinie (**Aujourd'hui, Demain, Les 7 prochains jours...**) ou sélectionnez l'option **Spécifier les dates** afin de spécifier une plage de dates personnalisée.

  Si vous avez choisi une plage de dates prédéfinie, les dates correspondant à la plage sont visibles en grisées sous la liste ***Plage de dates.***

- Si vous avez choisi l'option **Spécifier les dates**, sélectionnez les dates de début et de fin à l'aide des listes **Début** et **Fin**.
- Dans la liste **Détail**, sélectionnez l'option correspondant à la quantité d'informations à enregistrer dans le fichier : **Disponibilité uniquement, Détails limités** ou **Tous les détails.**

  Un texte explicatif est visible sous chacune des options de la liste ***Détail.***

- Cochez éventuellement l'option **Afficher uniquement les heures comprises dans mes heures de travail** si les informations à inclure au fichier doivent se limiter à vos heures de travail (cf. Définir la semaine et les heures de travail du chapitre Calendrier : configuration).

  Cette option est disponible uniquement si vous avez choisi l'option ***Disponibilité uniquement*** *dans la liste* ***Détail.***

- Cliquez sur le bouton **Afficher** pour afficher les options avancées.
- Si vous souhaitez afficher les détails des éléments privés, cochez l'option **Inclure les détails des éléments marqués comme privés.**

  Cette option est indisponible lorsque l'option ***Disponibilité uniquement*** *est sélectionnée dans la liste* ***Détail.***

  Pour plus d'informations sur les éléments privés, reportez-vous au titre Rendre privé un élément du chapitre Gestion des éléments.

- Si vous souhaitez inclure les pièces jointes, cochez l'option **Inclure les pièces jointes dans les éléments du calendrier.**

  Cette option est disponible uniquement lorsque l'option ***Tous les détails*** *est sélectionnée dans la liste* ***Détail.***

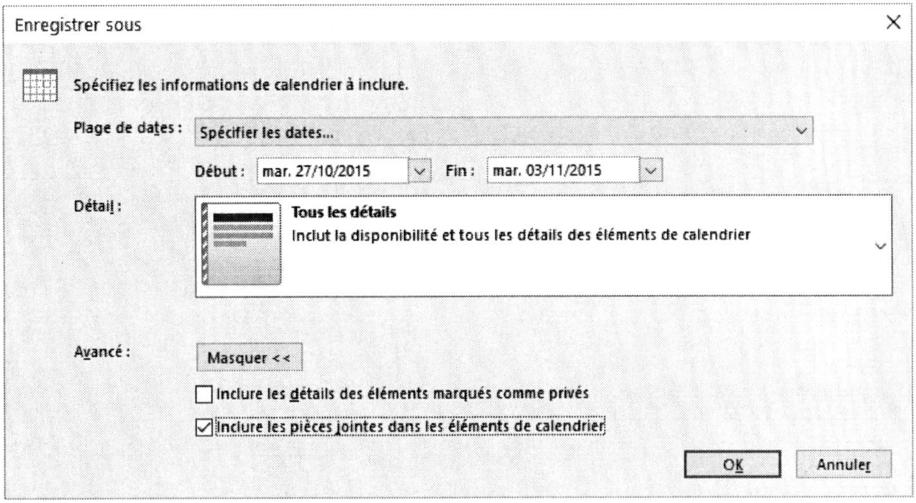

- Cliquez sur le bouton **OK**.

Cliquez sur le bouton **Enregistrer** de la boîte de dialogue **Enregistrer sous.**

Le fichier iCalendar (.ics) est enregistré dans le dossier spécifié et peut donc être transmis par e-mail à d'autres personnes, comme n'importe quel autre fichier (cf. Contenu d'un message - Insérer un fichier).

Le bouton **Envoyer le calendrier par courrier électronique** visible dans l'onglet **Accueil** (groupe **Partager**) permet de joindre à un message les éléments d'une période d'un de vos calendriers (cf. Contenu d'un message - Insérer un calendrier).

Créer un rendez-vous

*Un **rendez-vous** correspond à toute activité pour laquelle vous souhaitez bloquer du temps sur le calendrier sans pour autant impliquer la convocation d'autres personnes ou l'utilisation de ressources supplémentaires.*

- Cliquez sur l'icône **Calendrier** dans la barre de navigation puis utilisez une des techniques suivantes :
  - Cliquez sur l'onglet **Accueil** puis sur le bouton **Nouveau rendez-vous** du groupe **Nouveau**.
  - Faites un double clic sur une plage vide de l'agenda en affichage journalier.
  - Utilisez le raccourci-clavier Ctrl **N**.

  *Vous pouvez aussi utiliser le raccourci-clavier Ctrl ⇧ **A** à partir de n'importe quel dossier Outlook.*

  *Le terme **Rendez-vous** est rappelé sur la barre de titre de la fenêtre qui s'affiche.*

- Saisissez la description du rendez-vous dans la zone de saisie **Objet**.
- Renseignez le lieu du rendez-vous soit par une saisie, soit par une sélection dans la liste **Emplacement**.
- Indiquez la date et l'heure de début du rendez-vous à l'aide des listes associées à l'option **Heure de début**. Indiquez la date et l'heure de fin du rendez-vous à l'aide des listes associées à l'option **Heure de fin**.

  *Dans l'onglet **Rendez-vous**, le bouton **Calendrier** du groupe **Actions** permet d'afficher le calendrier afin, par exemple, de vérifier l'heure du rendez-vous. Pour revenir à la fenêtre du rendez-vous, cliquez sur le bouton correspondant dans la barre des tâches.*

  Par défaut, les rendez-vous sont proposés avec une durée d'une demi-heure. Pour faciliter la sélection de l'heure de fin, Outlook calcule la durée représentée en tenant compte de l'heure de début choisie.

- Si vous souhaitez programmer une alarme afin qu'une boîte de dialogue vous rappelle le rendez-vous, dans l'onglet **Rendez-vous**, ouvrez la liste **Rappel** du groupe **Options** puis spécifiez combien de temps avant l'heure de début du rendez-vous l'alarme doit se déclencher. À l'inverse, pour désactiver un rappel, sélectionnez l'option **Aucun** dans la liste **Rappel**.

*Par défaut, lorsque vous créez un rendez-vous, l'alarme est programmée 15 minutes avant l'heure de début du rendez-vous. Pour modifier ce délai, utilisez la liste associée à l'option **Rappels par défaut** de la boîte de dialogue **Options Outlook** (onglet **Fichier - Options** - catégorie **Calendrier** - zone **Options du calendrier**) ; pour désactiver le rappel, décochez l'option **Rappels par défaut**.*

- Affectez éventuellement une catégorie au rendez-vous : dans l'onglet **Rendez-vous**, cliquez sur le bouton **Classer** visible dans le groupe **Indicateurs** puis cliquez sur la catégorie souhaitée ; l'option **Effacer toutes les catégories** permet de supprimer la catégorie associée au rendez-vous.

  Dans le calendrier, le fond du rendez-vous apparaîtra de la couleur associée à la catégorie sélectionnée.

  Pour plus d'informations concernant les catégories, reportez-vous au chapitre Catégories d'éléments.

- Si vous partagez votre calendrier avec d'autres utilisateurs, précisez éventuellement votre disponibilité pour ce rendez-vous : dans l'onglet **Rendez-vous**, ouvrez la liste associée à la liste **Afficher comme** du groupe **Options** puis cliquez sur une des options proposées : **Disponible**, **Travaille ailleurs**, **Provisoire**, **Occupé(e)** ou **Absent(e) du bureau** ; l'option **Occupé(e)** est sélectionnée par défaut.

  *En fonction de la disponibilité définie, le rendez-vous apparaîtra avec une couleur différente (ces couleurs sont visibles à gauche de chacune des options de la liste **Afficher comme**).*

- Si vous partagez votre calendrier avec d'autres utilisateurs, vous pouvez rendre privé le rendez-vous afin que les autres utilisateurs ne le visualisent pas : dans l'onglet **Rendez-vous**, cliquez sur l'outil **Privé** visible dans le groupe **Indicateurs**.

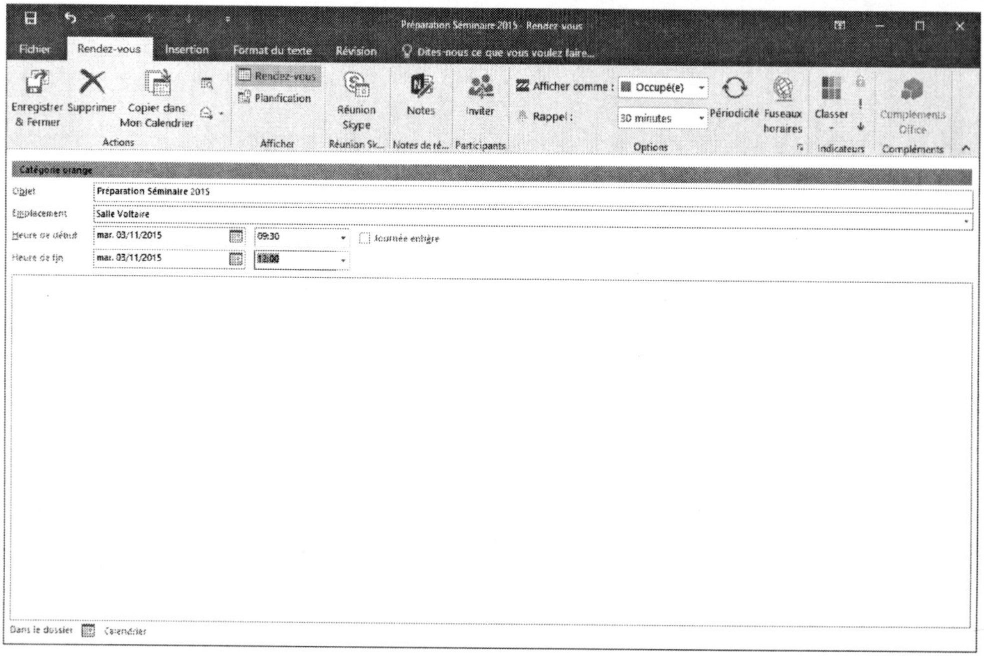

*La **Catégorie orange** a été affectée au rendez-vous et une alarme se déclenchera 30 minutes avant la date de début du rendez-vous.*

- Saisissez éventuellement un complément d'information dans la zone de texte située dans la partie inférieure de la fenêtre.
- Cliquez sur le bouton **Enregistrer & Fermer** visible dans le groupe **Actions** de l'onglet **Rendez-vous**.

Le rendez-vous apparaît dans l'Agenda : en affichage journalier, Outlook rappelle l'objet du rendez-vous (en gras), ainsi que son lieu.

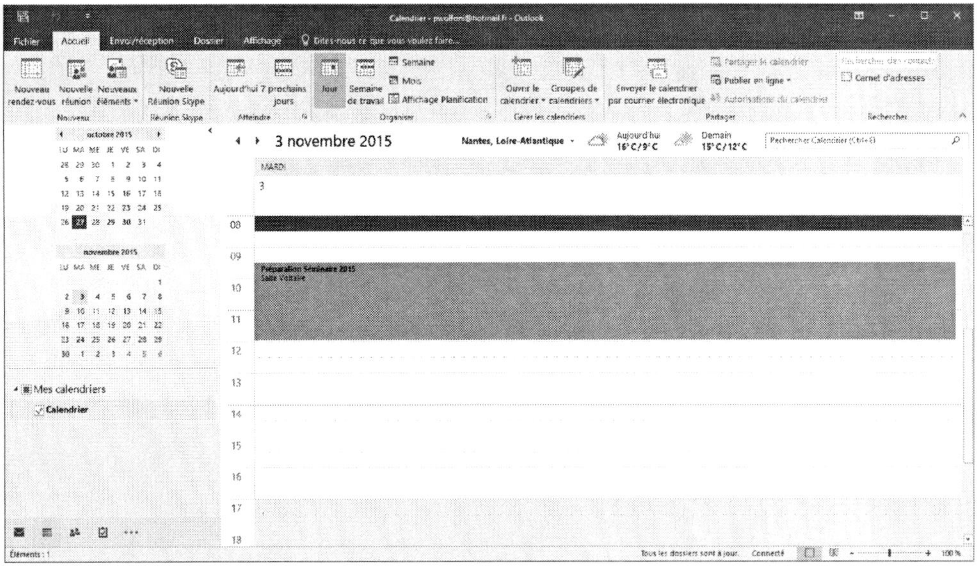

Pour créer un rendez-vous, vous pouvez également cliquer sur la plage horaire concernée, saisir l'objet du rendez-vous puis valider le rendez-vous par la touche ↵. Cette méthode ne permet pas de spécifier l'emplacement du rendez-vous et la durée de celui-ci qui par défaut est d'une demi-heure.

Pour augmenter ou réduire la plage horaire d'un rendez-vous directement dans le calendrier, cliquez sur le rendez-vous concerné pour le sélectionner. Pointez la bordure supérieure ou inférieure puis, lorsque le pointeur se transforme en une flèche ↕, cliquez puis réalisez un cliqué-glissé vers le haut ou vers la bas selon la plage horaire souhaitée pour le rendez-vous.

Créer un événement

*Un **événement** est une activité qui dure au minimum 24 heures. Il n'occupe pas de plage horaire sur l'Agenda.*

- Affichez éventuellement le jour de démarrage de l'événement.
- Dans l'onglet **Accueil**, cliquez sur le bouton **Nouveau rendez-vous** du groupe **Nouveau** puis cochez l'option **Journée entière**.

*Vous pouvez aussi cliquer sur le bouton **Nouveaux éléments** puis sur l'option **Journée entière**.*

*L'information **Événement** est rappelée sur la barre de titre de la fenêtre qui s'affiche.*

- Saisissez la description de l'événement dans la zone de saisie **Objet**.
- Renseignez le lieu de l'événement soit par une saisie, soit par une sélection dans la liste **Emplacement**.
- Si besoin est, sélectionnez la date de début et la date de fin de l'événement à l'aide des listes **Heure de début** et **Heure de fin**.

*Dans l'onglet **Événement**, l'outil **Calendrier** du groupe **Actions** permet d'afficher le calendrier afin, par exemple, de consulter les rendez-vous. Pour revenir à la fenêtre de l'événement, cliquez sur le bouton correspondant dans la barre des tâches.*

- Affectez éventuellement une catégorie à l'événement (bouton **Classer**), modifiez si besoin votre disponibilité pour cet événement (liste **Afficher comme**) et rendez-le privé s'il ne doit pas être visualisé par les autres utilisateurs de votre calendrier (Outil **Privé**).

Pour plus d'informations concernant ces options, reportez-vous au titre précédent Créer un rendez-vous.

- Cliquez sur le bouton **Enregistrer & Fermer** visible dans l'onglet **Événement.**

Dans l'Agenda, les événements sont rappelés sous la forme de titres dans lesquels sont rappelés l'objet et le lieu.

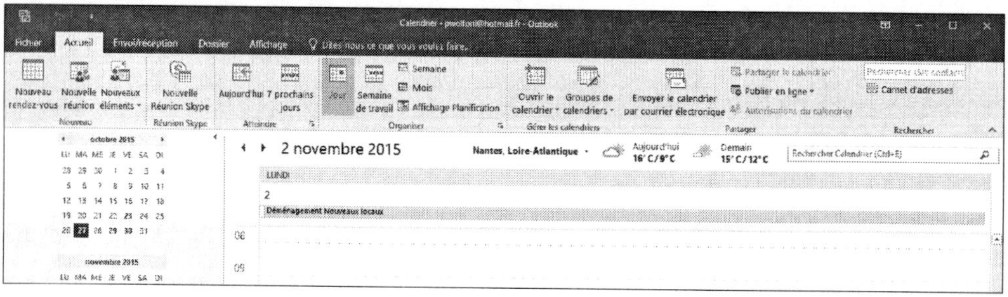

Lors de la création de l'événement, décocher l'option **Journée entière** transforme l'événement en rendez-vous.

Vous pouvez également inviter des participants à un événement. Pour cela, en création ou en modification de l'événement, cliquez sur le bouton **Inviter** visible dans le groupe **Participants** de l'onglet **Événement** : l'événement se transforme en **Événement sur invitation.**

Double cliquer sur une zone d'affichage de titre dans l'Agenda ouvre la fenêtre de création d'**Événement**.

Convertir un message en rendez-vous ou en événement

- Sélectionnez le dossier de courrier contenant le message que vous souhaitez transformer en rendez-vous ou en événement.
- Sélectionnez le message concerné puis faites-le glisser sur l'icône **Calendrier** 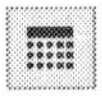 dans la barre de navigation.

Dès que vous relâchez la souris, la fenêtre **Rendez-vous** *apparaît : le contenu du message est visible dans la grande zone de texte.*

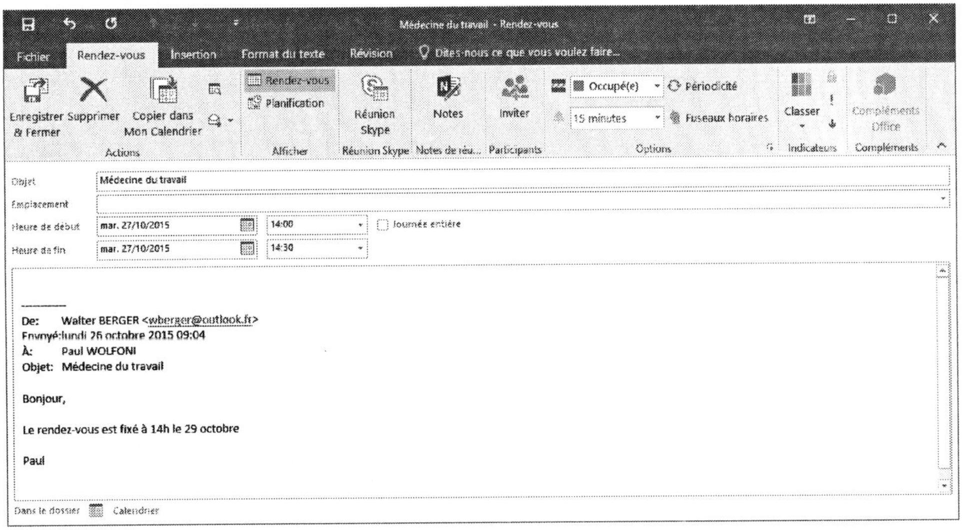

- Renseignez les caractéristiques de ce nouveau rendez-vous ; s'il doit s'agir d'un événement, cochez l'option **Journée entière.**
- Cliquez sur le bouton **Enregistrer & Fermer** visible, selon le cas, dans l'onglet **Rendez-vous** ou **Événement.**

Modifier un élément du Calendrier

- Faites un double clic sur l'élément à modifier.
- Si l'élément n'est pas celui à modifier, accédez à l'élément souhaité à l'aide des outils **Élément précédent** [↑] et **Élément suivant** [↓] de la barre d'outils **Accès rapide.**
- Apportez vos modifications puis cliquez sur le bouton **Enregistrer & Fermer** visible, selon le cas, dans l'onglet **Rendez-vous, Réunion** ou **Événement.**

Pour refermer la fenêtre de l'élément sans enregistrer les modifications apportées à celui-ci, cliquez sur l'outil [X] puis sur le bouton **Non** du message vous proposant d'enregistrer les modifications.

Lorsque seul l'objet d'un élément doit être modifié, cliquez sur l'élément concerné pour le sélectionner puis faites un clic sur le texte de l'objet : le curseur clignote dans le texte. Réalisez ensuite les modifications de texte souhaitées puis appuyez sur la touche [Entrée] pour valider.

Répéter un élément

Il s'agit de répéter automatiquement un rendez-vous, un événement ou une réunion à intervalles réguliers.

- Soyez en création ou en modification de l'élément concerné.
- Dans l'onglet **Rendez-vous, Événement** ou **Réunion**, cliquez sur le bouton **Périodicité** visible dans le groupe **Options.**
- Modifiez éventuellement les heures de début et/ou de fin de l'élément à l'aide des listes **Début** et/ou **Fin** de l'encadré **Heure du rendez-vous.**
- À l'aide des différentes options de l'encadré **Périodicité**, indiquez la fréquence de la répétition de l'élément.

- Renseignez ensuite la durée pendant laquelle l'élément doit être répété à l'aide des options de l'encadré **Plage de périodicité** :

Pas de date de fin	L'élément périodique est répété indéfiniment.
Fin après n occurrences	Met fin à un élément périodique après le nombre d'occurrences spécifié dans la zone de saisie.
Fin le	Met fin à un élément périodique à la date saisie ou sélectionnée dans la liste.

- Si besoin, spécifiez la date de début de l'élément périodique dans la liste **Début** de l'encadré **Plage de périodicité**.

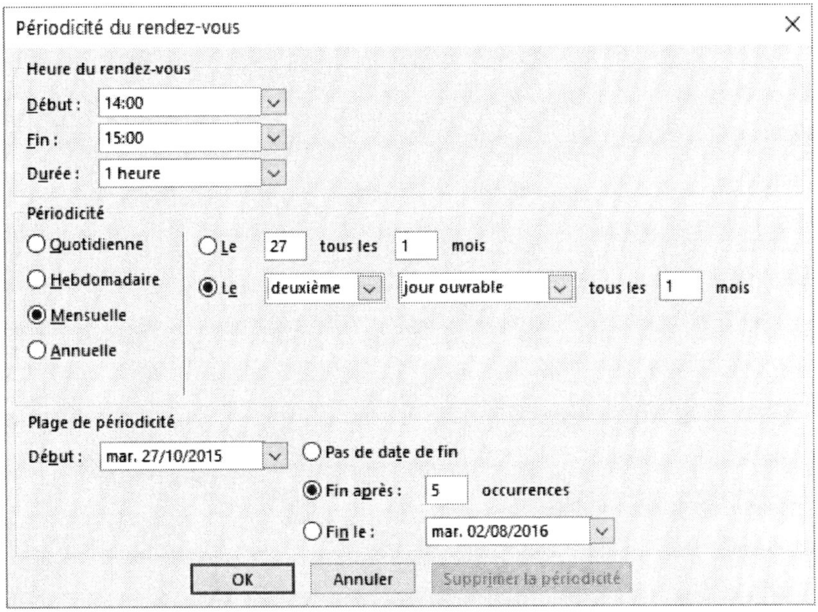

Sur cet exemple, le rendez-vous sera programmé le deuxième jour ouvrable de chaque mois à partir du 27/10/2015 de 14H à 15H et ce, pendant cinq mois.

- Cliquez sur le bouton **OK**.

Lorsqu'un élément est devenu périodique, il n'est plus possible de définir la date de début et de fin ; à la place est rappelée la ***Périodicité***.

- Cliquez sur le bouton **Enregistrer & Fermer** visible, selon le cas, dans l'onglet **Série de rendez-vous** ou **Événement périodique** ; dans le cas d'une série de réunions, envoyez la mise à jour aux autres participants de la réunion en cliquant sur le bouton **Envoyer la mise à jour**.

  Les éléments périodiques laissent apparaître le symbole en affichage journalier et hebdomadaire.

Lorsque vous demandez à modifier un élément répétitif, Outlook désire savoir si vous souhaitez modifier uniquement l'élément sélectionné ou toutes ses répétitions :

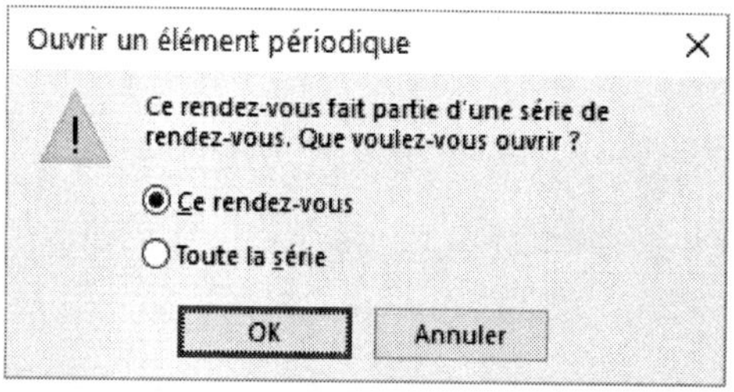

Pour créer un élément répétitif, vous pouvez cliquer sur le bouton **Nouveaux éléments** de l'onglet **Accueil**, pointer l'option **Autres éléments** puis cliquer sur **Rendez-vous périodique**, **Réunion périodique** ou **Événement périodique**.

Transférer un élément

Il s'agit ici de transférer un rendez-vous, un événement ou une réunion à une ou plusieurs autres personnes.

- Faites un double clic sur l'élément du calendrier que vous souhaitez transférer.
- Dans l'onglet **Rendez-vous**, **Réunion** ou **Événement**, ouvrez la liste associée à l'outil **Transférer** visible dans le groupe **Actions**.

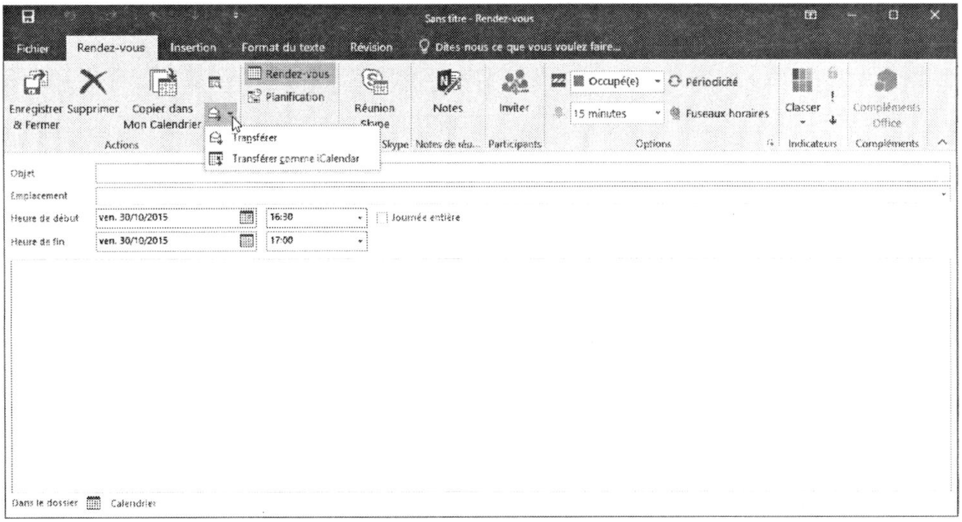

- Cliquez sur l'option **Transférer** si l'élément doit être transféré à des personnes utilisant la messagerie **Outlook**. À l'inverse, cliquez sur l'option **Transférer comme iCalendar** afin que le fichier correspondant à l'élément puisse être lu à partir de n'importe quelle application de messagerie.

  *Cliquer directement sur le bouton **Transférer** revient à choisir l'option **Transférer**.*

  *L'option **Transférer comme iCalendar** peut être également utilisée pour envoyer un calendrier à des personnes utilisant la messagerie **Outlook**.*

  *Une fenêtre de transfert apparaît à l'écran : dans le cas d'un rendez-vous ou d'un événement, si vous avez choisi l'option **Transférer**, le fichier correspondant à l'élément apparaît dans la zone **Joint** ; dans le cas d'une réunion, le contenu de celle-ci apparaît dans le corps de la fenêtre de transfert. Si vous avez choisi l'option **Transférer comme iCalendar**, le fichier correspondant d'extension **.ics** apparaît dans la zone **Joint**.*

- Spécifiez les noms des personnes pour lesquelles l'élément doit être transféré puis saisissez éventuellement un commentaire dans la zone de texte.
- Cliquez sur le bouton **Envoyer**.
- Si l'élément transféré est un rendez-vous ou un événement, fermez la fenêtre d'origine de l'élément en cliquant sur l'outil ☒.

Si l'élément transféré est une réunion, envoyez la mise à jour aux autres participants en cliquant sur le bouton **Envoyer la mise à jour**.

Supprimer une répétition d'éléments

- Faites un double clic sur l'un des éléments répétitifs.
- Activez l'option **Toute la série** puis cliquez sur le bouton **OK**.
- Dans l'onglet **Série de rendez-vous**, **Événement périodique** ou **Série de réunions**, cliquez sur le bouton **Périodicité** visible dans le groupe **Options**.
- Cliquez sur le bouton **Supprimer la périodicité**.
- Dans le cas d'un rendez-vous ou d'un événement, validez la modification en cliquant sur le bouton **Enregistrer & Fermer** ; dans le cas d'une série de réunions, envoyez la mise à jour aux autres participants de la réunion en cliquant sur le bouton **Envoyer la mise à jour**.

Seul le premier élément de la série est gardé dans le calendrier.

Répondre à une alarme

Lorsqu'une ou plusieurs alarmes se déclenchent au même moment, Outlook affiche une seule boîte de dialogue qui rappelle l'objet et le lieu des éléments :

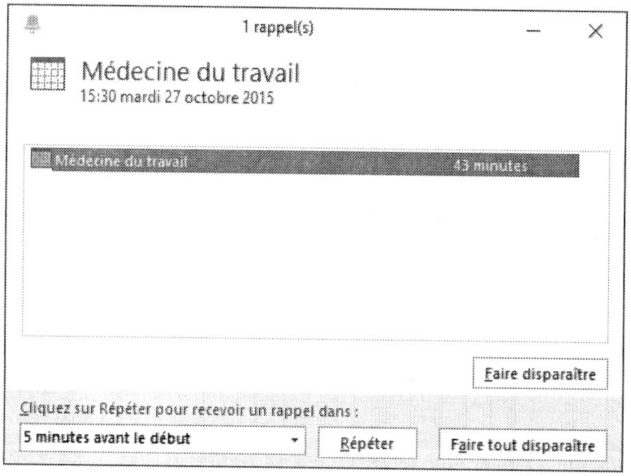

La barre de titre de la boîte de dialogue indique le nombre d'éléments concernés par l'alarme.

- Pour répéter de nouveau l'alarme d'un élément, sélectionnez-le, spécifiez l'intervalle de temps à laisser passer avant la nouvelle répétition à l'aide de la liste **Cliquez sur Répéter pour recevoir un rappel dans** puis cliquez sur le bouton **Répéter**.
- Pour consulter un élément concerné par le rappel, faites un double clic sur l'élément.

  Après consultation, fermez-le en cliquant sur l'outil ☒ de sa fenêtre.
- Pour désactiver l'alarme d'un élément, sélectionnez-le puis cliquez sur le bouton **Faire disparaître**.
- Pour désactiver l'alarme de tous les éléments, cliquez sur le bouton **Faire tout disparaître**.

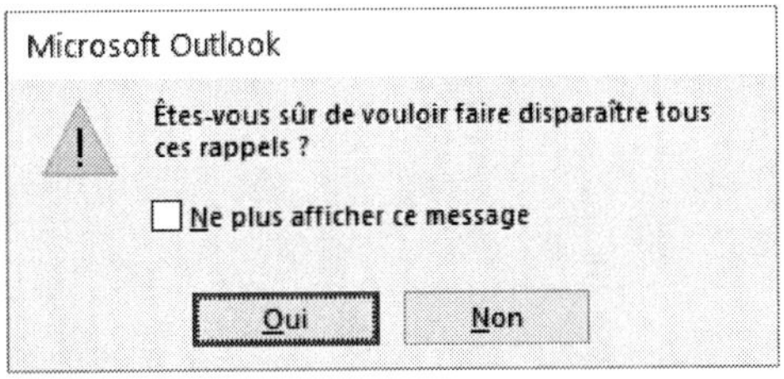

Cliquez sur le bouton **Oui** du message vous demandant si vous souhaitez supprimer l'alarme pour tous les éléments contenus dans la boîte de dialogue.

Pour afficher la fenêtre des rappels, vous pouvez cliquer sur le bouton **Fenêtre des rappels** de l'onglet **Affichage**.

Appliquer un format conditionnel aux rendez-vous et réunions

Il s'agit de poser des conditions permettant d'appliquer automatiquement des couleurs aux rendez-vous ou aux réunions.

- Dans l'onglet **Affichage**, cliquez sur le bouton **Paramètres d'affichage** du groupe **Affichage actuel** puis cliquez sur le bouton **Mise en forme conditionnelle**.
- Cliquez sur le bouton **Ajouter** puis saisissez le nom de la nouvelle règle dans la zone de saisie **Nom**.
- Ouvrez la liste **Couleur**.

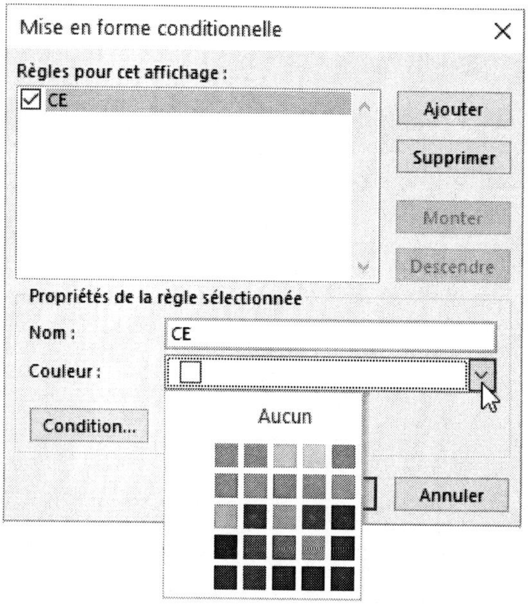

- Cliquez sur une des couleurs proposées.
- Cliquez sur le bouton **Condition**.
- Assurez-vous que l'onglet **Rendez-vous et réunions** est actif.
- Posez vos différents critères afin de spécifier les conditions à remplir pour que la couleur soit appliquée :
  - pour poser un critère permettant de rechercher du texte, saisissez le texte dans la zone **Rechercher** puis sélectionnez, dans la liste **Dans**, l'option correspondant au champ ou à l'ensemble de champs dans lequel vous souhaitez effectuer votre recherche.
  - pour poser un critère permettant de rechercher l'organisateur de la réunion, saisissez le nom correspondant dans la zone de saisie **Organisateur** ou cliquez sur le bouton **Organisateur** pour le sélectionner dans un carnet d'adresses.
  - pour poser un critère permettant de rechercher les personnes participant à la réunion, saisissez le ou les noms correspondants (si vous saisissez plusieurs noms, séparez-les par des points-virgules) dans la zone de saisie **Participants** ou cliquez sur le bouton **Participants** pour les sélectionner dans un carnet d'adresses.
  - pour poser un critère selon un critère de temps, utilisez les deux listes associées à l'option **Heure**.

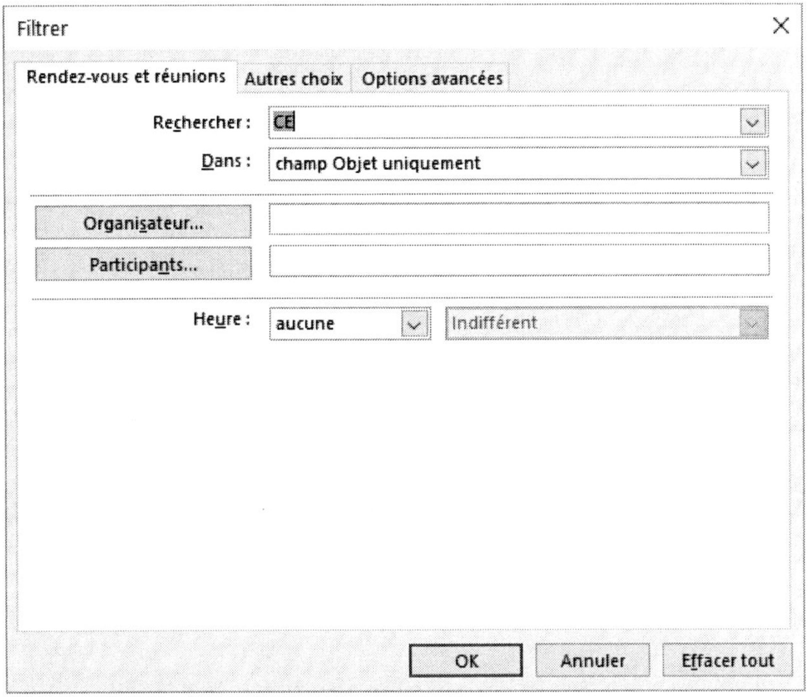

*Ici, la couleur violet foncé sera appliquée aux rendez-vous et aux réunions ayant pour objet **CE**.*

- Pour poser d'autres critères de recherche tels que la taille du fichier ou pour rechercher des éléments comportant ou non des pièces jointes ou encore pour respecter la casse, cliquez sur l'onglet **Autres choix** puis sélectionnez les options souhaitées.
- Cliquez à trois reprises sur le bouton **OK**.

Une couleur automatique ne s'applique pas sur un élément auquel a été appliquée manuellement une couleur.

Pour supprimer une règle, cliquez sur le bouton **Mise en forme conditionnelle** de la boîte de dialogue **Paramètres d'affichage avancés** (onglet **Affichage** - groupe **Affichage actuel** - bouton **Paramètres d'affichage**), sélectionnez la règle dans la liste **Règles pour cet affichage** puis cliquez sur le bouton **Supprimer**. Pour désactiver une règle sans la supprimer, cliquez dans la case située à gauche de celle-ci afin de la décocher.

Supprimer des éléments du Calendrier

- Sélectionnez le ou les éléments du calendrier concernés ; si plusieurs éléments sont concernés, utilisez la touche Ctrl pour les sélectionner.
- Appuyez sur la touche Suppr au clavier ou utilisez le raccourci-clavier Ctrl **D**.

  *Dans l'onglet **Rendez-vous** ou **Événement** ou **Série de rendez-vous**, vous pouvez aussi cliquer sur le bouton **Supprimer** du groupe **Action** ; dans l'onglet **Réunion** ou **Série de réunions**, vous pouvez cliquer sur le bouton **Annuler la réunion**.*

  Dans le cas de la suppression d'un élément répétitif, Outlook demande s'il doit seulement supprimer l'occurrence sélectionnée ou toute la série.

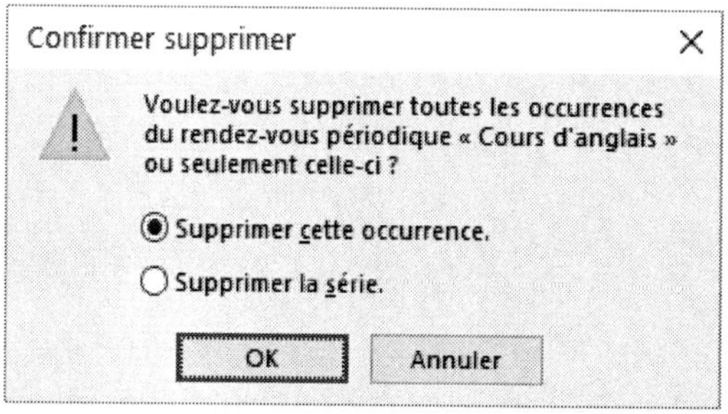

- Si besoin, activez l'option **Supprimer cette occurrence** pour supprimer uniquement l'occurrence sélectionnée ou activez l'option **Supprimer la série** pour supprimer toutes les occurrences de la série. Cliquez ensuite sur le bouton **OK**.
- Dans le cas d'une réunion ou d'une série de réunions, envoyez l'annulation aux autres participants de la réunion en cliquant sur le bouton **Envoyer l'annulation**.

  *Les éléments disparaissent du calendrier et sont déplacés dans le dossier **Éléments supprimés**.*

Pour supprimer définitivement des éléments, utilisez le raccourci-clavier Ctrl Suppr puis cliquez sur le bouton **Oui** du message de confirmation qui s'affiche : les éléments sont supprimés définitivement et ne sont pas déplacés dans le dossier **Éléments supprimés** ; cette manipulation ne pourra pas être annulée (cf. remarque suivante).

Si les éléments ont été supprimés par erreur, annulez la manipulation à l'aide du raccourci-clavier Ctrl **Z**. Vous pouvez aussi récupérer les éléments à partir du dossier **Éléments supprimés** (cf. Gestion des éléments - Supprimer des éléments).

Déplacer un élément

- Pointez l'élément du calendrier à déplacer, cliquez puis réalisez un cliqué-glissé vers le nouvel horaire (Agenda) ou vers la nouvelle date (Navigateur de dates).

  Dans le cas du déplacement d'une réunion, un message s'affiche à l'écran.

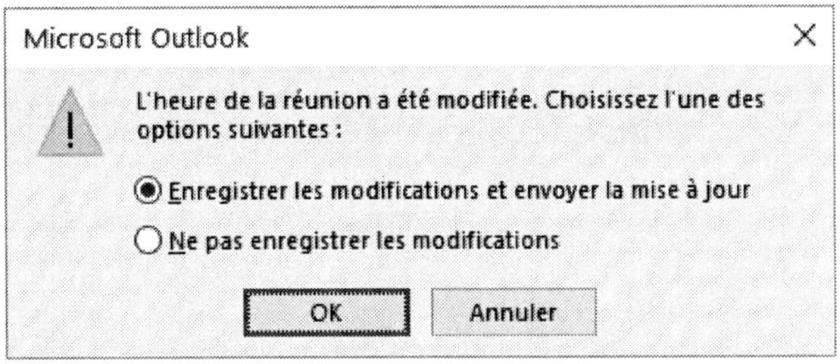

  *L'option **Ne pas enregistrer les modifications** annule le déplacement.*

- Gardez l'option **Enregistrer les modifications et envoyer la mise à jour** active puis cliquez sur le bouton **OK**.

  La fenêtre de la réunion s'ouvre à l'écran.

- Saisissez éventuellement un texte explicatif justifiant le déplacement de la réunion puis cliquez sur le bouton **Envoyer la mise à jour**.

Créer un calendrier supplémentaire

En plus du calendrier par défaut, vous pouvez créer un ou plusieurs calendriers supplémentaires permettant, par exemple, de gérer vos rendez-vous personnels ou encore ceux de votre comité d'entreprise.

- Dans l'onglet **Dossier**, cliquez sur le bouton **Nouveau calendrier** du groupe **Nouveau**.

  *Vous pouvez aussi faire un clic droit sur votre **Calendrier** dans le volet des dossiers puis cliquer sur l'option **Nouveau calendrier**.*

- Saisissez le nom de votre nouveau calendrier dans la zone **Nom**.
- Veillez à ce que l'option **Éléments Calendrier** soit sélectionnée dans la liste **Contenu du dossier**.
- Sélectionnez éventuellement un nouvel emplacement pour votre calendrier ; par défaut, il est stocké dans le dossier **Calendrier**.

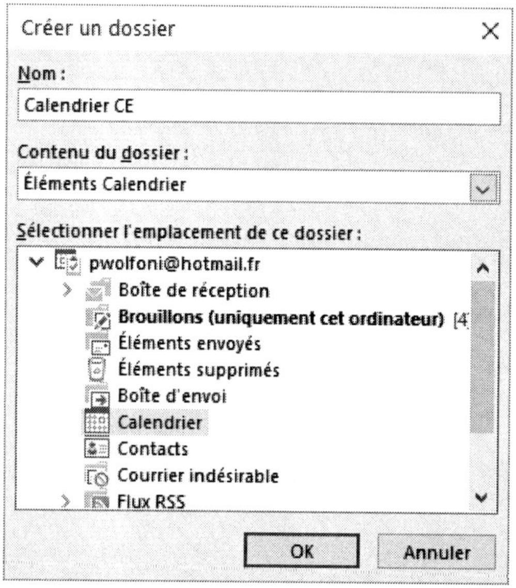

- Cliquez sur le bouton **OK** pour créer le calendrier.
- Pour visualiser le nouveau calendrier, cochez l'option correspondant au nom de votre nouveau calendrier dans le groupe de calendriers **Mes calendriers** du volet des dossiers : vous visualisez désormais côte à côte le **Calendrier** par défaut d'Outlook ainsi que celui que vous venez de créer.

  Ainsi, vous pouvez choisir d'afficher ou non tel ou tel calendrier en cochant ou non le nom du calendrier correspondant.

  Cochez la case située à gauche du groupe de calendriers **Mes calendriers** pour afficher tous les calendriers de ce groupe ; décocher cette case permet de masquer tous les calendriers sauf le **Calendrier** par défaut d'Outlook.

Pour supprimer un calendrier que vous avez créé, dans le dossier **Calendrier**, faites un clic droit sur le nom du calendrier à supprimer dans la zone **Mes calendriers** du volet des dossiers. Cliquez ensuite sur l'option **Supprimer le calendrier** puis sur le bouton **Oui** du message de confirmation de suppression du calendrier. Il n'est pas possible de supprimer le calendrier par défaut, seuls ceux créés par vous peuvent l'être.

Créer une réunion

*Une **réunion** est un rendez-vous qui fait appel à plusieurs personnes ainsi qu'à des ressources.*

- Cliquez sur l'icône **Calendrier** dans la barre de navigation.
- Sélectionnez éventuellement, le jour, l'heure de début de la réunion ou la plage horaire correspondante.
- Dans l'onglet **Accueil**, cliquez sur le bouton **Nouvelle réunion** du groupe **Nouveau.**
- Spécifiez les caractéristiques de la réunion : son objet, son emplacement, ses heures de début et de fin, sa périodicité... comme vous avez pu le faire lors de la création d'un rendez-vous.

  *Si vous utilisez Exchange Server, vous disposez du bouton **Salles** permettant de faire votre choix parmi les salles disponibles.*

- Dans l'onglet **Réunion**, cliquez sur le bouton **Assistant Planification** du groupe **Afficher.**

  La fenêtre de planification permet l'ajout des participants à la réunion en vérifiant leurs disponibilités. Cependant, sachez que vous pouvez ajouter les participants en cliquant sur le bouton À... de la fenêtre des caractéristiques de la réunion.

  Par défaut, l'organisateur de la réunion est le seul participant.

- Ajoutez tous les participants et les ressources à la réunion :
  - Cliquez sur le bouton **Ajouter des participants.**
    *Vous pouvez aussi cliquer sur le bouton **Carnet d'adresses** visible dans l'onglet **Réunion** (groupe **Participants**) ou utilisez le raccourci-clavier Ctrl ⇧ **B**.*
  - Pour chaque participant à ajouter, sélectionnez le carnet d'adresses dans lequel figure son nom grâce à la liste **Carnet d'adresses**, sélectionnez son nom et cliquez sur le bouton **Obligatoire ->** si sa présence est obligatoire ou sur le bouton **Facultatif ->** si sa présence est facultative ; si un participant n'a été ajouté à aucun carnet d'adresses, saisissez son adresse de messagerie dans la zone **Obligatoire** ou **Facultative.**

    Pour chaque ressource, sélectionnez son nom puis cliquez sur le bouton **Ressource ->** (vous devez avoir les autorisations nécessaires pour inviter et ainsi planifier une ressource).

Une ressource est un élément matériel (salle de réunion, rétroprojecteur...) représenté sur votre réseau par une boîte aux lettres gérée par un administrateur.

Lorsque vous utilisez Microsoft Exchange Server, cette personne peut planifier et configurer la ressource de manière à accepter ou à refuser une réunion en fonction de sa disponibilité. Pour ajouter une salle, vous pouvez également cliquer sur le bouton ***Ajouter des salles*** *visible sous le bouton* ***Ajouter des participants*** *dans la fenêtre de planification.*

Validez vos choix en cliquant sur le bouton **OK**.

Les noms des participants invités s'affichent dans la boîte de dialogue. La grille de disponibilité affiche la disponibilité des participants.

Le symbole positionné entre la case à cocher et le nom du participant indique s'il s'agit d'un participant obligatoire , d'un participant facultatif , d'une ressource ou de l'organisateur de la réunion .

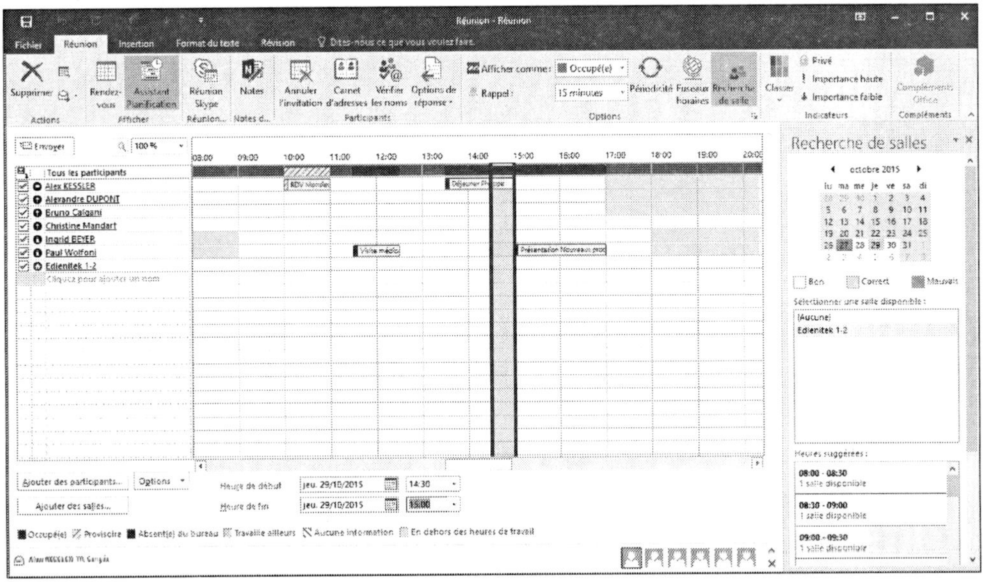

Sur l'exemple présenté ci-dessus, la présence d'Alexandre DUPONT, Bruno Calgani et Christine Mandart est obligatoire, celle d'Ingrid BEYER et Paul Wolfoni est facultative. Pour ajouter un participant ou une ressource, vous pouvez également cliquer dans la zone ***Cliquez pour ajouter un nom*** *puis saisir le nom ou l'adresse de messagerie du contact ou le nom de la ressource à ajouter ; un clic sur l'icône permet de modifier le type de présence du participant qui, par défaut, est obligatoire.*

*Le volet **Recherche de salles** est visible sur le côté droit de la fenêtre dans lequel les salles disponibles sont répertoriées et différents horaires sont suggérés en fonction de la disponibilité de chacun des participants. Ce volet n'est pas visible si vous utilisez Exchange Server 2003 ou une version antérieure.*

- Si besoin est, modifiez la date et l'heure de début et de fin de la réunion à l'aide des listes associées aux options **Heure de début** et **Heure de fin** ou en cliquant sur une suggestion d'horaire dans la zone **Heures suggérées** du volet **Recherche de salles.** Vous pouvez aussi faire glisser les lignes verticales bleues matérialisant le début et la fin de la réunion, visibles dans la grille de disponibilité.

*Dans l'onglet **Réunion**, le bouton **Calendrier** du groupe **Actions** permet d'afficher le calendrier afin, par exemple, de vérifier l'heure de la réunion. Pour revenir à la fenêtre de la réunion, cliquez sur le bouton correspondant dans la barre des tâches.*

La case à cocher ☑ visible à gauche du nom du participant indique que celui-ci recevra une demande de réunion ; pour éviter d'envoyer une demande à un des participants, décochez la case correspondante.

- Si vous souhaitez développer une liste de distribution afin d'afficher chacun de ses membres, cliquez sur le signe plus ⊞ qui précède la liste.

Aussitôt chaque membre apparaît précédé d'une case à cocher ☑.

Une liste de distribution rassemble plusieurs membres : lorsque vous envoyez un message à une telle liste, vous l'adressez du même coup à tous les correspondants enregistrés dans cette liste (cf : Contacts - Créer un groupe de contacts).

- Cliquez éventuellement sur le bouton **Rendez-vous** du groupe **Afficher** (onglet **Réunion**) si vous souhaitez modifier les caractéristiques de la réunion.

*Vous pouvez facilement revenir à la fenêtre de planification en cliquant sur le bouton **Assistant Planification**.*

- Cliquez sur le bouton **Envoyer** pour expédier la demande de réunion.

*Le bouton **Envoyer** est visible dans la fenêtre des caractéristiques de la réunion (bouton **Rendez-vous**) ainsi que dans celle permettant sa planification (bouton **Planification**) aussi, la demande de réunion peut être expédiée à partir de l'une ou l'autre de ces fenêtres.*

*Les participants reçoivent un message dans leur **Boîte de réception** et l'organisateur retrouve la demande de réunion dans le dossier **Eléments envoyés**. Notez la présence du symbole qui représente les demandes de réunion.*

Vous pouvez planifier une réunion à partir d'un message. Pour cela, vous devez ouvrir le message concerné par un double clic dessus puis cliquer sur le bouton **Réunion** visible dans le groupe **Répondre** : tous les destinataires du message sont ajoutés à la demande de réunion. Poursuivez ensuite normalement la demande de réunion.

Vous pouvez demander à ne pas recevoir de réponses à une demande de réunion si, par exemple, celle-ci a été envoyée à un nombre important de participants : dans l'onglet **Réunion** de la fenêtre de création d'une réunion, cliquez sur le bouton **Options de réponse** visible dans le groupe **Participants** puis cliquez sur l'option **Demander une réponse** pour la décocher. Dans ce cas, comme vous ne pourrez pas suivre les réponses des participants, vous ne saurez pas quels sont les participants qui ont accepté, accepté provisoirement ou refusé votre demande de réunion.
Lors de la création d'une réunion, vous pouvez interdire aux participants de proposer un nouvel horaire : dans l'onglet **Réunion** de la fenêtre de création d'une réunion, cliquez sur le bouton **Options de réponse** du groupe **Participants** puis cliquez sur l'option **Permettre de nouvelles propositions d'horaires** pour la désactiver (cette option est automatiquement désactivée lorsque l'option **Demander une réponse** est décochée). Dans ce cas, lorsque les participants répondront à la demande de réunion, ils n'auront pas accès au bouton **Proposition d'un nouvel horaire** qui apparaîtra en grisé.
Si vous souhaitez interdire aux participants de proposer un nouvel horaire pour toutes les demandes de réunion que vous organisez, décochez l'option **Permettre aux participants de proposer de nouvelles heures de réunion** de la boîte de dialogue **Options Outlook** (onglet **Fichier - Options** - catégorie **Calendrier** - zone **Options du calendrier**).

Pour créer une réunion, à partir de la fenêtre de création d'un rendez-vous, cliquez sur le bouton **Inviter** visible dans le groupe **Participants** de l'onglet **Rendez-vous**.

Pour sélectionner des contacts avant de créer une réunion, affichez les **Contacts** en cliquant sur l'icône **Contacts** dans la barre de navigation, sélectionnez les contacts des différents participants puis, dans l'onglet **Accueil**, cliquez sur le bouton **Réunion** du groupe **Communiquer**. Poursuivez ensuite normalement la création de la réunion.

Lorsque l'affichage **Contacts** du dossier **Contacts** est actif (c'est l'affichage par défaut), vous pouvez créer une réunion avec le contact sélectionné en cliquant sur le lien **Planifier une réunion** situé sous l'option **Agenda** de la carte du contact qui s'affiche dans le volet de droite.

Ajouter/supprimer des participants/des ressources à une réunion

- Faites un double clic sur la réunion concernée.
- S'il s'agit d'une réunion périodique, précisez si toutes les réunions sont concernées (**Toute la série**) ou seulement celle en cours de modification (**Ce rendez-vous**) puis cliquez sur le bouton **OK**.
- Cliquez sur le bouton 

ou sur le bouton **Carnet d'adresses** visible dans le groupe **Participants**.

  Vous retrouvez la boîte de dialogue ***Sélectionner les participants et les ressources.***
- Pour annuler la convocation d'un participant, cliquez sur son nom dans la zone **Obligatoire**, **Facultatif** ou **Ressources** puis appuyez sur la touche Suppr.
- Pour chaque autre personne ou ressource à ajouter, sélectionnez-la dans l'une des listes d'adresses puis cliquez sur le bouton **Obligatoire**, **Facultatif** ou **Ressources.**
- Cliquez sur le bouton **OK**.
- Cliquez sur le bouton **Envoyer la mise à jour**.

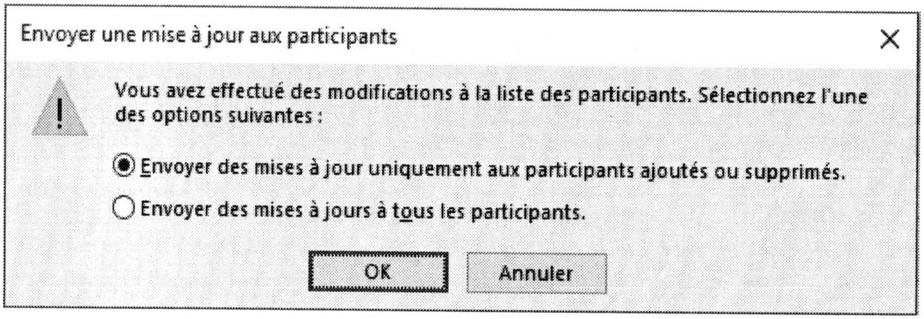

- Activez l'option **Envoyer des mises à jour uniquement aux participants ajoutés ou supprimés** ou **Envoyer des mises à jour à tous les participants** puis cliquez sur le bouton **OK**.

Si vous avez choisi d'envoyer des mises à jour à tous les participants, le symbole est associé aux messages de mise à jour reçus par ceux auxquels la demande de réunion a déjà été envoyée au préalable. Le symbole est associé aux messages des nouveaux participants et le symbole aux messages des participants supprimés.

Vous pouvez également ajouter ou supprimer des participants par l'intermédiaire de la fenêtre de planification (double clic sur la réunion pour ouvrir la fenêtre correspondante puis un clic sur le bouton **Assistant Planification** de l'onglet **Réunion**) en procédant comme lors de la création d'une réunion.

Après avoir sélectionné la réunion concernée dans l'agenda, vous pouvez également cliquer sur le bouton **Ajouter ou supprimer des participants** visible dans le groupe **Participants** de l'onglet **Réunion**.

Répondre à l'invitation à une réunion

- Cliquez sur l'icône **Courrier** dans la barre de navigation puis sélectionnez le dossier **Boîte de réception**.
- Faites un double clic sur l'élément réunion auquel vous souhaitez répondre pour ouvrir la fenêtre correspondante ; le symbole est associé aux messages de demande de réunion.

  *Vous pouvez aussi sélectionner le dossier **Calendrier** puis faire un double clic sur la réunion à laquelle vous souhaitez répondre.*

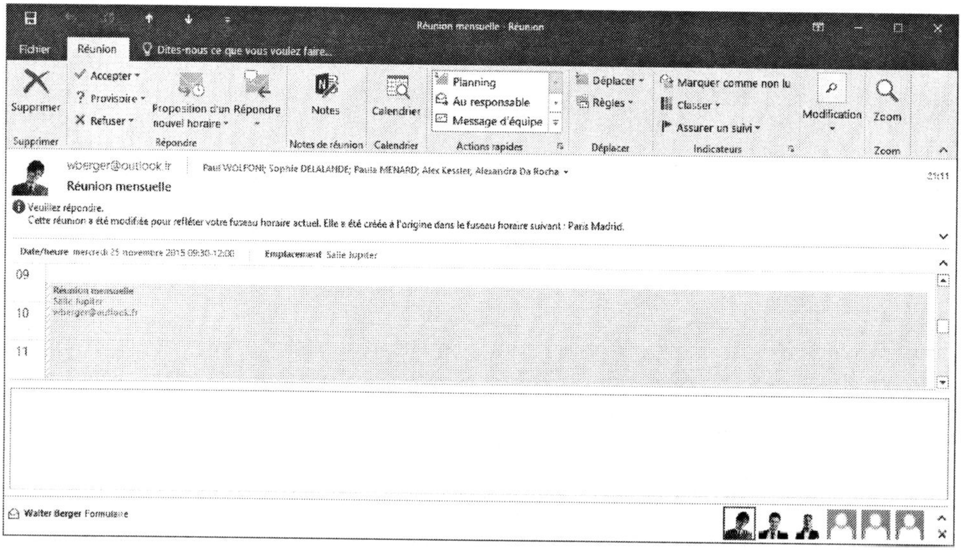

Un aperçu de votre calendrier est visible dans la partie supérieure du corps du message. Vous pouvez ainsi voir si la réunion proposée n'est pas en conflit ou adjacente à un autre élément sans avoir à quitter la fenêtre de la demande de réunion.

Répondez à la demande de réunion en cliquant sur le bouton **Accepter** si vous acceptez l'invitation, sur le bouton **Provisoire** si vous acceptez provisoirement l'invitation ou sur le bouton **Refuser** si vous refusez l'invitation puis, cliquez sur une des options proposées.

Modifier la réponse avant l'envoi	Pour saisir un commentaire à associer à votre réponse.

Envoyer la réponse maintenant	Pour envoyer la réponse sans commentaire.
Ne pas envoyer de réponse	Pour ne pas envoyer de réponse : l'organisateur de la réunion ne connaîtra pas votre réponse ; dans sa fenêtre du suivi de la réunion, votre réponse sera **Néant**.

Si vous avez choisi de commenter votre réponse, saisissez le texte correspondant puis cliquez sur le bouton **Envoyer**.

Outlook place la demande de réunion dans votre calendrier lorsque vous l'acceptez ou l'acceptez provisoirement. Après avoir répondu à la demande de réunion, le message correspondant disparaît de votre ***Boîte de réception****.*

Dans votre dossier ***Éléments envoyés****, l'objet des différentes réponses est précédé de la mention* ***Acceptée****,* ***Refusée*** *ou* ***Provisoire****.*

L'organisateur de la réunion (expéditeur) peut afficher le bilan des réponses de la réunion en ouvrant la réunion concernée puis en cliquant sur la partie supérieure du bouton **Suivi** visible dans le groupe **Afficher** de l'onglet **Réunion**.

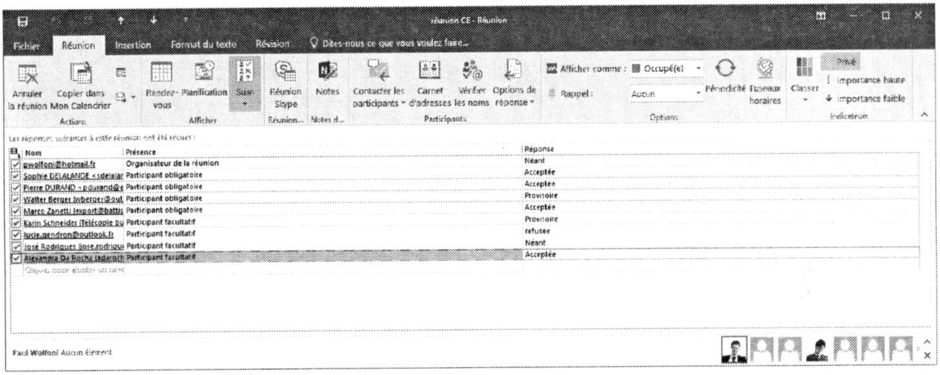

Pour visualiser les plages horaires des participants, l'organisateur doit cliquer sur le bouton **Assistant Planification** de l'onglet **Réunion** (groupe **Afficher**).

Si le volet de lecture est affiché dans le dossier **Boîte de réception**, il n'est pas nécessaire d'ouvrir le message pour répondre à l'invitation à la réunion. En effet, il suffit de cliquer sur le bouton ✓ Accepter ▾ ou ? Provisoire ▾ ou ✕ Refuser ▾ visible en haut du volet de lecture.

Répondre à une réunion en proposant un nouvel horaire

- Si vous n'avez pas encore répondu à la demande de réunion, faites un double clic sur le message correspondant visible dans la **Boîte de réception.**

  Si vous avez déjà répondu à la demande de réunion, le message correspondant n'est plus visible dans la **Boîte de réception** aussi, dans le **Calendrier**, faites un double clic sur l'élément réunion concerné par la proposition du nouvel horaire ; cette méthode peut être également utilisée dans le cas d'une demande de réunion à laquelle vous n'avez pas encore répondu.

- Dans l'onglet **Réunion**, cliquez sur la partie inférieure du bouton **Proposition d'un nouvel horaire** visible dans le groupe **Répondre**.

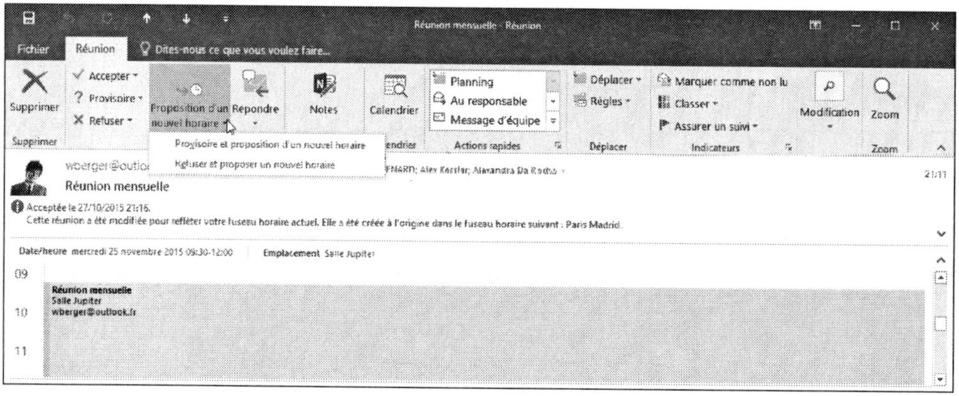

- Cliquez sur une des deux options proposées :

Provisoire et proposition d'un nouvel horaire	Pour accepter provisoirement la réunion et proposer un nouvel horaire. Si l'organisateur de la réunion refuse le nouvel horaire, la réunion est marquée comme provisoire dans votre calendrier.
Refuser et proposer un nouvel horaire	Pour refuser la réunion et proposer un nouvel horaire. Si l'organisateur refuse le nouvel horaire, la réunion est supprimée de votre calendrier.

*Cliquer sur la partie supérieure du bouton **Proposition d'un nouvel horaire** revient à choisir l'option **Provisoire et proposition d'un nouvel horaire**.*

- Définissez la date et/ou l'horaire que vous souhaitez proposer à l'aide des listes associées aux options **Heure de début** et **Heure de fin** ou faites glisser les lignes verticales bleues, matérialisant le début et la fin de la réunion, visibles dans la grille de disponibilité.

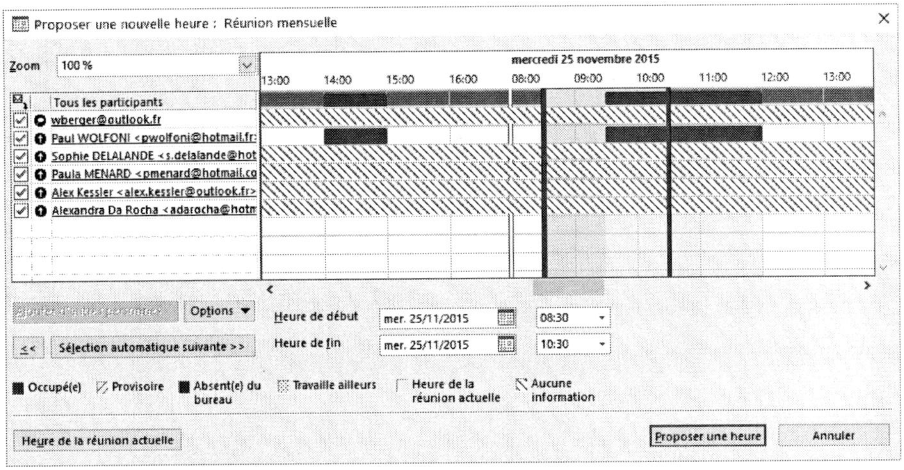

Cette fenêtre permet également de visualiser les plages horaires de tous les participants de la réunion.

- Cliquez sur le bouton **Proposer une heure** pour créer le message contenant la nouvelle heure proposée.
- Si besoin est, argumentez votre proposition en saisissant le texte dans la partie inférieure de la fenêtre.

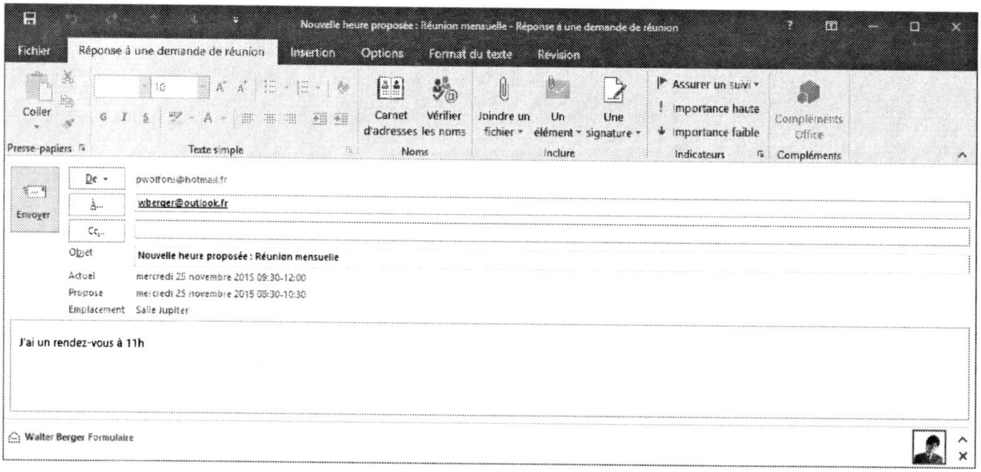

Cliquez sur le bouton **Envoyer** pour envoyer la proposition d'un nouvel horaire à l'organisateur de la réunion.

Le message arrive dans la ***Boîte de réception*** *de l'organisateur de la réunion. Après l'avoir ouvert, deux solutions s'offrent à lui :*

- *Si le nouvel horaire lui convient, il doit cliquer sur le bouton* ***Accepter la proposition*** *du groupe* ***Répondre*** *puis envoyez le nouvel horaire aux participants en cliquant sur le bouton* ***Envoyer la mise à jour*** *de la fenêtre qui s'affiche.*
- *Si le nouvel horaire ne lui convient pas, il doit cliquer sur le bouton* ***Répondre*** *afin d'expliquer la raison de son refus.*

Si vous n'avez pas encore répondu à la demande d'une réunion, pour accepter provisoirement cette réunion et proposer un nouvel horaire, vous pouvez aussi sélectionner le message correspondant dans le dossier **Boîte de réception** puis cliquer sur le bouton 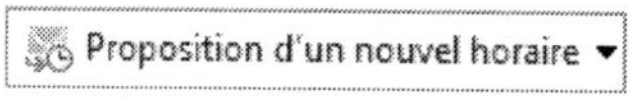

visible dans la partie supérieure du volet de lecture.

Vous pouvez accepter ou refuser automatiquement les demandes de réunion : dans la boîte de dialogue **Options Outlook** (onglet **Fichier - Options** - catégorie **Calendrier**), cliquez sur le bouton **Accepter/refuser automatiquement** situé dans la zone **Accepter ou refuser automatiquement**. Cochez les options souhaitées en fonction des réunions que vous souhaitez accepter ou refuser automatiquement puis cliquez à deux reprises sur le bouton **OK**.

Supprimer une réunion

Seul l'organisateur d'une réunion peut la supprimer pour tous les participants.

- Dans le Calendrier, sélectionnez la réunion à supprimer dans l'agenda.
- Dans l'onglet **Réunion** ou **Série de réunions**, cliquez sur le bouton **Annuler la réunion** du groupe **Actions.**

  S'il s'agit d'une réunion périodique, une liste s'ouvre et vous propose deux options :

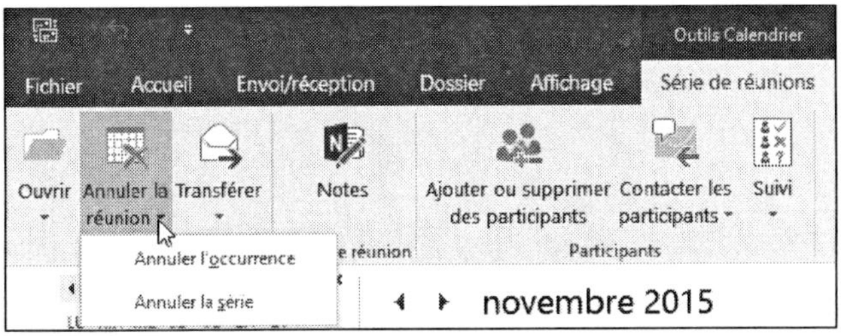

- Si c'est votre cas, cliquez sur l'option **Annuler l'occurrence** si seule la réunion sélectionnée doit être supprimée ou cliquez sur l'option **Annuler la série** si toutes les réunions de la série doivent être supprimées.
- Argumentez éventuellement la suppression de la réunion en saisissant un texte dans la grande zone de saisie.

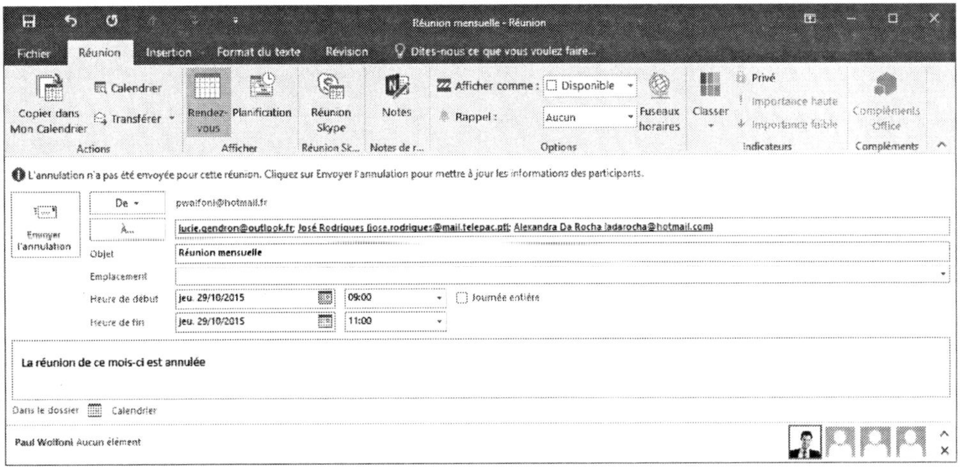

Cliquez sur le bouton **Envoyer l'annulation.**

La réunion n'est plus visible dans le calendrier de l'organisateur de la réunion.

*Chaque participant reçoit dans sa **Boîte de réception** un message d'une importance haute (!) auquel est associé le symbole .*

*Pour supprimer la réunion de son calendrier, le participant devra soit ouvrir le message correspondant (Boîte de réception), soit ouvrir la réunion (Calendrier), puis cliquer sur le bouton **Supprimer du calendrier** visible dans l'onglet **Réunion**. S'il ne supprime pas la réunion, celle-ci sera toujours visible dans son calendrier mais son objet sera précédé du libellé **Annulé**.*

Seul l'organisateur d'une réunion peut la supprimer pour tous les participants, aussi, un participant non organisateur pourra supprimer une réunion uniquement dans son calendrier : après avoir sélectionné la réunion dans le calendrier, appuyez sur la touche Suppr puis choisissez ou non d'envoyer une réponse à l'organisateur de la réunion en cliquant sur le bouton **Oui** ou **Non** du message qui s'affiche.

Pour annuler une réunion, l'organisateur peut également la sélectionner dans l'agenda, appuyer sur la touche Suppr puis cliquer sur le bouton **Envoyer l'annulation**.

Imprimer le Calendrier

Vous pouvez imprimer le calendrier ou le texte associé aux éléments du Calendrier.

- Cliquez sur l'icône **Calendrier** dans la barre de navigation.
- Spécifiez éventuellement la période de temps à imprimer en sélectionnant les dates correspondantes dans le navigateur de dates.
- Activez, si besoin, l'affichage **Calendrier** : onglet **Affichage** - groupe **Affichage actuel** - bouton **Changer l'affichage** - option **Calendrier**.
- Cliquez sur l'onglet **Fichier** puis sur l'option **Imprimer** ou utilisez le raccourci-clavier Ctrl **P**.

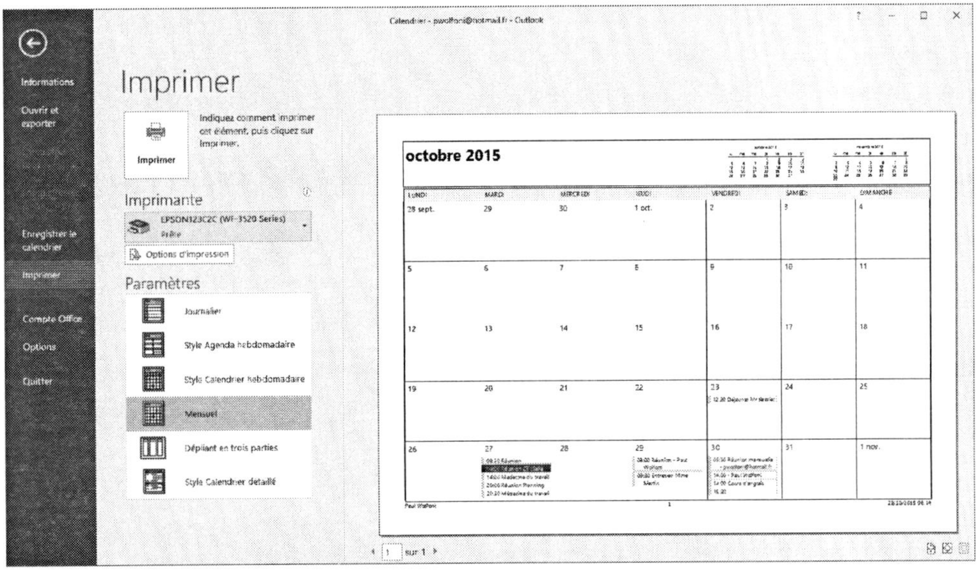

Un aperçu de l'agenda du jour actif est visible à droite de la fenêtre. Les outils ◀ et ▶ visibles sous l'aperçu permettent de faire défiler les pages s'il y en a plusieurs. L'outil permet d'afficher la taille réelle de la page active, l'outil permet d'afficher une page tandis que l'outil permet d'en afficher plusieurs.

- Sélectionnez le style d'impression souhaité en cliquant sur l'option correspondante de la zone **Paramètres** :

Journalier	Imprime un jour par page avec tâches et notes.
Style Agenda hebdomadaire	Imprime, sous forme d'agenda, une semaine par page sans tâche, ni note.
Style Calendrier hebdomadaire	Imprime, sous forme de calendrier, une semaine par page sans tâche, ni note.
Mensuel	Imprime un mois par page sans tâche, ni note.
Dépliant en trois parties	Imprime un jour, une semaine et la liste des tâches sur une même page dans trois volets distincts pour faciliter le pliage en trois parties égales.
Style Calendrier détaillé	Imprime les éléments du Calendrier sous forme de liste.

Lorsque vous sélectionnez un style d'impression, vous visualisez l'aperçu correspondant dans la partie droite de la fenêtre.

- Pour modifier les paramètres d'impression, cliquez sur le bouton **Options d'impression.**

Si vous ne souhaitez pas modifier les options d'impression, lancez directement l'impression en cliquant sur le bouton **Imprimer**.

*Si vous avez choisi de modifier les options d'impression, vous visualisez la boîte de dialogue **Imprimer**.*

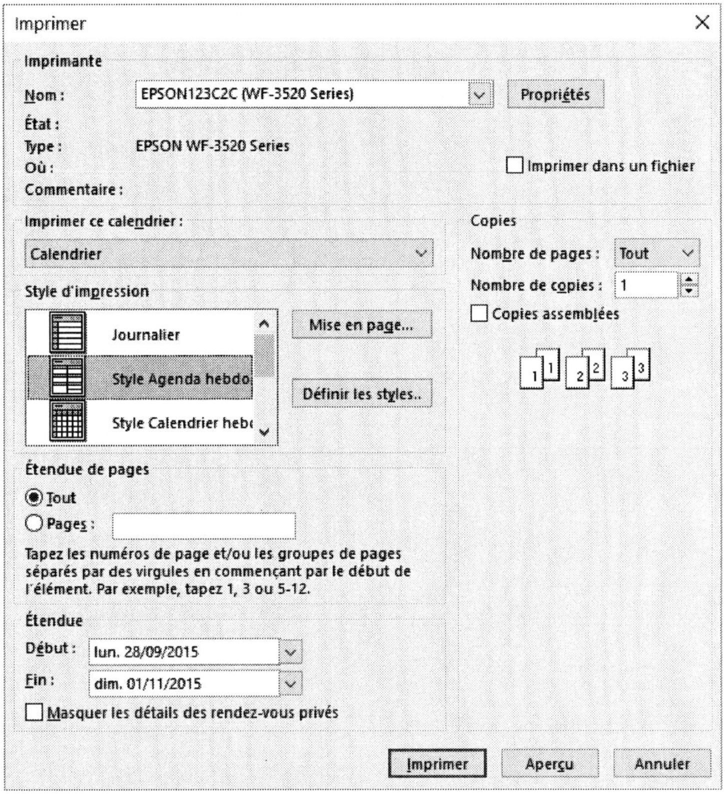

- Précisez, si besoin, la période de temps à imprimer à l'aide des zones **Début** et **Fin** de l'encadré **Étendue** sachant que le **Style d'impression** sélectionné détermine toujours le nombre de jours à imprimer sur une page (par exemple, pour un style d'impression Mensuel, si vous choisissez le 1/02/2015 comme date de début et le 1/04/2015 comme date de fin, vous imprimez le mois de février, de mars et également le mois d'avril puisque le 1er avril fait partie de la période spécifiée).
- Si vous ne souhaitez pas imprimer les détails des rendez-vous privés, cochez l'option **Masquer les détails des rendez-vous privés** visible dans l'encadré **Étendue**. Ainsi, l'objet et l'emplacement des rendez-vous, des évènements et des réunions privés ne seront pas visibles à l'impression et seront remplacés par le texte **Rendez-vous privé**.

- Choisissez les pages que vous souhaitez imprimer dans l'encadré **Étendue de pages** :

  Tout Pour imprimer toutes les pages.

  Pages Pour imprimer les pages précisées dans la zone de saisie associée ; pour imprimer plusieurs pages qui se suivent, tapez le numéro de la première page, un tiret puis le numéro de la dernière page (ex : pour imprimer de la page 2 à la page 4, tapez : 2-4). Si les pages à imprimer ne se suivent pas, séparez leur numéro par des virgules (ex : pour imprimer les pages 2 et 4, tapez : 2,4).

- Pour imprimer uniquement les pages paires ou impaires, sélectionnez l'option **Pair** ou **Impair** dans la liste **Nombre de pages** de l'encadré **Copies.**
- Saisissez le nombre d'exemplaires à imprimer dans la zone de saisie **Nombre de copies** de l'encadré **Copies.**
- Cochez l'option **Copies assemblées** pour que l'impression se fasse exemplaire par exemplaire et non page par page.
- Lancez l'impression en cliquant sur le bouton **Imprimer** ou visualisez un aperçu de l'impression en cliquant sur le bouton **Aperçu.**

Chaque style d'impression peut être personnalisé ponctuellement par le bouton **Mise en page** ou plus globalement par le bouton **Définir les styles** de la boîte de dialogue **Imprimer**.

Imprimer les éléments du Calendrier

- Dans le Calendrier, sélectionnez les éléments à imprimer ; utilisez la touche Ctrl pour sélectionner plusieurs éléments.
- Cliquez sur l'onglet **Fichier** puis sur l'option **Imprimer** ou utilisez le raccourci-clavier Ctrl **P.**
- Dans la zone **Paramètres**, sélectionnez l'option **Mémo** ; si besoin, faites défiler la barre de défilement vers le bas pour visualiser cette option.
- Si plusieurs éléments sont sélectionnés, cliquez sur le bouton **Aperçu** pour afficher leur aperçu.
- Cliquez sur le bouton **Options d'impression.**

- Choisissez les pages que vous souhaitez imprimer dans l'encadré **Étendue de pages** :

  Tout Pour imprimer toutes les pages.

  Pages Pour imprimer les pages précisées dans la zone de saisie associée ; pour imprimer plusieurs pages qui se suivent, tapez le numéro de la première page, un tiret puis le numéro de la dernière page (ex : pour imprimer de la page 2 à la page 4, tapez : 2-4). Si les pages à imprimer ne se suivent pas, séparez leur numéro par des virgules (ex : pour imprimer les pages 2 et 4, tapez : 2,4).

- Pour imprimer le contenu des pièces jointes, cochez l'option **Imprimer les fichiers joints. Les pièces jointes sont imprimées uniquement sur l'imprimante par défaut** visible dans l'encadré **Options d'impression.**
- Pour imprimer uniquement les pages paires et/ou impaires, sélectionnez l'option **Pair** ou **Impair** dans la liste **Nombre de pages** de l'encadré **Copies.**
- Saisissez le nombre d'exemplaires à imprimer dans la zone de saisie **Nombre de copies.**
- Cochez l'option **Copies assemblées** pour que l'impression se fasse exemplaire par exemplaire et non page par page.
- Lancez l'impression en cliquant sur le bouton **Imprimer.**

Définir les caractéristiques de mise en page pour chaque style

<u>Pour le style d'impression Journalier</u>

- Dans le **Calendrier**, cliquez sur l'onglet **Fichier**, sur l'option **Imprimer** puis sur le bouton **Options d'impression.**
- Cliquez sur le bouton **Définir les styles** de l'encadré **Style d'impression.**
- Sélectionnez le style **Journalier** puis cliquez sur le bouton **Modifier.**

⮐ Si besoin, cliquez sur l'onglet **Format**.

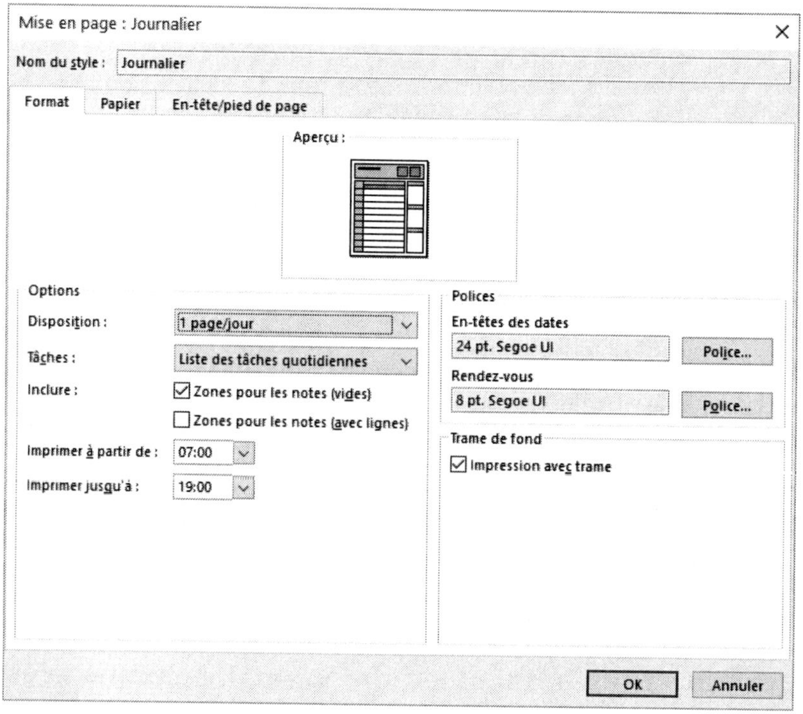

⮐ Ouvrez la liste **Disposition** de l'encadré **Options** puis sélectionnez l'une des deux options suivantes :

1 page/jour	Pour imprimer l'agenda sur une page, puis les notes et les tâches sur une autre page.
2 pages/jour	Pour imprimer l'agenda sur une page et les notes ainsi que la liste des tâches sur une autre page.

⮐ Ouvrez la liste **Tâches** puis sélectionnez une des options proposées :

Aucune tâche	Si vous ne souhaitez pas inclure la liste des tâches.
Liste des tâches quotidiennes	Si seule la liste des tâches quotidiennes doit être incluse.
Liste des tâches	Si vous souhaitez inclure la liste des tâches visible dans la **Barre des tâches.**

- Cochez ou décochez l'option **Zones pour les notes (vides)** selon que vous souhaitez inclure ou non une zone vierge (ne contenant pas de lignes) pour les notes.
- Cochez ou décochez l'option **Zones pour les notes (avec lignes)** selon que vous souhaitez inclure ou non une zone contenant des lignes pour les notes.
- Spécifiez la plage horaire d'impression : indiquez l'heure de début à l'aide de la liste **Imprimer à partir de** et l'heure de fin à l'aide de la liste **Imprimer jusqu'à.**
- Modifiez la police des titres ou des en-têtes en cliquant sur le bouton **Police** associé à l'option **En-têtes des dates** de l'encadré **Polices.**
- Modifiez la police des textes en cliquant sur le bouton **Police** associé à l'option **Rendez-vous** de l'encadré **Polices.**
- Décochez l'option **Impression avec trame** de l'encadré **Trame de fond** si vous ne souhaitez pas ajouter une trame de fond de couleur gris clair aux en-têtes, aux dates et aux autres éléments.
- Cliquez sur le bouton **OK** puis sur le bouton **Fermer** de la boîte de dialogue **Définir les styles d'impression.**
- Cliquez sur le bouton **Aperçu** ou **Imprimer** de la boîte de dialogue **Imprimer.**

<u>Pour le style d'impression Semainier</u>

- Dans le **Calendrier**, cliquez sur l'onglet **Fichier**, sur l'option **Imprimer** puis sur le bouton **Options d'impression.**
- Cliquez sur le bouton **Définir les styles** de l'encadré **Style d'impression.**
- Sélectionnez le **Style Agenda hebdomadaire** ou le **Style Calendrier hebdomadaire** puis cliquez sur le bouton **Modifier.**
- Si besoin, cliquez sur l'onglet **Format.**

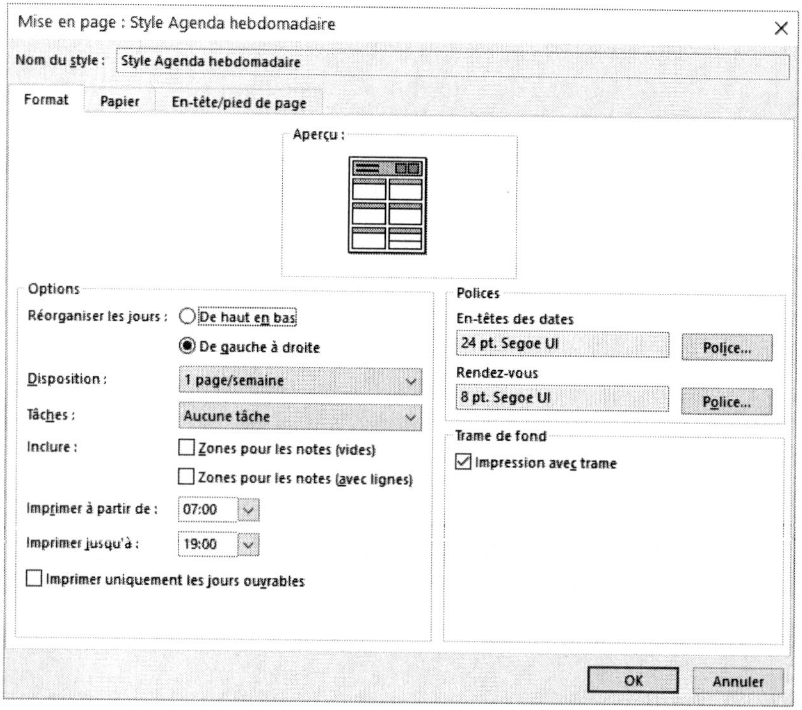

⮽ Activez l'une des deux options suivantes de l'encadré **Options** en fonction de la façon dont vous souhaitez réorganiser les jours :

De haut en bas

Dans le cas d'un **Style Agenda hebdomadaire**, les jours de la page seront réorganisés sur deux colonnes : le lundi, le mardi et le mercredi seront positionnés dans la colonne de gauche et le jeudi, le vendredi, le samedi et le dimanche seront positionnés dans la colonne de droite.

Dans le cas d'un **Style Calendrier hebdomadaire**, les jours de la page seront réorganisés en quatre lignes : le lundi et le mardi sur la première ligne, le mercredi et le jeudi sur la seconde ligne, le vendredi et le samedi sur la troisième ligne et le dimanche sur la quatrième ligne.

De gauche à droite Dans le cas d'un **Style Agenda hebdomadaire**, les jours de la plage seront réorganisés en deux colonnes : le lundi, le mercredi et le jeudi seront positionnés dans la colonne de gauche et le mardi, le jeudi, le samedi et le dimanche seront positionnés dans la colonne de droite.
Dans le cas d'un **Style Calendrier hebdomadaire**, les jours de la plage seront réorganisés dans une grille dans laquelle les dates apparaissent en colonnes et les heures en lignes.

- Ouvrez la liste **Disposition** de l'encadré **Options** puis sélectionnez l'une des deux options suivantes :

1 page/semaine Pour imprimer une semaine sur une page.

2 pages/semaine Pour imprimer une semaine sur deux pages : trois jours sur la première page et quatre jours sur la seconde page.

- Ouvrez la liste **Tâches** puis sélectionnez une des options proposées :

Aucune tâche Si vous ne souhaitez pas inclure la liste des tâches.

Liste des tâches quotidiennes Si seule la liste des tâches quotidiennes doit être incluse.

Liste des tâches Si vous souhaitez inclure la liste des tâches visible dans la **Barre des tâches**.

- Cochez ou décochez l'option **Zones pour les notes (vides)** selon que vous souhaitez inclure ou non une zone vierge (ne contenant pas de lignes) pour les notes.
- Cochez ou décochez l'option **Zones pour les notes (avec lignes)** selon que vous souhaitez inclure ou non une zone contenant des lignes pour les notes.
- Dans le cas d'un **Style Calendrier hebdomadaire**, si l'option **De gauche à droite** est active, vous pouvez spécifier l'heure de début ainsi que l'heure de fin pour la plage horaire d'impression à l'aide des listes **Imprimer à partir de** et **Imprimer jusqu'à** de l'encadré **Options**.
- Cochez l'option **Imprimer uniquement les jours ouvrables** si vous souhaitez exclure le samedi et le dimanche de la plage horaire d'impression.
- Modifiez la police des titres ou des en-têtes en cliquant sur le bouton **Police** associé à l'option **En-têtes des dates** de l'encadré **Polices**.
- Modifiez la police des textes en cliquant sur le bouton **Police** associé à l'option **Rendez-vous** du cadre **Polices**.

- Décochez l'option **Impression avec trame** de l'encadré **Trame de fond** si vous ne souhaitez pas ajouter une trame de fond de couleur gris clair aux en-têtes, aux dates et aux autres éléments.
- Cliquez sur le bouton **OK** puis sur le bouton **Fermer** de la boîte de dialogue **Définir les styles d'impression.**
- Cliquez sur le bouton **Aperçu** ou **Imprimer** de la boîte de dialogue **Imprimer.**

Pour le style d'impression Mensuel

- Dans le **Calendrier**, cliquez sur l'onglet **Fichier**, sur l'option **Imprimer** puis sur le bouton **Options d'impression.**
- Cliquez sur le bouton **Définir les styles** de l'encadré **Style d'impression.**
- Sélectionnez le style **Mensuel** puis cliquez sur le bouton **Modifier.**
- Si besoin, cliquez sur l'onglet **Format.**

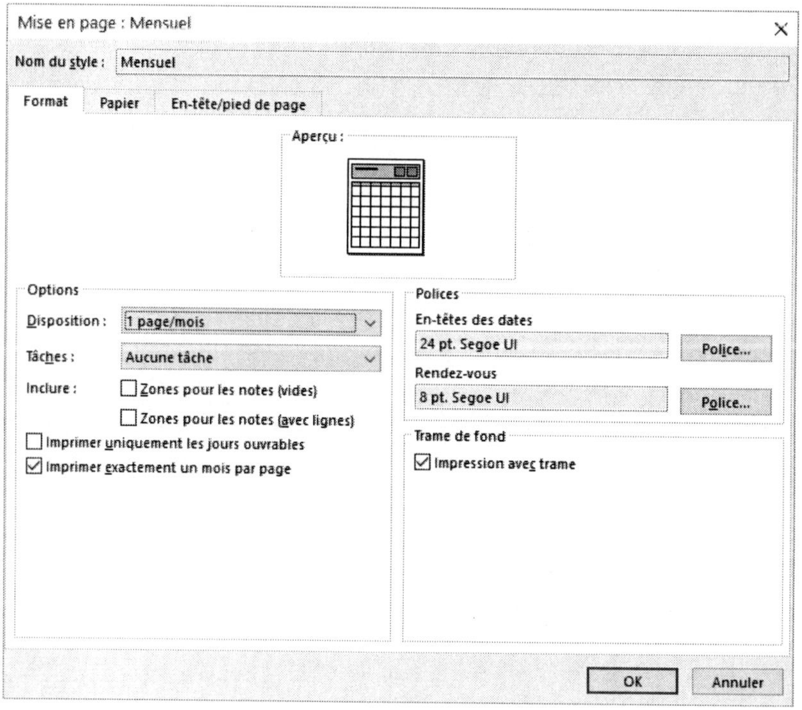

- Ouvrez la liste **Disposition** du cadre **Options** puis sélectionnez l'une des deux options suivantes :

1 page/mois	Pour imprimer un mois sur une page.
2 pages/mois	Pour imprimer un mois sur deux pages.

- Ouvrez la liste **Tâches** puis sélectionnez une des options proposées :

Aucune tâche	Si vous ne souhaitez pas inclure la liste des tâches.
Liste des tâches quotidiennes	Si seule la liste des tâches quotidiennes doit être incluse.
Liste des tâches	Si vous souhaitez inclure la liste des tâches visible dans la **Barre des tâches.**

- Cochez ou décochez l'option **Zones pour les notes (vides)** selon que vous souhaitez inclure ou non une zone vierge (ne contenant pas de lignes) pour les notes.
- Cochez ou décochez l'option **Zones pour les notes (avec lignes)** selon que vous souhaitez inclure ou non une zone contenant des lignes pour les notes.
- Cochez l'option **Imprimer uniquement les jours ouvrables** si vous souhaitez exclure le samedi et le dimanche de la plage horaire d'impression.
- Décochez l'option **Imprimer exactement un mois par page** si vous autorisez à ce qu'une page affiche les jours de deux mois différents.
- Modifiez la police des titres ou des en-têtes en cliquant sur le bouton **Police** associé à l'option **En-têtes des dates** de l'encadré **Polices.**
- Modifiez la police des textes en cliquant sur le bouton **Police** associé à l'option **Rendez-vous** de l'encadré **Polices.**
- Décochez l'option **Impression avec trame** de l'encadré **Trame de fond** si vous ne souhaitez pas ajouter une trame de fond de couleur gris clair aux en-têtes, aux dates et aux autres éléments.
- Cliquez sur le bouton **OK** puis sur le bouton **Fermer** de la boîte de dialogue **Définir les styles d'impression.**
- Cliquez sur le bouton **Aperçu** ou **Imprimer** de la boîte de dialogue **Imprimer.**

Pour le style d'impression Dépliant en trois parties

- Dans le **Calendrier**, cliquez sur l'onglet **Fichier**, sur l'option **Imprimer** puis sur le bouton **Options d'impression.**
- Cliquez sur le bouton **Définir les styles** de l'encadré **Style d'impression.**

- Sélectionnez le style **Dépliant en trois parties** puis cliquez sur le bouton **Modifier**.
- Si besoin, cliquez sur l'onglet **Format**.

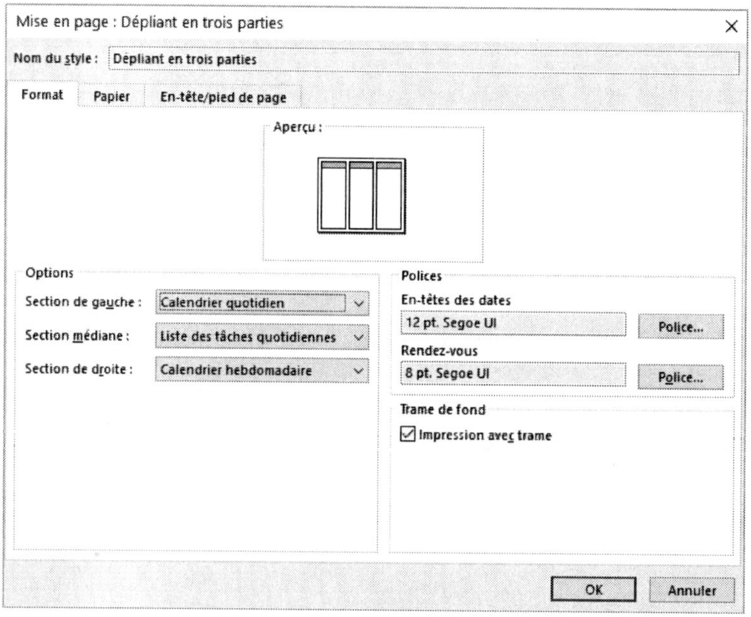

- Indiquez les informations que vous souhaitez imprimer pour chaque colonne du dépliant à l'aide des listes **Section de gauche** (colonne de gauche de la page), **Section médiane** (colonne du milieu de la page) et **Section de droite** (colonne de droite de la page) :

Calendrier quotidien	Imprime un jour par page.
Calendrier hebdomadaire	Imprime une semaine par page.
Calendrier mensuel	Imprime un mois par page.
Notes (Vierges)	Imprime une zone vierge pour les notes.
Notes (Alignées)	Imprime une zone contenant des lignes pour les notes.
Liste des tâches quotidiennes	Imprimer la liste des tâches quotidiennes.
Liste des tâches	Imprime la liste des tâches visible dans la **Barre des tâches**.

- Modifiez la police des titres ou des en-têtes en cliquant sur le bouton **Police** associé à l'option **En-têtes des dates** de l'encadré **Polices**.
- Modifiez la police des textes en cliquant sur le bouton **Police** associé à l'option **Rendez-vous** de l'encadré **Polices**.
- Décochez l'option **Impression avec trame** de l'encadré **Trame de fond** si vous ne souhaitez pas ajouter une trame de fond de couleur gris clair aux en-têtes, aux dates et aux autres éléments.
- Cliquez sur le bouton **OK** puis sur le bouton **Fermer** de la boîte de dialogue **Définir les styles d'impression**.
- Cliquez sur le bouton **Aperçu** ou **Imprimer** de la boîte de dialogue **Imprimer**.

Pour le Style Calendrier détaillé

- Dans le **Calendrier**, cliquez sur l'onglet **Fichier**, sur l'option **Imprimer** puis sur le bouton **Options d'impression**.
- Cliquez sur le bouton **Définir les styles** de l'encadré **Style d'impression**.
- Sélectionnez le **Style Calendrier détaillé** puis cliquez sur le bouton **Modifier**.
- Cliquez sur l'onglet **Format**.

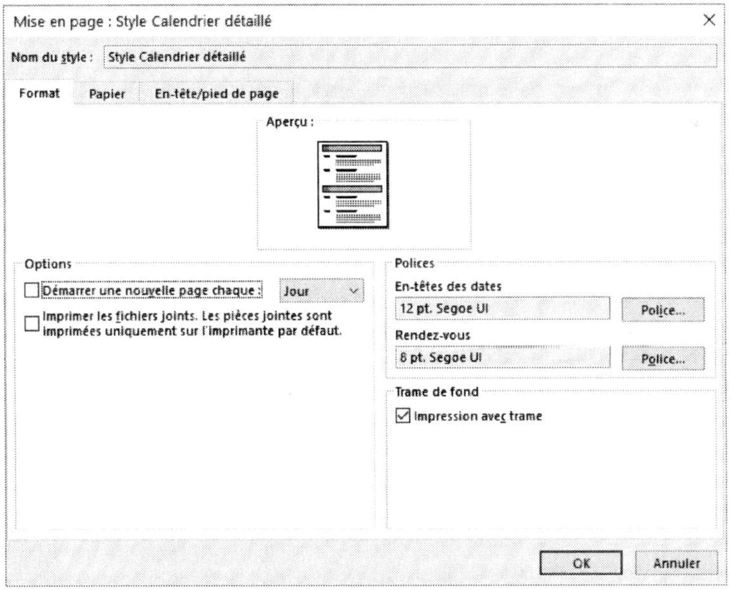

- Si vous souhaitez imprimer une page par jour, par semaine ou par mois, cochez l'option **Démarrer une nouvelle page chaque** puis sélectionnez l'option **Jour**, **Semaine** ou **Mois** dans la liste associée à cette option.
- Cochez l'option **Imprimer les fichiers joints. Les pièces jointes sont imprimées uniquement sur l'imprimante par défaut** si vous souhaitez imprimer toutes les pièces jointes dans l'élément.
- Modifiez la police des titres ou des en-têtes en cliquant sur le bouton **Police** associé à l'option **En-têtes des dates** de l'encadré **Polices**.
- Modifiez la police des textes en cliquant sur le bouton **Police** associé à l'option **Rendez-vous** de l'encadré **Polices.**
- Décochez l'option **Impression avec trame** de l'encadré **Trame de fond** si vous ne souhaitez pas ajouter une trame de fond de couleur gris clair aux en-têtes, aux dates et aux autres éléments.
- Cliquez sur le bouton **OK** puis sur le bouton **Fermer** de la boîte de dialogue **Définir les styles d'impression.**
- Cliquez sur le bouton **Aperçu** ou **Imprimer** de la boîte de dialogue **Imprimer.**

Pour le style Mémo

- Dans le **Calendrier**, cliquez sur l'onglet **Fichier**, sur l'option **Imprimer** puis sur le bouton **Options d'impression.**
- Cliquez sur le bouton **Définir les styles** de l'encadré **Style d'impression.**
- Sélectionnez le style **Memo** puis cliquez sur le bouton **Modifier.**
- Si besoin, cliquez sur l'onglet **Format.**

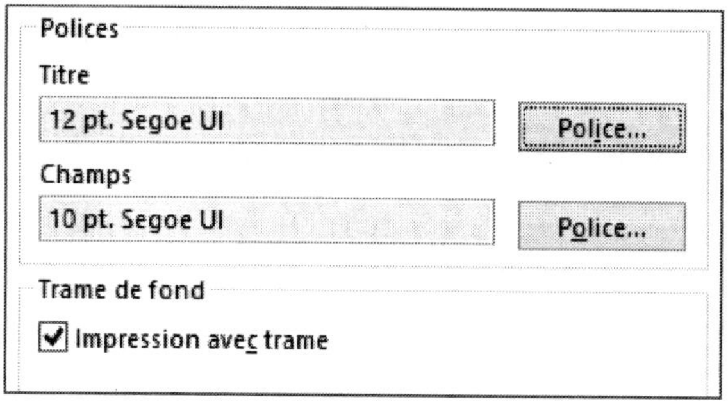

- Modifiez la police des titres ou des en-têtes en cliquant sur le bouton **Police** associé à l'option **Titre** de l'encadré **Polices.**
- Modifiez la police des textes en cliquant sur le bouton **Police** associé à l'option **Champs** de l'encadré **Polices.**
- Décochez l'option **Impression avec trame** de l'encadré **Trame de fond** si vous ne souhaitez pas ajouter une trame de fond de couleur gris clair aux en-têtes, aux dates et aux autres éléments.
- Cliquez sur le bouton **OK** puis sur le bouton **Fermer** de la boîte de dialogue **Définir les styles d'impression.**
- Cliquez sur le bouton **Aperçu** ou **Imprimer** de la boîte de dialogue **Imprimer.**

Vous pouvez aussi définir les caractéristiques de mise en page d'un style d'impression en sélectionnant le style d'impression concerné dans le cadre **Style d'impression** de la boîte de dialogue **Imprimer** puis en cliquant sur le bouton **Mise en page.**

Définir les marges, l'orientation pour un style d'impression

- Accédez au **Calendrier**, cliquez sur l'onglet **Fichier**, sur l'option **Imprimer** puis sur le bouton **Options d'impression.**
- Cliquez sur le bouton **Définir les styles** de l'encadré **Style d'impression.**
- Sélectionnez le style d'impression pour lequel vous souhaitez définir les marges et/ou l'orientation dans la zone **Styles** puis cliquez sur le bouton **Modifier.**
- Cliquez sur l'onglet **Papier.**

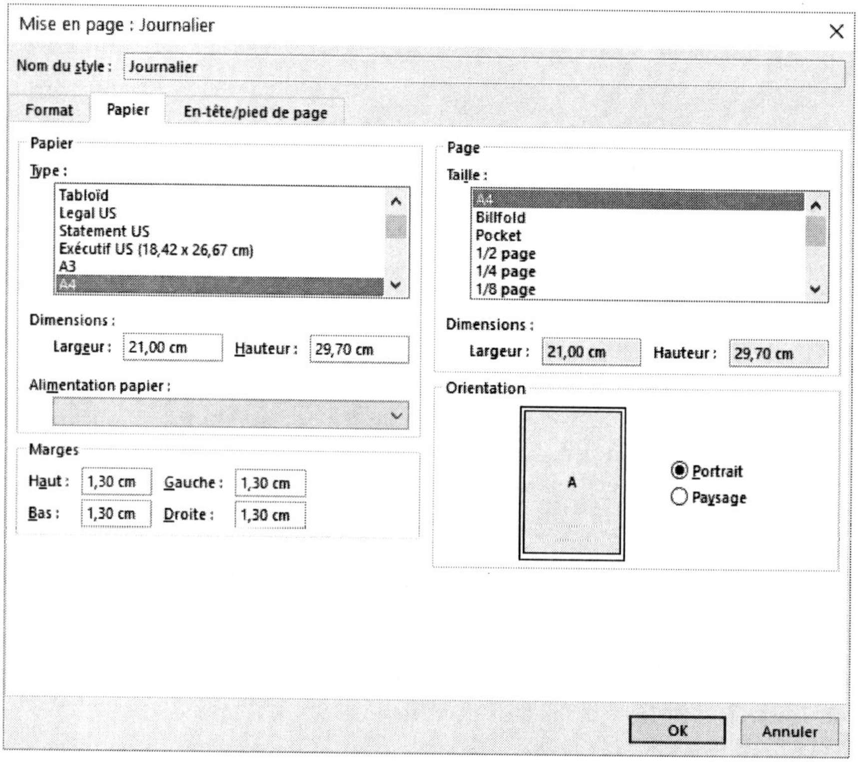

*L'encadré **Papier** permet de définir le type de papier sur lequel vous souhaitez imprimer. L'encadré **Page** permet de définir la taille de la page et la disposition pour le type de papier sélectionné.*

- Pour chaque marge à définir, cliquez dans la zone de saisie correspondante (**Haut**, **Bas**, **Gauche**, **Droite**) de l'encadré **Marges** puis saisissez la valeur souhaitée en centimètre.
- Pour définir l'orientation, activez l'option **Portrait** ou l'option **Paysage** de l'encadré **Orientation.**
- Cliquez sur le bouton **OK** puis sur le bouton **Fermer** de la boîte de dialogue **Définir les styles d'impression.**
- Cliquez sur le bouton **Aperçu** ou **Imprimer** de la boîte de dialogue **Imprimer.**

Vous pouvez aussi définir les marges et/ou l'orientation d'un style d'impression en sélectionnant le style d'impression concerné dans l'encadré **Style d'impression** de la boîte de dialogue **Imprimer** puis en cliquant sur le bouton **Mise en page** puis sur l'onglet **Papier**.

Définir en-têtes et pieds de page pour un style d'impression

- Accédez au **Calendrier**, cliquez sur l'onglet **Fichier**, sur l'option **Imprimer** puis sur le bouton **Options d'impression**.
- Cliquez sur le bouton **Définir les styles** de l'encadré **Style d'impression**.
- Sélectionnez le style d'impression pour lequel vous souhaitez définir les marges et/ou l'orientation dans la zone **Styles** puis cliquez sur le bouton **Modifier**.
- Cliquez sur l'onglet **En tête/pied de page**.

  *Par défaut, le nom de l'utilisateur, le numéro de la page et la date et l'heure d'impression apparaissent successivement dans les sections gauche, centrée et droite de la zone **Pied de page**.*
- Pour chaque en-tête ou pied de page à définir :
  - Cliquez dans la zone de saisie correspondant à la position attendue (zone de saisie située à gauche, au centre ou à droite pour l'option **En-tête** ou **Pied de page**).
  - Saisissez le contenu à imprimer ; pour créer un contenu sur plusieurs lignes, utilisez la touche [Entrée].
  - Insérez, si besoin est, un contenu particulier en utilisant les boutons suivants :

    [#] Insère le numéro de la page.

    [+] Insère le nombre total de pages.

    [12] Insère la date du jour et l'heure d'impression.

    [horloge] Insère l'heure d'impression.

    [utilisateur] Insère le nom de l'utilisateur.

- Si vous le souhaitez, mettez en valeur le contenu saisi en le sélectionnant puis en cliquant sur le bouton **Police** associé à l'option **En-tête** ou à l'option **Pied de page** selon le cas.

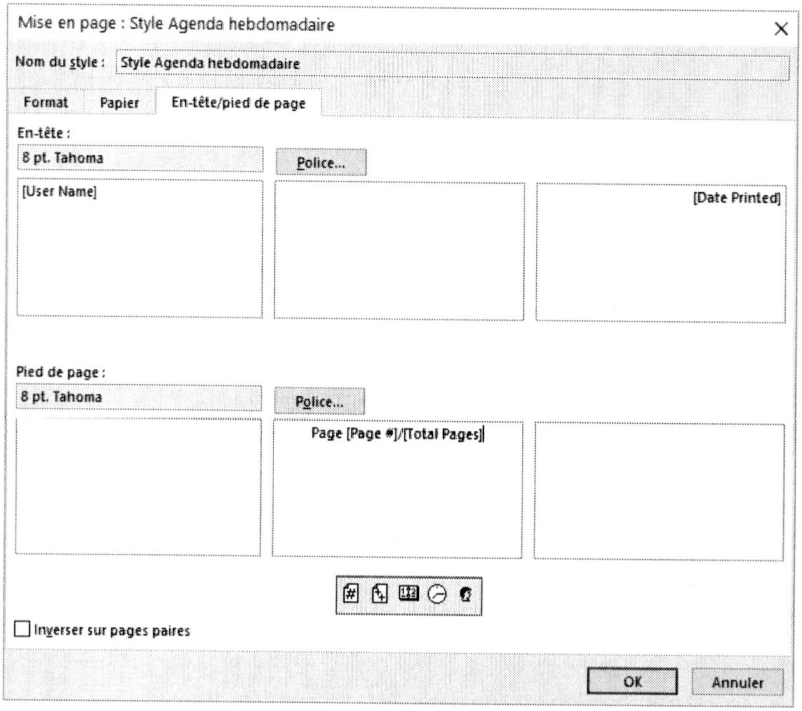

- Cochez l'option **Inverser sur pages paires** si vous souhaitez inverser la position des sections droite et gauche afin que le contenu des en-têtes et des pieds de page de la section gauche d'une page paire soit imprimé dans la section droite d'une page impaire.
- Cliquez sur le bouton **OK** puis sur le bouton **Fermer** de la boîte de dialogue **Définir les styles d'impression.**
- Cliquez sur le bouton **Aperçu** ou **Imprimer** de la boîte de dialogue **Imprimer.**

Vous pouvez aussi définir des en-têtes et des pieds de page pour un style d'impression en sélectionnant le style d'impression concerné dans l'encadré **Style d'impression** de la boîte de dialogue **Imprimer** puis en cliquant sur le bouton **Mise en page** puis sur l'onglet **En-tête/pied de page.**

Définir la semaine et les heures de travail

Par défaut, Outlook propose une semaine de travail allant du lundi au vendredi avec des journées commençant à 8 heures et se terminant à 17 heures.

- Dans l'onglet **Fichier**, cliquez sur **Options** puis sélectionnez la catégorie **Calendrier**.
- Dans la zone **Horaire de travail**, sélectionnez le premier jour de la semaine et la première semaine de l'année à l'aide des listes **Premier jour de la semaine** et **Première semaine de l'année**.
- Utilisez la liste **Heure de début** pour sélectionner l'heure de l'embauche et la liste **Heure de fin** pour indiquer l'heure de débauche.
- Cochez les jours ouvrés et décochez les autres.

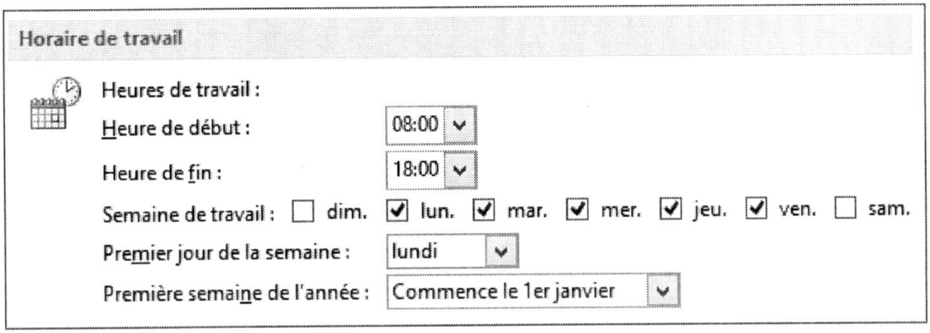

- Cliquez sur le bouton **OK**.

Afficher les numéros des semaines dans le Navigateur de dates

- Dans l'onglet **Fichier**, cliquez sur **Options** puis sélectionnez la catégorie **Calendrier**.
- Cochez l'option **Afficher le numéro des semaines dans l'affichage Mois et le navigateur de dates** de la zone **Options d'affichage**.
- Cliquez sur le bouton **OK**.

Suite à ce choix, les numéros de semaine s'affichent à gauche dans le navigateur de date ainsi que dans l'affichage Mois en remplacement des dates des semaines.

Gérer les jours fériés

Ajouter des jours fériés

Suite à l'installation d'Outlook, aucun jour férié ne figure dans votre calendrier.

- Dans l'onglet **Fichier**, cliquez sur **Options** puis sélectionnez la catégorie **Calendrier.**
- Cliquez sur le bouton **Ajouter les jours fériés** situé dans la zone **Options du calendrier.**
- Cochez les noms des pays dont vous souhaitez ajouter les jours fériés dans votre calendrier.

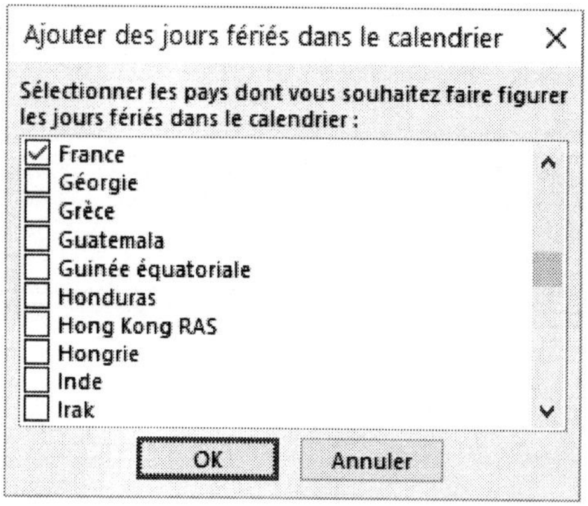

- Cliquez sur le bouton **OK.**

Outlook importe alors les fichiers correspondant au(x) pays choisi(s).

- Cliquez sur le bouton **OK** du message vous informant que les jours fériés ont été ajoutés au calendrier.
- Cliquez sur le bouton **OK** de la boîte de dialogue **Options Outlook**.

  Les jours fériés sont considérés comme des jours de congés bien qu'ils n'apparaissent pas grisés. Lorsqu'ils sont activés, leur titre est rappelé :

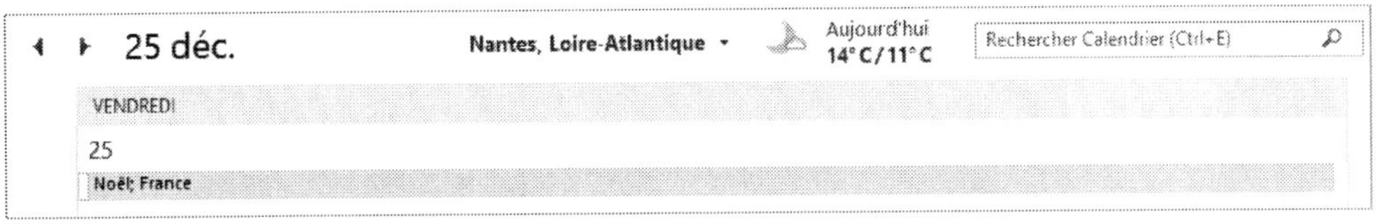

Ne faites cette manipulation qu'une seule fois ! En effet, rien ne vous empêche d'ajouter des jours fériés faisant déjà partie du Calendrier. Dans ce cas, le calendrier contient plusieurs fois les mêmes jours fériés. Si vous souhaitez supprimer des jours fériés, vous devez les afficher (cf. sous-titre suivant), sélectionner les lignes correspondantes puis appuyer sur la touche Suppr.

Afficher les jours fériés

- Dans le Calendrier, cliquez sur l'onglet **Affichage** et sur le bouton **Changer l'affichage** du groupe **Affichage actuel** puis cliquez sur l'option **Liste**.
- Cliquez ensuite sur le bouton **Catégories** du groupe **Réorganisation** (onglet **Affichage**).
- Cliquez si besoin sur le bouton ▷ de la catégorie appelée **Congé (Jour de)**.

Vous visualisez les jours fériés des années 2012 à 2022.

OBJET	EMPLACEMENT	DEBUT	FIN	CRITÈRE DE PÉRIODICITÉ	CATÉGORIES ▲
Catégories: Congé (Jour de) : 176 élément(s)					
Toussaint	France	jeu. 01/11/2012 00:00	ven. 02/11/2012 00:00		Congé (Jour de)
Toussaint	France	ven. 01/11/2013 00:00	sam. 02/11/2013 00:00		Congé (Jour de)
Toussaint	France	sam. 01/11/2014 00:00	dim. 02/11/2014 00:00		Congé (Jour de)
Toussaint	France	dim. 01/11/2015 00:00	lun. 02/11/2015 00:00		Congé (Jour de)
Toussaint	France	mar. 01/11/2016 00:00	mer. 02/11/2016 00:00		Congé (Jour de)
Toussaint	France	mer. 01/11/2017 00:00	jeu. 02/11/2017 00:00		Congé (Jour de)
Toussaint	France	jeu. 01/11/2018 00:00	ven. 02/11/2018 00:00		Congé (Jour de)
Toussaint	France	ven. 01/11/2019 00:00	sam. 02/11/2019 00:00		Congé (Jour de)
Toussaint	France	dim. 01/11/2020 00:00	lun. 02/11/2020 00:00		Congé (Jour de)
Toussaint	France	lun. 01/11/2021 00:00	mar. 02/11/2021 00:00		Congé (Jour de)
Toussaint	France	mar. 01/11/2022 00:00	mer. 02/11/2022 00:00		Congé (Jour de)
Armistice 1918	France	dim. 11/11/2012 00:00	lun. 12/11/2012 00:00		Congé (Jour de)
Armistice 1918	France	lun. 11/11/2013 00:00	mar. 12/11/2013 00:00		Congé (Jour de)
Armistice 1918	France	mar. 11/11/2014 00:00	mer. 12/11/2014 00:00		Congé (Jour de)
Armistice 1918	France	mer. 11/11/2015 00:00	jeu. 12/11/2015 00:00		Congé (Jour de)
Armistice 1918	France	ven. 11/11/2016 00:00	sam. 12/11/2016 00:00		Congé (Jour de)
Armistice 1918	France	sam. 11/11/2017 00:00	dim. 12/11/2017 00:00		Congé (Jour de)
Armistice 1918	France	dim. 11/11/2018 00:00	lun. 12/11/2018 00:00		Congé (Jour de)
Armistice 1918	France	lun. 11/11/2019 00:00	mar. 12/11/2019 00:00		Congé (Jour de)
Armistice 1918	France	mer. 11/11/2020 00:00	jeu. 12/11/2020 00:00		Congé (Jour de)
Armistice 1918	France	jeu. 11/11/2021 00:00	ven. 12/11/2021 00:00		Congé (Jour de)
Armistice 1918	France	ven. 11/11/2022 00:00	sam. 12/11/2022 00:00		Congé (Jour de)
Ascension	France	jeu. 17/05/2012 00:00	ven. 18/05/2012 00:00		Congé (Jour de)
Ascension	France	jeu. 09/05/2013 00:00	ven. 10/05/2013 00:00		Congé (Jour de)
Ascension	France	jeu. 29/05/2014 00:00	ven. 30/05/2014 00:00		Congé (Jour de)
Ascension	France	jeu. 14/05/2015 00:00	ven. 15/05/2015 00:00		Congé (Jour de)
Ascension	France	jeu. 05/05/2016 00:00	ven. 06/05/2016 00:00		Congé (Jour de)
Ascension	France	jeu. 25/05/2017 00:00	ven. 26/05/2017 00:00		Congé (Jour de)

Les groupes de calendriers

Cette fonctionnalité n'est disponible que si vous utilisez un compte de messagerie Microsoft Exchange Server.

Créer un groupe de calendriers

Un groupe de calendriers regroupe plusieurs calendriers que vous pourrez afficher simultanément. Par exemple, vous pouvez créer un groupe de calendriers contenant les calendriers des collègues de votre service et un autre groupe contenant les calendriers des membres du Comité d'entreprise.

- Cliquez sur l'icône **Calendrier** dans la barre de navigation.

  Par défaut, le ***Calendrier*** *Outlook fait partie du groupe de calendriers* ***Mes calendriers.***

- Dans l'onglet **Accueil**, cliquez sur le bouton **Groupes de calendriers** du groupe **Gérer les calendriers** puis cliquez sur l'option **Créer un groupe de calendriers**.
- Saisissez le nom du nouveau groupe de calendriers dans la zone de saisie.

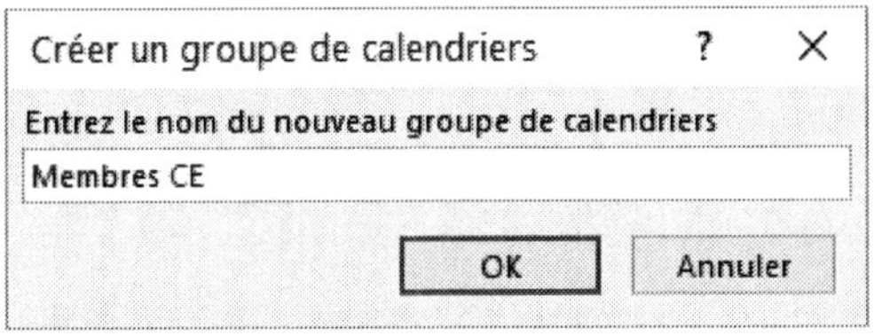

- Cliquez sur le bouton **OK**.

  La boîte de dialogue ***Sélectionner un nom*** *s'affiche à l'écran.*

- Faites un double clic sur le nom de chaque personne et/ou ressource dont le calendrier Outlook doit être ajouté au nouveau groupe puis cliquez sur le bouton **OK**.

  Le nouveau groupe ainsi créé s'affiche dans le volet des dossiers auquel sont ajoutés les calendriers Outlook des personnes ou des ressources sélectionnées au préalable. Tous les calendriers du groupe sont affichés.

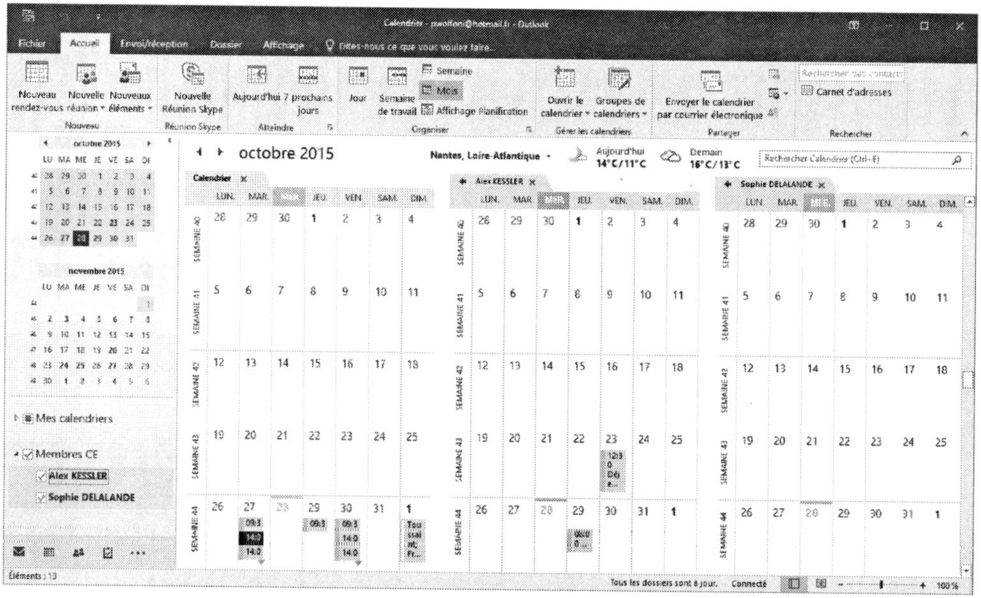

L'objet et l'emplacement des éléments des calendriers sont remplacés par l'information de disponibilité définie lors de la création des éléments (Disponible, Provisoire, Occupé(e) ou Absent(e) du bureau). Même si vous ne voyez pas l'objet et l'emplacement des éléments, cette fonctionnalité est intéressante car elle vous permet de connaître les disponibilités des personnes ou des ressources afin, par exemple, d'organiser une réunion.

Pour plus d'informations concernant le partage des dossiers, reportez-vous au titre Partager un dossier du chapitre Dossiers.

- Pour créer un nouveau groupe de calendriers incluant les calendriers affichés (cochés), dans l'onglet **Accueil**, cliquez sur le bouton **Groupes de calendriers** du groupe **Gérer les calendriers** puis cliquez sur l'option **Enregistrer en tant que nouveau groupe de calendriers.** Saisissez ensuite le nom du nouveau groupe puis cliquez sur le bouton **OK.**

  Le nouveau groupe créé s'ajoute au volet des dossiers. Seuls les calendriers de ce groupe sont désormais affichés.

- Pour créer un nouveau groupe de calendriers vide, faites un clic droit sur le groupe de calendriers **Mes calendriers** puis cliquez sur l'option **Nouveau groupe de calendriers.** Saisissez le nom du nouveau groupe puis appuyez sur le touche ↵ pour valider.

Vous pourrez ensuite ajouter les calendriers de votre choix à ce nouveau groupe (cf. sous-titre Gérer les calendriers).

Lorsque vous ouvrez le calendrier d'une personne ou d'une ressource (onglet **Accueil** - bouton **Ouvrir le calendrier** - option **À partir du carnet d'adresses** ou **Depuis la liste des salles** ou **À partir d'Internet**) celui-ci s'ajoute au groupe de calendriers **Calendriers partagés**.

Gérer les groupes de calendriers

- Pour renommer un groupe de calendriers, faites un clic droit sur le groupe concerné puis cliquez sur l'option **Renommer ce groupe**. Saisissez le nouveau nom du groupe puis appuyez sur le touche [Entrée] pour valider.

  *Vous ne pouvez pas renommer le groupe **Mes calendriers**.*

- Pour supprimer un groupe de calendriers, faites un clic droit sur le groupe concerné puis cliquez sur l'option **Supprimer ce groupe**. Confirmez la suppression du groupe en cliquant sur le bouton **Oui** du message qui s'affiche.

  *Vous ne pouvez pas supprimer le groupe **Mes calendriers**.*

- Pour modifier la position d'un groupe de calendriers, faites un clic droit sur son nom puis cliquez sur l'option **Monter** pour le déplacer vers le haut ou sur l'option **Descendre** pour le déplacer vers le bas.

  Vous pouvez également cliquer sur le nom du groupe puis, sans relâcher le bouton de la souris, le faire glisser vers sa nouvelle position.

Gérer les calendriers

- Pour afficher ou masquer un calendrier, cochez ou décochez la case située à gauche de son nom. Pour afficher ou masquer tous les calendriers d'un groupe, cochez ou décochez la case située à gauche du nom du groupe concerné.

  Pour masquer un calendrier, vous pouvez également cliquer sur l'outil [×] visible dans son onglet.

- Pour afficher les calendriers sélectionnés dans une disposition horizontale, dans l'onglet **Accueil**, cliquez sur le bouton **Affichage Planification** du groupe **Organiser**.

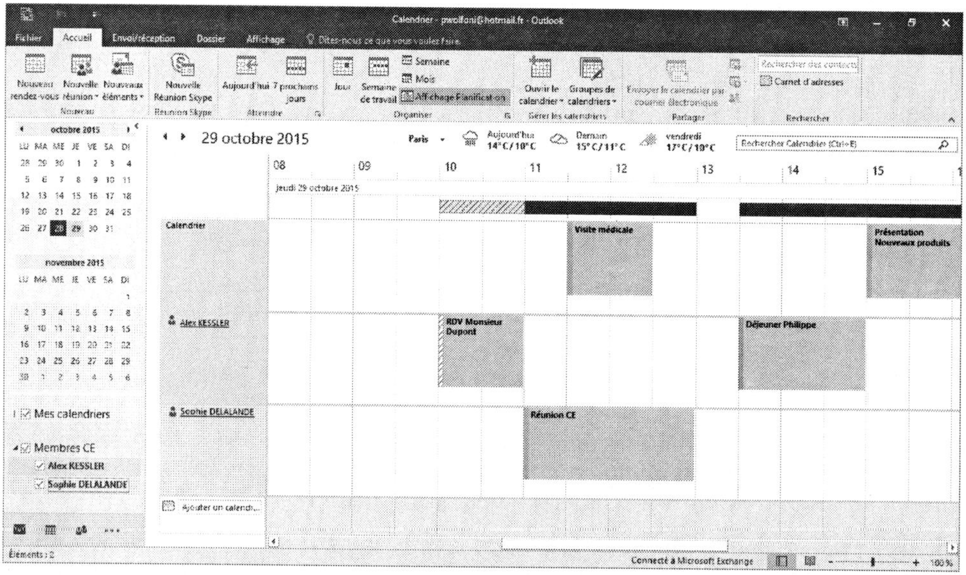

Cette disposition permet d'identifier rapidement le meilleur horaire afin, par exemple, d'organiser une réunion. Un clic sur le bouton ***Jour*** *du groupe* ***Organiser*** *permet d'activer de nouveau l'affichage quotidien.*

- Pour superposer un calendrier au **Calendrier** Outlook, faites un clic droit sur le nom du calendrier concerné puis cliquez sur l'option **Superposition** ou cliquez sur le symbole  visible dans l'onglet du calendrier concerné ; un clic sur le symbole  situé dans l'onglet du **Calendrier** permet de supprimer la superposition.
- Pour modifier la couleur d'un calendrier, faites un clic droit sur son nom, pointez l'option **Couleur** puis cliquez sur la vignette de la couleur à appliquer.
- Pour mettre à jour tous les calendriers d'un groupe, faites un clic droit sur le nom du groupe concerné puis cliquez sur l'option **Actualiser la disponibilité**.
- Pour ajouter un calendrier à un groupe de calendriers, faites un clic droit sur le groupe concerné puis pointez l'option **Ajouter un calendrier**.

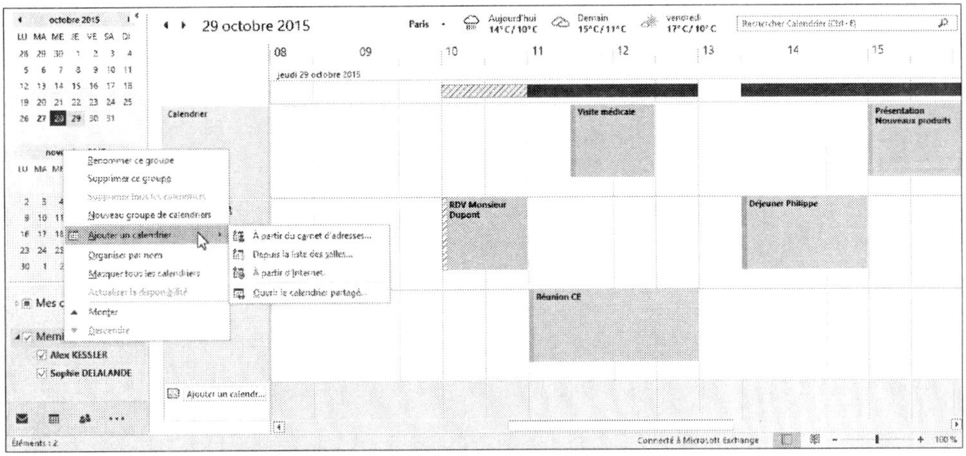

Cliquez sur l'option **À partir du carnet d'adresses**, faites un double clic sur le nom de chaque personne et/ou ressource dont le calendrier doit être ajouté au nouveau groupe puis cliquez sur le bouton **OK**.

*L'option **Depuis la liste des salles** permet également d'ajouter des ressources. L'option **À partir d'Internet** permet, quant à elle, d'ajouter un calendrier publié sur Office.com.*

- Pour supprimer un calendrier d'un groupe de calendriers, faites un clic droit sur son nom puis cliquez sur l'option **Supprimer le calendrier**.

  *Le **Calendrier** Outlook ne peut pas être supprimé.*

- Pour modifier la position d'un calendrier, cliquez sur le calendrier puis, sans relâcher le bouton de la souris, faites-le glisser vers sa nouvelle position dans son groupe ou dans un autre groupe.
- Pour trier les calendriers d'un groupe par ordre alphabétique, faites un clic droit sur le nom du groupe de calendriers concerné puis cliquez sur l'option **Organiser par nom**.

Partager un Calendrier

Cette fonctionnalité n'est disponible que si vous utilisez un compte de messagerie Microsoft Exchange Server.

Il s'agit ici de partager avec d'autres personnes les informations de votre Calendrier Outlook par défaut ou celles d'un calendrier personnalisé créé par vous. La méthode utilisée ici permettra à d'autres personnes de consulter les éléments de votre calendrier partagé mais également, dans le cas d'un calendrier personnalisé, de les modifier, les supprimer, ou encore de créer d'autres éléments.

- Cliquez sur l'icône **Calendrier**  dans la barre de navigation.
- Faites un clic droit sur le nom du calendrier à partager (le **Calendrier** Outlook ou un calendrier personnalisé) visible dans le volet des dossiers, pointez l'option **Partager** puis cliquez sur l'option **Partager le calendrier**.

*Vous pouvez aussi cliquer sur le bouton **Partager le calendrier** de l'onglet **Accueil** ou de l'onglet **Dossier** (groupe **Partager**) après avoir activé le calendrier à partager.*

*Une fenêtre de message dont l'objet est **Invitation de partage** s'affiche à l'écran. Les options de cette fenêtre changent selon que vous partagiez le Calendrier Outlook par défaut ou un calendrier personnalisé.*

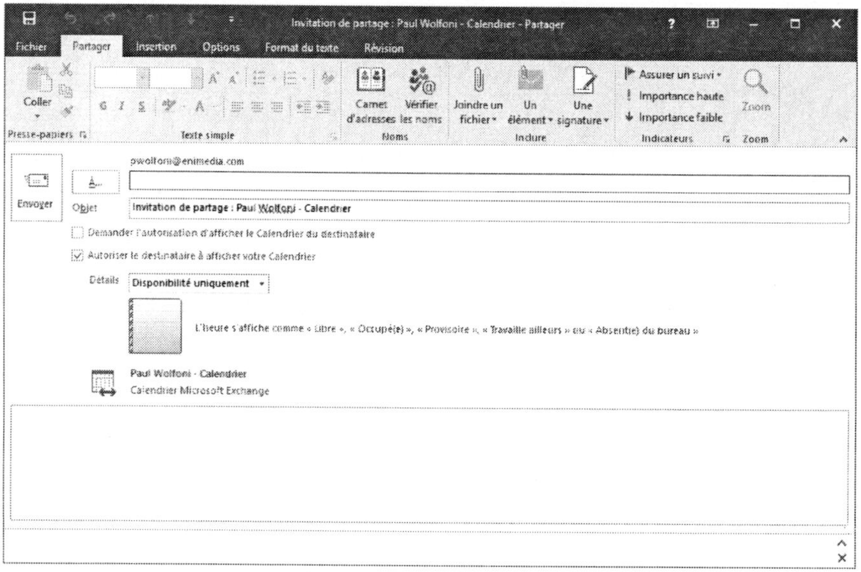

Vous visualisez précédemment la fenêtre de message d'une invitation de partage du Calendrier Outlook par défaut.

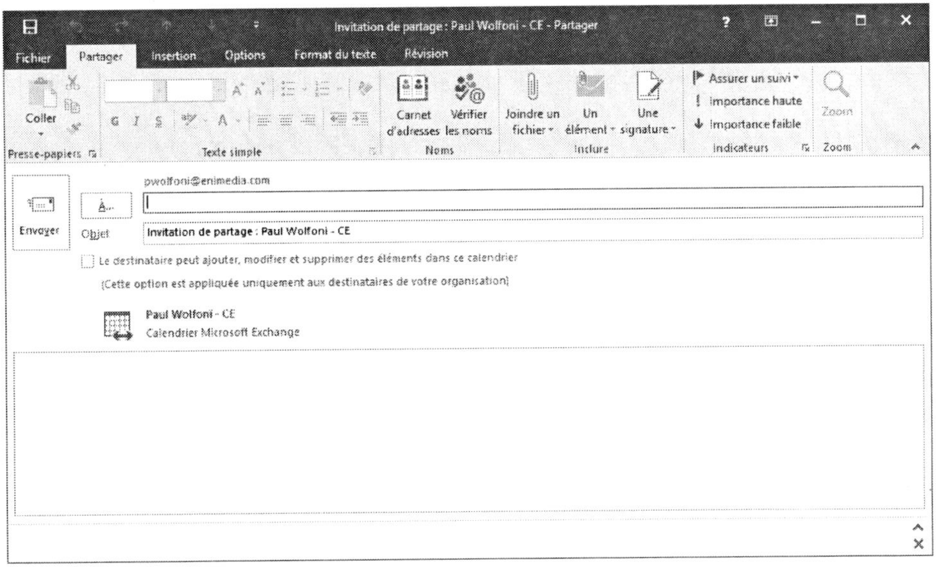

Vous visualisez ci-dessus la fenêtre de message d'une invitation de partage du calendrier personnalisé nommé CE.

- Saisissez, dans la zone **À**, les adresses des personnes avec lesquelles vous souhaitez partager votre calendrier ou cliquez sur le bouton  pour sélectionner leur nom dans un carnet d'adresses.
- Modifiez éventuellement l'objet du message dans la zone de saisie **Objet**.
- Si vous avez choisi de partager votre Calendrier Outlook par défaut, veillez à ce que l'option **Autoriser le destinataire à afficher votre Calendrier** soit cochée. Si, en plus de partager votre Calendrier, vous souhaitez afficher le calendrier du destinataire, cochez l'option **Demander l'autorisation d'afficher le Calendrier du destinataire**.

*Cette fenêtre peut également être utilisée uniquement pour demander à un destinataire de partager son calendrier. Dans ce cas, vous devez décocher l'option **Autoriser le destinataire à afficher votre Calendrier** puis cochez l'option **Demander l'autorisation d'afficher le Calendrier du destinataire**. Au moins une de ces deux options doit être cochée.*

Ouvrez la liste **Détails** puis sélectionnez l'option correspondant à la quantité d'informations que le destinataire du message doit visualiser : **Disponibilité uniquement, Détails limités** ou **Tous les détails.**

Le texte explicatif de chaque option s'affiche sous l'option une fois celle-ci sélectionnée.

- Si vous avez choisi de partager un calendrier personnalisé, autorisez les destinataires à ajouter, modifier ou supprimer des éléments de celui-ci en cochant l'option **Le destinataire peut ajouter, modifier et supprimer des éléments dans ce calendrier.** À l'inverse, laissez cette option décochée si vous souhaitez que les destinataires puissent uniquement consulter les éléments du calendrier partagé.
- Saisissez éventuellement un texte d'information dans la grande zone de saisie.
- Cliquez sur le bouton **Envoyer.**
- Confirmez le partage du calendrier en cliquant sur le bouton **Oui** du message qui s'affiche.
- Cliquez sur le bouton **Ok** du message vous informant que votre calendrier a été partagé.

*Chaque destinataire invité à partager le calendrier reçoit un message dans sa **Boîte de réception.***

Vous pouvez, de la même manière, partager les dossiers Contacts, Tâches, Notes et Journal (cf. Dossiers - Partager un dossier).

Une autre méthode permettant le partage d'un calendrier, ou de tout autre dossier, est développée dans le titre Partager un dossier du chapitre Dossiers.
Vous pouvez modifier ou supprimer les droits d'accès à un calendrier : faites un clic droit sur le calendrier concerné visible dans le volet des dossiers du **Calendrier**, pointez l'option **Partager** puis cliquez sur l'option **Autorisations du calendrier**. Pour plus d'informations concernant les options de l'onglet **Autorisations d'accès**, reportez-vous au titre Partager un dossier (deuxième méthode) du chapitre Dossiers.

Ouvrir un calendrier partagé

Cette fonctionnalité n'est disponible que si vous utilisez un compte de messagerie Microsoft Exchange Server.

- Cliquez sur l'icône **Courrier** dans la barre de navigation puis sélectionnez le dossier **Boîte de réception** dans le volet des dossiers.
- Ouvrez le message contenant l'invitation du calendrier à partager par un double clic dessus.

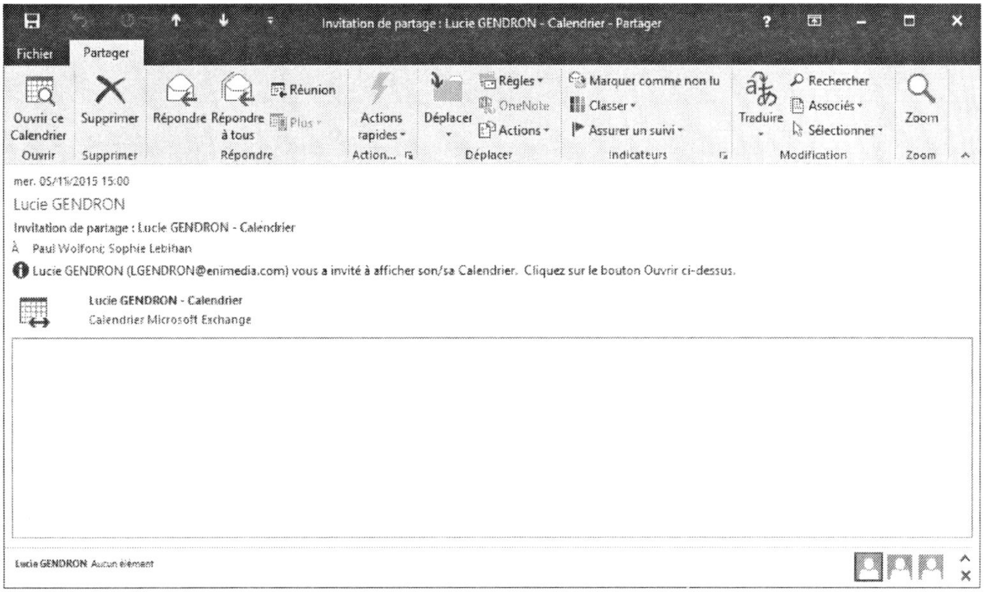

- Cliquez sur le bouton **Ouvrir ce Calendrier** visible dans le groupe **Ouvrir**.

*Le calendrier s'affiche dans le dossier **Calendrier** à côté du **Calendrier** Outlook. Dans le volet des dossiers, le calendrier partagé est ajouté au groupe de calendriers **Calendriers partagés**.*

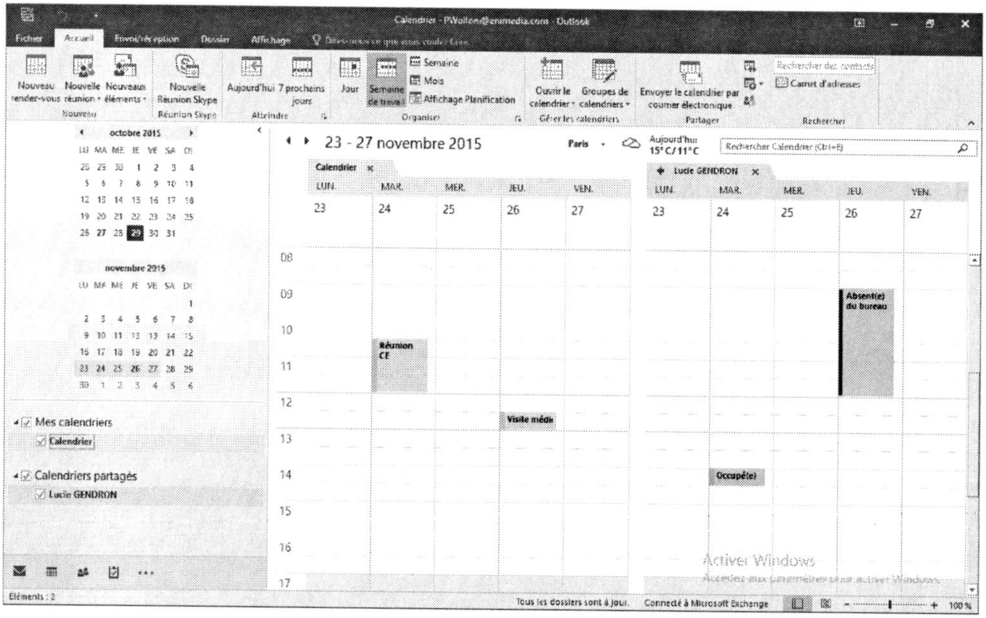

Dans le cas d'un calendrier personnalisé, son nom apparaît précédé du nom de la personne qui le partage : exemple, ***Lucie Gendron - CE****.*

- Consultez le calendrier en procédant comme pour n'importe quel calendrier puis, lorsque vous avez terminé, décochez la case située en regard de son nom pour le masquer ; pour l'afficher de nouveau, il suffit de cocher sa case.

- Fermez la fenêtre du message de partage du calendrier en cliquant sur l'outil [X] de sa fenêtre.

Une autre méthode peut être utilisée pour ouvrir un calendrier partagé, s'il s'agit du Calendrier Outlook par défaut : dans l'onglet **Accueil** ou **Dossier**, cliquez sur le bouton **Ouvrir le calendrier** du groupe **Gérer les calendriers** puis, selon le calendrier à ouvrir, cliquez sur l'option **À partir du carnet d'adresses** ou **Depuis la liste des salles.** Faites un double clic sur le nom de la personne ou de la salle puis cliquez sur le bouton **OK**. Cette méthode ne peut pas être utilisée pour ouvrir un calendrier partagé personnalisé.

Si la personne vous ayant envoyé une invitation à partager son Calendrier Outlook par défaut a aussi demandé l'autorisation d'afficher votre Calendrier (cf. titre Partager un Calendrier), dans ce cas, vous visualisez les boutons **Autoriser** et **Refuser** dans le groupe **Répondre** du message contenant l'invitation de partage du Calendrier : si vous acceptez de partager votre calendrier, cliquez sur le bouton **Autoriser** ; à l'inverse, cliquez sur le bouton **Refuser**.

Pour ouvrir un calendrier partagé, vous pouvez également sélectionner le message contenant l'invitation puis cliquer sur le bouton **Ouvrir ce Calendrier** visible en haut du volet de lecture.

Qu'est-ce que la page Outlook Aujourd'hui ?

La page **Outlook Aujourd'hui** permet de découvrir rapidement vos rendez-vous des prochains jours, le nombre de messages reçus ainsi que la liste de vos tâches.

Accéder à la page Outlook Aujourd'hui

- Cliquez sur l'icône **Courrier** dans la barre de navigation.
- Cliquez sur votre adresse de messagerie située au-dessus du dossier **Boîte de réception**.

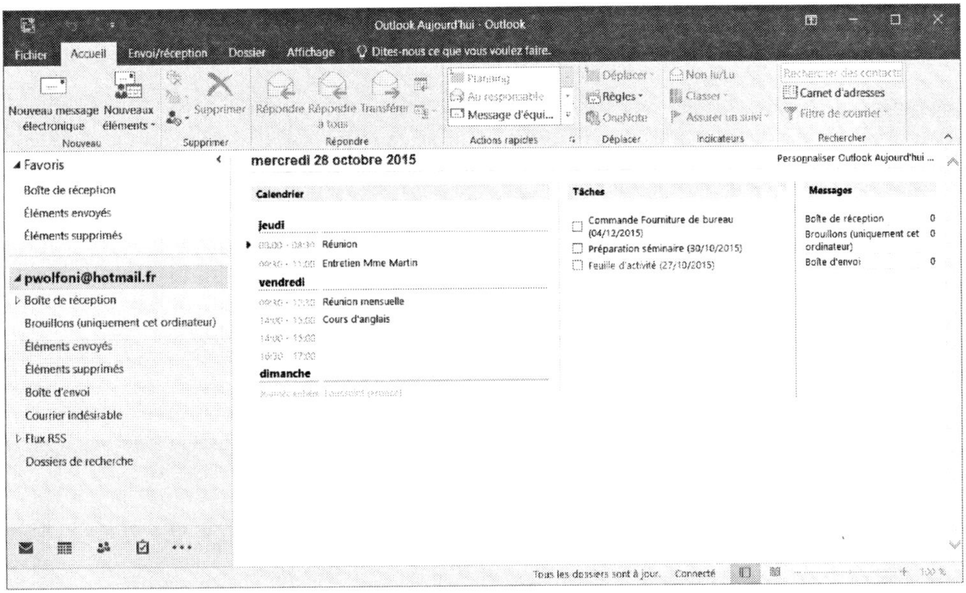

Personnaliser la page Outlook Aujourd'hui

- Dans la page Outlook Aujourd'hui, cliquez sur le lien **Personnaliser Outlook Aujourd'hui** situé en haut à droite de la fenêtre.

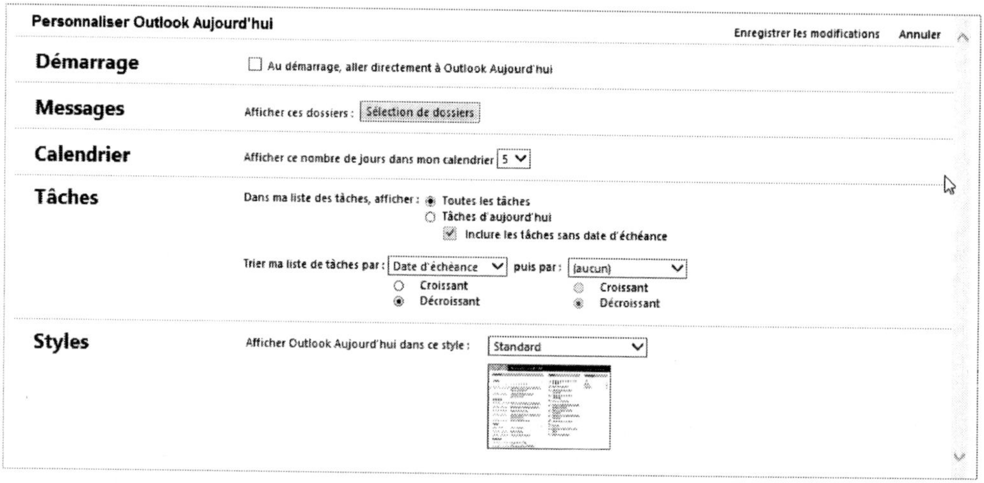

- Pour afficher automatiquement la page Outlook Aujourd'hui au démarrage de l'application, cochez l'option **Au démarrage, aller directement à Outlook Aujourd'hui.**
- Pour préciser les dossiers dont le nombre de messages doit apparaître dans la partie **Messages** de la page Outlook Aujourd'hui, cliquez sur le bouton **Sélection de dossiers**, cochez les dossiers concernés puis cliquez sur le bouton **OK**.
- Dans la liste de la zone **Calendrier**, spécifiez la période, en jours (de 1 à 7), pour laquelle vous souhaitez afficher les rendez-vous et/ou les réunions planifiés : ces éléments apparaîtront dans la partie **Calendrier** de la page Outlook Aujourd'hui.
- Spécifiez si vous souhaitez afficher toutes les tâches ou seulement les tâches du jour en activant l'option **Toutes les tâches** ou **Tâches d'aujourd'hui**.
- Si vous avez activé l'option **Tâches d'aujourd'hui**, choisissez ou non d'afficher les tâches sans date d'échéance en cochant ou non l'option **Inclure les tâches sans date d'échéance**.
- Précisez comment doit être triée la liste des tâches à l'aide des listes **Trier ma liste de tâches par** et **puis par**. Vous pouvez ensuite choisir de trier la liste par ordre croissant ou décroissant en sélectionnant l'option **Croissant** ou **Décroissant** pour chacune des deux listes.

- Dans la liste de la zone **Styles**, sélectionnez l'option correspondant à l'apparence que vous souhaitez donner à la page Outlook Aujourd'hui.
- Cliquez sur le bouton **Enregistrer les modifications** ; le bouton **Annuler** permet de revenir à la page Outlook aujourd'hui sans prendre en compte les nouvelles options spécifiées dans la page **Personnaliser Outlook Aujourd'hui**.

  *La page **Outlook Aujourd'hui** prend en compte les nouvelles options de personnalisation que vous avez définies.*

Qu'est-ce que le dossier Contacts ?

Le dossier **Contacts** permet de stocker tout type d'informations concernant vos correspondants (nom, adresse, numéros de téléphone...).

Accéder au dossier Contacts

- Cliquez sur l'icône **Contacts** visible dans la barre de navigation ou utilisez le raccourci-clavier Ctrl **3** (clavier alphanumérique).

Par défaut, les contacts sont présentés en affichage ***Contacts****. Le volet central affiche la liste des contacts tandis que le volet de droite (volet de lecture) affiche les informations sur le contact sélectionné.*

- Pour accéder aux différents contacts, dans le volet central, utilisez la barre de défilement vertical et/ou cliquez sur un des onglets de lettre situés à gauche des contacts afin d'accéder au premier contact commençant par la lettre sélectionnée.
- Pour modifier le mode d'affichage des contacts, cliquez sur l'onglet **Affichage** puis sur le bouton **Changer l'affichage** du groupe **Affichage actuel**. Cliquez ensuite sur l'option correspondant à l'affichage à activer : **Contacts, Carte de visite, Carte, Téléphone** ou **Liste**.

*Les affichages sont également disponibles dans le groupe **Affichage actuel** de l'onglet **Accueil**.*

Les affichages du dossier Contacts

*Les affichages permettent de présenter de différentes façons le contenu du dossier **Contacts**.*

- Cliquez sur l'icône **Contacts** dans la barre de navigation.
- Dans l'onglet **Affichage**, cliquez sur le bouton **Changer l'affichage** du groupe **Affichage actuel** puis cliquez sur une des options proposée :

Contacts La liste des contacts s'affiche dans le volet central. Les informations sur le contact sélectionné sont regroupées dans le volet de droite (nom, adresse de messagerie, téléphones, disponibilité...). Il est également possible de planifier une réunion, d'envoyer un message ou de téléphoner à partir de ce volet.

Carte de visite Pour visualiser les contacts sous forme de cartes de visite traditionnelles réparties dans plusieurs colonnes.

Carte Pour visualiser les contacts sous forme de cartes de visite traditionnelles contenant les libellés des informations (Nom complet, Société...) ; les cartes de visite sont réparties dans plusieurs colonnes.

Téléphone Pour visualiser une liste comportant le nom de la société, les numéros de télécopie et de téléphone du bureau ainsi que le numéro de téléphone du domicile, l'adresse de messagerie...

Liste Pour visualiser une liste regroupée par société comportant, entre autres, le nom de la société, le service, les numéros de téléphone, de télécopie et la catégorie.

*Vous retrouvez également la liste des affichages dans le groupe **Affichage actuel** de l'onglet **Accueil**.*

- Si vous avez choisi l'affichage **Téléphone** ou **Liste**, vous pouvez réorganiser les éléments de la liste en cliquant sur l'un des boutons suivants du groupe **Réorganisation** (onglet **Affichage**) :

Catégories Pour visualiser les contacts regroupés par catégorie.

Société	Pour visualiser la liste des contacts triée par société comportant, entre autres, le nom de la société, le service, les numéros de téléphone, de télécopie et la catégorie.
Emplacement	Pour visualiser la liste des contacts triée par pays comportant, entre autres, le nom de la société, le département, le pays, la catégorie, les numéros de téléphone, de télécopie et du mobile...

Si vous avez choisi une réorganisation par **Société** ou **Emplacement**, vous pouvez choisir de regrouper les éléments de la liste par groupe : cliquez sur le bouton du groupe **Réorganisation** puis sur l'option **Afficher dans des groupes** pour l'activer ; de nouveau un clic sur cette option permet de la désactiver et ainsi d'annuler le regroupement des éléments de la liste.

Si vous avez choisi l'affichage **Cartes**, il est possible que vous deviez augmenter la largeur des colonnes pour que toutes les informations des contacts soient visibles. Pour cela, pointez le trait vertical séparant deux colonnes puis, lorsque le pointeur de la souris se transforme en , cliquez puis faites glisser la souris vers la droite jusqu'à ce que le largeur des colonnes vous convienne : la nouvelle largeur est appliquée à toutes les colonnes.

L'option **Appliquer l'affichage actuel aux autres dossiers de contacts** du bouton **Changer l'affichage** (onglet **Affichage**) permet d'appliquer les paramètres d'affichage du dossier actif à un autre dossier de contacts.

Pour rétablir les paramètres d'origine d'un affichage, sélectionnez l'affichage concerné puis, dans l'onglet **Affichage**, cliquez sur le bouton **Réinitialiser l'affichage** du groupe **Affichage actuel**. Cliquez ensuite sur le bouton **Oui** du message de confirmation qui s'affiche. Si le bouton **Réinitialiser l'affichage** est grisé, cela signifie que les paramètres d'origine de l'affichage n'ont pas été modifiés.

L'affichage actif est enregistré à la fermeture d'Outlook et c'est celui-ci que vous retrouverez à la prochaine ouverture de l'application.

Créer un contact

Une carte de visite électronique est automatiquement associée à chaque contact créé.

- Cliquez sur l'icône **Contacts** dans la barre de navigation.
- Dans l'onglet **Accueil**, cliquez sur le bouton **Nouveau contact** du groupe **Nouveau** ou utilisez le raccourci-clavier Ctrl **N**.

Le raccourci-clavier Ctrl ⇧ C peut également être utilisé pour créer un contact à partir de n'importe quel dossier.

*La fenêtre de création d'un contact s'affiche à l'écran dans laquelle est affichée la page **Général**.*

Saisissez les coordonnées du contact dans la page **Général** ; si vous ne visualisez pas cette page, dans l'onglet **Contact**, cliquez sur le bouton **Général** du groupe **Afficher** :

- Saisissez son nom dans la zone de saisie **Nom complet** ou cliquez sur le bouton **Nom complet**, spécifiez les différents éléments du nom puis cliquez sur le bouton **OK.**

  *Si vous ne saisissez qu'un seul mot dans la zone **Nom complet**, lorsque vous allez vouloir saisir le champ suivant, Outlook va automatiquement ouvrir la boîte de dialogue **Vérifier le nom complet** vous proposant de compléter les coordonnées du contact.*

- Renseignez le nom de sa société et la fonction du contact dans les zones de saisie **Société** et **Fonction.**
- Sélectionnez le type de classement attendu à l'aide de la zone de liste **Classer sous** ; par défaut, les contacts sont classés par leur nom de famille suivi de leur prénom.
- Spécifiez la ou les adresses de messagerie du contact (trois adresses maximum) : saisissez la première adresse de messagerie dans la zone de saisie visible à droite du bouton **Adresse de messagerie** ou cliquez sur ce bouton pour la sélectionner dans un carnet d'adresses. Pour saisir la seconde ou la troisième adresse de messagerie, cliquez sur le bouton ▾ visible à droite du bouton **Adresse de messagerie** puis sur l'option **Adresse de messagerie 2** ou **Adresse de messagerie 3** selon le cas et, saisissez ensuite l'adresse dans la zone de saisie correspondante.
- Pour chaque adresse de messagerie, modifiez éventuellement à l'aide de la liste **Afficher comme**, la façon dont l'adresse de messagerie va s'afficher dans les zones de destinataires **À**, **Cc** et **Cci** en remplacement de l'adresse électronique effective.
- Saisissez éventuellement une adresse de page Internet (adresse URL) dans la zone de saisie **Page web.** Ensuite, pour afficher la page, cliquez sur le bouton **Autres** du groupe **Communiquer** puis sur l'option **Page web.**
- Saisissez éventuellement une adresse de messagerie instantanée (Microsoft Windows Live Messenger, Microsoft MSN Messenger...) dans la zone de saisie **Adresse de messagerie instantanée.**
- Renseignez les différents numéros de téléphone dans les zones de saisie **Numéros de téléphone.** Pour modifier le libellé d'un numéro de téléphone, cliquez sur le bouton ▾ correspondant puis sélectionnez le libellé souhaité.

- Pour chaque adresse à saisir, cliquez sur le bouton de la zone **Adresses** afin de sélectionner son type (**Bureau, Domicile, Autre**). Saisissez ensuite l'adresse dans la zone de saisie correspondante ou cliquez, selon le cas, sur le bouton **Bureau**, **Domicile** ou **Autre**, spécifiez les différents éléments de l'adresse puis cliquez sur le bouton **OK**. Un clic sur le bouton **Carte** permet de localiser l'adresse à l'aide du site Bing.
- Ajoutez éventuellement une image au contact : cliquez sur le bouton **Image** du groupe **Options** puis cliquez sur l'option **Ajouter une image** ou, cliquez sur l'espace réservé à celle-ci visible à droite des zones **Nom**, **Société**, **Fonction** et **Classer sous**. Sélectionnez ensuite le dossier contenant l'image à insérer, sélectionnez le fichier image puis cliquez sur le bouton **OK** ; l'image sélectionnée apparaîtra sur la carte de visite électronique associée à ce contact.
- Pour modifier ou supprimer l'image, cliquez sur le bouton **Image** du groupe **Options** puis, selon le cas, cliquez sur l'option **Modifier l'image** ou **Supprimer l'image**.
- Saisissez éventuellement un commentaire sur le contact dans la zone de saisie **Notes**.

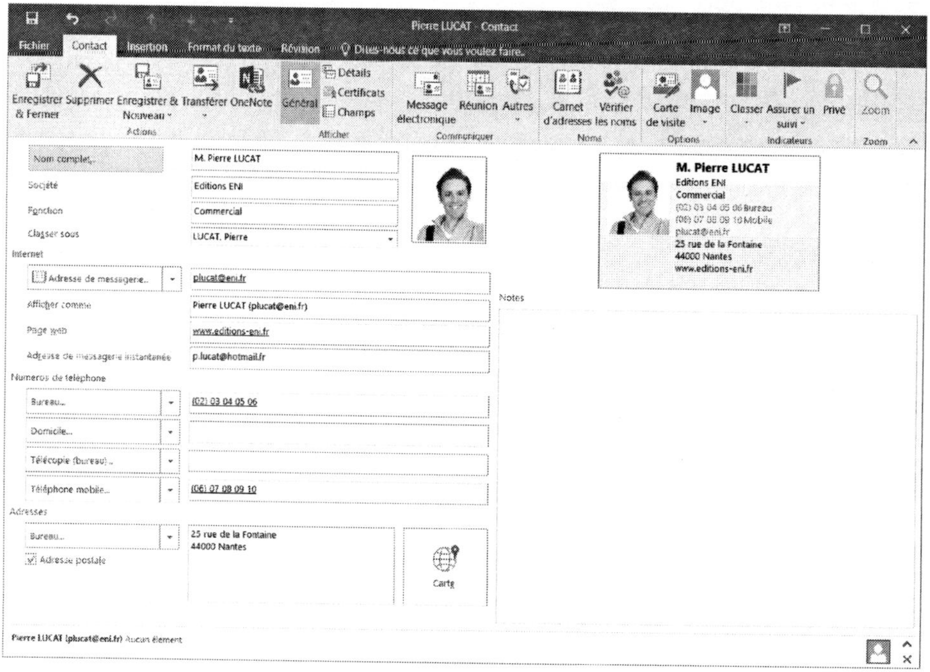

Les informations spécifiées dans le formulaire de contact s'affichent au fur et à mesure dans l'aperçu de la carte de visite électronique visible au-dessus de la zone ***Notes****.*

- Cliquez sur le bouton **Détails** du groupe **Afficher** (onglet **Contact**) pour ajouter des informations secondaires au contact :
  - Détaillez les caractéristiques professionnelles : **Service**, **Bureau**, **Profession**, **Responsable**, **Assistant(e)**.
  - Détaillez les caractéristiques personnelles : **Anniversaire**, **Anniversaire de mariage /fête**, **Surnom**, **Conjoint(e)**...
- Précisez éventuellement la catégorie dans laquelle sera classé le contact à l'aide du bouton **Classer** du groupe **Indicateurs** (onglet **Contact**).
- Activez le bouton **Privé** du groupe **Indicateurs** si vous ne souhaitez pas que les personnes ayant accès à votre dossier **Contacts** visualisent cet élément.
- Validez la création du contact en cliquant sur un des boutons suivants du groupe **Actions** :

Enregistrer & Fermer	Enregistre le contact et ferme la fenêtre du contact.
Enregistrer & Nouveau	Enregistre le contact et permet la création d'un nouveau contact.

Par défaut, les contacts sont classés en fonction du nom de famille puis du prénom.

*Lorsqu'un contact est sélectionné en affichage **Contacts**, la plupart des informations renseignées lors de sa création sont visibles dans le volet de lecture (onglet **Contact** et **Notes**).*

- Pour modifier un contact, sélectionnez son nom dans la liste puis cliquez sur le lien **Outlook (Contacts)** visible sous **Afficher la source** dans le volet de lecture. Réalisez les modifications souhaitées puis cliquez sur le bouton **Enregistrer & Fermer**.

  Si les modifications concernent uniquement les informations visibles dans le volet de lecture, cliquez sur l'option **Modifier** située dans la partie supérieure droite du volet de lecture ou faites un double clic sur le nom du contact, réalisez ensuite les modifications souhaitées puis cliquez sur le bouton **Enregistrer**.
- Pour supprimer un contact, sélectionnez le contact concerné puis appuyez sur la touche Suppr ou cliquez sur le bouton **Supprimer** du groupe **Supprimer** (onglet **Accueil**) : le contact est transféré dans le dossier **Éléments supprimés**.

Vous pouvez ajouter l'expéditeur d'un message à la liste de vos contacts : ouvrez le message reçu provenant de l'expéditeur à ajouter à vos contacts ou sélectionnez-le afin de l'afficher dans le volet de lecture. Faites un clic droit sur le nom de l'expéditeur du message puis cliquez sur l'option **Ajouter aux contacts Outlook**. Complétez éventuellement la fenêtre de création du nouveau contact qui s'affiche puis cliquez sur le bouton **Enregistrer**.

Vous pouvez également créer un contact à partir d'une carte de visite électronique ajoutée à un message reçu : ouvrez le message contenant la carte de visite électronique, faites un clic droit, dans le corps du message, sur la carte à partir de laquelle vous souhaitez créer un nouveau contact puis cliquez sur l'option **Ajouter aux contacts Outlook**. Complétez éventuellement la fenêtre de création du nouveau contact puis cliquez sur le bouton **Enregistrer & Fermer** du groupe **Actions** (onglet **Contact**).

Si lors de l'enregistrement d'un contact, Outlook détecte que l'adresse de messagerie ou le nom spécifié existe déjà dans votre dossier **Contacts**, il affiche une boîte de dialogue vous proposant d'ajouter le contact ou de mettre à jour le contact existant en tenant compte des données du nouveau contact.

Pour créer un contact dans une société déjà répertoriée, dans le dossier **Contacts**, sélectionnez un contact de la même société, cliquez sur le bouton **Nouveaux éléments** du groupe **Nouveau** (onglet **Accueil**) puis cliquez sur l'option **Contact dans la même société** : toutes les caractéristiques de la société (nom, adresse, téléphone...) sont automatiquement reprises.

Modifier la carte de visite électronique associée à un contact

À chaque contact créé est associée une carte de visite électronique dont vous allez pouvoir modifier les options.

- En affichage **Contacts** (affichage par défaut), sélectionnez le contact pour lequel vous souhaitez modifier la carte de visite électronique associée puis cliquez sur le lien **Outlook (Contacts)** visible dans le volet de lecture.

  Dans les autres affichages, faites un double clic sur le contact concerné.

  *Un aperçu de la carte de visite électronique est visible au-dessus de la zone **Notes** dans le formulaire de contact.*

- Dans l'onglet **Contact**, cliquez sur le bouton **Carte de visite** du groupe **Options**.

  Vous pouvez également faire un double clic sur l'aperçu de la carte de visite.

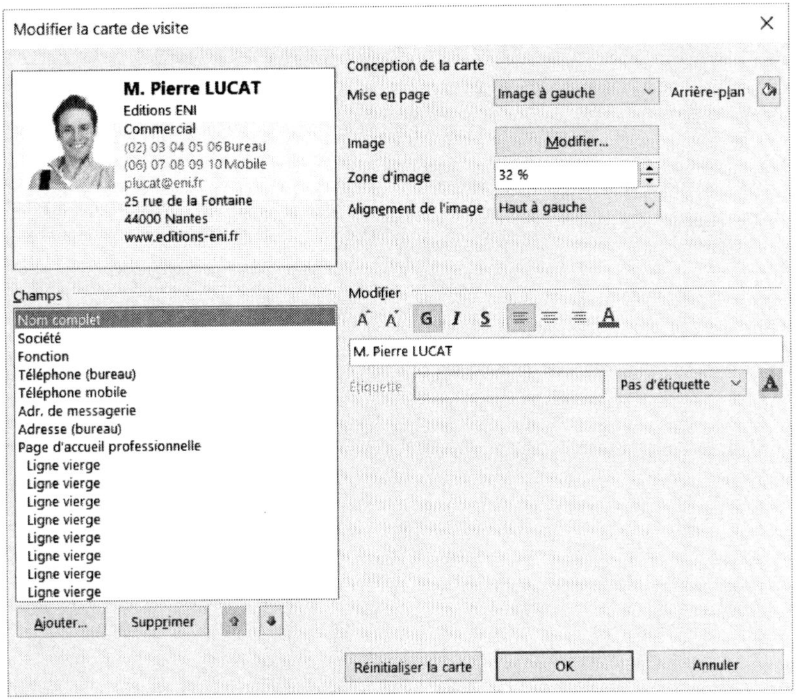

- Dans la liste **Mise en page**, sélectionnez l'option correspondant à la position souhaitée pour l'image (**Image à gauche**, **Image à droite**...) ou sélectionnez l'option **Texte uniquement** si vous ne souhaitez pas visualiser d'image sur la carte.

- Pour appliquer une couleur de fond à la carte, cliquez sur l'outil  associé à l'option **Arrière-plan.** Sélectionnez une des couleurs proposées dans la zone **Couleurs de base** ou cliquez sur le bouton **Définir les couleurs personnalisées** pour sélectionner une autre couleur. Cliquez sur le bouton **OK.**

- Modifiez éventuellement l'image de la carte de visite électronique à l'aide du bouton **Modifier** associé à l'option **Image.**

  L'image de la carte de visite est différente de celle ajoutée à votre contact.

- Spécifiez la taille de la zone réservée à l'image en sélectionnant le pourcentage de cette zone par rapport à la taille totale de la carte dans la zone **Zone d'image** ; la taille de l'image change en fonction de la taille de la zone réservée à l'image.

- Dans la liste **Alignement de l'image**, choisissez l'option correspondant à la position de l'image dans la zone réservée à celle-ci.
- Pour ajouter un champ, dans la liste **Champs**, sélectionnez le champ en dessous duquel le nouveau doit s'insérer puis cliquez sur le bouton **Ajouter**.

  Pointez la catégorie contenant le champ à ajouter puis cliquez sur le champ que vous souhaitez ajouter à la carte ; l'option **Ligne vierge** permet d'ajouter un ligne vide.

  *La catégorie **Personnalisé** contient quatre **Champ Utilisateur** vous permettant de créer vos propres champs.*
- Pour déplacer un champ, sélectionnez son nom dans la liste **Champs** puis utilisez le bouton  pour le déplacer vers le haut ou le bouton  pour le déplacer vers le bas.
- Pour supprimer un champ, sélectionnez-le dans la liste **Champs** puis cliquez sur le bouton **Supprimer**.
- Pour chaque champ dont vous souhaitez modifier la présentation du texte, sélectionnez son nom dans la liste **Champs** puis réalisez les modifications à l'aide des outils de mise en forme visibles dans la zone **Modifier**.
- Pour chaque champ dont vous souhaitez modifier le texte, sélectionnez-le dans la liste **Champs** puis modifiez le texte dans la zone de saisie de la zone **Modifier** ; les modifications de texte réalisées dans la carte de visite électronique se répercutent automatiquement dans le formulaire de contact.
- Pour ajouter une étiquette de texte à un champ, sélectionnez-le dans la liste **Champs**, ouvrez la liste associée à l'option **Étiquette** (à gauche de l'outil ) puis sélectionnez l'option **Gauche** ou **Droite** selon la position souhaitée pour l'étiquette par rapport au texte du champ.

  *L'option **Pas d'étiquette** permet de supprimer l'étiquette associée à un champ.*

  Saisissez ensuite le texte de l'étiquette dans la zone de saisie située à droite de l'option **Étiquette**.
- Modifiez éventuellement la couleur du texte de l'étiquette à l'aide de l'outil .

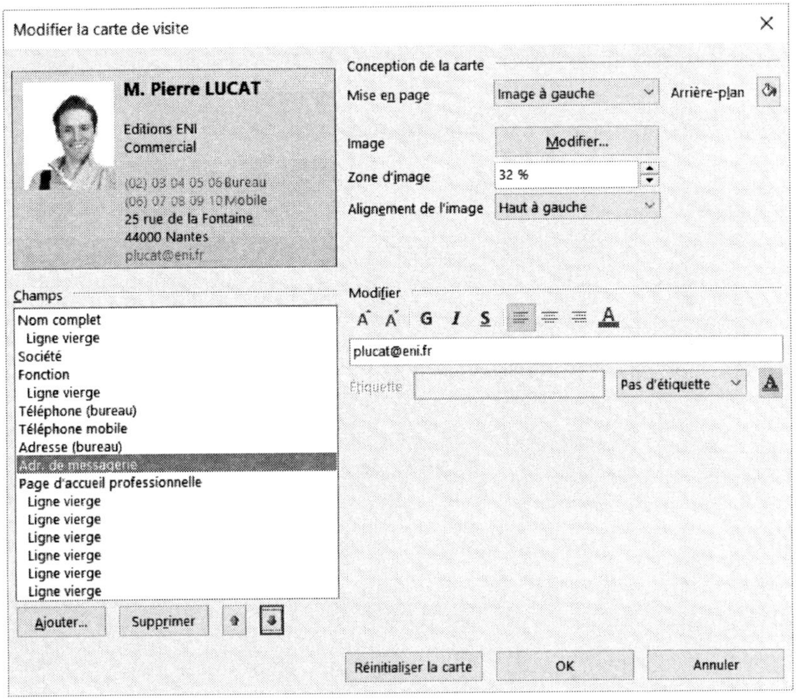

*Le bouton **Réinitialiser la carte** permet de retrouver les informations de la carte par défaut et ainsi d'annuler toutes les modifications que vous avez réalisées.*

- Cliquez sur le bouton **OK.**

Les modifications que vous avez effectuées sont désormais visibles dans l'aperçu de la carte de visite électronique du formulaire de contact.

- Cliquez sur le bouton **Enregistrer & Fermer** du groupe **Actions** (onglet **Contact**).

Ajouter des contacts aux Favoris

*Une fois vos contacts ajoutés aux Favoris, vous pourrez facilement y accéder en pointant l'icône **Contacts** dans la barre de navigation.*

Pour chaque contact à ajouter aux Favoris, procédez en utilisant une des deux méthodes suivantes :

- Dans le dossier **Contacts** en affichage **Contacts**, faites un clic droit sur le contact concerné puis cliquez sur l'option **Ajouter aux Favoris** ; vous pouvez aussi sélectionner le contact, cliquez sur le symbole situé à droite de l'option **Modifier** dans le volet de lecture puis cliquez sur **Ajouter aux favoris**.
- Dans la **Boîte de réception**, sélectionnez un message provenant de l'expéditeur que vous souhaitez ajouter aux contacts Favoris, faites un clic droit sur son nom dans le volet de lecture puis cliquez sur l'option **Ajouter aux Favoris**.

Vous pouvez ajouter un expéditeur même si celui-ci n'a pas été ajouté au préalable au dossier Contacts.

*L'option **Ajouter aux Favoris** n'est pas visible pour les contacts ou les expéditeurs déjà ajoutés aux Favoris.*

Pour afficher les contacts Favoris, à partir de n'importe quel dossier, pointez l'icône **Contacts** dans la barre de navigation.

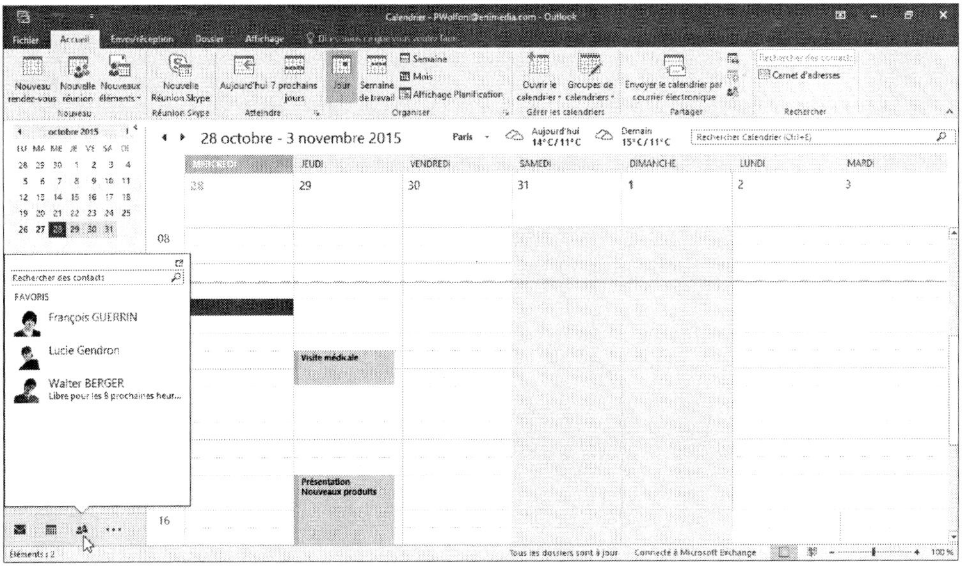

☐ Pour afficher la carte d'un contact, affichez les contacts Favoris puis pointez le nom du contact concerné.

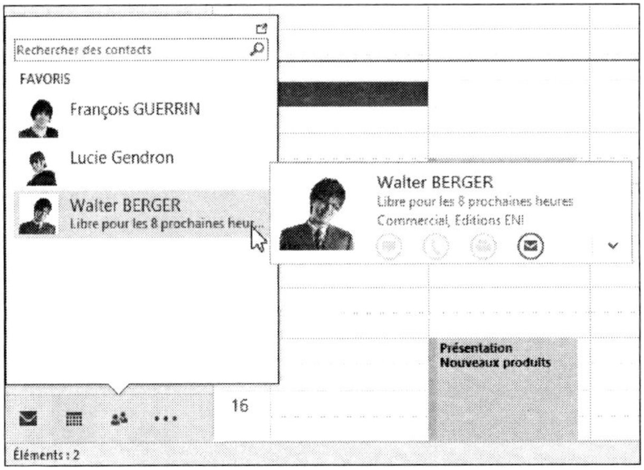

Dans un premier temps, selon les informations disponibles sur le contact, vous visualisez le nom du contact, sa disponibilité actuelle, sa fonction et/ou sa société dans une petite fenêtre.

Cliquez sur le symbole pour afficher la carte du contact.

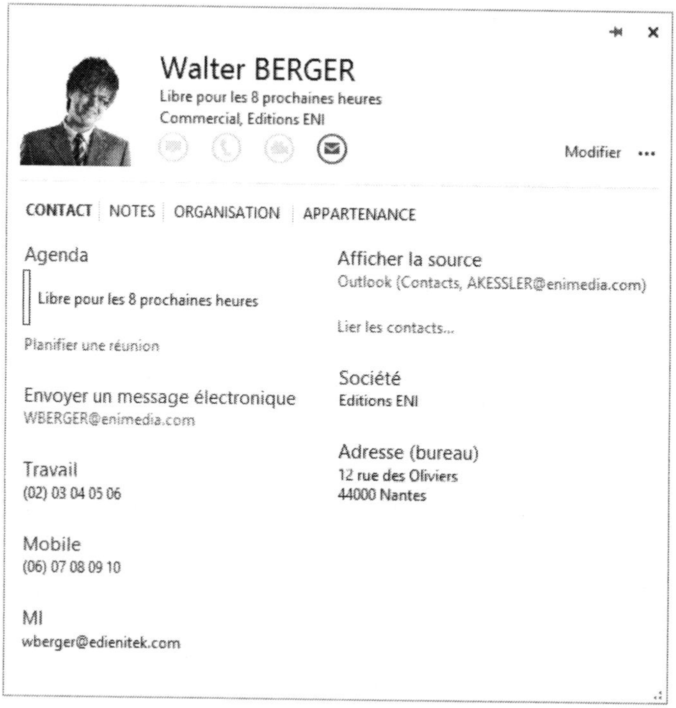

Les informations sur le contact s'affichent dans une carte. À partir de cette carte, vous pourrez consulter les informations disponibles sur ce contact mais aussi planifier une réunion avec lui ou encore lui envoyer un message.

- Pour modifier les informations sur le contact, cliquez sur l'option **Modifier**, réalisez les modifications souhaitées puis cliquez sur le bouton **Enregistrer**.

  *Vous visualisez cette option seulement si le contact est ajouté au dossier Contacts (contacts Outlook) ; à l'inverse, vous visualisez l'option **Ajouter** vous permettant d'ajouter le contact au dossier **Contacts**.*

- Pour déplacer la carte du contact, pointez un espace vide de la carte, cliquez puis réalisez un cliqué-glissé vers le nouvel emplacement.

- Pour garder la carte ouverte et ainsi la rendre disponible rapidement, cliquez sur le symbole .

Lorsque vous cliquez en dehors de la carte, elle disparaît de l'écran mais ne se ferme pas : le bouton correspondant à la carte est désormais visible dans la barre des tâches.

Pour afficher la carte du contact, cliquez sur le bouton correspondant dans la barre des tâches.

Si vous ne souhaitez plus que la carte reste ouverte, affichez-la si besoin puis cliquez sur le symbole .

- Pour fermer la carte du contact, cliquez sur l'outil **Fermer** .

Si la carte du contact n'est pas ouverte (cf. paragraphe précédent), vous pouvez également cliquer en dehors de celle-ci pour la fermer.

Pour afficher la liste des Favoris dans la barre des tâches, activez le dossier pour lequel vous souhaitez afficher les contacts Favoris, pointez l'icône **Contacts** dans la barre de navigation puis cliquez sur le symbole situé en haut à droite (pour plus de détails concernant la barre des tâches, reportez-vous au titre La barre des tâches du chapitre Environnement).

Rechercher rapidement un contact

- Quel que soit le dossier actif, cliquez dans la zone **Rechercher des contacts** Rechercher des contacts visible dans le groupe **Rechercher** de l'onglet **Accueil**.
- Saisissez le nom complet du contact, son prénom ou une partie de son nom ou encore son adresse de messagerie.

Au fur et à mesure de la saisie, Outlook affiche automatiquement une liste contenant les contacts correspondant à la saisie.

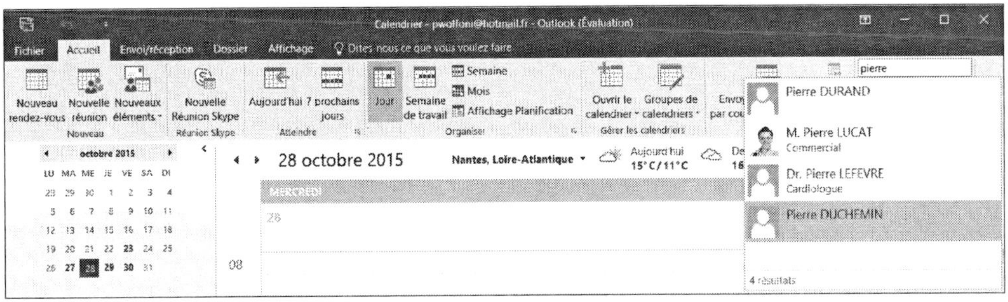

Sélectionnez le contact à ouvrir.

La carte du contact choisi s'affiche à l'écran.

Vous pouvez également rechercher rapidement un contact à l'aide de la zone Rechercher des contacts de la liste des contacts Favoris qui s'affiche lorsque vous pointez l'icône **Contacts** sur la barre de navigation.

Lier des contacts

Vous pouvez lier des contacts entres eux afin que chacun des contacts liés visualise les informations des autres contacts sur sa carte en affichage Contacts.

Cliquez sur l'icône **Contacts** dans la barre de navigation puis veillez à ce que l'affichage **Contacts** soit actif (onglet **Accueil** - groupe **Affichage actuel**).

Sélectionnez un des contacts à lier puis cliquez sur le lien **Lier les contacts** visible dans la carte du contact (volet de lecture à droite).

*La fenêtre **Contacts liés** s'affiche à l'écran.*

Saisissez le nom du contact à lier dans la zone **Chercher un contact à lier.**

*Les contacts trouvés s'affichent au fur et à mesure du texte saisi dans la zone **Chercher un contact à lier**.*

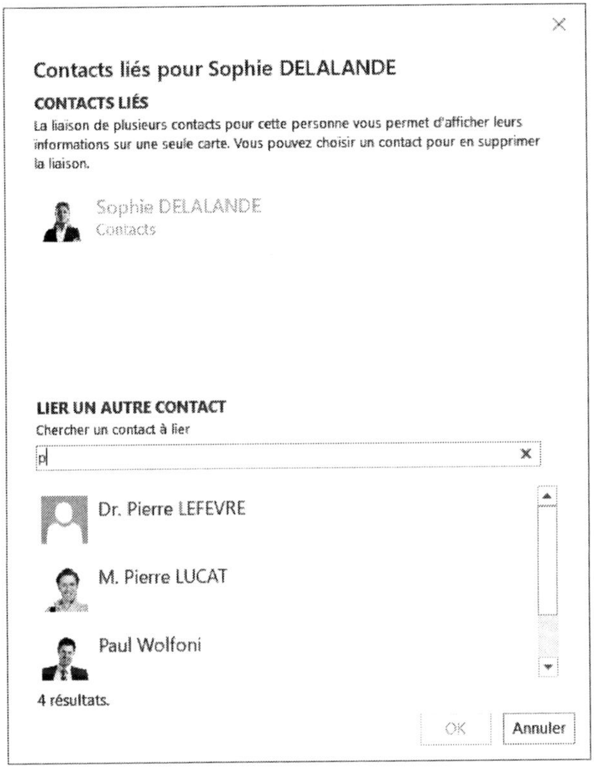

- Parmi les contacts trouvés, cliquez sur celui que vous souhaitez lier.
- Procédez ainsi pour chacun des contacts à lier entre eux.

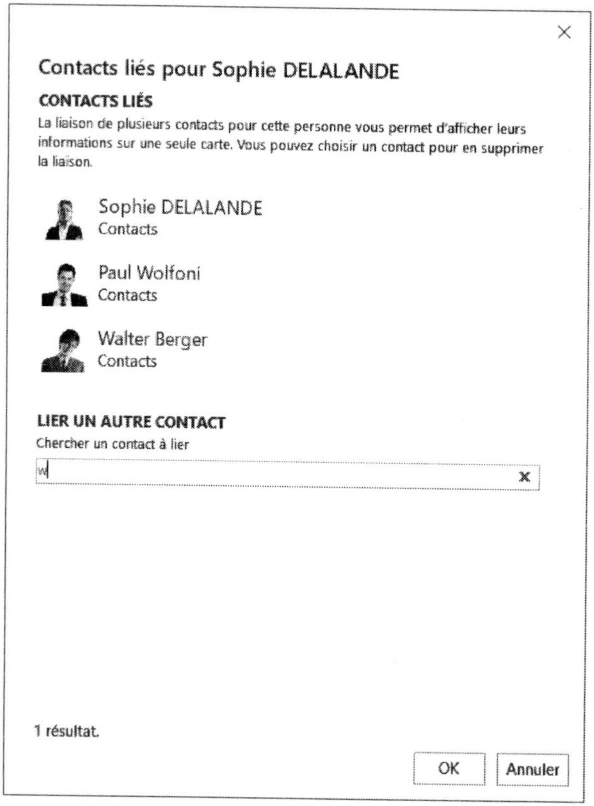

*Sur l'exemple présenté ci-dessus, les contacts **Sophie DELALANDE**, **Paul Wolfoni** et **Walter Berger** sont liés entre eux.*

⇥ Cliquez sur le bouton **OK**.

Sur l'exemple présenté ci-dessus, les informations des contacts Paul Wolfoni et Walter Berger sont désormais visibles sur la carte du contact Sophie DELALANDE (contact sélectionné). De même, Paul Wolfoni visualise les informations des contacts Walter Berger et Sophie DELALANDE. Walter Berger visualise également les informations des contacts Paul Wolfoni et Sophie DELALANDE.

- Pour supprimer un ou plusieurs contacts liés, sélectionnez un des contacts liés puis cliquez sur le lien **Lier les contacts** situé dans la carte du contact (volet de lecture).

  Pour chaque contact lié à supprimer, cliquez sur son nom dans la zone **CONTACTS LIÉS**.

  Cliquez sur le bouton **OK**.

Imprimer les contacts

- Dans le dossier **Contacts**, si besoin, sélectionnez les contacts à imprimer ; utilisez la touche ⇧ pour une sélection continue et/ou la touche Ctrl pour une sélection discontinue.
- Dans l'onglet **Fichier**, cliquez sur l'option **Imprimer** ou utilisez le raccourci-clavier Ctrl **P**.

- Dans la zone **Paramètres**, sélectionnez l'option correspondant au style d'impression souhaité pour vos contacts :

Grand porte-cartes	Les cartes sont imprimées les unes après les autres de haut en bas sur une page, sur deux colonnes, avec deux cartes vierges imprimées à la fin. Les onglets et les en-têtes des lettres sont également imprimés.
Petit porte-cartes	Les cartes sont imprimées sur les deux faces d'une feuille de papier qui compte huit pages, en orientation paysage. Vous pouvez les découper et les agrafer pour en faire un livret. Cette option nécessite une imprimante faisant du recto verso.
Porte-cartes	Les cartes sont imprimées sur les deux faces d'une feuille de papier qui compte quatre pages, en orientation portrait. Vous pouvez les découper et les agrafer pour en faire un livret. Cette option nécessite une imprimante faisant du recto verso.
Mémo	Seuls les éléments sélectionnés sont imprimés l'un après l'autre sous la forme d'un message électronique. Pour visualiser l'aperçu des éléments, cliquez sur le bouton **Aperçu**.
Annuaire téléphonique	Les noms et numéros de téléphone des contacts sont imprimés de haut en bas sur la page. Les onglets et les en-têtes des lettres sont également imprimés.
Tableau	Ce style permet d'imprimer la liste des contacts sous forme de tableau.

Tous les styles d'impression énumérés ci-dessus ne sont pas disponibles pour tous les affichages du dossier Contacts.

- Pour modifier les paramètres d'impression, cliquez sur le bouton **Options d'impression** de la zone **Imprimante**.

- Choisissez les pages que vous souhaitez imprimer dans l'encadré **Étendue de pages** :

Tout	Pour imprimer toutes les pages.
Pages	Pour imprimer les pages précisées dans la zone de saisie associée ; pour imprimer plusieurs pages qui se suivent, tapez le numéro de la première page, un tiret puis le numéro de la dernière page (ex : pour imprimer de la page 2 à la page 4, tapez : 2-4). Si les pages à imprimer ne se suivent pas, séparez leur numéro par des virgules (ex : pour imprimer les pages 2 et 4, tapez : 2,4).

- Choisissez l'étendue de l'impression en activant l'option **Tous les éléments** ou l'option **Éléments sélectionnés** de l'encadré **Étendue**. Si le style d'impression sélectionné est **Mémo**, seuls les éléments sélectionnés sont imprimés : l'encadré **Étendue** est remplacé par l'encadré **Options d'impression** qui contient une option permettant d'imprimer les fichiers joints.
- Pour imprimer uniquement les pages paires ou impaires, sélectionnez l'option **Pair** ou **Impair** dans la liste **Nombre de pages** de l'encadré **Copies**.
- Saisissez le nombre d'exemplaires à imprimer dans la zone de saisie **Nombre de copies** de l'encadré **Copies**.
- Cochez l'option **Copies assemblées** pour que l'impression se fasse exemplaire par exemplaire et non page par page.
- Cliquez sur le bouton **Imprimer** pour lancer l'impression ou visualisez l'aperçu en cliquant sur le bouton **Aperçu**.

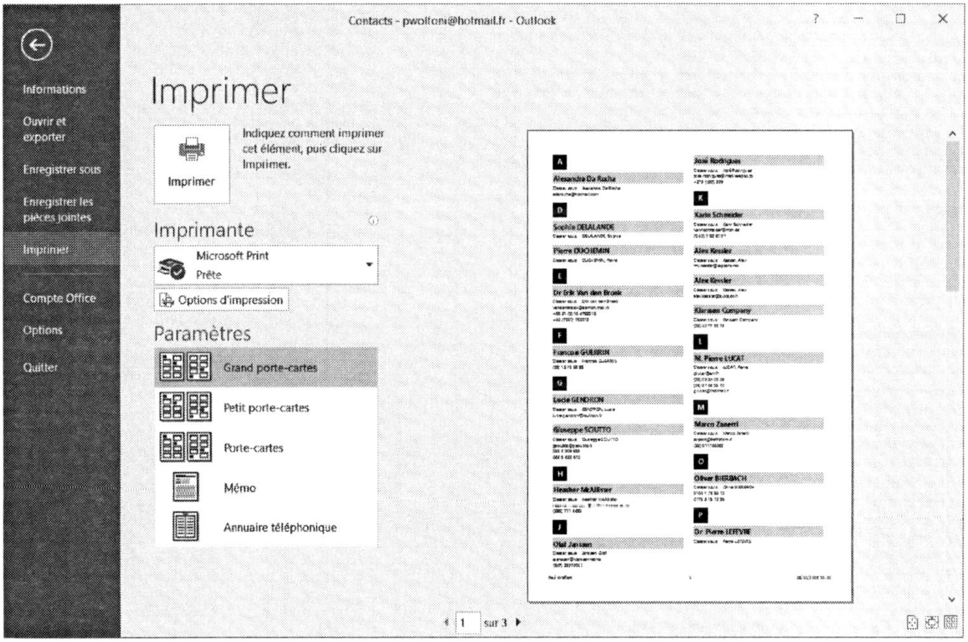

Le bouton **Mise en page** de la boîte de dialogue **Imprimer** permet de définir la mise en page pour le style d'impression sélectionné (format, papier, en-tête et pied de page).

Envoyer les informations d'un contact par messagerie

Il s'agit de transmettre un contact à une ou plusieurs autres personnes par le biais de la messagerie électronique.

- Dans le dossier **Contacts**, sélectionnez le ou les contacts que vous souhaitez transmettre à une ou plusieurs autres personnes ; utilisez la touche ⇧ pour une sélection continue et/ou la touche Ctrl pour une sélection discontinue.
- Dans l'onglet **Accueil**, cliquez sur le bouton **Transférer un contact** du groupe **Partager** puis cliquez, selon votre souhait, sur l'option **Comme carte de visite** ou **Comme contact Outlook.**

Le format Internet (vCard ou carte de visite électronique) pourra être lu dans n'importe quelle application de messagerie à l'inverse du format Outlook qui sera réservé aux destinataires possédant l'application Outlook.

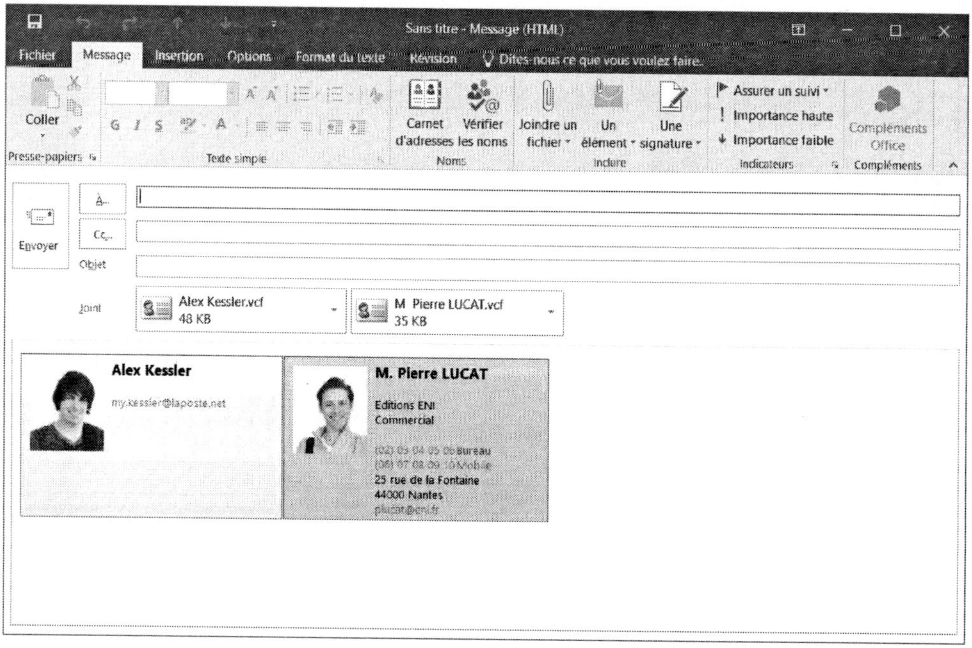

*Selon le format du message, le ou les contacts apparaissent dans la grande zone de saisie du message et/ou dans la zone **Joint**. Ici, deux contacts au format Internet (.vcf) vont être envoyés par le biais de la messagerie.*

- Si besoin, vous pouvez ajouter un ou plusieurs autres contacts au message : cliquez sur le bouton **Un élément** du groupe **Inclure** (onglet **Message**), pointez l'option **Carte de visite** puis cliquez sur un des contacts proposés ou cliquez sur l'option **Autres cartes de visite** pour sélectionner un autre contact.
- Précisez les destinataires, l'objet du message puis si nécessaire, saisissez vos propres commentaires dans la grande zone de texte du message.

  Cliquez sur le bouton **Envoyer**.

Pour visualiser le contenu d'un contact, le destinataire du message devra ouvrir le message puis faire un double clic sur l'icône du contact. Un clic sur l'icône du contact située dans le zone **Message** permet de visualiser le contenu du message directement dans le corps du message ; un clic sur le lien **Revenir au message** visible au-dessus de la liste des icônes des contacts, permet d'afficher de nouveau le contenu du message.

Pour ajouter un contact reçu au dossier **Contacts**, le destinataire devra faire glisser l'icône du contact sur l'icône **Contacts** dans la barre de navigation s'il s'agit d'un contact au format Outlook ; s'il s'agit d'un contact au format Internet, le destinataire devra faire un clic droit sur la carte du contact concerné visible dans le corps du message, cliquer sur l'option **Ajouter aux contacts Outlook** puis sur le bouton **Enregistrer & Fermer** de l'onglet **Contact**.

Créer un groupe de contacts

Un groupe de contacts rassemble plusieurs contacts : lorsque vous envoyez un message à une telle liste, vous l'adressez du même coup à tous les correspondants enregistrés dans ce groupe.

- Cliquez sur l'icône **Contacts** dans la barre de navigation.
- Si vous utilisez plusieurs dossiers **Contacts**, sélectionnez celui auquel vous souhaitez ajouter le groupe de contacts.
- Dans l'onglet **Accueil**, cliquez sur le bouton **Nouveau groupe de contacts** visible dans le groupe **Nouveau** ou utilisez le raccourci-clavier Ctrl ⇧ **L**.

  *Le raccourci-clavier Ctrl ⇧ **L** peut être utilisé quel que soit le dossier actif.*
- Saisissez le nom du groupe dans la zone de saisie **Nom**.
- Dans l'onglet **Groupe de contacts**, cliquez sur le bouton **Ajouter des membres** du groupe **Membres** puis cliquez sur l'option **À partir des contacts Outlook** ou **À partir du carnet d'adresses** en fonction de l'endroit où sont stockés les contacts à ajouter.

*L'option **Nouveau contact de messagerie** permet de créer un contact qui ne fait ni partie de vos contacts Outlook ni de votre carnet d'adresses (cf. titre suivant). Après sa création, celui-ci est ajouté au dossier **Contacts**.*

- Choisissez éventuellement un autre carnet d'adresses à l'aide de la liste **Carnet d'adresses.**
- Pour ajouter un membre, faites un double clic sur son nom visible dans la liste ou sélectionnez-le puis cliquez sur le bouton **Membres.**

  Pour ajouter plusieurs membres, sélectionnez-les puis cliquez sur le bouton **Membres** ; pour une sélection continue, réalisez un cliqué-glissé sur les noms des membres à sélectionner ou utilisez la touche ⇧ ; pour une sélection discontinue, utilisez la touche Ctrl.

  Vous pouvez ajouter des membres provenant de différents carnets d'adresses.
- Cliquez sur le bouton **OK**.

  *Vous retrouvez la fenêtre **Groupe de contacts**. Chaque membre de la liste y apparaît avec son **Adresse de messagerie**.*

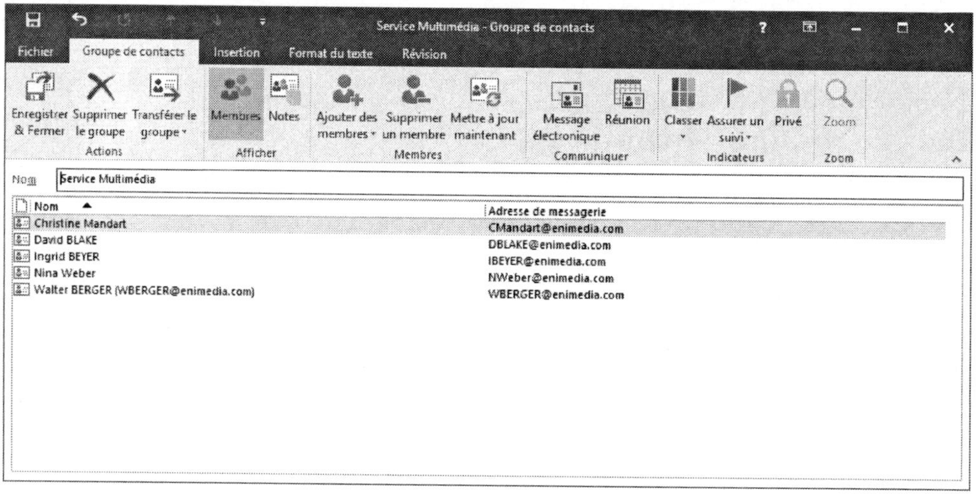

- Si vous souhaitez saisir un commentaire concernant le groupe de contacts, cliquez sur le bouton **Notes** visible dans l'onglet **Groupe de contacts** (groupe **Afficher**). Saisissez le texte souhaité puis cliquez sur le bouton **Membres** (groupe **Afficher**) pour afficher de nouveau la liste des membres.
- Cliquez sur le bouton **Enregistrer & Fermer** de l'onglet **Groupe de contacts.**

Les groupes de contacts sont enregistrés par défaut dans le dossier **Contacts**. En affichage **Contacts**, l'icône 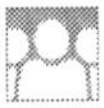 est associée à un groupe de contacts ; en affichage **Carte de visite**, le nom du groupe de contacts est suivi du libellé **Groupe**.

La fenêtre de création d'un groupe de contacts permet de classer celui-ci dans une catégorie ou encore, de la marquer comme **Privé**.

Pour visualiser le contenu d'un groupe de contacts, en affichage **Contacts** du dossier **Contacts**, cliquez sur le nom du groupe de contacts : les membres du groupe s'affichent dans le volet de lecture. À partir de n'importe quel autre affichage du dossier **Contacts**, vous pouvez faire un double clic sur le nom d'un groupe de contacts pour visualiser son contenu dans la fenêtre **Groupe de contacts**.

Modifier un groupe de contacts

- Dans le dossier Contacts, réalisez un double clic sur le nom du groupe de contacts à modifier ; en affichage **Contacts**, vous pouvez sélectionner le groupe de contacts puis cliquer sur l'option **Modifier** visible dans le volet de lecture.
- Pour ajouter à la liste un membre existant dans un carnet d'adresses ou un dossier **Contacts**, cliquez sur le bouton **Ajouter des membres** de l'onglet **Groupe de contacts** (groupe **Membres**) puis, selon le cas, cliquez sur l'option **À partir des contacts Outlook** ou **À partir du carnet d'adresses**. Sélectionnez ensuite le membre comme vous avez pu le faire lors de la création du groupe de contacts puis cliquez sur le bouton **OK**.
- Pour ajouter à la liste un nouveau membre n'existant pas dans un carnet d'adresses ou un dossier **Contacts**, cliquez sur le bouton **Ajouter des membres** de l'onglet **Groupe de contacts** puis cliquez sur l'option **Nouveau contact de messagerie**.

  Spécifiez le nom ainsi que l'adresse de messagerie du nouveau membre dans les zones **Nom complet** et **Adresse de messagerie**.

  Sélectionnez le format d'envoi des messages dans la liste **Format Internet**.

  Si vous souhaitez que ce nouveau membre soit ajouté au dossier **Contacts**, cochez l'option **Ajouter aux contacts**. À l'inverse, le nouveau membre apparaîtra uniquement dans le groupe de contacts.

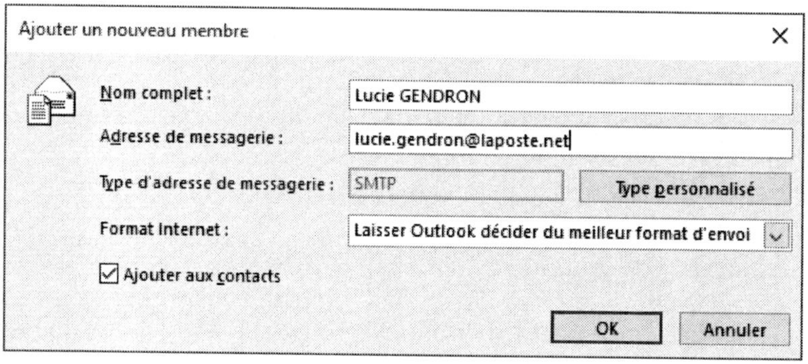

Cliquez sur le bouton **OK**.

- Pour supprimer un membre du groupe de contacts, cliquez sur son nom puis sur le bouton **Supprimer un membre** de l'onglet **Groupe de contacts** (groupe **Membres**).
- Pour afficher les informations sur un membre du groupe de contacts, faites un double clic sur son nom.
- Lorsque vos modifications sont terminées, cliquez sur le bouton **Enregistrer & Fermer** de l'onglet **Groupe de contacts**.

Découvrir les différents carnets d'adresses

- Dans l'onglet **Accueil**, cliquez sur le bouton **Carnet d'adresses** du groupe **Rechercher** ou utilisez le raccourci-clavier Ctrl ⇧ **B**.

  *Le bouton **Carnet d'adresses** est accessible à partir de n'importe quel dossier.*
- Dans la liste **Carnet d'adresses**, sélectionnez le carnet d'adresses qui vous intéresse. Les carnets suivants peuvent vous être proposés :

Liste d'adresses globale	Vous devez utiliser un compte Microsoft Exchange Server pour accéder à la liste d'adresses globale. Créée et gérée par les administrateurs du réseau, cette liste contient toutes les adresses de messagerie des personnes de votre organisation, y compris des groupes de contacts.
Carnet d'adresses Outlook (Contacts)	Automatiquement créé à partir des contacts répertoriés dans le dossier **Contacts** pour lesquels le champ d'adresse de messagerie ou un champ relatif aux numéros de télécopie est renseigné. Vous retrouvez tous vos dossiers Contacts en haut de la liste (**Contacts**, **Contacts suggérés**...).

- Cliquez sur l'outil [X] pour fermer la fenêtre **Carnet d'adresses**.

Ajouter des membres au Carnet d'adresses Outlook

Ajouter des nouveaux membres

Ces nouveaux membres n'existent dans aucun de vos carnets d'adresses et vont être ajoutés sans passer par le dossier ***Contacts****.*

- Dans l'onglet **Accueil**, cliquez sur le bouton **Carnet d'adresses** ou utilisez le raccourci-clavier [Ctrl] [⇧] **B**.

  Le bouton ***Carnet d'adresses*** *est accessible à partir de n'importe quel dossier.*

- **Fichier - Nouvelle entrée**
- Si vous possédez plusieurs dossiers de contacts, ouvrez la liste **Placer cette entrée dans** puis sélectionnez le dossier de contacts dans lequel le nouveau membre doit être ajouté ; le dossier **Contacts** est sélectionné par défaut.

  Nous vous rappelons que les autres carnets d'adresses, notamment la liste d'adresses globale, sont gérés par l'administrateur ; vous ne pouvez donc pas y ajouter de membres.

- Sélectionnez l'option **Nouveau contact** dans la zone **Sélectionnez le type d'entrée** puis cliquez sur le bouton **OK**.
- Saisissez les coordonnées du membre à ajouter au Carnet d'adresses Outlook comme vous avez pu le faire lors de la création d'un contact (cf. Contacts - Créer un contact).

  Attention, vous devez renseigner la zone d'adresse de messagerie ou la zone relative aux numéros de télécopie. Si ce n'est pas le cas, le contact ne sera pas ajouté au Carnet d'adresses Outlook mais seulement au dossier ***Contacts****.*

- Cliquez sur le bouton **Enregistrer & Fermer** de l'onglet **Contact** (groupe **Actions**).
- Fermez la fenêtre **Carnet d'adresses** en cliquant sur l'outil [X].

  Le nouveau contact est ajouté au Carnet d'adresses Outlook mais également au dossier ***Contacts****.*

Ajouter des membres existants

Les membres que vous souhaitez ajouter au Carnet d'adresses Outlook existent déjà dans un autre carnet d'adresses.

- Dans l'onglet **Accueil**, cliquez sur le bouton **Carnet d'adresses** ou utilisez le raccourci-clavier Ctrl ⇧ **B**.

  *Le bouton **Carnet d'adresses** est accessible à partir de n'importe quel dossier.*

- **Outils - Options**
- Activez l'option **Personnalisé** puis cliquez sur le bouton **OK**.
- Dans la liste **Carnet d'adresses**, sélectionnez le carnet d'adresses contenant les membres à ajouter au Carnet d'adresses Outlook.
- Sélectionnez le ou les membres à ajouter ; pour une sélection continue, réalisez un cliqué-glissé sur les noms des membres à sélectionner ou utilisez la touche ⇧ ; pour une sélection discontinue, utilisez la touche Ctrl.

  Des groupes de contacts peuvent également être ajoutés au Carnet d'adresses Outlook.

- **Fichier - Ajouter aux Contacts**

  *Vous pouvez aussi faire un clic droit sur la sélection puis cliquer sur l'option **Ajouter aux Contacts**.*

- Si vous avez ajouté plusieurs membres, ceux-ci sont directement ajoutés au carnet d'adresses Outlook.

  Si vous avez ajouté un seul membre, la fenêtre du **Contact** correspondante s'affiche à l'écran : modifiez éventuellement les informations du contact puis cliquez sur le bouton **Enregistrer & Fermer** de l'onglet **Contact**.

- Fermez la fenêtre **Carnet d'adresses** en cliquant sur l'outil ✕.

  *Les contacts sont ajoutés au Carnet d'adresses Outlook mais également au dossier **Contacts**.*

La liste **Lors de l'ouverture du carnet d'adresses, afficher d'abord cette liste d'adresses** de la boîte de dialogue **Adressage** (bouton **Carnet d'adresses** puis **Outils - Options**) permet de choisir le carnet d'adresses à afficher par défaut dans la liste **Carnet d'adresses** de la boîte de dialogue **Carnet d'adresses**.

Supprimer des membres du Carnet d'adresses Outlook

- Dans l'onglet **Accueil**, cliquez sur le bouton **Carnet d'adresses** ou utilisez le raccourci-clavier Ctrl ⇧ **B**.

  *Le bouton **Carnet d'adresses** est accessible à partir de n'importe quel dossier.*

- Ouvrez la liste **Carnet d'adresses** puis sélectionnez le carnet d'adresses contenant le ou les membres à supprimer.
- Sélectionnez le ou les membres à supprimer ; pour une sélection continue, réalisez un cliqué-glissé sur les noms des membres à sélectionner ou utilisez la touche ⇧ ; pour une sélection discontinue, utilisez la touche Ctrl.

  Des groupes de contacts peuvent également être supprimés du Carnet d'adresses Outlook.

- Appuyez sur la touche Suppr.
- Cliquez sur le bouton **Oui** du message de confirmation qui s'affiche.
- Fermez la fenêtre **Carnet d'adresses** en cliquant sur l'outil ✕.

  *Les membres sont supprimés du Carnet d'adresses Outlook mais existent toujours dans le dossier **Contacts**. Par contre, sachez que si vous supprimez un contact du dossier **Contacts**, celui-ci est également supprimé du Carnet d'adresses Outlook.*

Qu'est-ce qu'une tâche ?

Une **tâche** est une charge ou une obligation professionnelle ou personnelle que vous devez suivre jusqu'à son accomplissement.

Accéder au dossier Tâches

Les tâches étant visibles dans quatre emplacements, utilisez une des méthodes suivantes pour les afficher :

- Cliquez sur l'icône **Tâches** dans la barre de navigation ou utilisez le raccourci-clavier Ctrl **4** (la touche 4 du clavier alphanumérique).

*La liste des tâches s'affiche dans le dossier **Tâches**.*

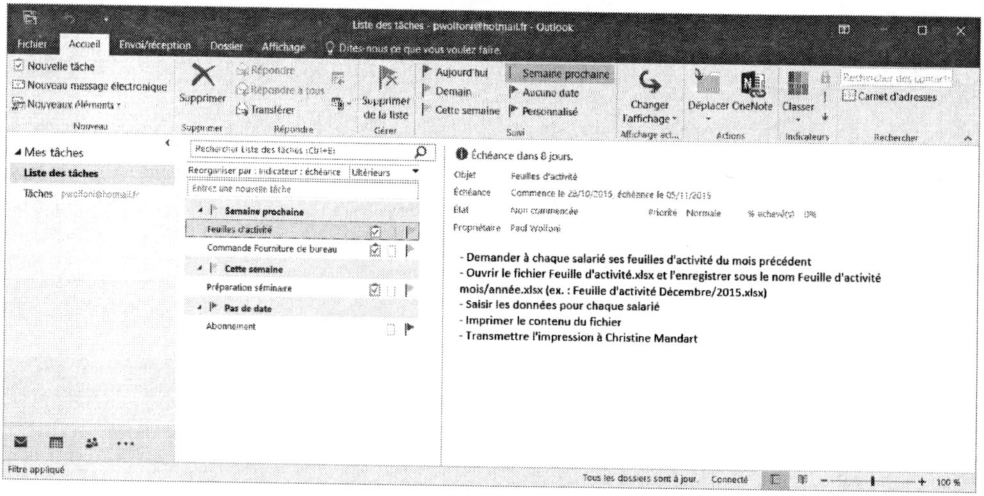

*Par défaut, l'affichage **Liste des tâches** est actif et affiche les tâches non terminées ainsi que celles dont la date d'échéance est passée. Dans ce mode d'affichage, les tâches sont classées par rapport à leurs dates d'échéance.*

- Affichez la **Barre des tâches** à partir de n'importe quel dossier : dans l'onglet **Affichage**, cliquez sur le bouton **Barre des tâches** du groupe **Disposition** puis cliquez sur l'option **Tâches**.

Les tâches non terminées et celles dont la date d'échéance est passée s'affichent dans la ***Barre des tâches*** *et sont classées par rapport à leurs dates d'échéance.*

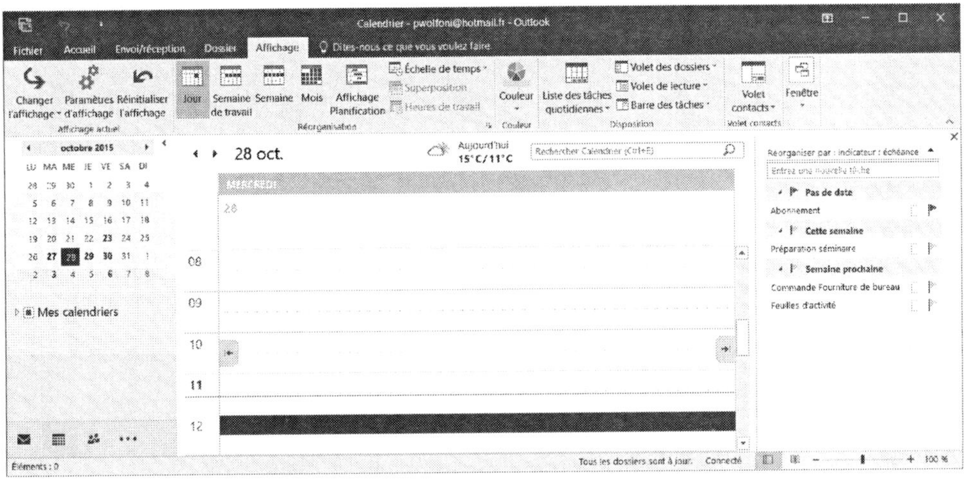

- Dans le dossier **Calendrier**, sélectionnez le jour pour lequel vous souhaitez afficher les tâches. Si le volet de la liste des tâches n'est pas visible dans la partie inférieure de la fenêtre, dans l'onglet **Affichage**, cliquez sur le bouton **Liste des tâches quotidiennes** du groupe **Disposition** puis cliquez sur l'option **Normal** ; si vous visualisez une version réduite de celle-ci, cliquez sur l'outil  pour la développer.

Par défaut, vous visualisez la liste de toutes les tâches dont la date d'échéance correspond à celle du jour sélectionné, y compris celles marquées comme terminées. Si la date sélectionnée est celle du jour, vous visualisez en plus les tâches dont la date d'échéance est passée.

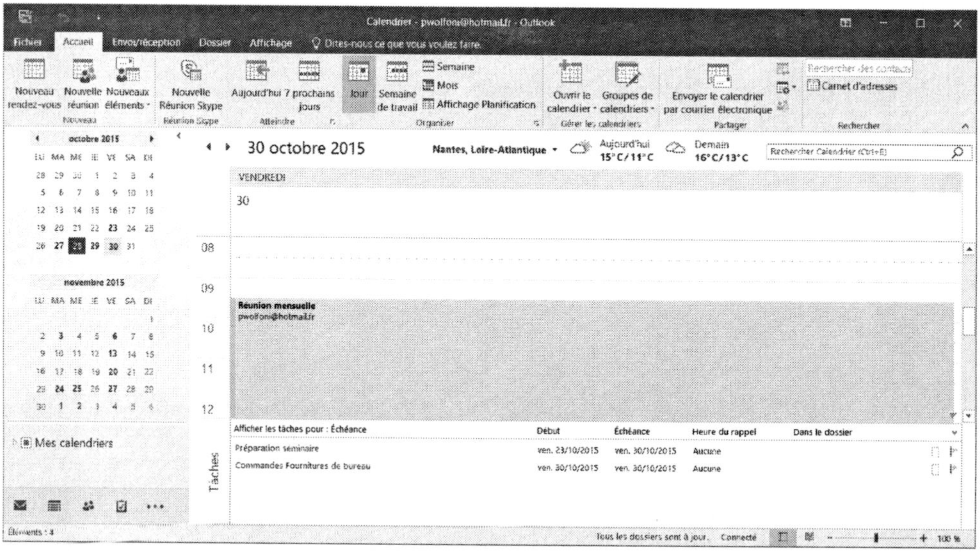

*Seuls les affichages **Jour**, **Semaine** et **Semaine de travail** permettent d'afficher la liste des tâches quotidiennes dans le dossier Calendrier.*

- À partir de n'importe quel dossier, pointez **Tâches** dans le volet de navigation.

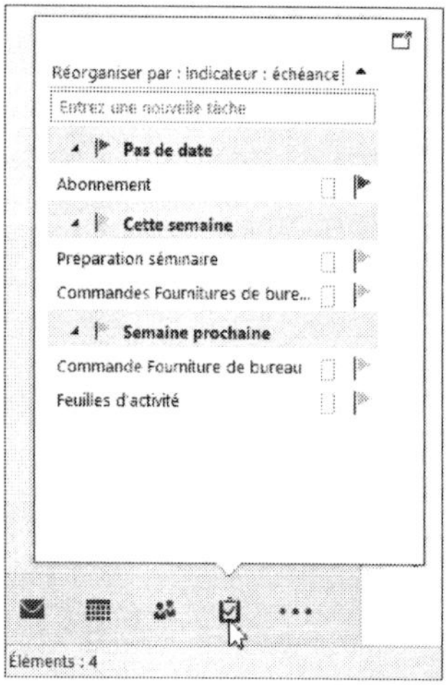

Les tâches non terminées et celles dont la date d'échéance est passée s'affichent dans une fenêtre et sont classées par rapport à leurs dates d'échéance.

Quel que soit l'emplacement dans lequel les tâches sont affichées, les tâches en retard apparaissent en rouge et celles qui sont terminées s'affichent en gris et barrées.

Vous pouvez modifier l'ordre de tri de la liste des tâches quotidiennes du Calendrier : dans l'onglet **Affichage**, cliquez sur le bouton **Liste des tâches quotidiennes**, pointez l'option **Réorganiser par** puis choisissez de trier **Par date de début** ou **Par date d'échéance** (option sélectionnée par défaut). L'option **Afficher les tâches achevées** est cochée par défaut et permet d'inclure les tâches terminées à la liste des tâches quotidiennes.

Vous pouvez définir les couleurs des tâches en retard et des tâches achevées à l'aide des listes **Couleur des tâches arrivées à échéance** et **Couleur des tâches achevées** de la boîte de dialogue **Options Outlook** (onglet **Fichier - Options** - catégorie **Tâches**).

Les affichages du dossier Tâches

*Les affichages permettent de présenter de différentes façons le contenu du dossier **Tâches**.*

- Cliquez sur l'icône **Tâches** dans la barre de navigation.
- Dans l'onglet **Affichage**, cliquez sur le bouton **Changer l'affichage** du groupe **Affichage actuel** puis cliquez sur l'option correspondant à l'affichage à activer :

Détaillées	Pour visualiser une liste qui comporte de nombreux détails sur chacune des tâches.
Liste simple	Pour visualiser une liste comportant le minimum de détails afin de repérer facilement les tâches qui sont achevées.
Liste des tâches	Pour visualiser la liste des tâches non terminées ainsi que celles dont la date d'échéance est passée. Lorsque vous sélectionnez une tâche, vous visualisez un aperçu de celle-ci dans le volet de lecture ; cet affichage est celui actif par défaut.
Prioritaires	Pour visualiser une liste des tâches regroupées par priorité puis par catégorie au sein de chaque priorité.
Actives	Pour visualiser une liste des tâches inachevées y compris celles dont la date d'échéance est achevée.
Terminées	Pour visualiser la liste des tâches maquées comme terminées.

Aujourd'hui	Pour visualiser la liste des tâches dont la date d'échéance correspond à la date du jour, y compris celles marquées comme terminées.
7 prochains jours	Pour visualiser une liste des tâches arrivant à échéance au cours des sept prochains jours.
En retard	Pour visualiser une liste des tâches dont la date d'échéance est achevée.
Assignées	Pour visualiser une liste contenant uniquement les tâches affectées à d'autres utilisateurs ; cette liste est triée selon la date d'échéance des tâches.

Quel que soit l'affichage sélectionné, vous pouvez modifier la réorganisation des tâches en cliquant sur un des boutons suivants du groupe **Réorganisation** :

Catégories	Pour regrouper la liste des tâches par catégorie.
Date de début	Pour regrouper et trier la liste des tâches par date de début.
Échéance	Pour regrouper et trier la liste des tâches par date d'échéance.
Dossier	Pour regrouper et trier les tâches en fonction du dossier dans lequel elles sont stockées.
Type	Pour regrouper les tâches par type (message, demande de réunion, tâche, contact...).
Importance	Pour regrouper les tâches par importance : **Haute**, **Normale** et **Faible**.

L'option **Appliquer l'affichage actuel aux autres dossiers de tâches** du bouton **Changer l'affichage** (onglet **Affichage**) permet d'appliquer les paramètres d'affichage du dossier actif à un autre dossier de tâches.

Pour rétablir les paramètres d'origine d'un affichage, sélectionnez l'affichage concerné puis, dans l'onglet **Affichage**, cliquez sur le bouton **Réinitialiser l'affichage** du groupe **Affichage actuel**. Cliquez ensuite sur le bouton **Oui** du message de confirmation qui s'affiche. Si le bouton **Réinitialiser l'affichage** est grisé, cela signifie que les paramètres d'origine de l'affichage n'ont pas été modifiés.

Créer une tâche

- Cliquez sur l'icône **Tâches** dans la barre de navigation.
- Plusieurs techniques vous permettent de créer une tâche :
  - Dans l'onglet **Accueil**, cliquez sur le bouton **Nouvelle tâche** du groupe **Nouveau**.
  - Utilisez le raccourci-clavier Ctrl ⇧ **K** ou Ctrl **N**.
  - Faites un double clic dans un espace vide de la liste des tâches.

  Le raccourci-clavier Ctrl ⇧ ***K*** *peut être utilisé quel que soit le dossier actif.*
- Cliquez dans la zone de saisie **Objet** puis saisissez une brève description de la tâche.
- Si cette tâche a une échéance, indiquez les dates de début et de fin à l'aide des listes **Date de début** et **Échéance**.
- Définissez le niveau d'importance de la tâche en sélectionnant une des options proposées dans la liste **Priorité** : **Faible**, **Normale** ou **Haute**.
- Si vous souhaitez programmer une alarme pour la tâche en cours, cochez l'option **Rappel** puis sélectionnez à l'aide des deux listes qui suivent, la date puis l'heure à laquelle l'alarme doit se déclencher.

  Si l'heure de rappel proposée par défaut ne vous convient pas, personnalisez-la à l'aide de la liste ***Heure par défaut du rappel*** *de la boîte de dialogue* ***Options Outlook*** *(onglet* ***Fichier - Options*** *- catégorie* ***Tâches****).*
- Pour modifier le son associé à l'alarme, cliquez sur l'outil puis sélectionnez un autre fichier audio à l'aide du bouton **Parcourir**. Si aucun son ne doit être émis à échéance du rappel, décochez l'option **Émettre un signal sonore**.

  Cliquez sur le bouton **OK**.
- Dans la grande zone de saisie, saisissez les informations ou les instructions souhaitées pour l'exécution de la tâche.
- Cliquez éventuellement sur le bouton **Détails** du groupe **Afficher** (onglet **Tâche**) si vous souhaitez ajouter des informations secondaires à la tâche :

Date de fin	Saisissez la date à laquelle la tâche a été achevée.
Travail total	Saisissez la quantité de temps estimée avant l'achèvement de la tâche.
Kilométrage	Saisissez le nombre de kilomètres que vous avez dû parcourir avant d'achever la tâche.

Travail réel	Saisissez la quantité de temps réellement passé jusqu'à présent sur la tâche.
Informations de facturation	Saisissez les facturations comme les frais, les ressources utilisées, les charges diverses...
Société	Saisissez le nom de toutes les sociétés associées au projet.
Mettre à jour la liste	Liste automatiquement les personnes dont la liste des tâches a été mise à jour lorsque vous avez fait des changements dans les tâches.
Créer une copie sans assigner la tâche	Copie la tâche de manière à ce qu'elle puisse être réassignée ; ce bouton est indisponible si la tâche n'a pas été envoyée à un tiers.

- Lorsque vous avez terminé de saisir ces informations, revenez à la page principale en cliquant sur le bouton **Tâche** du groupe **Afficher** (onglet **Tâche**).
- Affectez éventuellement une catégorie à la tâche : dans l'onglet **Tâche**, cliquez sur le bouton **Classer** visible dans le groupe **Indicateurs** puis cliquez sur la catégorie souhaitée ; l'option **Effacer toutes les catégories** permet de supprimer les catégories associées à la tâche.

  Pour plus d'informations concernant les catégories, reportez-vous au chapitre Catégories d'éléments.
- Si vous partagez votre dossier **Tâches** avec d'autres utilisateurs, vous pouvez rendre privée la tâche afin que les autres utilisateurs ne le visualisent pas : dans l'onglet **Tâche**, cliquez sur le bouton **Privé** visible dans le groupe **Indicateurs**.

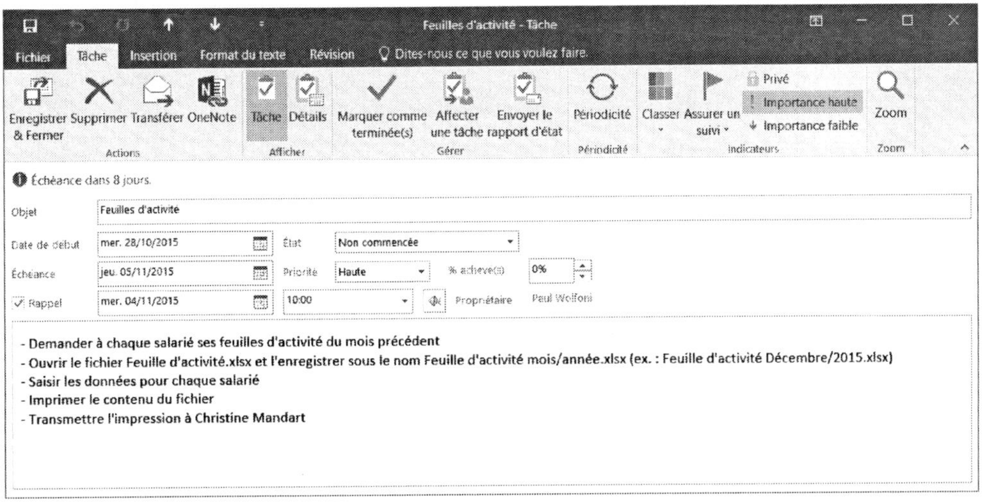

Validez la création de la tâche en cliquant sur le bouton **Enregistrer & Fermer** de l'onglet **Tâche.**

Un indicateur de suivi ( ) est automatiquement associé à la tâche. La couleur rouge plus ou moins foncée de l'indicateur varie en fonction de la date d'échéance de la tâche (aujourd'hui, demain, cette semaine...). Cet indicateur de suivi permet de vous rappeler d'assurer le suivi de la tâche.

Pour modifier une tâche, faites un double clic dessus dans le dossier **Tâches**, dans la **Barre des tâches**, dans la **Liste des tâches quotidiennes** du dossier Calendrier, ou encore dans l'aperçu des tâches (pointez **Tâches** dans la barre de navigation). Réalisez ensuite les modifications souhaitées puis cliquez sur le bouton **Enregistrer & Fermer** de l'onglet **Tâche.**

Vous pouvez également créer une tâche en cliquant dans la zone qui, selon l'affichage, est nommée **Entrez une nouvelle tâche** ou **Cliquez ici pour ajouter un nouvel élément Tâche.** Si vous cliquez une fois, vous créez une tâche qui ne comporte qu'un objet ; si vous faites un double clic, vous retrouvez la fenêtre traditionnelle de création des tâches.

Créer une tâche périodique

Il s'agit de répéter automatiquement une tâche à intervalles réguliers.

- Soyez en création ou en modification de la tâche concernée.
- Dans l'onglet **Tâche**, cliquez sur le bouton **Périodicité** visible dans le groupe **Périodicité**.

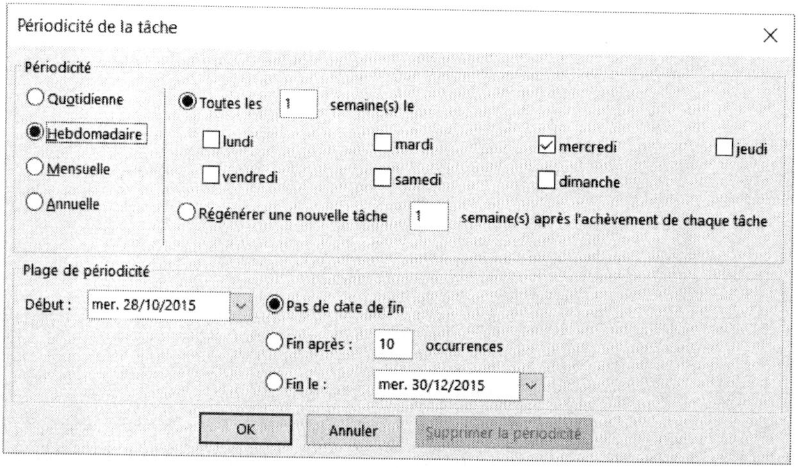

- Par les différentes options de l'encadré **Périodicité**, indiquez la fréquence de la répétition de la tâche.

  Si vous souhaitez que la tâche se répète dès qu'elle s'achève, activez l'option **Régénérer une nouvelle tâche** puis indiquez combien de jour(s), semaine(s), mois ou année(s) après l'achèvement de chaque tâche, celle-ci doit être répétée.
- Renseignez ensuite la durée pendant laquelle la tâche doit être répétée à l'aide des options de l'encadré **Plage de périodicité** :

Pas de date de fin	L'élément périodique est répété indéfiniment.
Fin après n occurrences	Met fin à une tâche périodique après le nombre d'occurrences spécifié dans la zone de saisie.
Fin le	Met fin à une tâche périodique à la date saisie ou sélectionnée dans la liste.

- Si besoin est, spécifiez la date de début de la tâche périodique dans la liste **Début** de l'encadré **Plage de périodicité**.

- Cliquez sur le bouton **OK**.

  La périodicité est rappelée dans la barre d'information de la fenêtre de la tâche.

- Cliquez sur le bouton **Enregistrer & Fermer** de l'onglet **Tâche**.

  Le symbole  *est associé à une tâche périodique.*

Pour supprimer l'occurrence actuelle d'une tâche périodique, ouvrez-la puis, dans l'onglet **Tâche**, cliquez sur le bouton **Ignorer cette occurrence** visible dans le groupe **Périodicité** : les zones **Date de début** et **Échéance** affichent les dates de la prochaine échéance de cette tâche périodique. Cliquez ensuite sur le bouton **Enregistrer & Fermer** de l'onglet **Tâche** : en plus de la tâche périodique, vous visualisez désormais une nouvelle tâche reprenant les caractéristiques de la prochaine occurrence de la tâche périodique.

Pour supprimer la périodicité d'une tâche, ouvrez-la puis, dans l'onglet **Tâche**, cliquez sur le bouton **Périodicité**. Cliquez ensuite sur le bouton **Supprimer la périodicité** de la boîte de dialogue **Périodicité de la tâche** puis terminez en cliquant sur le bouton **Enregistrer & Fermer** de l'onglet **Tâche**.

Suivre l'avancement d'une tâche

Seul le propriétaire d'une tâche peut en assurer le suivi.

- Dans le dossier **Tâches**, ouvrez la tâche dont vous souhaitez notifier l'avancement en réalisant un double clic sur l'objet de la tâche concernée.

- Pour indiquer un pourcentage d'avancement, saisissez le pourcentage d'avancement réalisé dans la zone **% achevé(s)**.

  *Dès que votre saisie est validée, la zone **État** affiche **En cours de réalisation**.*

- Modifiez éventuellement l'état d'avancement de la tâche en sélectionnant une des options de la liste **État**.

- Pour signaler que la tâche est terminée, entrez **100** dans la zone **% achevé(s)** ou sélectionnez l'option **Terminée** dans la liste **État** ou encore, dans l'onglet **Tâche**, cliquez sur le bouton **Marquer comme terminée(s)** du groupe **Gérer**.

  *Le fait de cliquer sur le bouton **Marquer comme terminée(s)** ferme automatiquement la fenêtre de la tâche.*

- Validez par le bouton **Enregistrer & Fermer** du groupe **Actions**.

  Si la tâche vous avait été assignée par un tiers, ce dernier est mis au courant de l'avancement de celle-ci par l'envoi automatique d'un message.

Pour afficher uniquement les tâches terminées, dans l'onglet **Affichage**, cliquez sur le bouton **Changer l'affichage** du groupe **Affichage actuel** puis cliquez sur l'option **Terminées**.

Vous pouvez déclarer une tâche comme terminée sans ouvrir sa fenêtre en utilisant une des méthodes suivantes :

- Cliquez sur l'indicateur de suivi associé à la tâche concernée.
- En affichage **Liste simple** ou **Détaillées** du dossier **Tâches**, cochez la case qui précède le nom de la tâche ( ).

Affecter une tâche à un ou plusieurs tiers

Soyez en création ou en modification de la tâche concernée puis, dans l'onglet **Tâche**, cliquez sur le bouton **Affecter une tâche** visible dans le groupe **Gérer**.

*Vous pouvez également faire un clic droit sur la tâche concernée puis cliquez sur l'option **Affecter une tâche**.*

Dans la zone **À**, saisissez l'adresse de la ou des personnes à qui vous souhaitez affecter la tâche en cours de conception ou cliquez sur le bouton À... pour les sélectionner à partir d'un carnet d'adresses.

Si besoin, modifiez l'objet, la date de début et de fin, l'état, la priorité et/ou le % achevé de la tâche que vous souhaitez affecter à un ou plusieurs tiers.

Saisissez éventuellement dans la grande zone de saisie, des informations ou des instructions supplémentaires souhaitées pour l'exécution de la tâche.

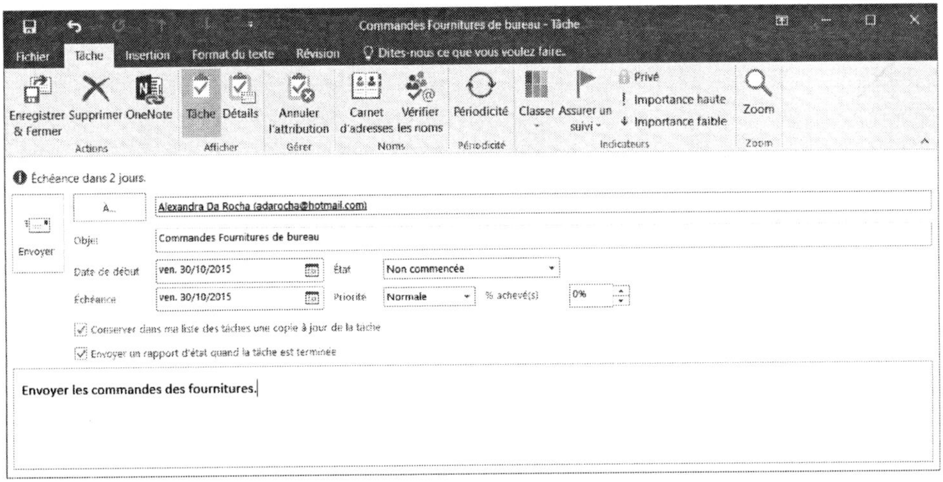

*Le bouton **Annuler l'attribution** du groupe **Gérer** permet d'annuler l'affectation de la tâche à un tiers et ainsi de retrouver la fenêtre standard de la création de la tâche.*

- Cochez l'option **Conserver dans ma liste des tâches une copie à jour de la tâche** si vous souhaitez conserver une copie de la tâche.
- Cochez l'option **Envoyer un rapport d'état quand la tâche est terminée** si vous souhaitez être mis au courant par la réception d'un message lorsque la tâche est terminée.
- Envoyez la tâche au(x) tiers en cliquant sur le bouton **Envoyer**.

Si une alarme avait été programmée, Outlook signale qu'elle est désamorcée du fait que vous n'êtes plus propriétaire de la tâche.

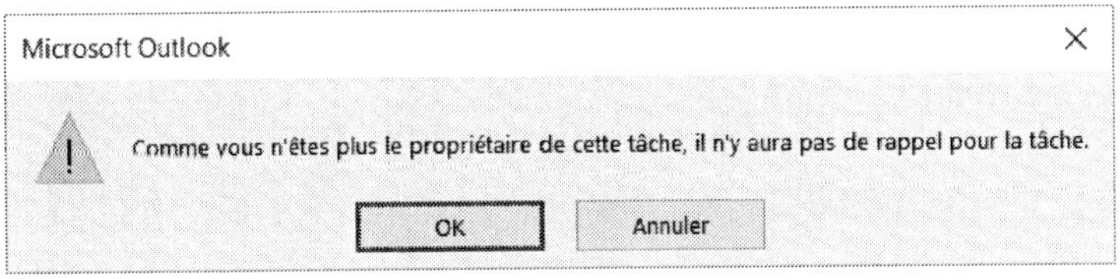

- Si c'est votre cas, cliquez sur le bouton **OK**.

Chez le créateur de la tâche, le symbole  *est associé à la tâche ; dans son dossier **Éléments envoyés**, le symbole*  *est associé au message correspondant à l'affectation de la tâche.*

Un message de demande de tâche, auquel est associé le symbole , arrive dans la Boîte de réception du tiers.

Pour afficher uniquement les tâches affectées à d'autres personnes, cliquez sur le bouton **Changer l'affichage** de l'onglet **Affichage** puis cliquez sur l'option **Assignées.**

Vous pouvez également affecter une tâche à un ou plusieurs tiers à partir du dossier **Contacts** : sélectionnez le ou les contacts auxquels vous souhaitez affecter une tâche puis faites glisser la sélection sur l'icône **Tâches** sur la barre de navigation : la zone **À** contient le nom du ou des contacts sélectionnés précédemment. Poursuivez normalement l'affectation de la tâche, comme expliqué dans ce titre.

Le bouton **Envoyer le rapport d'état** visible dans l'onglet **Tâches** de la fenêtre de modification d'une tâche, permet d'envoyer un message contenant toutes les informations sur la tâche en cours, à un ou plusieurs destinataires.

Pour définir les options de suivi d'une tâche affectée à un tiers, dans la fenêtre de création de celle-ci, cliquez sur l'onglet **Fichier**, sur l'option **Informations** puis sur le bouton **Propriétés**. Cochez ensuite l'option **Demander un accusé de réception pour ce message** et/ou l'option **Demander une confirmation de lecture pour ce message** puis cliquez sur le bouton **Fermer**.

Répondre à une demande de tâche

- Activez le dossier **Boîte de réception** puis faites un double clic sur le message correspondant à la demande de tâche.
- Répondez à la demande de tâche en cliquant sur le bouton **Accepter** si vous acceptez la tâche ou sur le bouton **Refuser** si vous refusez la tâche.

  *Le bouton **Affecter une tâche** permet d'attribuer la tâche à une autre personne.*
- Si vous avez choisi d'accepter ou de refuser la tâche, activez l'une des deux options suivantes :

Modifier la réponse avant l'envoi	Pour saisir un commentaire à associer à votre réponse.
Envoyer la réponse maintenant	Pour envoyer la réponse sans commentaire.

- Si vous avez choisi de commenter votre réponse, saisissez le texte correspondant dans la grande zone de saisie puis cliquez sur le bouton **Envoyer**.

*Suite à une acceptation, la demande de tâche disparaît du dossier **Boîte de réception** et part dans le dossier **Tâches** accompagnée du symbole ; dans le dossier **Éléments envoyés** le symbole est associé au message correspondant à l'acceptation de la tâche. Vous devenez alors le propriétaire de la tâche. Les tâches que vous refusez apparaissent dans le dossier **Éléments envoyés** accompagnées du symbole .*

*La personne qui vous a assigné une tâche est prévenue de la décision du tiers par la réception d'un message ; dans la **Boîte de réception**, le message est accompagné du symbole lorsque le tiers a accepté la tâche ou du symbole lorsque le tiers a refusé la tâche.*

Suite à un refus d'affectation d'une tâche, plus personne n'est propriétaire de la tâche. Toutefois, la personne ayant assigné la tâche peut éventuellement la récupérer. Pour cela, elle doit ouvrir le message contenant la demande de tâche classée dans le dossier **Éléments envoyés** puis cliquer sur le bouton **Revenir à la liste des tâches** du groupe **Gérer** (onglet **Tâche**). Ensuite, elle peut éventuellement modifier les informations liées à la tâche avant de cliquer sur le bouton **Enregistrer & Fermer**.

Pour répondre à une demande de tâche, après avoir sélectionné le message correspondant, vous pouvez directement cliquer sur le bouton **Accepter** ou **Refuser** visible dans la partie supérieure du volet de lecture.

Transformer un message, un rendez-vous ou une note en tâche

- Sélectionnez le message, le rendez-vous ou la note que vous souhaitez transformer en tâche ; vous pouvez également transformer une réunion ou un événement en tâche.
- Faites glisser l'élément sélectionné sur l'icône **Tâches** dans la barre de navigation.

  La fenêtre de création d'une tâche s'affiche instantanément à l'écran. Le contenu de l'élément est visible dans la grande zone de saisie.
- Spécifiez les caractéristiques de cette nouvelle tâche (cf. Tâches - Créer une tâche).
- Validez la création de la tâche en cliquant sur le bouton **Enregistrer & Fermer** de l'onglet **Tâche**.

Pour transformer un élément d'un calendrier (rendez-vous, réunion ou événement) ou une note en tâche, vous pouvez également faire glisser l'élément correspondant à l'endroit souhaité dans la **Barre des tâches** ou dans la **Liste des tâches quotidiennes** (pour un élément du calendrier uniquement). La tâche est directement créée mais si vous souhaitez la modifier, faites un double clic dessus pour ouvrir sa fenêtre, modifiez ses caractéristiques puis cliquez sur le bouton **Enregistrer & Fermer**.

Ajouter un message/un contact à la liste des tâches

Pour vous rappeler qu'un message ou un contact doit être traité ultérieurement, vous pouvez l'ajouter à la liste des tâches en lui appliquant un indicateur.

Faites un clic droit sur le message ou le contact concerné puis pointez l'option **Assurer un suivi**.

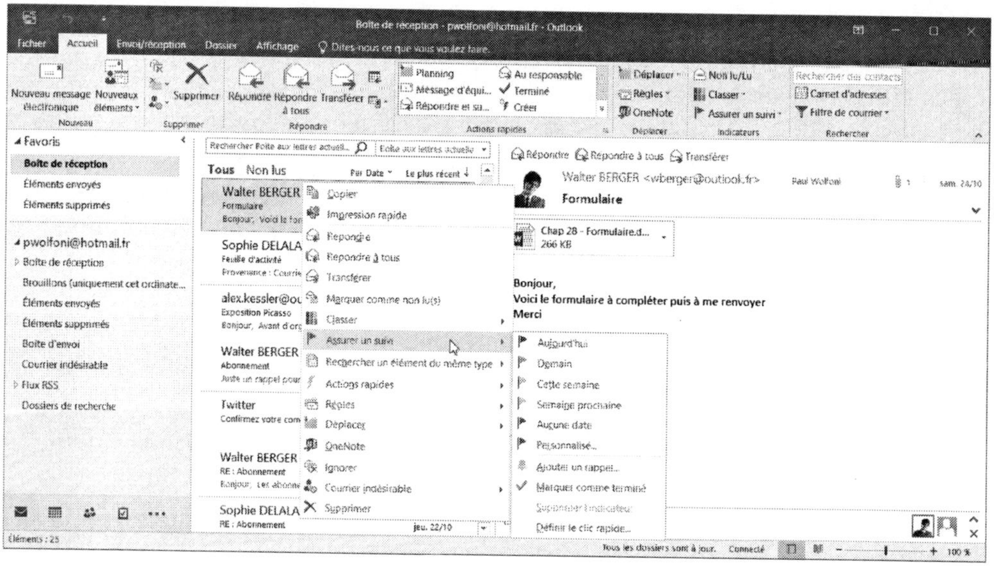

Cliquez sur l'option correspondant à la date d'échéance : **Aujourd'hui**, **Demain**, **Cette semaine**, **Semaine prochaine** ou **Aucune date** ; si aucune de ces échéances ne vous convient, cliquez sur l'option **Personnalisé** pour affecter un indicateur personnalisé au message ou au contact.

Pour plus d'informations concernant les indicateurs de suivi, reportez-vous au titre Marquer un message pour le suivi du chapitre Envoi d'un message.

*Le message ou le contact est automatiquement ajouté à la liste des tâches. Si vous ouvrez l'élément, c'est la fenêtre du message ou du contact correspondant qui s'ouvre (**Message** ou **Contact** s'affiche dans la barre de titre) et non pas la fenêtre d'une tâche.*

Qu'est-ce qu'une note ?

Les **notes** sont l'équivalent électronique des Post-it® que vous apposez partout.

Ce dossier permet de prendre des notes rapides en guise de rappel (questions, idées, instructions...) ou encore, d'inscrire du texte dans des notes afin de le réutiliser ailleurs.

Accéder au dossier Notes

- Si l'icône **Notes** est visible sur la barre de navigation, cliquez dessus, sinon cliquez sur ••• puis sur l'option **Notes.**

  Vous pouvez aussi utiliser le raccourci-clavier Ctrl ***5*** *(clavier alphanumérique).*

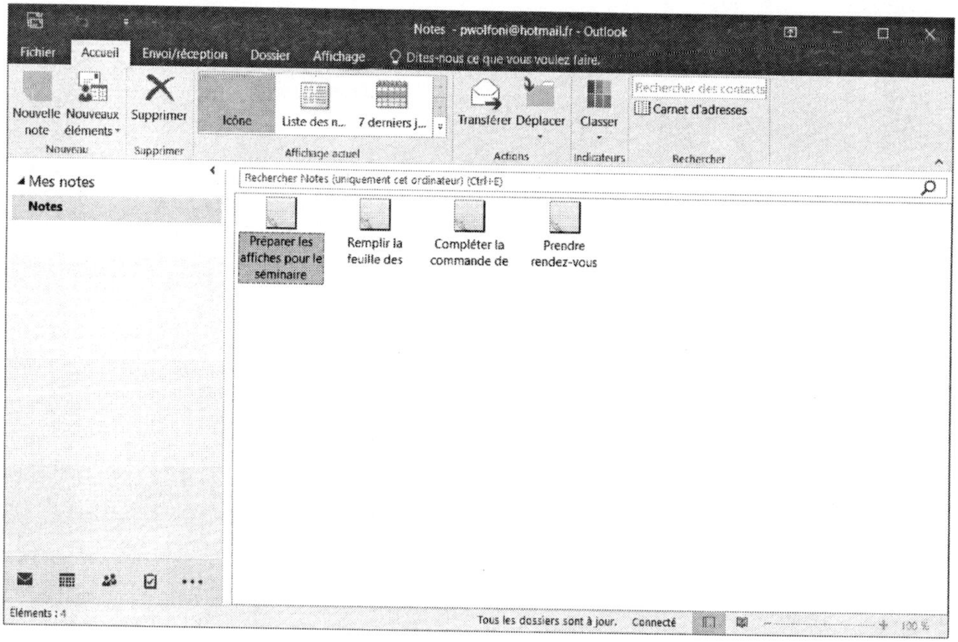

L'affichage ***Icônes*** *est actif par défaut.*

Modifier l'affichage des notes

- Dans le dossier **Notes**, cliquez sur le bouton **Changer l'affichage** du groupe **Affichage actuel** de l'onglet **Affichage** ou **Accueil** puis cliquez sur l'option correspondant à l'affichage à activer :

Icône	Pour visualiser les notes sous forme d'icônes. Par défaut, les notes apparaissent sous forme de grandes icônes disposées de gauche à droite. Elles peuvent être affichées sous forme de petites icônes ou sous forme de liste à l'aide des boutons **Petites icônes** et **Liste** du groupe **Réorganisation** (onglet **Affichage**).
Liste des notes	Liste des notes triée par conversation puis par date de création.
7 derniers jours	Liste des notes créées au cours des sept derniers jours.

- Si vous avez choisi l'affichage **Liste des notes** ou **7 derniers jours**, vous pouvez modifier la réorganisation des notes en cliquant sur un des boutons suivants du groupe **Réorganisation** de l'onglet **Affichage** :

Catégories	Pour regrouper la liste des notes par catégorie.
Date de création	Pour trier la liste des notes par date de création.

L'option **Appliquer l'affichage actuel aux autres dossiers de notes** du bouton **Changer l'affichage** (onglet **Affichage**) permet d'appliquer les paramètres d'affichage du dossier actif à un autre dossier de notes.

Pour rétablir les paramètres d'origine d'un affichage, sélectionnez l'affichage concerné puis, dans l'onglet **Affichage**, cliquez sur le bouton **Réinitialiser l'affichage** du groupe **Affichage actuel**. Cliquez ensuite sur le bouton **Oui** du message de confirmation qui s'affiche. Si le bouton **Réinitialiser l'affichage** est grisé, cela signifie que les paramètres d'origine de l'affichage n'ont pas été modifiés.

Créer une note

- Dans le dossier **Notes**, utilisez une des méthodes suivantes pour créer une note :
  - Dans l'onglet **Accueil**, cliquez sur le bouton **Nouvelle note** du groupe **Nouveau**.
  - Utilisez le raccourci-clavier Ctrl **N**.
  - Faites un double clic sur un espace vide de la liste des notes.

Le raccourci-clavier Ctrl ⇧ **N** *permet de créer une note à partir de n'importe quel autre dossier.*

- Saisissez le texte de la note ; appuyez sur la touche ↵ pour passer à la ligne suivante : la première ligne de la note (jusqu'à ce que vous appuyez sur la touche ↵) sera le titre de celle-ci.

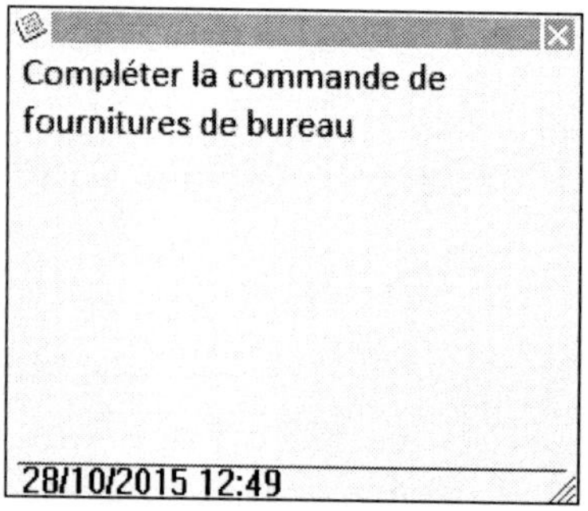

- Fermez la fenêtre de la note en cliquant sur l'outil ✕ ou en appuyant sur la touche Echap : la fermeture de la note entraîne son enregistrement.

Si vous souhaitez inclure du texte d'un autre élément dans une note (par exemple, le texte d'un message), ouvrez cet élément puis copiez le texte concerné (Ctrl **C**). Créez ensuite la note puis collez le texte dans la note (Ctrl **V**).

Consulter/modifier une note

- Dans le dossier **Notes**, faites un double clic sur la note que vous souhaitez consulter ou modifier.
- Effectuez si besoin les modifications souhaitées.

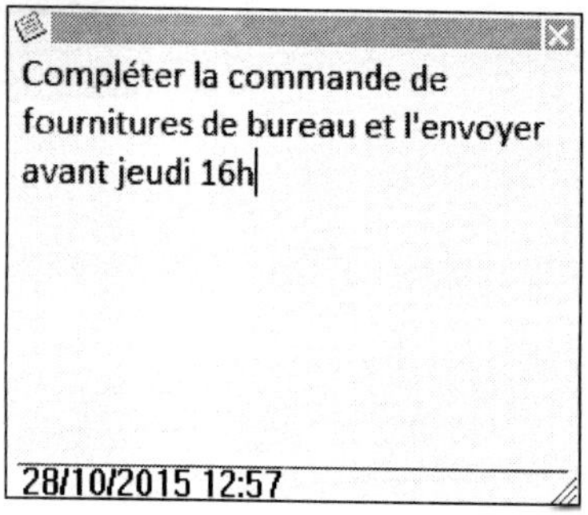

- Fermez la fenêtre de la note en cliquant sur l'outil ou en appuyant sur la touche Echap.

Transférer une note à une ou plusieurs autres personnes

- Dans le dossier **Notes**, sélectionnez la note à transférer.
- Dans l'onglet **Accueil**, cliquez sur le bouton **Transférer** du groupe **Actions** ou utilisez le raccourci-clavier Ctrl **F**.

  Les notes sont transférées à l'aide d'un message dans lequel elles apparaissent en pièces jointes.
- Dans la zone **À**, spécifiez les noms des personnes à qui vous souhaitez transférer la note ou cliquez sur le bouton À... pour les sélectionner dans un carnet d'adresses.
- Modifiez éventuellement l'objet du message dans la zone **Objet**.
- Saisissez éventuellement un texte d'information dans la grande zone de saisie.
- Cliquez sur le bouton **Envoyer**.

Personnaliser l'affichage Icônes

- Si nécessaire, activez l'affichage **Icônes** (onglet **Accueil** - groupe **Affichage actuel**).
- Dans l'onglet **Affichage**, cliquez sur le bouton **Paramètres d'affichage** du groupe **Affichage actuel**.
- Cliquez sur le bouton **Autres paramètres**.

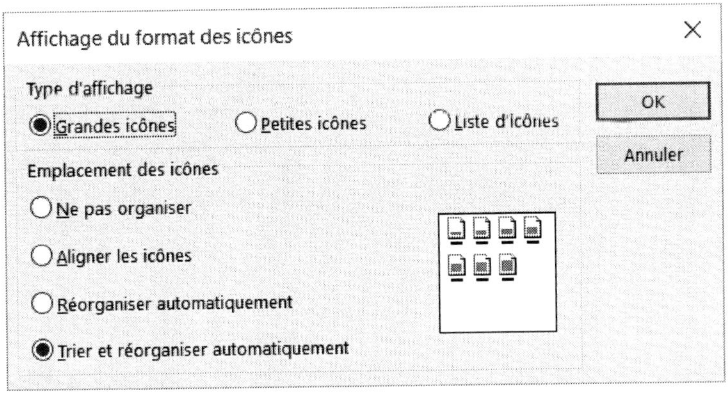

- Activez l'option correspondant au type d'affichage souhaité dans l'encadré **Type d'affichage**.

  Vous retrouvez ces options dans le groupe ***Réorganisation*** *de l'onglet* ***Affichage***.

- Choisissez une des options de l'encadré **Emplacement des icônes** :

Ne pas organiser	Les icônes restent où vous les placez.
Aligner les icônes	Aligne les icônes sur une grille invisible. Lorsque vous déplacez une icône, elle s'aligne sur le quadrillage le plus proche.
Réorganiser automatiquement	Aligne les icônes sur plusieurs lignes.
Trier et réorganiser automatiquement	Aligne les icônes sur plusieurs lignes selon les critères de tri en cours.

- Cliquez à deux reprises sur le bouton **OK**.

Les notes peuvent être déplacées par la technique du cliqué-glissé.

Qu'est-ce qu'un élément ?

Outlook utilise le terme **élément** pour décrire un message, un rendez-vous, une tâche, une réunion...

Élément est donc un terme générique dans Outlook pour décrire un élément sélectionné.

Rendre privé un élément

Rendre privé un élément le masque aux autres personnes autorisées à accéder au dossier correspondant. Les éléments du Calendrier, les contacts ainsi que les tâches peuvent être rendus privés.

- Soyez en création ou en modification de l'élément concerné.
- Selon l'élément sélectionné, activez l'onglet **Rendez-vous**, **Réunion**, **Événement**, **Contact** ou **Tâche**.
- Cliquez sur le bouton **Privé** visible dans le groupe **Indicateurs**.

*Il est possible que seul l'outil soit visible sans le libellé **Privé**, si la taille de la fenêtre ne permet pas son affichage.*

- Cliquez sur le bouton **Enregistrer & Fermer**.

Le symbole est associé aux éléments du calendrier déclarés privés.
Vous pouvez rendre privé un élément sans l'ouvrir uniquement en le sélectionnant : cliquez sur le bouton **Privé** de l'onglet **Accueil** pour les contacts et les tâches ou de l'onglet **Rendez-vous** ou **Réunion** pour les éléments du calendrier.

Sélectionner les éléments

Vous pouvez réaliser des sélections multiples avant de procéder à des impressions, des suppressions...

Sélectionner plusieurs éléments adjacents

- Sélectionnez le premier élément.
- Appuyez sur la touche ⇧ puis cliquez sur le dernier élément à sélectionner.

Sélectionner plusieurs éléments non adjacents

- Sélectionnez le premier élément.
- Appuyez sur la touche Ctrl.
- Sans relâcher la touche Ctrl, cliquez sur les autres éléments à sélectionner.

Sélectionner tous les éléments

- Cliquez sur un des éléments à sélectionner puis utilisez le raccourci-clavier Ctrl **A** pour sélectionner tous les autres éléments du dossier actif.

Utiliser la recherche instantanée

Rechercher des éléments

La recherche s'effectuera dans tout le texte de chaque élément du dossier.

- Sélectionnez le dossier dans lequel vous souhaitez effectuer la recherche : **Courrier**, **Calendrier**, **Contacts**, **Tâches** ou **Notes**.
- Cliquez dans la zone de recherche instantanée 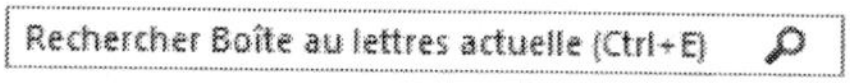

ou utilisez le raccourci-clavier Ctrl **E** pour positionner le curseur dans cette zone.

  Le texte grisé visible dans la zone de recherche diffère en fonction du dossier sélectionné.
- Saisissez le texte recherché.

  Les résultats de la recherche s'affichent au fur et à mesure que vous saisissez le texte, ainsi, seuls les éléments contenant le texte recherché sont désormais visibles dans le dossier. Le texte recherché s'affiche en surbrillance dans chacun des éléments trouvés. Vous visualisez désormais l'onglet ***Recherche*** *qui est l'onglet actif.*

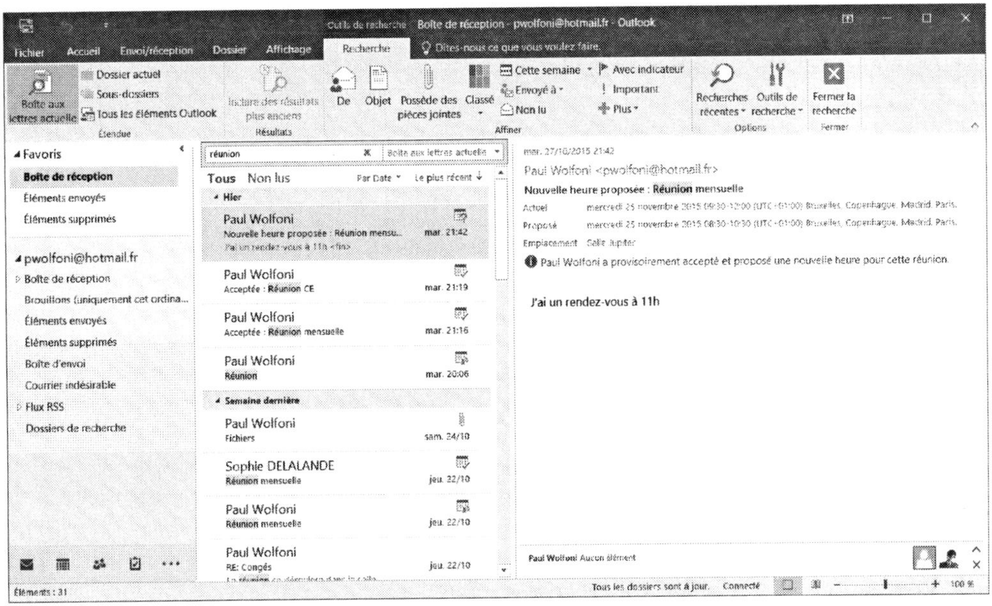

Les pièces jointes sont recherchées mais ne sont pas mise en surbrillance.

Si la recherche n'est pas concluante, le texte ***Désolé... Nous n'avons pas trouvé ce que vous recherchiez*** *s'affiche dans le dossier.*

Pour étendre la recherche à l'ensemble des éléments du dossier, dans l'onglet **Recherche** (groupe **Étendue**), cliquez sur le bouton **Tous les éléments "nom du dossier actif"** ou sur le bouton **Boîte aux lettres actuelle** si vous effectuez une recherche dans un dossier de courrier.

Lorsque vous effectuez une recherche dans le dossier ***Courrier****, celle-ci est réalisée par défaut dans tous les dossiers de courrier (Boîte aux lettres actuelle).*

Pour effectuer la recherche dans le dossier actif, cliquez sur le bouton **Dossier actuel** de l'onglet **Recherche** (groupe **Étendue**).

Lorsque vous effectuez des recherches dans les dossiers ***Calendrier****,* ***Contacts****,* ***Tâches*** *et* ***Notes****, celles-ci s'effectuent par défaut dans le dossier actif.*

Pour étendre la recherche à tous les sous-dossiers du dossier actif, cliquez sur le bouton **Sous-dossiers** de l'onglet **Recherche** (groupe **Étendue**).

Pour étendre la recherche à tous les dossiers Outlook, cliquez sur le bouton **Tous les éléments Outlook** de l'onglet **Recherche** (groupe **Étendue**).

Dans le cas d'une recherche dans un dossier de courrier, vous pouvez choisir l'étendue de la recherche à l'aide de la liste [Boîte au lettres actuelle ▾] *située à droite de la zone de recherche instantanée* [Rechercher Boîte au lettres actuelle (Ctrl+E)].

- Pour afficher de nouveau tous les éléments du dossier et ainsi effacer la recherche, cliquez sur l'outil **Fermer la recherche** [×] visible à droite de la zone de recherche instantanée ou cliquez sur le bouton **Fermer la recherche** de l'onglet **Recherche.**

Pour réutiliser une recherche récente, cliquez dans la zone de recherche instantanée [Rechercher Boîte au lettres actuelle (Ctrl+E)], puis sur le bouton **Recherches récentes** de l'onglet **Recherche** (groupe **Options**) : vous visualisez alors la liste des dix dernières recherches. Il vous suffit ensuite de cliquer sur le texte à rechercher.

Rechercher des éléments à l'aide du Générateur de requête

Il s'agit ici d'ajouter des critères de recherche afin de mieux cibler la recherche.

- Sélectionnez le dossier dans lequel vous souhaitez effectuer la recherche : **Courrier**, **Calendrier**, **Contacts**, **Tâches** ou **Notes**.
- Cliquez dans la zone de recherche instantanée [Rechercher Boîte au lettres actuelle (Ctrl+E)].
- Pour affiner votre recherche, ajoutez chaque critère en procédant comme suit :
  - Dans l'onglet **Recherche**, cliquez sur le bouton **Plus** du groupe **Affiner** puis sur l'option correspondant au critère à ajouter.

Les options de critères proposées changent en fonction du dossier actif.

Le champ correspondant au critère choisi s'affiche sous la zone de recherche instantanée [Rechercher Boîte au lettres actuelle (Ctrl+E)].

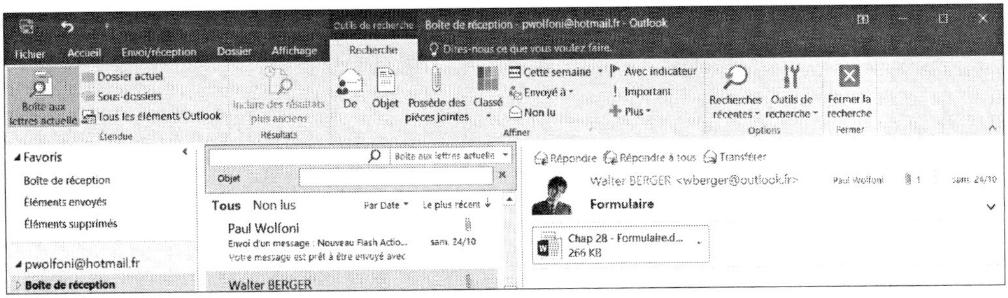

- Saisissez le texte recherché ou sélectionnez un des critères proposés dans la liste associée.

Lorsque vous spécifiez un critère de recherche dans un champ, celui-ci s'affiche sous forme de syntaxe de requête de recherche dans la zone de recherche instantanée.

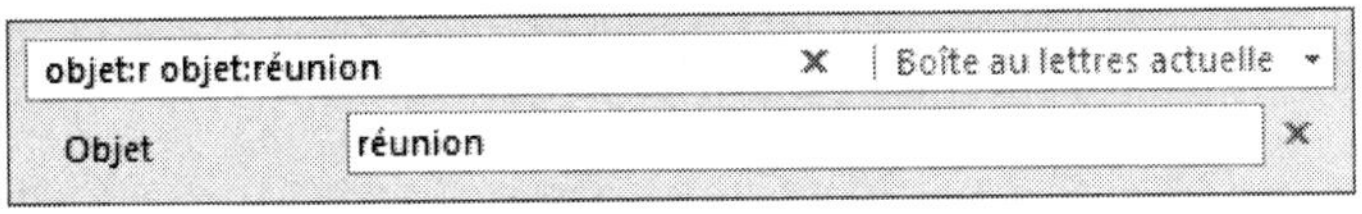

Procédez ainsi pour spécifier tous les critères nécessaires à votre recherche.

*Si l'option de critère à ajouter est visible directement dans le groupe **Affiner** (c'est le cas par exemple de l'option **Objet** pour les dossiers **Boîte de réception** et **Calendrier**), vous pouvez cliquer dessus pour ajouter le critère. Dans ce cas, le champ correspondant ne s'affiche pas sous la zone de recherche instantanée, vous devrez donc saisir le critère directement dans la zone de recherche instantané :*

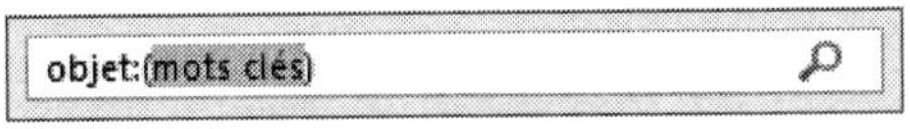

.

Pour supprimer un champ ajouté par erreur, cliquez sur le bouton **Supprimer** situé à droite du champ concerné.

Seuls les éléments répondant aux critères spécifiés sont désormais visibles dans le dossier. Un élément s'affiche uniquement si tous les critères saisis sont contenus dans celui-ci.

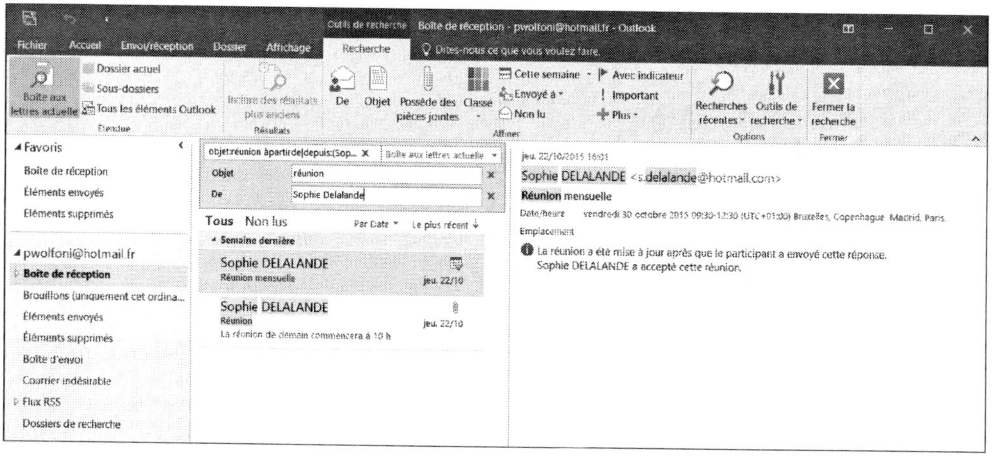

*Ici, vous visualisez les messages envoyés par **Sophie Delalande** et dont la zone **Objet** contient le texte **réunion**. Les messages également envoyés par Sophie Delalande ne contenant pas le texte **réunion** dans la zone **Objet** ne s'affichent pas. Vous ne visualisez pas non plus les éléments contenant le texte **réunion** dans la zone **Objet** qui n'ont pas été envoyés par Sophie Delalande.*

- Modifiez éventuellement l'étendue de la recherche en cliquant sur un des boutons du groupe **Étendue** de l'onglet **Recherche** : **Tous les éléments « nom du dossier »** ou **Boîte aux lettres actuelle**, **Dossier actuel**, **Sous-dossiers** ou **Tous les éléments Outlook**.

Pour plus de détails concernant ces options, reportez-vous au sous-titre précédent.

- Pour afficher de nouveau tous les éléments du dossier, supprimez les champs de recherche en cliquant sur les outils correspondants ou cliquez sur l'outil **Arrêter la recherche** visible à droite de la zone de recherche instantanée si les critères ont été saisis dans la zone de recherche instantanée.

*Il n'est pas nécessaire de supprimer les champs de recherche pour afficher de nouveau tous les éléments du dossier, vous pouvez cliquer sur le bouton **Fermer la recherche** de l'onglet **Recherche**. Cependant, sachez que si vous ne supprimez pas les champs, ceux-ci seront visibles lors de votre prochaine recherche dans ce dossier, même après avoir quitté puis redémarré Outlook.*

Vous pouvez ajouter des critères de recherche après avoir saisi du texte dans la zone de recherche instantanée.

Dans le cas d'un dossier de courrier, pour effectuer une recherche instantanée vous pouvez cliquer sur le bouton **Filtre de courrier** de l'onglet **Accueil** (groupe **Rechercher**) puis cliquer sur l'option correspondant au critère de recherche à appliquer : le critère correspondant s'affiche sous forme d'une syntaxe dans la zone de recherche instantanée.

Modifier les options de recherche

Il s'agit ici de modifier les options de recherche par défaut.

- Cliquez dans la zone de recherche instantanée 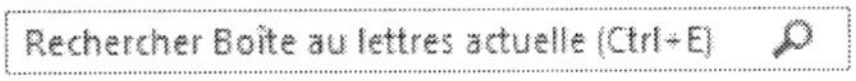

de n'importe quel dossier.

- Dans l'onglet **Recherche**, cliquez sur le bouton **Outils de recherche** du groupe **Options** puis cliquez sur l'option **Options de recherche**.

*Vous pouvez aussi cliquer sur l'onglet **Fichier**, sur **Options** puis sur la catégorie **Recherche**.*

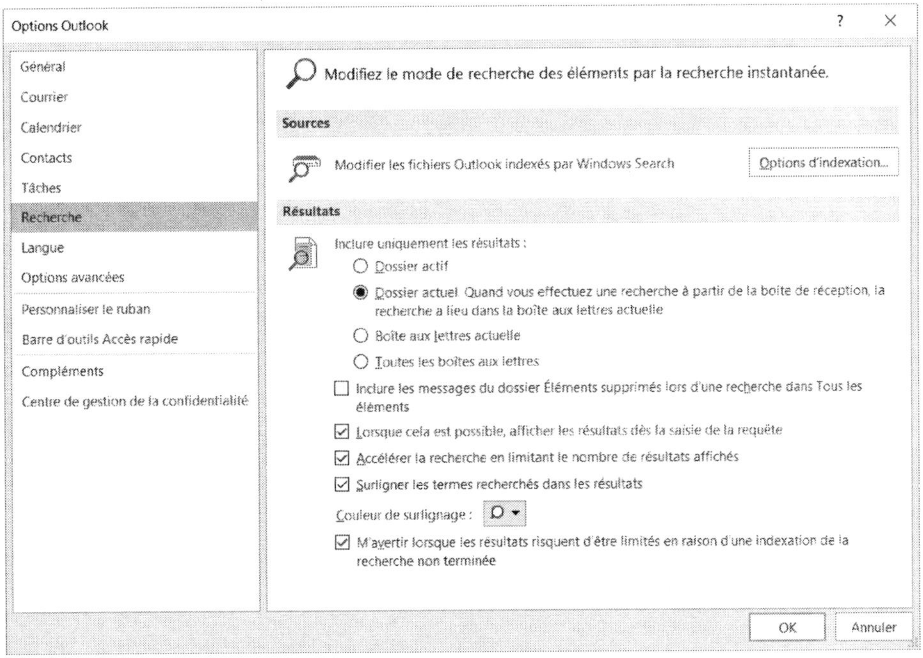

- Choisissez dans quel(s) dossier(s) les recherches doivent être réalisées en activant une des options associées à l'option **Inclure uniquement les résultats.**

- Si vous souhaitez inclure les éléments supprimés lors des recherches dans tous les éléments, cochez l'option **Inclure les messages du dossier Éléments supprimés lors d'une recherche dans Tous les éléments.**
- Si vous ne souhaitez pas que les résultats de la recherche s'affichent au fur et à mesure de la saisie, décochez l'option **Lorsque cela est possible, afficher les résultats dès la saisie de la requête.** À l'inverse, gardez cette option cochée.
- Lorsque la recherche renvoie un nombre important d'éléments, vous pouvez demander à n'afficher que les éléments les plus récents afin d'accélérer la recherche, en gardant cochée l'option **Accélérer les recherches en limitant le nombre de résultats affichés.**
- Pour mettre en surbrillance les mots recherchés, gardez cochée l'option **Surligner les termes recherchés dans les résultats** puis modifiez éventuellement la couleur de surbrillance à l'aide de la liste **Couleur de surlignage**.
- Cliquez sur le bouton **OK.**
- Cliquez sur le bouton **Fermer la recherche** de l'onglet **Recherche.**

Effectuer une recherche avancée

- Cliquez dans la zone de recherche instantanée de n'importe quel dossier.

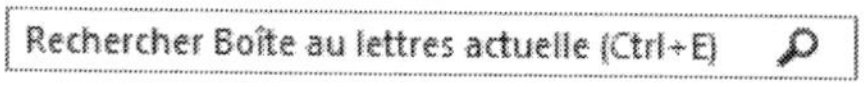

- Dans l'onglet **Recherche**, cliquez sur le bouton **Outils de recherche** du groupe **Options** puis cliquez sur l'option **Recherche avancée** ou utilisez le raccourci-clavier Ctrl ⇧ **F.**
- Ouvrez la liste **Rechercher** puis cliquez sur l'option correspondant au type d'élément à rechercher.
- Vérifiez que le nom du dossier dans lequel vous souhaitez effectuer la recherche est visible dans la zone **Dans.** Si ce n'est pas le cas, ou si la recherche doit se faire dans plusieurs dossiers, cliquez sur le bouton **Parcourir**, cochez les cases correspondant aux dossiers à consulter et décochez les autres puis cliquez sur le bouton **OK.**
- Cliquez dans la zone **Rechercher** de l'onglet correspondant au type d'élément à rechercher puis saisissez le texte à rechercher.
- Posez vos différents critères de recherche.

Ici, nous recherchons les rendez-vous et réunions qui contiennent le texte ***budget*** *dans le champ* ***Objet*** *uniquement et qui ont été créés ce mois.*

- Pour poser d'autres critères de recherche tels que la taille du fichier ou pour rechercher les éléments comportant ou non des pièces jointes ou pour respecter la casse, cliquez sur l'onglet **Autres choix** puis cochez les options souhaitées.
- Pour effectuer la recherche à l'aide de champs supplémentaires ou de champs personnalisés, utilisez les options de l'onglet **Options avancées**.
- Cliquez sur le bouton **Rechercher**.

Si la recherche est concluante, les éléments trouvés sont listés dans le bas de la fenêtre.

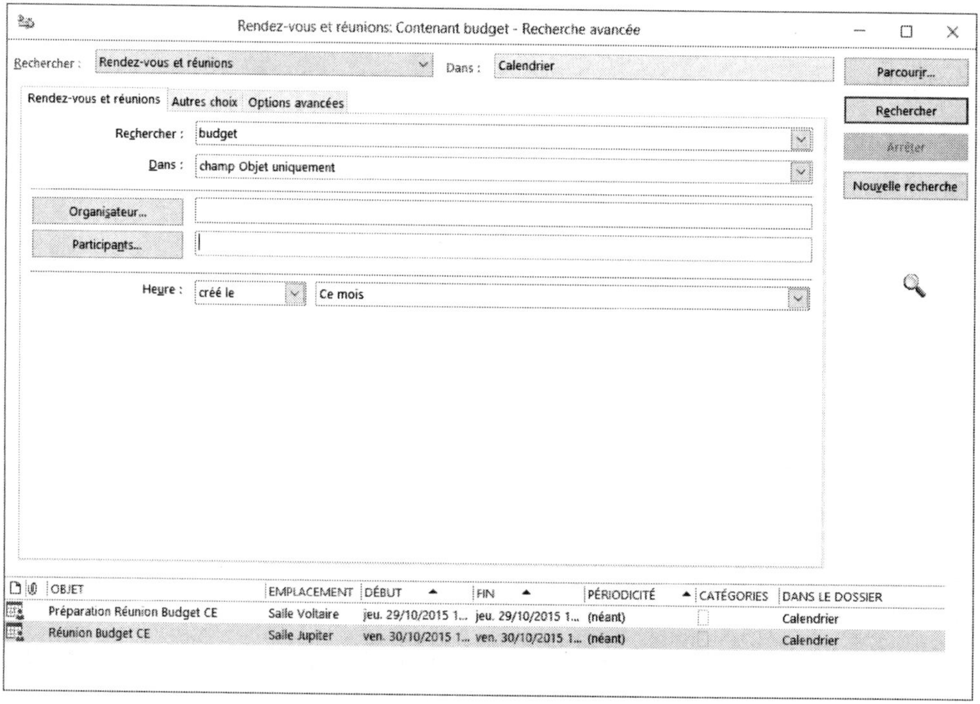

À l'inverse, l'indication suivante apparaît : ***Nous n'avons trouvé aucun élément correspondant aux critères de recherche.***

- Pour ouvrir un des éléments trouvés, faites un double clic dessus.
- Pour annuler tous les critères posés et ainsi recommencer une nouvelle recherche, cliquez sur le bouton **Nouvelle recherche** puis sur le bouton **OK** du message vous informant que votre recherche en cours sera effacée.
- Pour mettre fin à la recherche, cliquez sur l'outil [X] de la fenêtre ou utilisez le raccourci-clavier [Alt] [F4].
- Terminez en cliquant sur le bouton **Fermer la recherche** de l'onglet **Recherche**.

Déplacer des éléments dans un autre dossier

- Sélectionnez le dossier contenant les éléments à déplacer puis sélectionnez les éléments concernés ; utilisez la touche [Shift] pour une sélection continue et/ou la touche [Ctrl] pour une sélection discontinue. Pour déplacer des éléments du calendrier, vous devez choisir le type d'affichage **Liste** ou **Actives** avant de sélectionner les éléments concernés. Concernant les tâches, vous devez les sélectionner dans le dossier **Tâches** situé dans le volet des dossiers (sous le groupe de dossiers **Mes tâches**).
- Cliquez sur le bouton **Déplacer** situé, selon les éléments sélectionnés, dans le groupe **Actions** ou **Déplacer** de l'onglet **Accueil**.
- Cliquez ensuite sur l'un des dossiers proposés dans la partie supérieure de la liste ou, si aucun ne vous convient, cliquez sur l'option **Autre dossier**.

  Vous pouvez aussi faire un clic droit sur la sélection puis cliquer sur l'option ***Déplacer*** *; le raccourci-clavier [Ctrl] [Shift]* ***V*** *permet d'ouvrir la boîte de dialogue* ***Déplacer les éléments****.*
- Si vous avez choisi l'option **Autre dossier**, sélectionnez le dossier destinataire. Si celui-ci n'existe pas, créez-le à l'aide du bouton **Nouveau**. Cliquez ensuite sur le bouton **OK**.
- Si besoin, complétez la fenêtre de l'élément qui s'affiche.

Vous pouvez aussi réaliser un cliqué-glissé de la sélection vers le libellé correspondant au dossier destinataire dans la barre de navigation.

Pensez à déplacer un élément supprimé par erreur pour le récupérer. Pour cela, déplacez-le du dossier **Éléments supprimés** vers le dossier adéquat.

Copier des éléments dans un autre dossier

- Sélectionnez le dossier contenant les éléments à copier puis sélectionnez les éléments concernés ; utilisez la touche [Shift] pour une sélection continue et/ou la touche [Ctrl] pour une sélection discontinue. Pour copier des éléments du calendrier, vous devez choisir le type d'affichage **Liste** ou **Actives** avant de sélectionner les éléments concernés. Concernant les tâches, vous devez les sélectionner dans le dossier **Tâches** situé dans le volet des dossiers (sous le groupe de dossiers **Mes tâches**).
- Cliquez sur le bouton **Déplacer** situé, selon les éléments sélectionnés, dans le groupe **Actions** ou **Déplacer** de l'onglet **Accueil** puis cliquez sur l'option **Copier dans un dossier**.

- Sélectionnez le dossier destinataire. Si celui-ci n'existe pas, créez-le à l'aide du bouton **Nouveau**.
- Cliquez sur le bouton **OK**.
- Si besoin, complétez la fenêtre de l'élément qui s'affiche.

Vous pouvez aussi, en maintenant la touche Ctrl enfoncée, réaliser un cliqué-glissé de la sélection vers le libellé correspondant au dossier destinataire dans la barre de navigation.

Supprimer des éléments

Les suppressions sont réalisées en deux temps : dans une première étape, vous transférez les éléments supprimés dans un dossier appelé ***Éléments supprimés*** *; dans une seconde étape, vous détruisez définitivement les éléments. Cette technique permet de récupérer des éléments hâtivement supprimés.*

- Cliquez sur le dossier contenant les éléments à supprimer puis sélectionnez les éléments concernés ; utilisez la touche ⇧ pour une sélection continue et/ou la touche Ctrl pour une sélection discontinue.
- Appuyez sur la touche Suppr ou cliquez sur le bouton **Supprimer** de l'onglet **Accueil** ; si vous avez sélectionné des éléments du calendrier en affichage **Calendrier**, vous trouverez le bouton **Supprimer** dans l'onglet **Rendez-vous** ou **Réunion**.

  Les éléments disparaissent de leur dossier d'origine et sont déplacés dans le dossier ***Éléments supprimés****.*
- Pour récupérer des éléments supprimés par erreur, déplacez-les vers un autre dossier (cf. Copier des éléments dans un autre dossier).
- Pour supprimer définitivement des éléments, sélectionnez-les dans le dossier **Eléments supprimés** puis cliquez sur le bouton **Supprimer** de l'onglet **Accueil** (groupe **Supprimer**) ou appuyez sur la touche Suppr.

  S'agissant cette fois d'une suppression définitive, Outlook demande une confirmation :

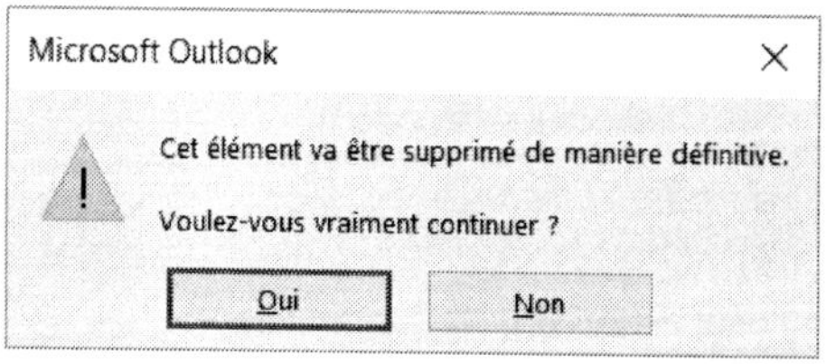

Confirmez la suppression en cliquant sur le bouton **Oui**.

Cette demande de confirmation peut être désactivée en décochant l'option **Demander confirmation avant la suppresssion définitive des éléments** de la boîte de dialogue **Options Outlook** (onglet **Fichier - Options** - catégorie **Options avancées** - zone **Autre**).

Vous pouvez supprimer définitivement les éléments du dossier **Éléments supprimés** en cliquant sur le bouton **Vider le dossier** de l'onglet **Dossier** (groupe **Nettoyer**). Une confirmation pour la suppression vous est demandée.
Vous pouvez supprimer définitivement un élément à l'aide des touches ⇧ Suppr. Dans ce cas, vous n'avez aucun moyen de retrouver cet élément par la suite.

Trier des éléments

*Des tris peuvent être réalisés dans les affichages de type **Table**, **Cartes** et **Icônes**. Le tri à l'aide de la souris n'est possible que dans un affichage de type **Table**.*

À l'aide de la souris

- Cliquez sur l'en-tête de la colonne devant servir de critère de tri.

Le tri est immédiatement réalisé. Outlook signale qu'un tri est actif par la présence d'une pointe de flèche à droite du libellé de l'en-tête de la colonne.

- Cliquez une seconde fois sur l'en-tête de la colonne pour changer l'ordre de tri.

Cette technique présente l'avantage d'être très rapide mais elle a deux inconvénients : un seul critère de tri peut être défini à la fois et vous ne pouvez trier que sur les informations affichées.

À l'aide de la boîte de dialogue

- Sélectionnez le dossier contenant les éléments à trier.
- Dans l'onglet **Affichage**, cliquez sur le bouton **Paramètres d'affichage** du groupe **Affichage actuel**.
- Cliquez sur le bouton **Trier** ; si le bouton **Trier** est grisé, donc indisponible, cela signifie que l'affichage actif ne permet pas d'effectuer un tri.

*Dès l'ouverture de la boîte de dialogue **Trier**, vous constatez que quatre critères de tri peuvent être posés simultanément.*

- Pour chaque critère de tri :
  - Sélectionnez le nom du champ devant servir de critère de tri ; si le champ qui vous intéresse n'est pas proposé dans la liste, ouvrez la liste **Sélectionner les champs disponibles dans** puis cliquez sur l'option **Tous les champs "nom du dossier"**.
  - Indiquez l'ordre de tri en activant l'option **Croissant** ou **Décroissant.**

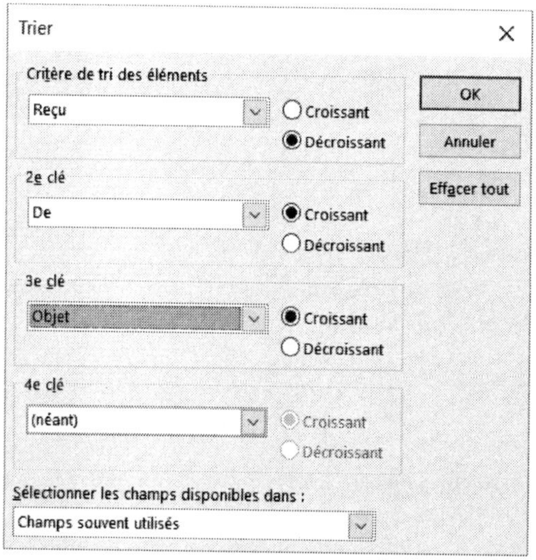

Les éléments sont triés en fonction du premier critère de tri. Lorsque cette valeur est identique pour plusieurs éléments, ils sont triés en fonction du second critère...

- Cliquez sur le bouton **OK.**

Si vous sélectionnez un champ non visible dans l'affichage, Outlook demande s'il doit l'afficher ou non.

- Dans ce cas, cliquez sur le bouton **Oui** pour afficher le champ ou sur le bouton **Non** pour ne pas l'afficher.
- Cliquez sur le bouton **OK** de la boîte de dialogue **Paramètres d'affichage avancés.**

Pour annuler un ou plusieurs critères de tri, affichez la boîte de dialogue **Trier** : pour supprimer un critère, choisissez l'option **(néant)** dans la liste appropriée ; pour supprimer tous les critères, cliquez sur le bouton **Effacer tout.**

Pour retrouver les paramètres d'affichage d'origine du dossier, dans l'onglet **Affichage**, cliquez sur le bouton **Réinitialiser l'affichage** du groupe **Affichage actuel**. Cliquez ensuite sur le bouton **Oui** du message de confirmation qui s'affiche.

Regrouper des éléments

Première méthode

Cette méthode est disponible uniquement dans les affichages de type Table.

- Activez le dossier contenant les éléments à regrouper.
- Veillez à ce que l'option **Regrouper automatiquement selon la disposition** de la boîte de dialogue **Regrouper par** (onglet **Affichage** - groupe **Affichage actuel** - bouton **Paramètres d'affichage** - bouton **Regrouper par**) ne soit pas cochée ; par défaut cette option est cochée uniquement pour certains dossiers de courrier.

  *Pour certains dossiers de courrier, vous pouvez également cliquer dans la zone **Par** visible sous la zone de recherche instantanée* 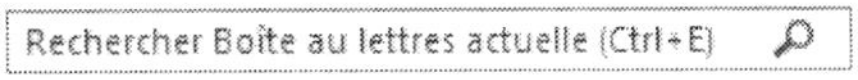

  *puis cliquer sur l'option **Afficher dans des groupes** pour la désactiver.*

  De plus, toujours dans le cas d'un dossier de courrier, désactivez si besoin l'affichage Conversation en décochant l'option **Afficher en tant que conversations** de l'onglet **Affichage** (groupe **Messages**).
- Si besoin est, désactivez le volet de lecture : dans l'onglet **Affichage**, cliquez sur le bouton **Volet de lecture** du groupe **Disposition** puis cliquez sur l'option **Inactif.**
- Si nécessaire, affichez la boîte de regroupement en faisant un clic droit sur un en-tête de colonne puis en cliquant sur l'option **Boîte de regroupement** ; de nouveau un clic sur cette option permet de masquer la boîte de regroupement.

- Faites glisser vers la boîte de regroupement l'en-tête de la colonne correspondant au champ utilisé pour le regroupement.
- Lorsque les flèches rouges apparaissent, relâchez la souris.

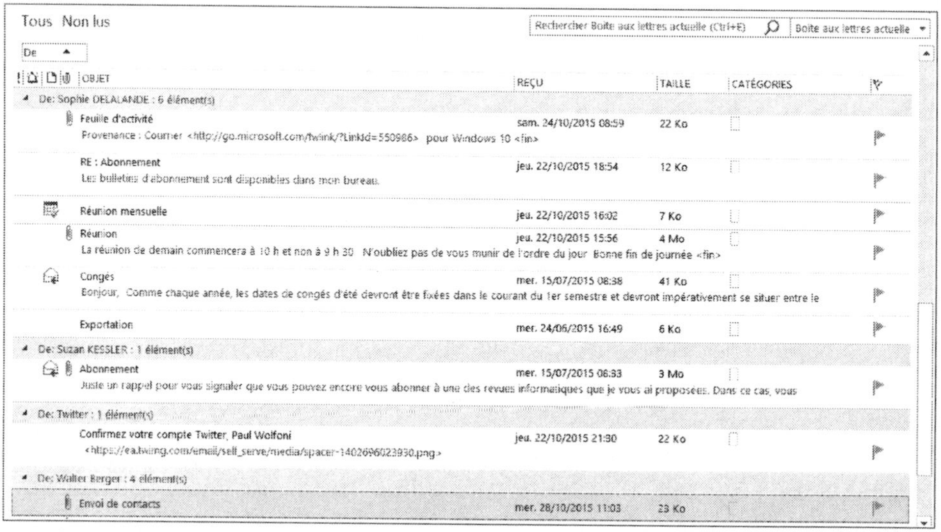

Instantanément, les lignes du tableau sont regroupées et le nom du champ de regroupement s'affiche dans la boîte de regroupement.

- Pour effectuer un sous-regroupement du regroupement actif, faites glisser vers la boîte de regroupement, l'en-tête de la colonne correspondant au champ à utiliser pour le sous-regroupement.
- Pour supprimer un champ de regroupement, faites glisser le nom du champ affiché dans la boîte de regroupement vers l'endroit souhaité dans la ligne des en-têtes de colonnes.

Vous pouvez aussi cliquer avec le bouton droit sur le nom du champ de regroupement et choisir l'option **Regrouper par ce champ.**

Pour retrouver les paramètres d'affichage d'origine du dossier, dans l'onglet **Affichage**, cliquez sur le bouton **Réinitialiser l'affichage** du groupe **Affichage actuel**. Cliquez ensuite sur le bouton **Oui** du message de confirmation qui s'affiche.

Deuxième méthode

- Activez le dossier contenant les éléments à regrouper.
- Dans l'onglet **Affichage**, cliquez sur le bouton **Paramètres d'affichage** du groupe **Affichage actuel**.

  *Vous pouvez aussi faire un clic droit sur un des champs d'en-tête puis cliquer sur l'option **Paramètres d'affichage**.*
- Cliquez sur le bouton **Regrouper par**.
- Si besoin est, décochez l'option **Regrouper automatiquement selon la disposition**.
- Pour chaque critère de regroupement :
  - Sélectionnez le nom du champ de regroupement ; si le champ qui vous intéresse n'est pas proposé dans la liste, modifiez la liste des champs proposés à l'aide de la liste **Sélectionner les champs disponibles dans**.
  - Cochez l'option **Afficher le champ en mode affichage** si vous souhaitez que la colonne correspondant au champ de regroupement soit visible dans la ligne d'en-têtes. À l'inverse, décochez cette option.
  - Indiquez l'ordre du regroupement en activant l'option **Croissant** ou **Décroissant**.

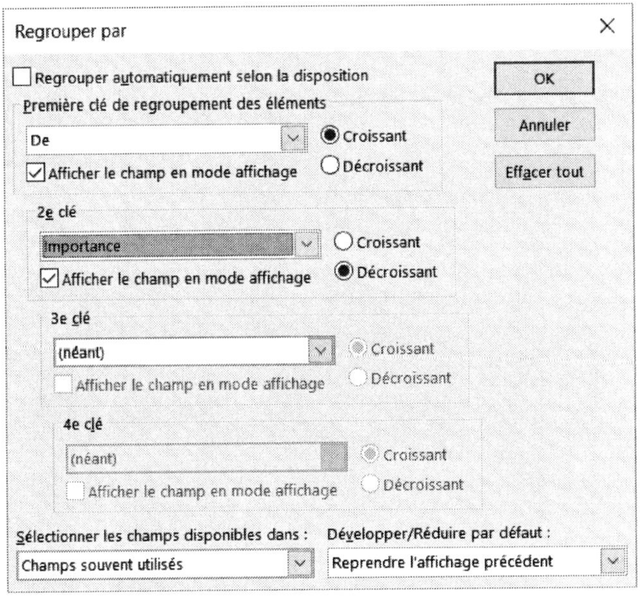

- Ouvrez la liste **Développer/Réduire par défaut** puis cliquez sur l'option correspondant à la façon dont vous souhaitez visualiser les groupes : **Reprendre l'affichage précédent**, **Développer tout** ou **Réduire tout**.
- Cliquez à deux reprises sur le bouton **OK**.

Pour annuler les critères de regroupement, affichez la boîte de dialogue **Regrouper par** : pour annuler un seul critère de regroupement, sélectionnez le critère **(néant)** dans la liste appropriée ; pour supprimer tous les critères, cliquez sur le bouton **Effacer tout**.

Pour retrouver les paramètres d'affichage d'origine du dossier, dans l'onglet **Affichage**, cliquez sur le bouton **Réinitialiser l'affichage** du groupe **Affichage actuel**. Cliquez ensuite sur le bouton **Oui** du message de confirmation qui s'affiche.

Développer/réduire les groupes d'éléments

- Activez le dossier contenant les groupes.
- Pour développer/réduire tous les groupes en une seule manipulation, dans l'onglet **Affichage**, cliquez sur le bouton **Développer/Réduire** du groupe **Réorganisation** puis en fonction de votre choix, cliquez sur l'option **Réduire tous les groupes** ou sur l'option **Développer tous les groupes**.
- Pour développer un groupe, sélectionnez-le et, dans l'onglet **Affichage**, cliquez sur le bouton **Développer/Réduire** du groupe **Réorganisation** puis sur l'option **Développer ce groupe**, ou cliquez sur le symbole ▷ situé devant le nom du groupe d'éléments concerné.

  Tous les éléments contenus dans le groupe apparaissent.
- Pour réduire un groupe, sélectionnez-le puis, dans l'onglet **Affichage**, cliquez sur le bouton **Développer/Réduire** du groupe **Réorganisation** puis sur l'option **Réduire ce groupe**, ou cliquez sur le bouton ◢ situé devant le nom du groupe d'éléments concerné.

Filtrer des éléments

Filtrer des éléments permet d'afficher uniquement les données qui répondent aux critères posés.

- Activez le dossier contenant les éléments à filtrer.
- Dans l'onglet **Affichage**, cliquez sur le bouton **Paramètres d'affichage** du groupe **Affichage actuel**.
- Cliquez sur le bouton **Filtrer**.
- Posez vos critères de filtre en procédant comme pour une recherche avancée (cf. Effectuer une recherche avancée de ce chapitre)
- Cliquez à deux reprises sur le bouton **OK**.

*Lorsqu'un filtre est actif, Outlook le signale sur la gauche de la barre d'état par le terme **Filtre appliqué**.*

Pour annuler les filtres en cours, cliquez sur le bouton **Effacer tout** de la boîte de dialogue **Filtrer**.

Imprimer des éléments

- Accédez au dossier concerné puis sélectionnez, si besoin est, les éléments que vous souhaitez imprimer.
- Dans l'onglet **Fichier**, cliquez sur le l'option **Imprimer** ou utilisez le raccourci-clavier Ctrl **P**.
- Sélectionnez un style d'impression dans la zone **Paramètres**.
- Pour modifier les paramètres d'impression cliquez sur le bouton **Options d'impression** de la zone **Imprimante**.
- Choisissez le style d'impression dans la zone **Style d'impression**.
- Modifiez, éventuellement, les options d'impression.
- Cliquez sur le bouton **Imprimer** pour lancer l'impression ou visualisez un aperçu en cliquant sur le bouton **Aperçu**.

Définir la mise en page de l'impression

- Accédez au dossier concerné puis sélectionnez le ou les éléments concernés.
- Dans l'onglet **Fichier**, cliquez sur l'option **Imprimer** puis sur le bouton **Options d'impression** situé dans la zone **Imprimante**.
- Sélectionnez le style d'impression concerné dans l'encadré **Style d'impression** puis cliquez sur le bouton **Mise en page**.
- Dans l'onglet **Format**, modifiez éventuellement les options liées au format ainsi que la police utilisée pour l'impression des textes. Cochez l'option **Impression avec trame** pour ajouter une trame de fond de couleur gris clair aux en-têtes, aux dates et aux autres éléments.
- Dans l'onglet **Papier**, définissez le format du papier utilisé pour l'impression ainsi que l'orientation de l'impression. Précisez aussi les marges à utiliser.
- Dans l'onglet **En-tête/pied de page** définissez, si besoin est, le texte de l'en-tête et du pied de page : cliquez dans la zone de saisie correspondant à la position attendue (à gauche, au centre, à droite de l'en-tête ou du pied de page) puis saisissez votre texte ; pour créer un contenu sur plusieurs lignes, utilisez la touche ↵.
- Insérez, si besoin est, un contenu particulier en utilisant les boutons suivants :

Insère le numéro de la page.

Insère le nombre total de pages.

Insère la date du jour et l'heure d'impression.

Insère l'heure d'impression.

Insère le nom de l'utilisateur.

Lorsque vous cliquez sur un de ces boutons, ce qu'il représente apparaît entre crochets.

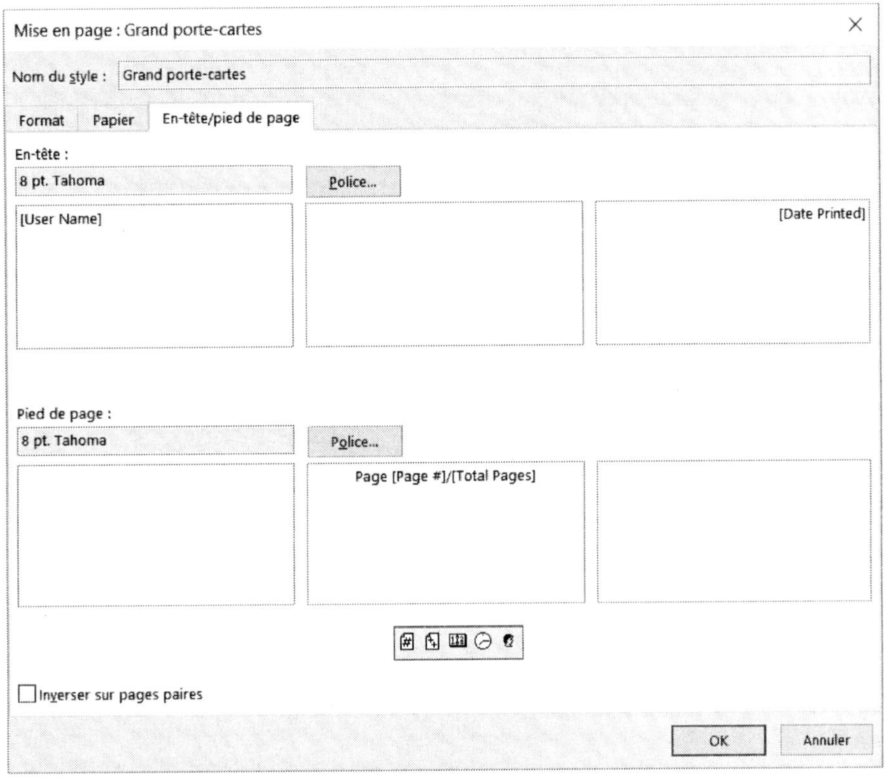

- Mettez éventuellement en valeur le contenu saisi en le sélectionnant puis en cliquant sur le bouton **Police** associé à l'option **En-tête** ou à l'option **Pied de page** selon le cas.
- Cochez l'option **Inverser sur pages paires** pour inverser la position des sections droite et gauche afin que le contenu des en-têtes et des pieds de page de la section gauche d'une page paire soit imprimé dans la section droite d'une page impaire et vice versa.
- Cliquez sur le bouton **OK** de la boîte de dialogue **Mise en page**.
- Cliquez sur le bouton **Imprimer** pour lancer l'impression ou visualisez un aperçu en cliquant sur le bouton **Aperçu**.

Affecter une ou plusieurs catégories à un élément

- Sélectionnez le dossier puis l'élément auquel vous souhaitez associer une catégorie ; si plusieurs éléments sont concernés, sélectionnez-les à l'aide de la touche Ctrl pour une sélection discontinue et/ou de la touche ⇧ pour une sélection continue.
- Dans l'onglet **Accueil**, cliquez sur le bouton **Classer** du groupe **Indicateurs** ; si vous avez sélectionné des éléments du calendrier en affichage **Calendrier**, vous trouverez le bouton **Classer** dans l'onglet **Rendez-vous** ou **Réunion**.

*Lors de la création ou de la modification de l'élément, utilisez le bouton **Classer** visible dans l'onglet du nom de l'élément (**Message**, **Contact**...).*

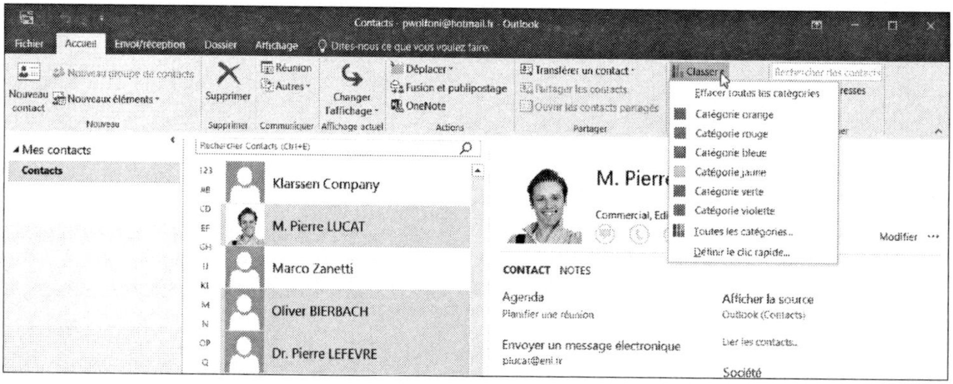

Une couleur est associée à chacune des catégories.

- Pour affecter une catégorie à l'élément, cliquez sur son nom dans la liste qui s'affiche.

Pour affecter plusieurs catégories à l'élément, cliquez sur l'option **Toutes les catégories**, cochez les différentes catégories à affecter à l'élément puis cliquez sur le bouton **OK**.

- Si c'est la première fois que vous affecter cette catégorie à un élément, Outlook vous propose de la renommer.

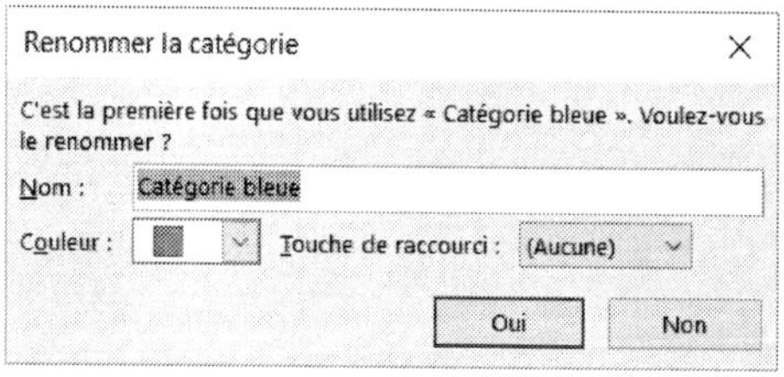

Si vous souhaitez la renommer, saisissez son nouveau nom dans la zone **Nom**. Vous pouvez également modifier sa couleur à l'aide de la liste **Couleur** et lui associer un raccourci dans la zone **Touche de raccourci**.

Cliquez sur le bouton **Oui**.

*En affichage Tableau, le nom et/ou la couleur de la catégorie sont visibles dans la colonne **CATÉGORIES**. Dans le Calendrier, le fond apparaît de la couleur de la catégorie sélectionnée ; si plusieurs catégories sont assignées à un élément du calendrier, celui-ci prend la dernière couleur attribuée et affiche les autres catégories sous forme de petits rectangles. Dans le cas d'une note en affichage Icônes, le fond de l'icône reprend la couleur associée à la catégorie.*

Pour supprimer la ou les catégories affectées à un élément, faites un clic droit sur celui-ci, pointez l'option **Classer** puis cliquez sur l'option **Effacer toutes les catégories** ; vous pouvez aussi cliquer sur cette option visible dans le bouton **Classer**.

Si plusieurs catégories ont été affectées à un élément et seules certaines doivent être effacées, pour chaque catégorie à effacer, faites un clic droit sur l'élément concerné, pointez l'option **Classer** puis cliquez sur la catégorie à effacer. Vous pouvez également ouvrir la boîte de dialogue **Catégories de couleurs** (clic droit sur l'élément puis option **Toutes les catégories**) puis décocher les catégories que vous ne souhaitez plus affecter à l'élément ; vous retrouvez également ces options en cliquant sur le bouton **Classer** de l'onglet **Accueil**.

Pour ajouter une catégorie à un élément, vous pouvez aussi faire un clic droit sur celui-ci, pointer l'option **Classer** puis cliquer sur le catégorie de votre choix.

Affecter/modifier la catégorie Clic rapide

*Si l'élément pour lequel vous souhaitez affecter une catégorie est visible dans un affichage Tableau (par défaut, c'est le cas du dossier **Tâches**) et que la colonne **CATÉGORIES** est visible dans cet affichage, vous pouvez lui affecter une catégorie d'un simple clic.*

- Affichez le contenu du dossier contenant l'élément auquel vous souhaitez affecter la catégorie Clic rapide.
- Pour affecter la catégorie Clic rapide à un élément, cliquez dans la colonne **CATÉGORIES**, en regard de l'élément concerné ; si plusieurs éléments sont concernés, sélectionnez-les avant de cliquer dans la colonne **CATÉGORIES** d'un des éléments sélectionnés.

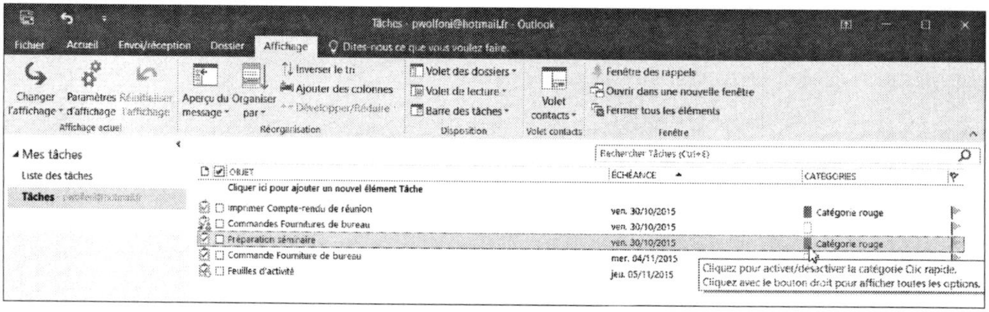

*Par défaut, la **Catégorie rouge** est affectée au Clic rapide.*

- Pour affecter une autre catégorie au Clic rapide, cliquez sur le bouton **Classer** de l'onglet **Accueil** puis sur l'option **Définir le clic rapide.**

  Ouvrez la liste de la boîte de dialogue **Clic rapide** qui s'affiche puis cliquez sur une des catégories proposées ; si aucune catégorie ne doit être affectée au Clic rapide, choisissez l'option **Aucune catégorie.**

  Cliquez sur le bouton **OK.**

Le fait d'affecter une autre catégorie au Clic rapide, ne modifie pas la catégorie des éléments pour lesquels la catégorie Clic rapide a été affectée préalablement.

Gérer les catégories principales d'Outlook

Créer une nouvelle catégorie

- Sélectionnez un élément quelconque puis dans l'onglet **Accueil**, cliquez sur le bouton **Classer** du groupe **Indicateurs.**

  *Vous pouvez aussi faire un clic droit sur un élément puis pointer l'option **Classer**.*

- Cliquez sur l'option **Toutes les catégories.**
- Cliquez sur le bouton **Nouveau.**
- Saisissez le nom de la nouvelle catégorie dans la zone **Nom** de la fenêtre qui s'affiche.
- Choisissez la couleur à associer à la catégorie dans la liste **Couleur.**
- Choisissez éventuellement un raccourci-clavier à associer à la catégorie dans la liste **Touche de raccourci.**

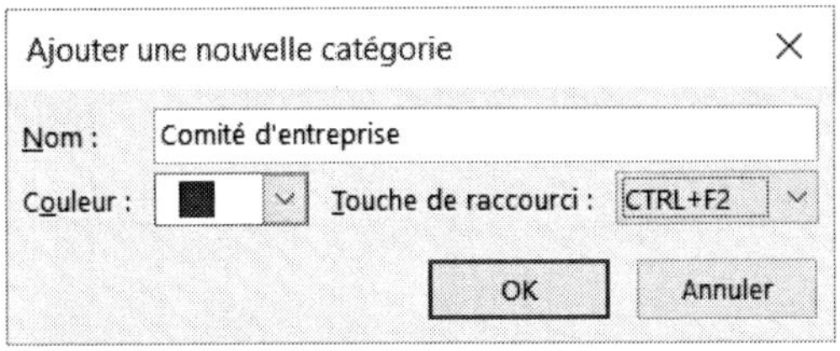

- Cliquez sur le bouton **OK**.

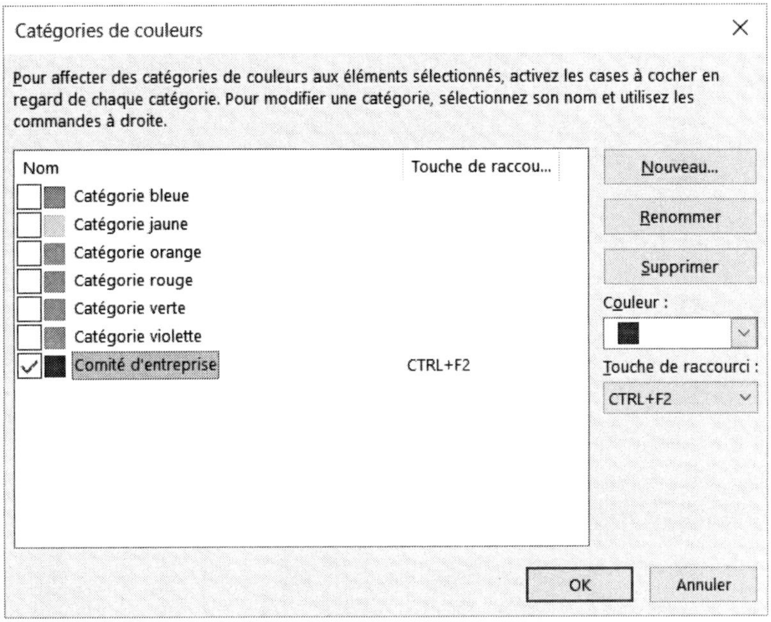

La nouvelle catégorie est cochée. Si vous lui avez associé une touche de raccourci, celle-ci est visible dans la colonne ***Touche de raccourci****, à droite du nom de la catégorie.*

- Si vous ne souhaitez pas que cette nouvelle catégorie soit affectée à l'élément sélectionné, décochez-la.
- Procédez ainsi pour créer toutes les catégories souhaitées.
- Cliquez sur le bouton **OK** de la boîte de dialogue **Catégories de couleurs**.

Modifier une catégorie

- Sélectionnez un élément quelconque puis, dans l'onglet **Accueil**, cliquez sur le bouton **Classer** du groupe **Indicateurs**.

  *Vous pouvez aussi faire un clic droit sur un élément puis pointer l'option **Classer**.*

- Cliquez sur l'option **Toutes les catégories**.
- Sélectionnez la catégorie concernée par les modifications en cliquant sur son nom.
- Pour renommer une catégorie, cliquez sur le bouton **Renommer**, saisissez son nouveau nom puis appuyez sur la touche ⏎.
- Pour modifier la couleur d'une catégorie, ouvrez la liste **Couleur** puis cliquez sur la couleur à associer à la catégorie.
- Pour associer un raccourci-clavier à la catégorie ou pour modifier celui existant, ouvrez la liste **Touche de raccourci** puis cliquez sur un des raccourcis proposés ; si aucun raccourci ne doit être associé à la catégorie, sélectionnez l'option **(Aucune)**.
- Lorsque toutes les modifications ont été réalisées, cliquez sur le bouton **OK** de la boîte de dialogue **Catégories de couleurs**.

  Tous les éléments auxquels la catégorie a été affectée au préalable sont mis à jour avec les nouvelles caractéristiques de celle-ci.

Supprimer une catégorie

- Sélectionnez un élément quelconque puis, dans l'onglet **Accueil**, cliquez sur le bouton **Classer** du groupe **Indicateurs**.

  *Vous pouvez aussi faire un clic droit sur un élément puis pointer l'option **Classer**.*

- Cliquez sur l'option **Toutes les catégories**.
- Cliquez sur le nom de la catégorie à supprimer puis cliquez sur le bouton **Supprimer**.
- Confirmez la suppression de la catégorie en cliquant sur le bouton **Oui** du message qui s'affiche.
- Procédez ainsi pour chacune des catégories à supprimer.
- Lorsque vos suppressions sont terminées, cliquez sur le bouton **OK** de la boîte de dialogue **Catégories de couleurs**.

  Si la catégorie supprimée était affectée à un ou plusieurs éléments, elle ne l'est plus désormais.

Si vous recréez une catégorie après l'avoir supprimée, elle est affectée de nouveau aux éléments auxquels elle était associée au préalable.

Afficher les éléments par catégorie

Selon la nature de l'élément, la technique est quelque peu différente.

- Sélectionnez le dossier concerné.
- Pour les éléments autres que les messages, dans l'onglet **Affichage**, veillez à ce que l'affichage soit de type **Liste** à l'aide du bouton **Changer l'affichage** du groupe **Affichage actuel**. Cliquez ensuite sur le bouton **Catégories** du groupe **Réorganisation**.

  Pour les messages, cliquez sur l'onglet **Affichage**, puis sur le bouton **Autres** du groupe **Réorganisation** pour ouvrir la galerie contenant les dispositions disponibles.

  *Si la largeur de votre fenêtre Outlook n'est pas suffisamment large, la galerie contenant les dispositions est remplacée par le bouton **Organiser par**.*
- Pour développer/réduire toutes les catégories en une seule manipulation, dans l'onglet **Affichage**, cliquez sur le bouton **Développer/Réduire** du groupe **Réorganisation** et en fonction de votre choix, cliquez sur l'option **Réduire tous les groupes** ou sur l'option **Développer tous les groupes**.
- Pour développer une catégorie, sélectionnez-la puis, dans l'onglet **Affichage**, cliquez sur le bouton **Développer/Réduire** du groupe **Réorganisation** puis sur l'option **Développer ce groupe** ou cliquez sur le bouton situé devant le nom de la catégorie concernée.

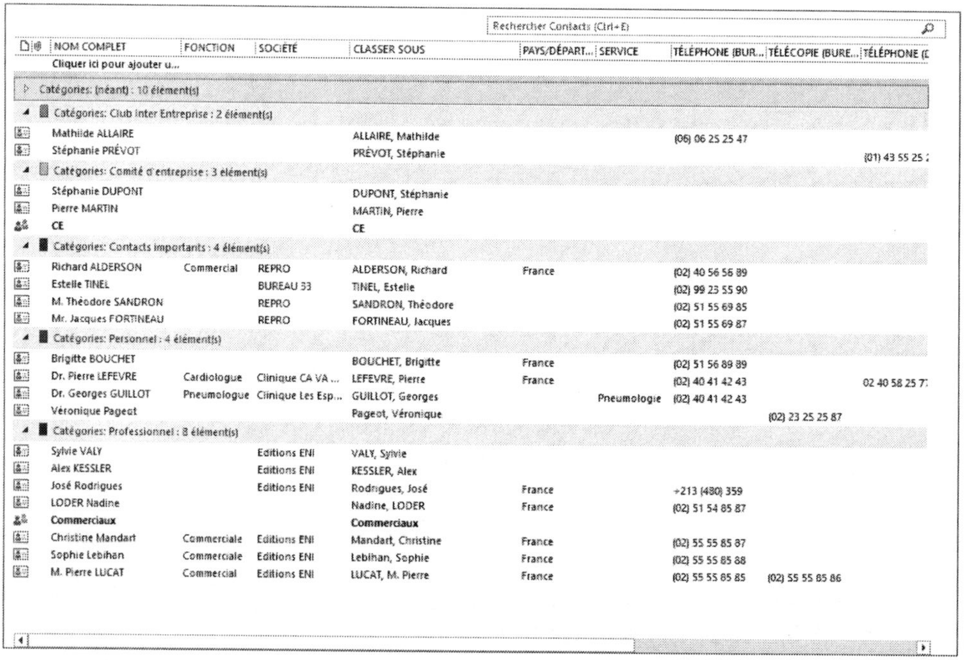

Recherche Contacts (Ctrl+E)

NOM COMPLET	FONCTION	SOCIÉTÉ	CLASSER SOUS	PAYS/DÉPART...	SERVICE	TÉLÉPHONE (BUR...	TÉLÉCOPIE (BURE...	TÉLÉPHONE (D
Cliquer ici pour ajouter u...								
Catégories: (néant) : 10 élément(s)								
Catégories: Club Inter Entreprise : 2 élément(s)								
Mathilde ALLAIRE			ALLAIRE, Mathilde			(06) 06 25 25 47		
Stéphanie PRÉVOT			PRÉVOT, Stéphanie					(01) 43 55 25 :
Catégories: Comité d'entreprise : 3 élément(s)								
Stéphanie DUPONT			DUPONT, Stéphanie					
Pierre MARTIN			MARTIN, Pierre					
CE			CE					
Catégories: Contacts importants : 4 élément(s)								
Richard ALDERSON	Commercial	REPRO	ALDERSON, Richard	France		(02) 40 56 56 89		
Estelle TINEL		BUREAU 33	TINEL, Estelle			(02) 99 23 55 90		
M. Théodore SANDRON		REPRO	SANDRON, Théodore			(02) 51 55 69 85		
Mr. Jacques FORTINEAU		REPRO	FORTINEAU, Jacques			(02) 51 55 69 87		
Catégories: Personnel : 4 élément(s)								
Brigitte BOUCHET			BOUCHET, Brigitte	France		(02) 51 56 89 89		
Dr. Pierre LEFEVRE	Cardiologue	Clinique CA VA ...	LEFEVRE, Pierre	France		(02) 40 41 42 43		02 40 58 25 7:
Dr. Georges GUILLOT	Pneumologue	Clinique Les Esp...	GUILLOT, Georges		Pneumologie	(02) 40 41 42 43		
Véronique Pageot			Pageot, Véronique				(02) 23 25 25 87	
Catégories: Professionnel : 8 élément(s)								
Sylvie VALY		Editions ENI	VALY, Sylvie					
Alex KESSLER		Editions ENI	KESSLER, Alex					
José Rodrigues		Editions ENI	Rodrigues, José	France		+213 (480) 359		
LODER Nadine			Nadine, LODER	France		(02) 51 54 85 87		
Commerciaux			**Commerciaux**					
Christine Mandart	Commerciale	Editions ENI	Mandart, Christine	France		(02) 55 55 85 87		
Sophie Lebihan	Commerciale	Editions ENI	Lebihan, Sophie	France		(02) 55 55 85 88		
M. Pierre LUCAT	Commercial	Editions ENI	LUCAT, M. Pierre	France		(02) 55 55 85 85	(02) 55 55 85 86	

*Sur cet exemple, six catégories d'éléments ont été recensées dans le dossier Contacts et cinq ont été développées (**Club Inter Entreprise**, **Comité d'entreprise**, **Contacts importants**, **Personnel** et **Professionnel**).*

- Pour réduire une catégorie, sélectionnez-la puis, dans l'onglet **Affichage**, cliquez sur le bouton **Développer/Réduire** du groupe **Réorganisation** puis sur l'option **Réduire ce groupe** ou cliquez sur le bouton ◢ situé devant le nom de la catégorie concernée.

Filtrer des éléments d'une catégorie

- Sélectionnez le dossier concerné.
- Dans l'onglet **Affichage**, cliquez sur le bouton **Paramètres d'affichage** du groupe **Affichage actuel.**
- Cliquez sur le bouton **Filtrer** puis sur l'onglet **Autres choix.**
- Cliquez sur le bouton **Catégories.**
- Cochez les catégories correspondant aux éléments à afficher puis cliquez sur le bouton **OK.**

⊡ Cliquez à deux reprises sur le bouton **OK**.

Pour annuler le filtre des catégories, procédez comme pour filtrer les catégories sauf qu'au lieu de cocher les catégories, décochez-les.

Afficher tous les éléments d'une catégorie

⊡ À partir de n'importe quel dossier Outlook, utilisez le raccourci-clavier Ctrl ⇧ **F**.

⊡ Ouvrez la liste **Rechercher** située en haut de la boîte de dialogue **Recherche avancée** puis sélectionnez l'option **Tout type d'élément d'Outlook**.

⊡ Cliquez sur l'onglet **Autres choix** puis sur le bouton **Catégories**.

⊡ Cochez la catégorie pour laquelle vous souhaitez afficher tous les éléments puis cliquez sur le bouton **OK** ; plusieurs catégories peuvent être cochées.

⊡ Cliquez sur le bouton **Rechercher**.

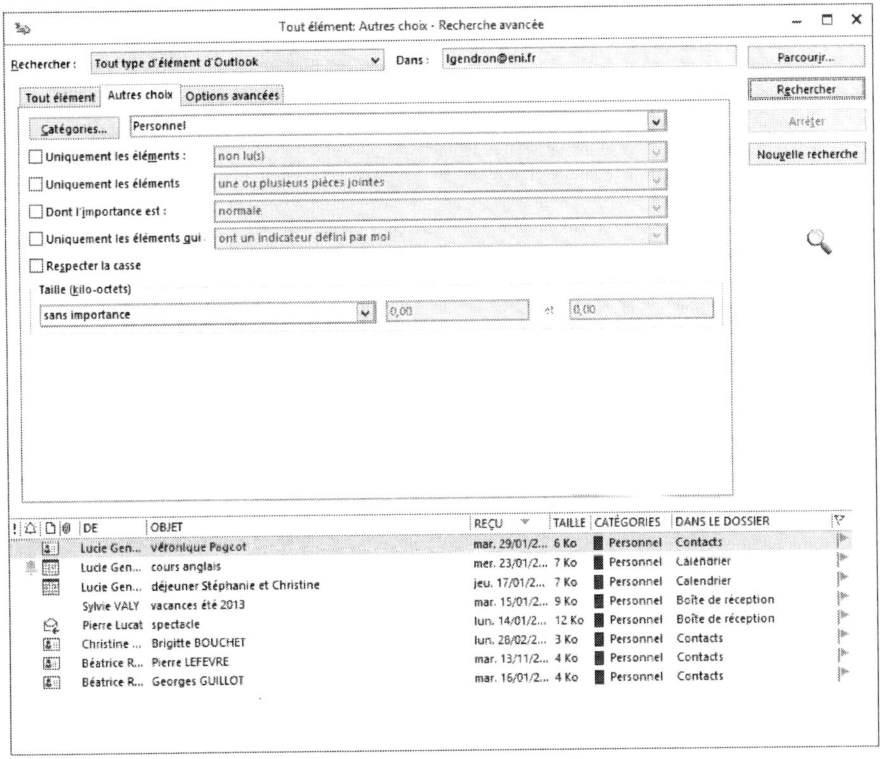

*Tous les éléments associés à la catégorie **Personnel** s'affichent dans la partie inférieure de la fenêtre. Un double clic sur un élément permet de l'ouvrir.*

- Terminez par fermer la fenêtre **Recherche avancée** en cliquant sur l'outil [X].

Archiver des messages

Pour éviter l'accumulation de messages dans vos dossiers de courrier, vous pouvez les déplacer ailleurs pour les stocker. Cette opération peut se faire manuellement ou automatiquement (cf. Gérer l'archivage des messages).

- Dans l'onglet **Fichier**, sélectionnez l'option **Informations**, cliquez sur le bouton **Outils de nettoyage** puis sur l'option **Archiver**.

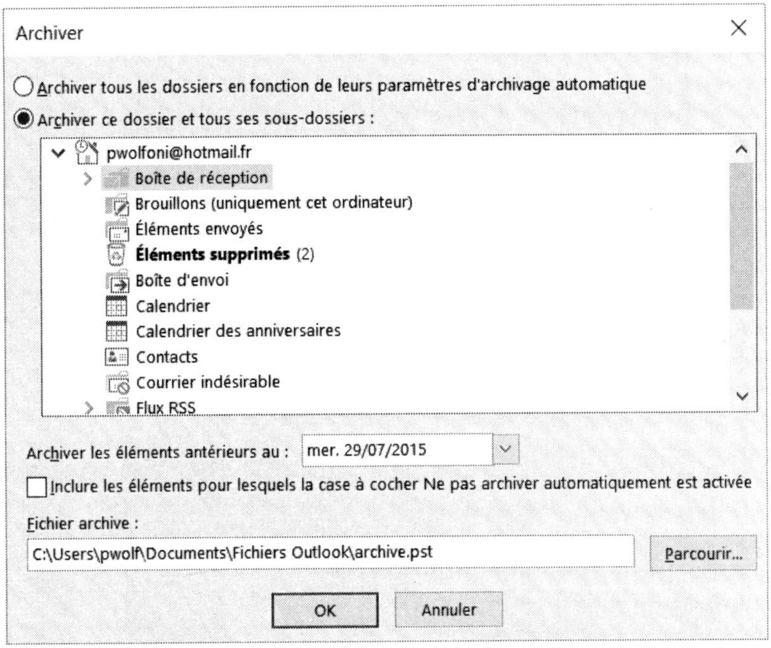

- Conservez active l'option **Archiver ce dossier et tous ses sous-dossiers** puis cliquez sur le nom du dossier à archiver.
- Ouvrez la liste **Archiver les éléments antérieurs au** puis sélectionnez la date butoir de l'archivage.
- Cochez l'option **Inclure les éléments pour lesquels la case à cocher Ne pas archiver automatiquement est activée** si vous souhaitez malgré tout archiver les éléments pour lesquels vous avez coché l'option **Ne pas archiver automatiquement cet élément** (cf. Gérer l'archivage des messages).

- Dans la zone **Fichier archive**, modifiez éventuellement le nom du fichier archive visible après l'arborescence qui correspond à l'emplacement du dossier dans lequel sont stockés les fichiers archivés ; par défaut, le fichier archive se nomme **archive.pst** et est stocké dans le dossier C:\Utilisateurs\nom_utilisateur\Documents\Fichiers Outlook.

  *Le bouton **Parcourir** permet de sélectionner le fichier archive de votre choix s'il existe déjà mais aussi de sélectionner un autre dossier de stockage de l'archive.*

- Cliquez sur le bouton **OK**.

  Les éléments archivés disparaissent de leur dossier d'origine.

- Pour consulter le contenu d'un dossier d'archivage, affichez le dossier **Courrier** dans le volet des dossiers, développez si besoin le dossier nommé **Archives** en cliquant sur le bouton ▷ puis, cliquez sur le dossier que vous avez archivé.

Si vous ne souhaitez plus visualiser le dossier **Archives** dans le volet de navigation, faites un clic droit sur celui-ci puis cliquez sur l'option **Fermer << nom du dossier Archives >>**. Pour afficher de nouveau les messages archivés par la suite, vous devrez ouvrir le fichier de données Outlook (.pst) correspondant créé lors de l'archivage (cf. Ouvrir un fichier de données Outlook (.pst)).

Gérer l'archivage des messages

Outlook lance le processus d'archivage au démarrage. Ce processus fait apparaître la fenêtre suivante :

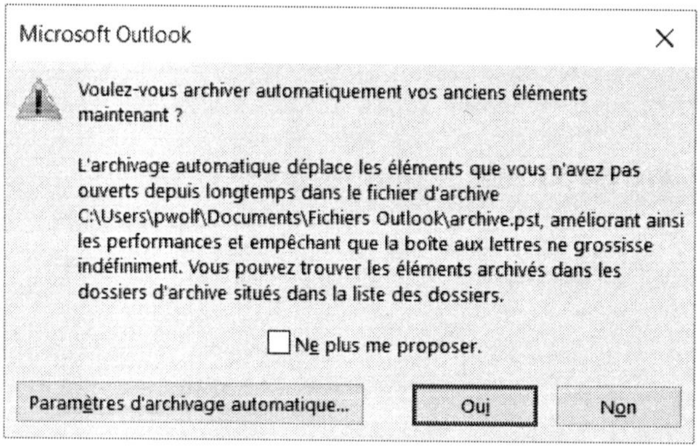

Définir les règles d'archivage au démarrage

- Dans l'onglet **Fichier**, cliquez sur **Options**, sélectionnez la catégorie **Options avancées** puis cliquez sur le bouton **Paramètres d'archivage automatique** de la zone **Archivage automatique.**
- Cochez l'option **Archiver automatiquement tous les** puis spécifiez la fréquence d'exécution de l'archivage automatique dans la zone de saisie associée.

  Par défaut, Outlook propose d'archiver automatiquement tous les 14 jours.

  Si vous désactivez l'option ou si vous tapez ***0*** *dans la zone de saisie, l'archivage au démarrage se trouve désactivé.*

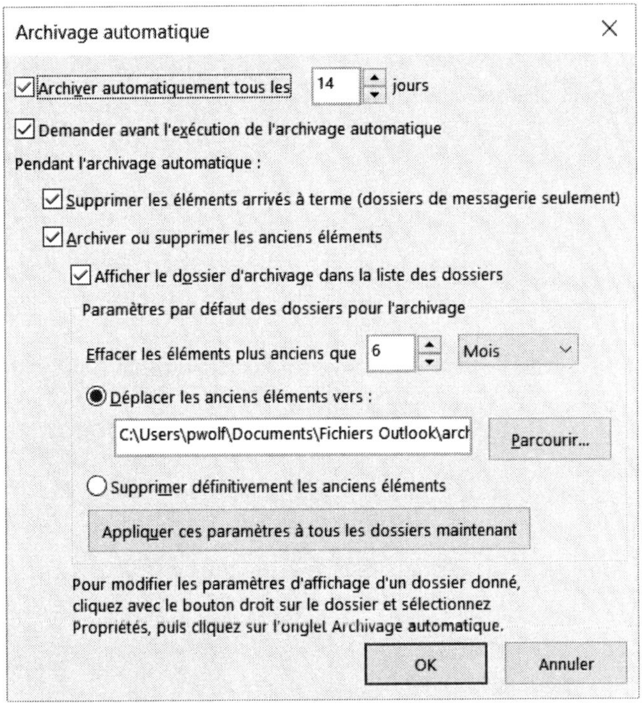

- Cochez l'option **Demander avant l'exécution de l'archivage automatique** si vous souhaitez confirmer l'archivage.
- Spécifiez si l'archivage doit s'accompagner d'une suppression des éléments archivés pour les dossiers de messagerie en cochant ou non l'option **Supprimer les éléments arrivés à terme (dossiers de messagerie seulement).**

- Si vous souhaitez que les anciens éléments soient archivés ou supprimés, cochez l'option **Archiver ou supprimer les anciens éléments.**
- Pour faire apparaître le dossier archive dans la liste des dossiers, cochez l'option **Afficher le dossier d'archivage dans la liste des dossiers.**
- Définissez les paramètres des dossiers d'archivage à l'aide des options de l'encadré **Paramètres par défaut des dossiers pour l'archivage** :
  - Indiquez le délai d'existence des éléments des dossiers à partir duquel ils peuvent être archivés automatiquement à l'aide des deux listes associées à l'option **Effacer les éléments plus anciens que.**

    Ce délai peut être exprimé en **Mois, Semaines** ou **Jours.**
  - Pour déplacer les anciens éléments vers le dossier défini pour les archiver, conservez active l'option **Déplacer les anciens éléments vers** puis modifiez éventuellement le dossier d'archivage à l'aide du bouton **Parcourir.**
  - Pour supprimer les anciens éléments, activez l'option **Supprimer définitivement les anciens éléments.**
- Pour attribuer à tous les dossiers les mêmes paramètres d'archivage, cliquez sur le bouton **Appliquer ces paramètres à tous les dossiers maintenant.**
- Cliquez à deux reprises sur le bouton **OK.**

Si vous ne souhaitez pas que l'archivage se fasse automatiquement au démarrage d'Outlook, décochez l'option **Archiver automatiquement tous les** de la boîte de dialogue **Archivage automatique** (onglet **Fichier - Options** - catégorie **Options avancées** - zone **Archivage automatique** - bouton **Archivage automatique**).

Définir les règles d'archivage d'un dossier

- Cliquez sur le dossier pour lequel vous souhaitez définir les règles d'archivage.
- Dans l'onglet **Dossier**, cliquez sur le bouton **Propriétés du dossier** du groupe **Propriétés.**
- Cliquez sur l'onglet **Archivage automatique.**
- Activez l'option **Archiver ce dossier à l'aide des paramètres suivants.**
- Indiquez le délai d'existence des éléments du dossier à partir duquel ils peuvent être archivés automatiquement à l'aide des listes associées à l'option **Effacer les éléments plus anciens que.**
- Indiquez vers quel dossier d'archivage les éléments doivent être déplacés ou s'ils doivent être définitivement supprimés (cf. sous-titre précédent).

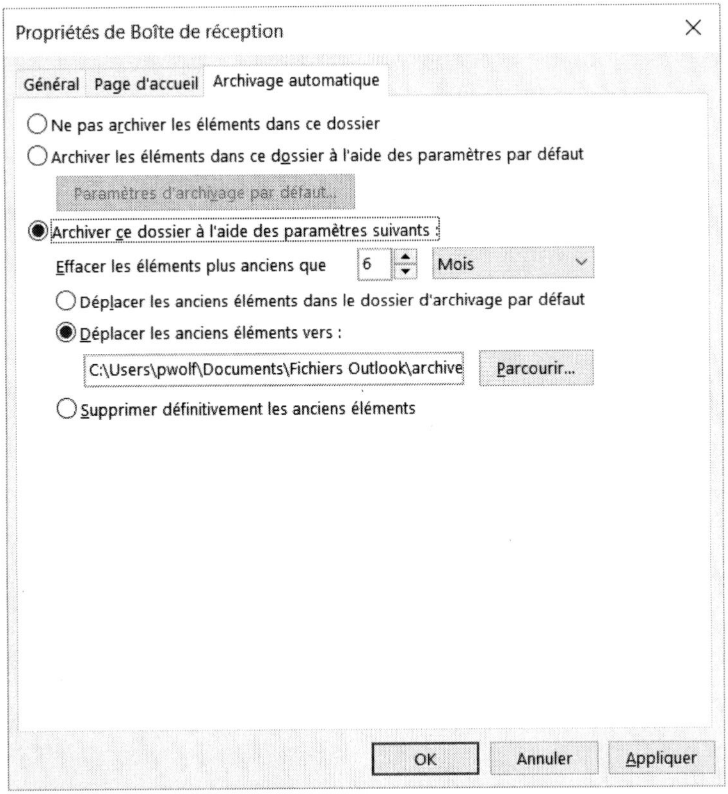

- Validez en cliquant sur le bouton **OK**.

Définir les règles d'archivage d'un élément

- Ouvrez l'élément concerné.
- Dans l'onglet **Fichier**, cliquez sur l'option **Informations** puis sur le bouton **Propriétés**.
- Cochez l'option **Ne pas archiver automatiquement cet élément** de la zone **Paramètres** puis cliquez sur le bouton **Fermer**.
- Fermez l'élément en cliquant sur l'outil .

Exporter des éléments vers un fichier de données Outlook (.pst)

Il s'agit ici de copier les éléments de n'importe quel dossier dans un fichier de données Outlook (.pst). Les éléments de ce fichier pourront être ensuite importés dans le dossier d'origine ou ouverts dans le volet de navigation.

- Dans l'onglet **Fichier**, cliquez sur l'option **Ouvrir et exporter** puis sur le bouton **Importer/Exporter**.
- Sélectionnez l'option **Exporter des données vers un fichier** puis cliquez sur le bouton **Suivant.**
- Sélectionnez l'option **Fichier de données Outlook (.pst)** puis cliquez sur le bouton **Suivant.**
- Sélectionnez le dossier contenant les éléments que vous souhaitez exporter ; si besoin, développez l'arborescence d'un dossier à l'aide du symbole ▷.
- Cliquez éventuellement sur le bouton **Filtrer** afin de poser des conditions de sélection des éléments à exporter et choisissez ou non d'inclure les sous-dossiers en cochant ou non l'option **Inclure les sous-dossiers.**
- Cliquez sur le bouton **Suivant.**
- Dans la zone de saisie **Enregistrer le fichier exporté sous**, indiquez l'emplacement et le nom du fichier sous lequel vous souhaitez enregistrer le fichier exporté ; vous pouvez cliquer sur le bouton **Parcourir** pour sélectionner un autre emplacement.
- Spécifiez comment doivent être gérés les éléments dupliqués en activant l'option correspondante de l'encadré **Options : Remplacer les doublons par les éléments exportés, Autoriser la création de doublons** ou **Ne pas exporter les doublons.**
- Cliquez sur le bouton **Terminer.**

*La boîte de dialogue **Création d'un fichier de données Outlook** s'affiche à l'écran et vous propose d'ajouter un mot de passe.*

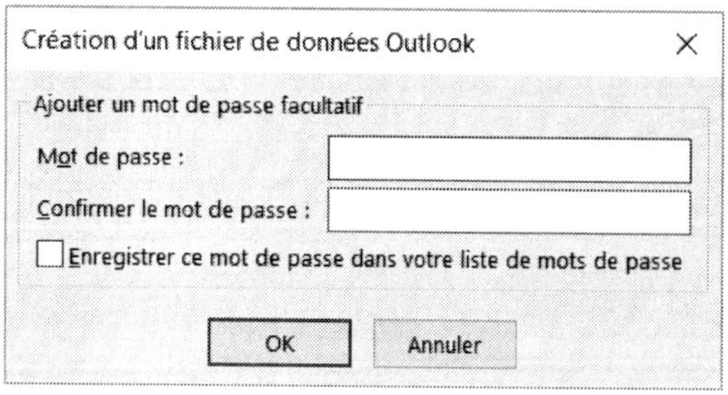

- Saisissez éventuellement un mot de passe pour le fichier dans la zone **Mot de passe** puis confirmez-le dans la zone **Confirmer le mot de passe**.
- Si vous souhaitez enregistrer ce mot de passe dans votre liste de mots de passe, cochez l'option **Enregistrer ce mot de passe dans votre liste de mots de passe**.
- Cliquez sur le bouton **OK**.

Si vous avez choisi d'associer un mot de passe au fichier, la boîte de dialogue suivante apparaît à l'écran.

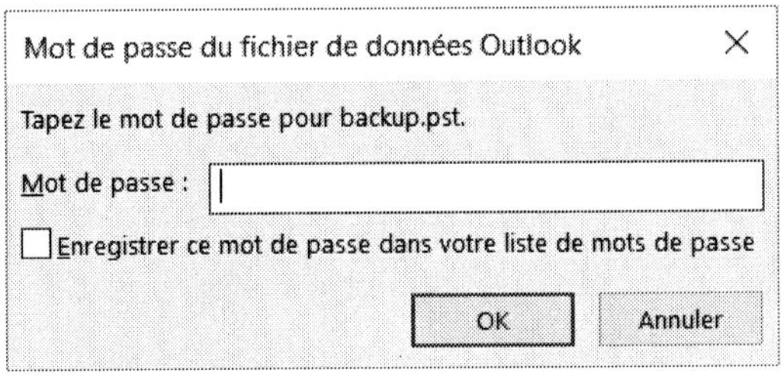

- Si besoin est, saisissez le mot de passe pour votre fichier dans la zone **Mot de passe**.
- Si vous souhaitez enregistrer ce mot de passe dans votre liste de mots de passe, cochez l'option **Enregistrer ce mot de passe dans votre liste de mots de passe**.
- Cliquez sur le bouton **OK**.

Les éléments sont copiés dans le fichier d'exportation sans être supprimés du dossier d'origine.

Importer des éléments

Il s'agit ici d'importer les éléments d'un fichier de données Outlook (.pst) dans le dossier d'origine.

- Sélectionnez éventuellement le dossier dans lequel vous souhaitez importer les éléments.
- Dans l'onglet **Fichier**, cliquez sur l'option **Ouvrir et exporter** puis sur le bouton **Importer/Exporter**.
- Sélectionnez l'option **Importer à partir d'un autre programme ou fichier** puis cliquez sur le bouton **Suivant**.
- Sélectionnez l'option **Fichier de données Outlook (.pst)** puis cliquez sur le bouton **Suivant**.

- Indiquez le chemin d'accès et le nom du fichier dans la zone **Fichier à importer** ou utilisez le bouton **Parcourir** pour le sélectionner.
- Spécifiez comment doivent être gérés les éléments importés en activant l'option correspondante du cadre **Options : Remplacer les doublons par les éléments importés, Autoriser la création de doublons** ou **Ne pas importer les doublons.**
- Cliquez sur le bouton **Suivant.**
- Si un mot de passe a été associé au fichier de données Outlook lors son exportation, la boîte de dialogue **Mot de passe du fichier de données Outlook** s'affiche à deux reprises : saisissez votre mot de passe successivement dans les deux boîtes de dialogue puis cliquez sur le bouton **OK.**

  Ce mot de passe vous sera également demandé à l'ouverture d'Outlook.
- Sélectionnez le dossier à importer.
- Si vous souhaitez inclure les sous-dossiers, cochez l'option **Inclure les sous-dossiers.**
- Si nécessaire, posez des conditions de sélection des éléments à importer à l'aide du bouton **Filtrer.**

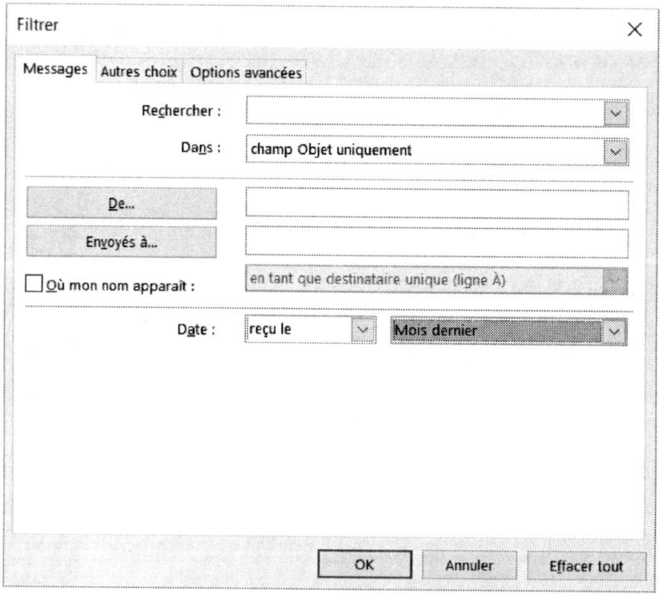

Sur cet exemple, nous souhaitons importer uniquement les messages reçus le mois dernier.

- Cliquez sur le bouton **OK.**
- Activez l'option **Importer les éléments dans le dossier actif** si vous souhaitez que les éléments soient importés dans le dossier actuellement sélectionné ou l'option **Importer les éléments dans le même dossier dans** si vous souhaitez que les éléments soient importés dans leur dossier d'origine.
- Cliquez sur le bouton **Terminer**.

Ouvrir un fichier de données Outlook (.pst)

Les fichiers de données Outlook (.pst) créés lors de l'archivage des messages ou de l'exportation d'éléments peuvent être ajoutés au volet de navigation afin que vous puissiez consulter les éléments qu'ils contiennent. Par exemple, vous pourrez ainsi retrouver des messages archivés le mois dernier.

- Dans l'onglet **Fichier**, cliquez sur l'option **Ouvrir et exporter** puis cliquez sur le bouton **Ouvrir le fichier de données Outlook.**
- Sélectionnez le fichier de données Outlook (.pst) à ouvrir puis cliquez sur le bouton **Ouvrir** ou, faites un double clic sur le fichier à ouvrir.

Nous vous rappelons que les fichiers de données Outlook sont stockés par défaut dans le dossier C\Utilisateurs\nom_utilisateur\Documents\Fichiers Outlook.

- Si un mot de passe a été associé au fichier de données Outlook lors son exportation, la boîte de dialogue **Mot de passe du fichier de données Outlook** s'affiche à deux reprises : saisissez votre mot de passe successivement dans les deux boîtes de dialogue puis cliquez sur le bouton **OK.**

Ce mot de passe vous sera également demandé à l'ouverture d'Outlook.

- Pour afficher le contenu du fichier de données Outlook, activez le dossier **Courrier** s'il s'agit d'éléments de courrier ou activez le dossier **Dossiers** s'il s'agit d'éléments autres que courrier ; si son nom n'est pas visible sur la barre de navigation, cliquez sur ••• puis sur **Dossiers**.
- Cliquez ensuite sur le symbole ▷ visible à gauche de **Fichier de données Outlook** pour le développer et ainsi visualiser les dossiers correspondants.

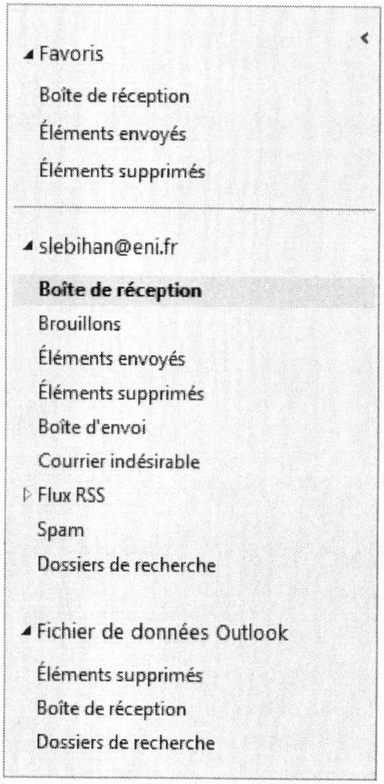

Pour modifier le nom et/ou le mot de passe d'un fichier de données ouvert dans Outlook, dans l'onglet **Fichier**, cliquez sur l'option **Informations**, sur le bouton **Paramètres du compte** puis sur l'option **Paramètres du compte**. Dans l'onglet **Fichiers de données**, sélectionnez le nom du fichier concerné puis cliquez sur le bouton **Paramètres**. Réalisez les modifications souhaitées puis cliquez sur les boutons **OK** et **Fermer**.

Pour fermer un fichier de données Outlook (.pst), faites un clic droit sur le fichier correspondant dans le volet des dossiers puis cliquez sur l'option **Fermer << Fichier de données Outlook >>** ; si vous avez renommé le fichier de données, l'option reprend le nom du fichier de données (**Fermer << nom du fichier >>**).

Nettoyer la boîte aux lettres

Cette fonctionnalité permet de gérer la taille de votre boîte aux lettres à tout moment afin d'améliorer les performances de Outlook.

- Dans l'onglet **Fichier**, cliquez sur l'option **Informations**, sur le bouton **Outils de nettoyage** puis sur l'option **Nettoyer la boîte aux lettres.**

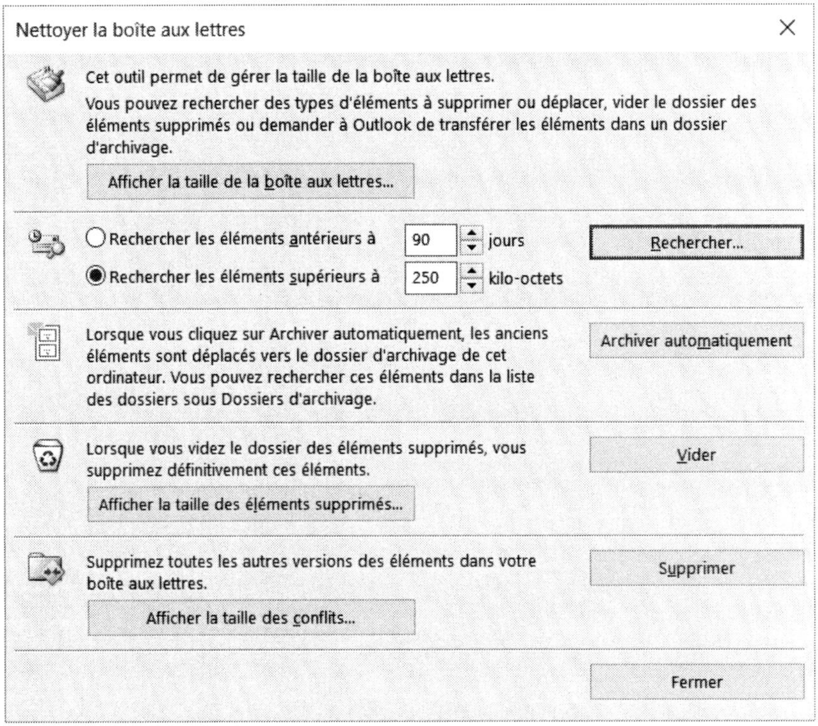

- Pour afficher la taille de votre boîte aux lettres, cliquez sur le bouton **Afficher la taille de la boîte aux lettres.**
- Pour effectuer une recherche d'éléments soit antérieurs à un nombre de jours, soit en fonction d'une taille exprimée en kilo-octets, saisissez le critère de recherche souhaité dans la zone associée à l'option **Rechercher les éléments antérieurs à** ou **Rechercher les éléments supérieurs à** puis cliquez sur le bouton **Rechercher**.

  *Le résultat de votre recherche apparaît dans la fenêtre **Recherche avancée**.*
- Pour exécuter l'archivage, cliquez sur le bouton **Archiver automatiquement**.

- Pour afficher la taille de votre dossier **Éléments supprimés**, cliquez sur le bouton **Afficher la taille des éléments supprimés.**
- Pour supprimer définitivement les éléments du dossier **Éléments supprimés**, cliquez sur le bouton **Vider**.
- Pour afficher la taille de votre dossier **Conflits**, cliquez sur le bouton **Afficher la taille des conflits** ; ce dossier est un sous-dossier du dossier **Problèmes de synchronisation** visible dans la **Liste des dossiers.**
- Pour supprimer le contenu du dossier **Conflits**, cliquez sur le bouton **Supprimer.**
- Si besoin, fermez la boîte de dialogue **Nettoyer la boîte aux lettres** en cliquant sur le bouton **Fermer**.

Si vous utilisez Microsoft Exchange Server 2010 ou supérieur, vous visualisez dans l'onglet **Fichier** (option **Informations**), une barre qui affiche la quantité d'espace disponible dans votre boîte aux lettres.

Créer un nouvel affichage

Créer un nouvel affichage à partir d'un affichage existant

Le principe consiste ici à créer un nouvel affichage à partir d'un affichage existant que vous pourrez personnaliser.

- Sélectionnez le dossier puis le type d'affichage (onglet **Affichage** - groupe **Affichage actuel** - bouton **Changer l'affichage**) à partir duquel le nouvel affichage doit être créé.
- Dans l'onglet **Affichage**, cliquez sur le bouton **Changer l'affichage** du groupe **Affichage actuel** puis sur l'option **Gérer les affichages**.
- Sélectionnez, si nécessaire, l'option **<Paramètres d'affichage en cours>** située dans la colonne **Nom de l'affichage**.
- Cliquez sur le bouton **Copier**.
- Saisissez le nom du nouvel affichage dans la zone de saisie **Nom du nouvel affichage**.
- Définissez, à l'aide des options de l'encadré **Utilisé sur**, l'emplacement où l'affichage sera disponible.

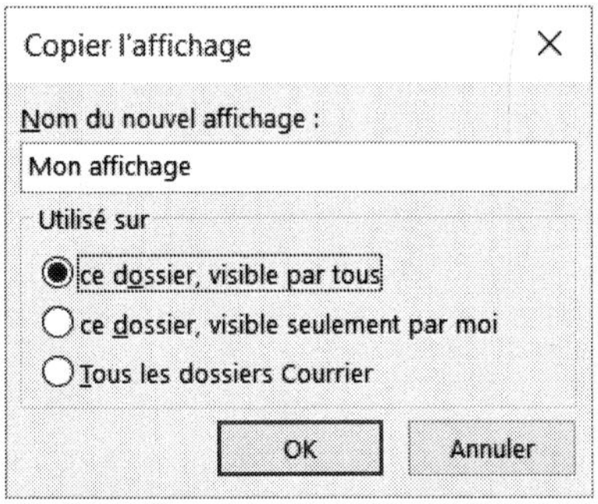

- Cliquez sur le bouton **OK**.
- À l'aide des boutons proposés, modifiez si besoin est, les options d'affichage, de tri, de sélection, de filtre, de regroupement...
- Cliquez sur le bouton **OK**.
- Cliquez sur le bouton **Fermer** pour fermer la boîte de dialogue **Gérer tous les affichages** ou sur le bouton **Appliquer l'affichage** pour fermer la boîte de dialogue et activer le nouvel affichage immédiatement.

*Le nom du nouvel affichage est aussitôt ajouté au bouton **Changer l'affichage** de l'onglet **Affichage** (groupe **Affichage actuel**).*

Pour créer un affichage à partir d'un affichage existant, vous pouvez également cliquer sur l'option **Enregistrer l'affichage actuel comme nouvel affichage** du bouton **Changer l'affichage** (onglet **Affichage**). Bien qu'Outlook ne vous propose pas la boîte de dialogue **Paramètres d'affichage avancés** permettant de modifier les options d'affichage, vous pourrez quand même les modifier par la suite en cliquant sur le bouton **Paramètres d'affichage** de l'onglet **Affichage**.

Créer un nouvel affichage sans modèle

- Sélectionnez le dossier pour lequel le nouvel affichage doit être créé.
- Dans l'onglet **Affichage**, cliquez sur le bouton **Changer l'affichage** du groupe **Affichage actuel** puis sur l'option **Gérer les affichages**.
- Cliquez sur le bouton **Nouveau**.
- Saisissez le nom du nouvel affichage dans la zone de saisie **Nom du nouvel affichage**.
- Déterminez la façon dont les informations seront disposées et mises en forme dans ce nouvel affichage en sélectionnant une option de la zone **Type d'affichage**.
- Définissez, à l'aide des options de l'encadré **Utilisé sur**, l'emplacement où l'affichage sera disponible.

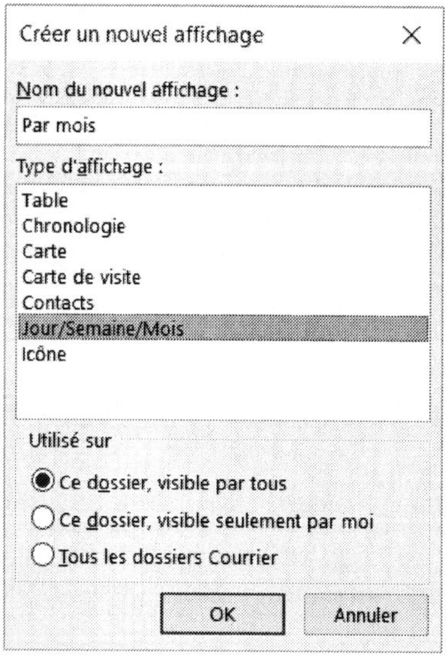

- Cliquez sur le bouton **OK**.
- À l'aide des boutons proposés, définissez les options d'affichage, de tri, de sélection, de filtre, de regroupement...
- Cliquez sur le bouton **OK**.
- Cliquez sur le bouton **Fermer** pour fermer la boîte de dialogue **Gérer tous les affichages** ou sur le bouton **Appliquer l'affichage** pour fermer la boîte de dialogue et activer le nouvel affichage immédiatement.

  *Le nom du nouvel affichage est aussitôt ajouté au bouton **Changer l'affichage** de l'onglet **Affichage**.*

Gérer les affichages

- Sélectionnez le dossier concerné.
- Dans l'onglet **Affichage**, cliquez sur le bouton **Changer l'affichage** du groupe **Affichage actuel** puis sur l'option **Gérer les affichages**.
- Pour modifier un affichage, sélectionnez son nom dans la liste **Nom de l'affichage** puis cliquez sur le bouton **Modifier**. Modifiez ensuite les options d'affichage, de tri, de sélection, de filtre, de regroupement... puis cliquez sur le bouton **OK**.
- Pour renommer un affichage, sélectionnez son nom dans la liste **Nom de l'affichage** puis cliquez sur le bouton **Renommer**. Saisissez ensuite le nouveau nom dans la zone de saisie **Nouveau nom de l'affichage** puis cliquez sur le bouton **OK**.
- Pour supprimer un affichage, sélectionnez son nom dans la liste **Nom de l'affichage**, cliquez sur le bouton **Supprimer** puis confirmez la suppression en cliquant sur le bouton **Oui**.
- Fermez la boîte de dialogue **Gérer tous les affichages** en cliquant sur le bouton **Fermer**.

Vous ne pouvez pas renommer ou supprimer un affichage standard.

Le bouton **Réinitialiser** de la boîte de dialogue **Gérer tous les affichages** permet d'annuler toutes les modifications réalisées sur un affichage standard.

Pour supprimer ou renommer un affichage personnalisé, vous pouvez également cliquer sur le bouton **Changer l'affichage** de l'onglet **Affichage**, faire un clic droit sur le nom de l'affichage concerné puis cliquer sur l'option **Renommer** ou **Supprimer**.

Gérer les colonnes d'un affichage

*Un affichage se définit, entre autres, par les **colonnes** qu'il contient ; chaque colonne permet d'afficher un type d'information spécifique.*

- Sélectionnez le dossier contenant les colonnes à gérer.
- Dans l'onglet **Affichage**, cliquez sur le bouton **Paramètres d'affichage** du groupe **Affichage actuel**.
- Cliquez sur le bouton **Colonnes**.

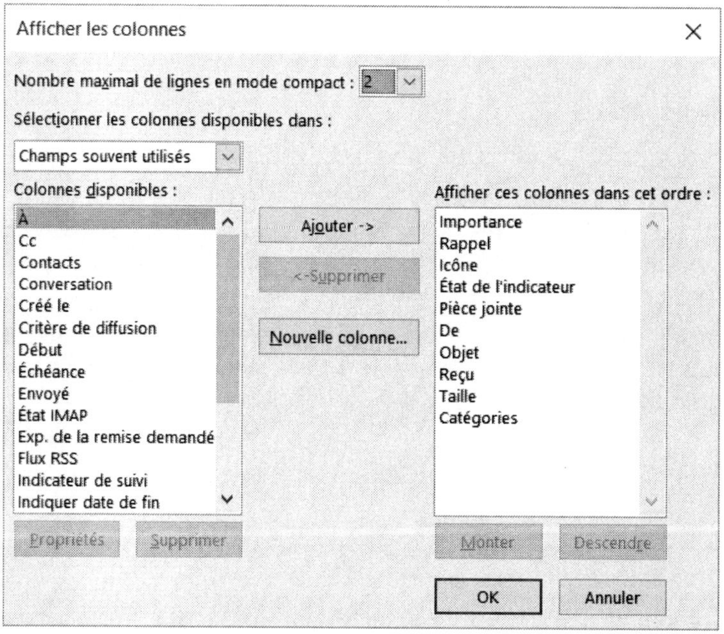

*Dans la fenêtre qui s'affiche, la zone de liste **Colonnes disponibles** contient les colonnes que vous pouvez ajouter, alors que la zone de liste **Afficher ces colonnes dans cet ordre** recense toutes les colonnes actuellement affichées.*

*Le contenu de la zone de liste **Colonnes disponibles** dépend du choix fait dans la liste **Sélectionner les colonnes disponibles dans**.*

- Pour ajouter une colonne, sélectionnez la colonne après laquelle vous souhaitez ajouter la nouvelle colonne dans la zone de liste **Afficher ces colonnes dans cet ordre**.

  Sélectionnez la liste des colonnes disponibles à partir de la liste déroulante **Sélectionner les colonnes disponibles dans.**

  Dans la zone de liste **Colonnes disponibles**, sélectionnez la colonne à afficher puis cliquez sur le bouton **Ajouter** : la colonne est désormais visible dans la liste **Afficher ces colonnes dans cet ordre** et ne l'est plus dans la zone de liste **Colonnes disponibles.**

  Vous pouvez aussi faire un double clic sur le nom de la colonne à ajouter.

- Pour supprimer une colonne de la liste **Afficher ces colonnes dans cet ordre**, sélectionnez-la puis cliquez sur le bouton **Supprimer** : la colonne est désormais visible dans la zone de liste **Colonnes disponibles.**

- Pour déplacer une colonne, sélectionnez-la dans la zone de liste **Afficher ces colonnes dans cet ordre** puis déplacez-la à l'aide des boutons **Monter** ou **Descendre.**

  Vous pouvez aussi faire glisser la colonne dans la liste pour la déplacer.

- Pour créer une colonne, sélectionnez la colonne après laquelle vous souhaitez ajouter la nouvelle dans la zone de liste **Afficher ces colonnes dans cet ordre** puis cliquez sur le bouton **Nouvelle colonne.**

  Attribuez un nom à la colonne en cours de création dans la zone de saisie **Nom**, sélectionnez son type dans la liste **Type** puis, si nécessaire, appliquez-lui un format d'affichage à l'aide de la zone de liste **Format.**

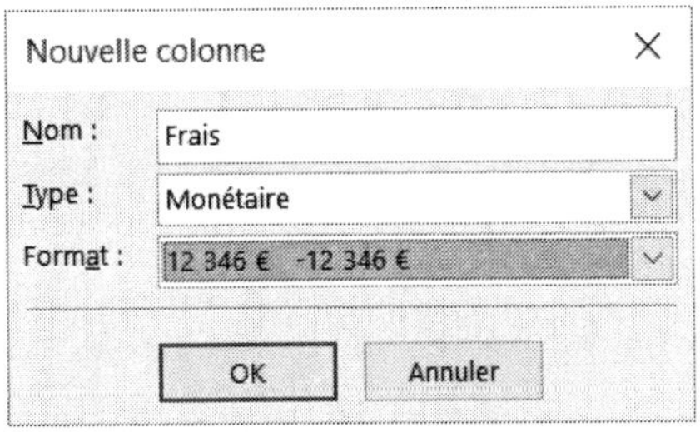

  Cliquez sur le bouton **OK.**

- Cliquez à deux reprises sur le bouton **OK.**

Pour rétablir les paramètres d'origine d'affichage du dossier, dans l'onglet **Affichage**, cliquez sur le bouton **Réinitialiser l'affichage** du groupe **Affichage actuel** puis cliquez sur le bouton **Oui** du message de confirmation qui s'affiche.

Modifier les polices d'un affichage de type Table

- Sélectionnez le dossier pour lequel vous souhaitez modifier la police.
- Dans l'onglet **Affichage**, cliquez sur le bouton **Paramètres d'affichage** du groupe **Affichage actuel**.
- Cliquez sur le bouton **Autres paramètres.**

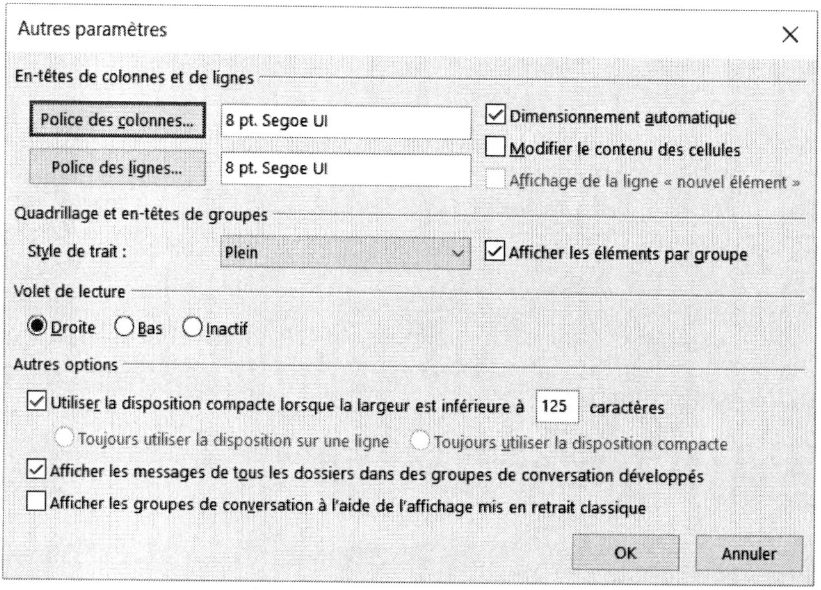

- Pour modifier la police, le style, la taille et/ou le script des en-têtes de colonnes, cliquez sur le bouton **Police des colonnes** de la zone **En-têtes de colonnes et de lignes**, sélectionnez les options souhaitées puis cliquez sur le bouton **OK**.
- Pour modifier la police, le style, la taille et/ou le script des lignes (une ligne correspond à un élément), cliquez sur le bouton **Police des lignes** de la zone **En-têtes de colonnes et de lignes**, sélectionnez les options souhaitées puis cliquez sur le bouton **OK**.
- Cliquez à deux reprises sur le bouton **OK**.

Autoriser la modification directe des données

Suite à ce choix, un simple clic dans une cellule vous permet de modifier son contenu (cette technique est possible dans un affichage de type Table ou Carte).

- Sélectionnez le dossier pour lequel vous souhaitez autoriser la modification directe des données.
- Dans l'onglet **Affichage**, cliquez sur le bouton **Paramètres d'affichage** du groupe **Affichage actuel**.
- Cliquez sur le bouton **Autres paramètres**.
- Cochez l'option **Modifier le contenu des cellules** visible dans la zone **En-têtes de colonnes et de lignes.**
- Cliquez à deux reprises sur le bouton **OK**.

Personnaliser l'affichage de type Table

Modifier la largeur des colonnes

- Sélectionnez le dossier contenant les colonnes dont vous souhaitez modifier la largeur.
- Positionnez le pointeur de la souris sur le trait vertical situé à droite du libellé de la colonne à modifier.
- Pour modifier la largeur de la colonne, réalisez un cliqué-glissé.
- Pour ajuster la largeur de la colonne à son contenu, réalisez un double clic.

  Attention, certaines colonnes ont parfois des largeurs figées.

Modifier l'ordre des colonnes

- Sélectionnez le dossier pour lequel l'ordre des colonnes doit être modifié.
- Cliquez sur l'en-tête de colonne à déplacer puis faites-le glisser vers la gauche ou vers la droite selon la position souhaitée.

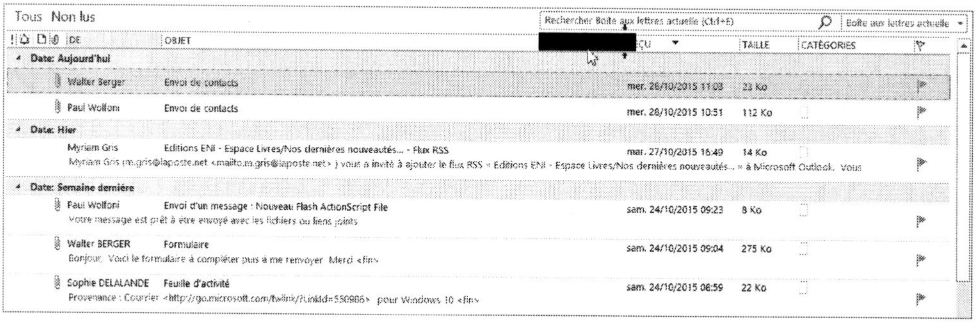

Outlook symbolise le nouvel emplacement de la colonne par deux flèches rouges. Si vous déplacez l'en-tête sur un endroit interdit, Outlook barre l'en-tête de colonne d'une grosse croix noire ; si vous relâchez la souris à ce moment-là, la colonne sera supprimée !

- Lorsque la nouvelle position de la colonne vous convient, relâchez le bouton de la souris.

Ajouter une colonne

- Sélectionnez le dossier pour lequel vous souhaitez ajouter une colonne.
- Faites un clic droit sur un en-tête de colonne puis cliquez sur l'option **Sélecteur de champs.**

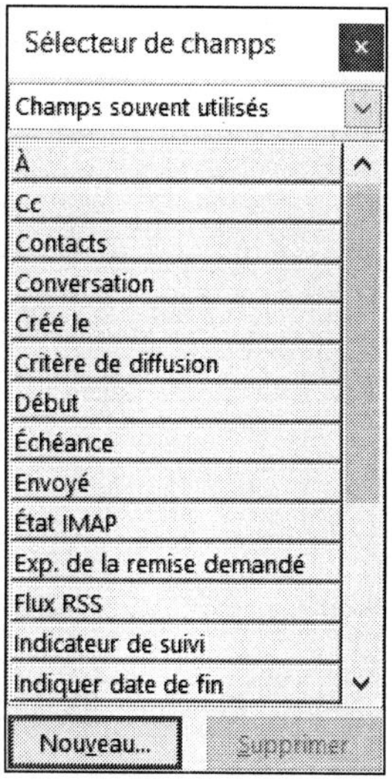

- Dans la fenêtre **Sélecteur de champs**, cliquez sur le nom de la colonne à ajouter puis faites-la glisser à l'endroit souhaité sur la ligne des en-têtes de colonne.

  Si la colonne qui vous intéresse n'est pas visible parmi les colonnes proposées, ouvrez la liste située dans la partie supérieure de la fenêtre puis cliquez sur l'option permettant de les afficher.

- Lorsque la position vous convient, relâchez le bouton de la souris.
- Fermez la fenêtre **Sélecteur de champs** en cliquant sur l'outil ☒.

Supprimer une colonne

Le champ correspondant disparaîtra de la ligne d'en-tête mais n'est pas supprimé. Il pourra éventuellement être ajouté de nouveau au dossier ultérieurement.

- Sélectionnez le dossier contenant la colonne à enlever.
- Cliquez sur l'en-tête du champ correspondant à la colonne à enlever puis faites-le glisser en dehors de la ligne des en-têtes jusqu'à ce que Outlook barre l'en-tête du champ d'une grosse croix noire.
- Relâchez le bouton de la souris.

Créer un champ

- Sélectionnez le dossier dans lequel vous souhaitez créer un champ.
- Faites un clic droit sur l'en-tête d'un champ puis cliquez sur l'option **Sélecteur de champs**.
- Cliquez sur le bouton **Nouveau** de la fenêtre **Sélecteur de champs**.
- Précisez le nom, le type et le format du champ dans les zones **Nom**, **Type** et **Format** puis cliquez sur le bouton **OK**.

  *Le champ est automatiquement ajouté à la liste **Champs utilisateur bte réception** (Boîte de réception) ou **Champs définis par l'utilisateur dans le dossier** (autres dossiers).*

- Fermez la fenêtre **Sélecteur de champs** en cliquant sur l'outil ☒.

Supprimer un champ

Seuls les champs créés par l'utilisateur peuvent être supprimés.

- Sélectionnez le dossier contenant le champ à supprimer.

- Faites un clic droit sur l'en-tête d'un champ puis cliquez sur l'option **Sélecteur de champs.**
- Ouvrez la liste située en haut de la fenêtre du **Sélecteur de champs** puis, selon le dossier actif, cliquez sur l'option **Champs définis par l'utilisateur dans le dossier** ou **Champs utilisateur bte réception.**
- Sélectionnez le champ à supprimer puis cliquez sur le bouton **Supprimer.**
- Cliquez sur le bouton **Oui** pour confirmer la suppression du champ.
- Fermez la fenêtre **Sélecteur de champs** en cliquant sur l'outil .

Gérer la disposition des lignes

Vous pouvez choisir d'afficher vos éléments sur une ou plusieurs lignes.

- Sélectionnez le dossier pour lequel vous souhaitez définir la disposition des lignes.
- Dans l'onglet **Affichage**, cliquez sur le bouton **Paramètres d'affichage** du groupe **Affichage actuel.**
- Cliquez sur le bouton **Autres paramètres.**
- Pour activer automatiquement la disposition sur plusieurs lignes en fonction de la largeur de la colonne, cochez l'option **Utiliser la disposition compacte lorsque la largeur est inférieure à n caractères** puis spécifiez le nombre de caractères à partir duquel la disposition doit apparaître sur plusieurs lignes.

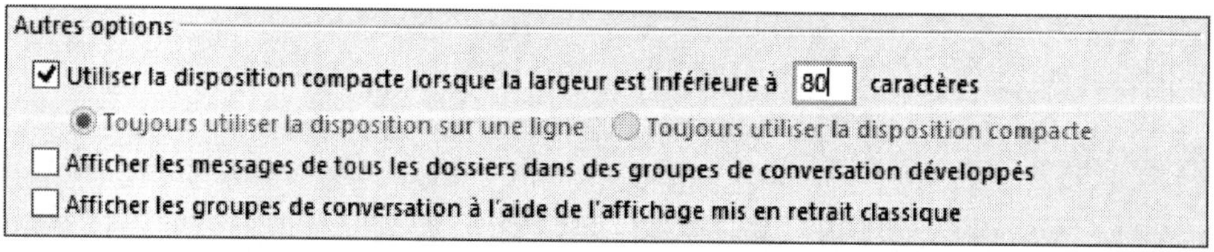

- Pour que vos éléments soient toujours affichés sur une ligne, décochez l'option **Utiliser la disposition compacte lorsque la largeur est inférieure à n caractères** puis activez l'option **Toujours utiliser la disposition sur une ligne.**
- Pour que vos éléments soient toujours affichés sur plusieurs lignes, décochez l'option **Utiliser la disposition compacte lorsque la largeur est inférieure à n caractères** puis activez l'option **Toujours utiliser la disposition compacte.**
- Cliquez à deux reprises sur le bouton **OK.**

- Si vous avez choisi d'afficher plusieurs lignes, vous pouvez spécifier le nombre de lignes à afficher : dans l'onglet **Affichage**, cliquez sur le bouton **Paramètres d'affichage** du groupe **Affichage actuel** puis cliquez sur le bouton **Colonnes**. Sélectionnez ensuite le nombre maximal de lignes à afficher en mode compact dans la liste **Nombre maximal de lignes en mode compact** puis cliquez à deux reprises sur le bouton **OK**.

Modifier l'alignement du contenu des colonnes

- Sélectionnez le dossier pour lequel vous souhaitez modifier l'alignement du contenu des colonnes.
- Dans l'onglet **Affichage**, cliquez sur le bouton **Paramètres d'affichage** du groupe **Affichage actuel**.
- Cliquez sur le bouton **Mettre en forme les colonnes**.
- Dans la liste **Champs disponibles**, sélectionnez le champ correspondant à la colonne à modifier.

  *Les alignements de certains champs, comme par exemple **Importance** ou **Pièce jointe**, ne peuvent pas être modifiés.*

- Activez l'option **Gauche**, **Centre** ou **Droite** de la zone **Alignement** puis cliquez à deux reprises sur le bouton **OK**.

Modifier le libellé des en-têtes de colonnes

- Sélectionnez le dossier contenant le libellé à modifier.
- Dans l'onglet **Affichage**, cliquez sur le bouton **Paramètres d'affichage** du groupe **Affichage actuel**.
- Cliquez sur le bouton **Mettre en forme les colonnes**.
- Dans la liste **Champs disponibles**, sélectionnez le champ dont le libellé doit être modifié.

  *Les intitulés de certains champs, comme par exemple **Importance** ou **Pièce jointe**, ne peuvent pas être modifiés.*

- Saisissez le nouveau libellé de l'en-tête de colonne dans la zone de saisie **Intitulé** puis cliquez à deux reprises sur le bouton **OK**.

Modifier le format des colonnes présentant des dates

Il s'agit ici d'indiquer la manière dont vont s'afficher les dates dans la colonne.

- Sélectionnez le dossier concerné.

- Dans l'onglet **Affichage**, cliquez sur le bouton **Paramètres d'affichage** du groupe **Affichage actuel**.
- Cliquez sur le bouton **Mettre en forme les colonnes**.
- Dans la liste **Champs disponibles**, sélectionnez le champ dont le format de date doit être modifié.
- Ouvrez la liste **Format**, cliquez sur l'option correspondant au format de date à appliquer puis cliquez à deux reprises sur le bouton **OK**.

Modifier l'apparence des lignes

- Sélectionnez le dossier pour lequel vous souhaitez modifier l'apparence des lignes.
- Dans l'onglet **Affichage**, cliquez sur le bouton **Paramètres d'affichage** du groupe **Affichage actuel**.
- Cliquez sur le bouton **Autres paramètres**.

*La zone qui vous intéresse ici est la zone **Quadrillage et en-têtes de groupes**.*

- Ouvrez la liste **Style de trait** puis sélectionnez l'option correspondant au style de quadrillage à appliquer.

- Cliquez à deux reprises sur le bouton **OK**.

Afficher les champs vides (affichage Carte)

Il s'agit ici d'afficher la totalité des champs sur chaque carte, même ceux que vous n'avez pas renseignés.

- Sélectionnez le dossier pour lequel vous souhaitez afficher les champs vides.
- Dans l'onglet **Affichage**, cliquez sur le bouton **Paramètres d'affichage** du groupe **Affichage actuel**.
- Cliquez sur le bouton **Autres paramètres**.
- Cochez l'option **Afficher les champs vides** de l'encadré **Champs de carte**.
- Cliquez à deux reprises sur le bouton **OK**.

Ajouter un groupe de raccourcis

Un groupe de raccourcis est composé de ***raccourcis*** *représentés sous forme d'icônes qui permettent d'accéder à différents types de dossiers.*

- Affichez les **Raccourcis** dans le volet des dossiers en cliquant sur l'icône **Raccourcis** sur la barre de navigation ou en utilisant le raccourci-clavier Ctrl **7** ; si l'icône **Raccourcis** n'est pas visible sur la barre de navigation, cliquez sur ••• puis sur l'option **Raccourcis**.

  Par défaut, seul le groupe ***Raccourcis*** *est créé dans Outlook.*

- Cliquez avec le bouton droit de la souris sur le groupe **Raccourcis** puis cliquez sur l'option **Nouveau groupe de raccourcis.**

  Le texte ***Nouveau groupe*** *apparaît désormais dans le volet des dossiers.*

- Saisissez le nom du nouveau groupe puis appuyez sur la touche ↵.

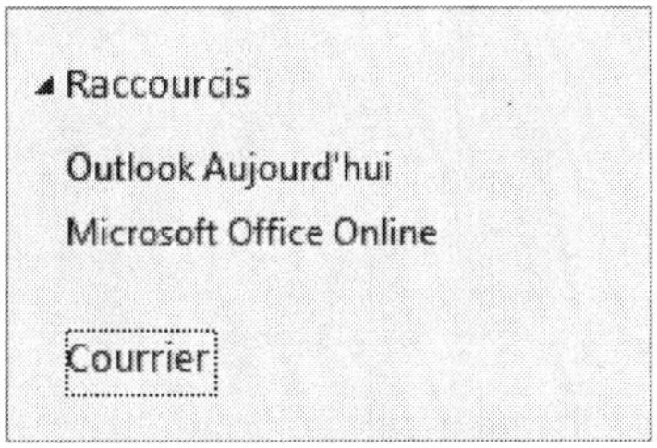

Le nouveau groupe (dans notre exemple ***Courrier****) s'ajoute à la suite du ou des groupes existants.*

Renommer un groupe de raccourcis

- Affichez les **Raccourcis** dans le volet des dossiers en cliquant sur l'icône **Raccourcis** sur la barre de navigation ou en utilisant le raccourci-clavier Ctrl **7** ; si l'icône **Raccourcis** n'est pas visible sur la barre de navigation, cliquez sur ••• puis sur l'option **Raccourcis.**
- Cliquez avec le bouton droit de la souris sur le nom du groupe à renommer puis cliquez sur l'option **Renommer ce groupe**.
- Saisissez le nouveau nom du groupe puis appuyez sur la touche ↵.

Supprimer un groupe de raccourcis

- Affichez les **Raccourcis** dans le volet des dossiers en cliquant sur l'icône **Raccourcis** sur la barre de navigation ou en utilisant le raccourci-clavier Ctrl **7** ; si l'icône **Raccourcis** n'est pas visible sur la barre de navigation, cliquez sur ••• puis sur l'option **Raccourcis.**
- Cliquez avec le bouton droit de la souris sur le nom du groupe à supprimer puis cliquez sur l'option **Supprimer ce groupe**.

  Un message d'alerte apparaît à l'écran.

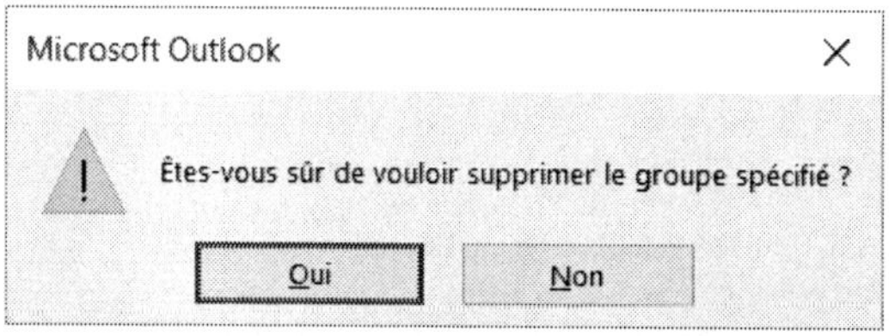

- Cliquez sur le bouton **Oui** pour confirmer la suppression du groupe.

  Attention : Outlook supprime un groupe même s'il contient des raccourcis.

Modifier l'ordre d'un groupe de raccourcis

- Affichez les **Raccourcis** dans le volet des dossiers en cliquant sur l'icône **Raccourcis** sur la barre de navigation ou en utilisant le raccourci-clavier Ctrl **7** ; si l'icône **Raccourcis** n'est pas visible sur la barre de navigation, cliquez sur ••• puis sur l'option **Raccourcis.**
- Cliquez avec le bouton droit de la souris sur le nom du groupe à déplacer.
- Cliquez, en fonction de la position souhaitée, sur l'option **Monter** ou **Descendre.**

Créer un raccourci à l'intérieur d'un groupe

- Affichez les **Raccourcis** dans le volet des dossiers en cliquant sur l'icône **Raccourcis** sur la barre de navigation ou en utilisant le raccourci-clavier Ctrl **7** ; si l'icône **Raccourcis** n'est pas visible sur la barre de navigation, cliquez sur ••• puis sur l'option **Raccourcis.**

- Cliquez avec le bouton droit de la souris sur le groupe dans lequel vous souhaitez ajouter le raccourci puis cliquez sur l'option **Nouveau raccourci**.
- Sélectionnez le nom du dossier pour lequel vous souhaitez créer un raccourci.
- Cliquez sur le bouton **OK**.

  Le raccourci s'ajoute au groupe.

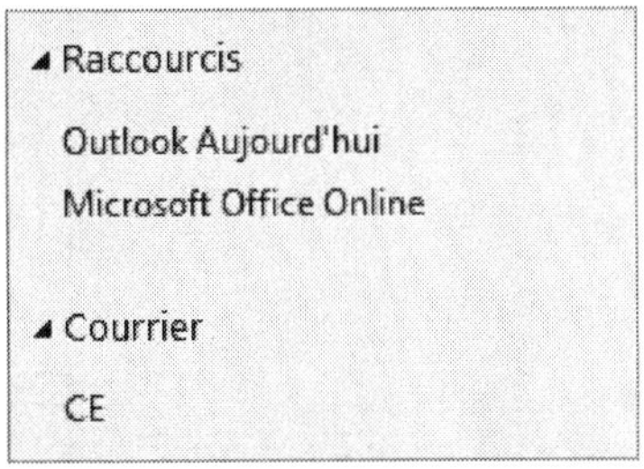

*Sur cet exemple, il s'agit du raccourci du dossier **CE**, dossier créé par nos soins (cf. Dossiers - Créer un dossier).*

Déplacer un raccourci

- Affichez les **Raccourcis**.
- Développez, si besoin, le groupe de raccourcis contenant le raccourci à déplacer en cliquant sur le symbole ▷ associé au groupe ; le symbole ◢ permet désormais de masquer le contenu du groupe.
- Pour déplacer le raccourci, sélectionnez-le puis faites-le glisser vers la position souhaitée dans le groupe de destination ; si vous faites glisser le raccourci sur le nom du groupe, il se positionne à la fin du groupe.

  *Vous pouvez également faire un clic droit sur le raccourci à déplacer puis cliquer sur l'option **Monter** ou **Descendre**.*

Renommer un raccourci

- Affichez les **Raccourcis**.
- Cliquez avec le bouton droit de la souris sur le raccourci à renommer puis cliquez sur l'option **Renommer le raccourci**.
- Saisissez le nouveau nom du raccourci puis appuyez sur la touche ↵.

Supprimer un raccourci

- Affichez les **Raccourcis.**
- Cliquez avec le bouton droit de la souris sur le raccourci à supprimer puis cliquez sur l'option **Supprimer le raccourci.**

  Un message d'alerte apparaît à l'écran.
- Confirmez la suppression en cliquant sur le bouton **Oui.**

Qu'est-ce qu'un dossier ?

Dans Outlook un "dossier" peut revêtir plusieurs aspects :

- Les **dossiers Outlook** ou **dossiers privés** : il s'agit des dossiers contenant les éléments Outlook. Vous êtes propriétaire de ces dossiers et vous pouvez les partager afin que d'autres utilisateurs y accèdent.
- Les **dossiers publics** permettent de partager des informations au sein de votre entreprise, mais aussi par Internet, à travers des groupes de discussion ; ils sont créés et gérés par l'administrateur de votre réseau qui peut en définir les autorisations pour certains utilisateurs. Ces dossiers sont disponibles uniquement lorsque vous utilisez Microsoft Exchange Server.

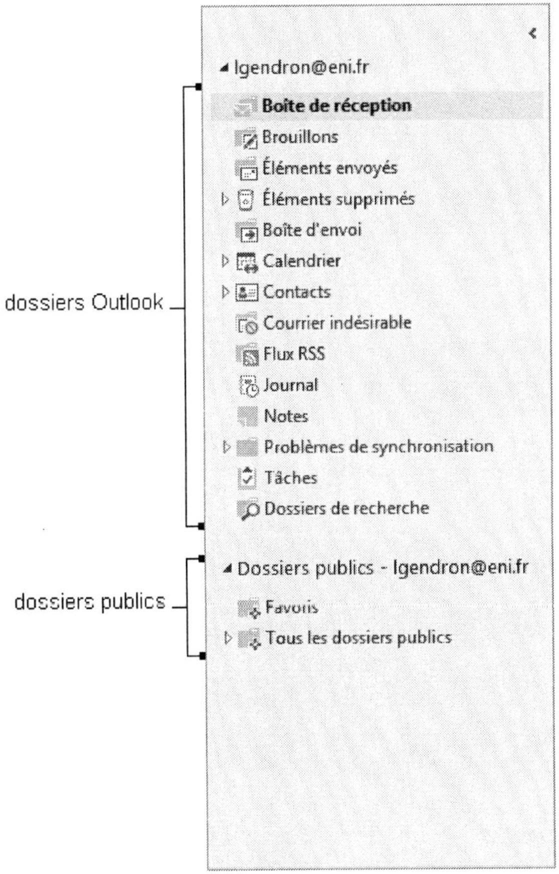

Créer un dossier

- Sélectionnez éventuellement le dossier dans lequel vous souhaitez créer un dossier.
- Dans l'onglet **Dossier**, cliquez sur le bouton **Dossier** du groupe **Nouveau** ; si vous avez sélectionné le dossier **Calendrier**, cliquez sur le bouton **Nouveau calendrier**.

  Vous pouvez également utiliser le raccourci-clavier Ctrl ⇧ ***E***.
- Saisissez le nom du nouveau dossier dans la zone de saisie **Nom**.
- Ouvrez la liste **Contenu du dossier** puis sélectionnez le type d'éléments que vous souhaitez conserver dans le dossier.
- Dans la liste **Sélectionner l'emplacement de ce dossier**, sélectionnez le dossier dans lequel le nouveau doit être créé ; pour créer un dossier au même niveau que les autres dossiers, vous devez sélectionner le dossier supérieur (dans notre exemple lgendron@eni.fr).

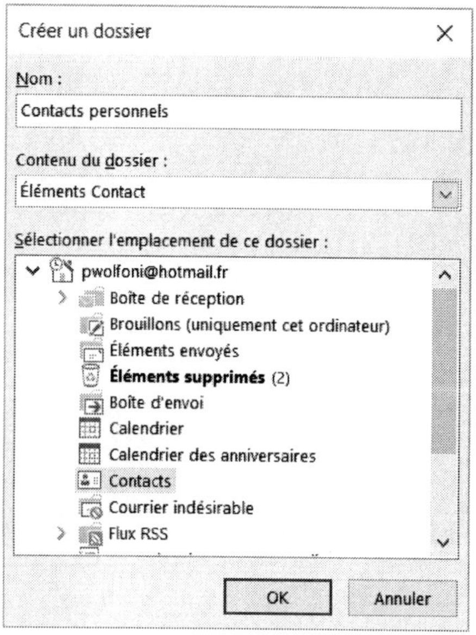

*Ici, le dossier **Contacts personnels** va être créé dans le dossier **Contacts**.*

- Cliquez sur le bouton **OK**.

Vous pouvez ajouter le raccourci d'un dossier au dossier **Raccourcis** (cf. chapitre Raccourcis).

Créer/gérer des groupes de dossiers

*Par défaut, seul un groupe de dossiers nommé **Mes « nom du dossier »** (pour le dossier contacts, vous visualisez **Mes contacts**) est visible dans le volet des dossiers **Contacts**, **Tâches** et **Notes**. Vous pouvez ajouter d'autres groupes de dossiers à ces dossiers afin d'y déplacer des dossiers.*

- Accédez au dossier **Contacts**, **Tâches** ou **Notes** ; si son icône ou son nom n'est pas visible sur la barre de navigation, cliquez sur ••• puis sur le nom du dossier à activer.

Concernant le dossier Calendrier, Outlook utilise le terme Groupe de calendriers. Les groupes de calendriers sont traités différemment que les groupes de dossiers aussi, pour plus d'informations reportez-vous au titre Les groupes de calendriers du chapitre Partage et groupes de calendriers.

- Pour créer un groupe de dossiers, faites un clic droit sur le dossier **Mes « nom du dossier »** (par exemple, pour le dossier **Tâches** il s'agit du groupe de dossiers **Mes tâches**) visible dans le volet des dossiers puis cliquez sur l'option **Nouveau groupe de dossiers**.

Saisissez le nom du groupe de dossiers puis validez en cliquant sur le bouton ⏎.

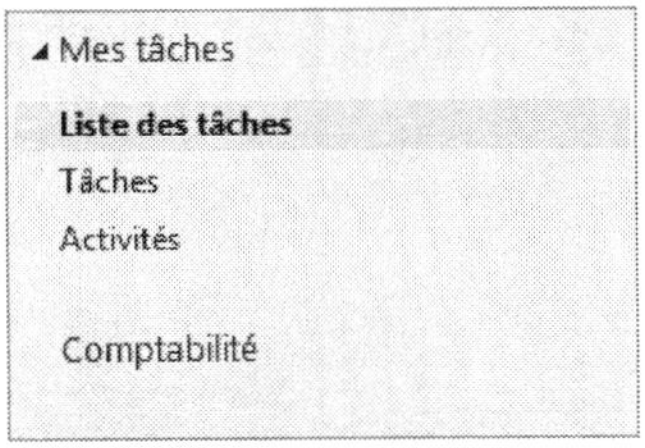

*Dans notre exemple, le groupe de dossiers **Comptabilité** a été ajouté au dossier **Tâches**.*

- Pour renommer un groupe de dossiers, faites un clic droit sur le groupe concerné puis cliquez sur l'option **Renommer ce groupe**. Saisissez le nouveau nom du groupe puis appuyez sur la touche ⏎ pour valider.

*Vous ne pouvez pas renommer le groupe de dossiers par défaut nommé **Mes "nom du dossier"**.*

- Pour supprimer un groupe de dossiers, faites un clic droit sur le groupe concerné puis cliquez sur l'option **Supprimer ce groupe**. Confirmez la suppression du groupe de dossiers en cliquant sur le bouton **Oui** du message qui s'affiche.

*Vous ne pouvez pas supprimer le groupe de dossiers par défaut nommé **Mes "nom du dossier"**.*

- Pour modifier la position d'un groupe de dossiers, faites un clic droit sur son nom puis cliquez sur l'option **Monter** pour le déplacer vers le haut ou sur l'option **Descendre** pour le déplacer vers le bas.

  Vous pouvez également cliquer sur le nom du groupe puis, sans relâcher le bouton de la souris, le faire glisser vers sa nouvelle position.

- Pour déplacer un dossier dans un autre groupe de dossiers, cliquez sur le dossier concerné puis, sans relâcher le bouton de la souris, faites-le glisser vers le nouveau groupe de dossiers. Vous pouvez, de la même manière, déplacer un dossier dans son groupe de dossiers.

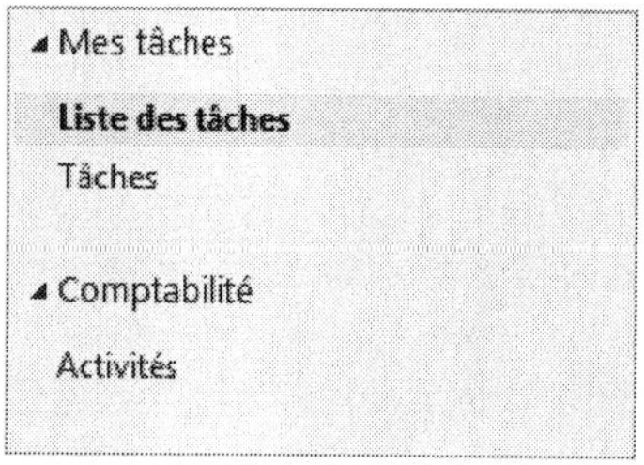

Créer un dossier de recherche

Un dossier de recherche est un dossier virtuel contenant des éléments de courrier répondant à des critères de recherche. Par exemple, vous pouvez créer un dossier de recherche contenant les messages d'un destinataire précis. Lors de la réception d'un message de celui-ci, en plus d'apparaître dans votre Boîte de réception, ce message apparaîtra également dans le dossier de recherche correspondant, facilitant ainsi l'accès aux messages de ce destinataire. Un dossier de recherche peut contenir uniquement des éléments de courrier.

Créer un dossier de recherche prédéfini

- Cliquez sur l'icône **Courrier**  dans la barre de navigation.
- Dans l'onglet **Dossier**, cliquez sur le bouton **Dossier de recherche** visible dans le groupe **Nouveau** ou utilisez le raccourci-clavier [Ctrl][⇧] **Z**.

Vous pouvez également faire un clic droit sur le dossier ***Dossiers de recherche*** *visible dans le volet des dossiers puis cliquer sur l'option* ***Dossier de recherche****.*

- Sélectionnez un des dossiers de recherche prédéfini dans la zone de liste **Sélectionner un dossier de recherche.**
- Si besoin est, spécifiez le critère à utiliser dans la zone **Personnaliser le dossier de recherche.**
- Si vous possédez plusieurs boîtes aux lettres (ou dossiers personnels), ouvrez la liste **Rechercher le courrier dans** puis sélectionnez celle dans laquelle doivent s'effectuer les recherches.

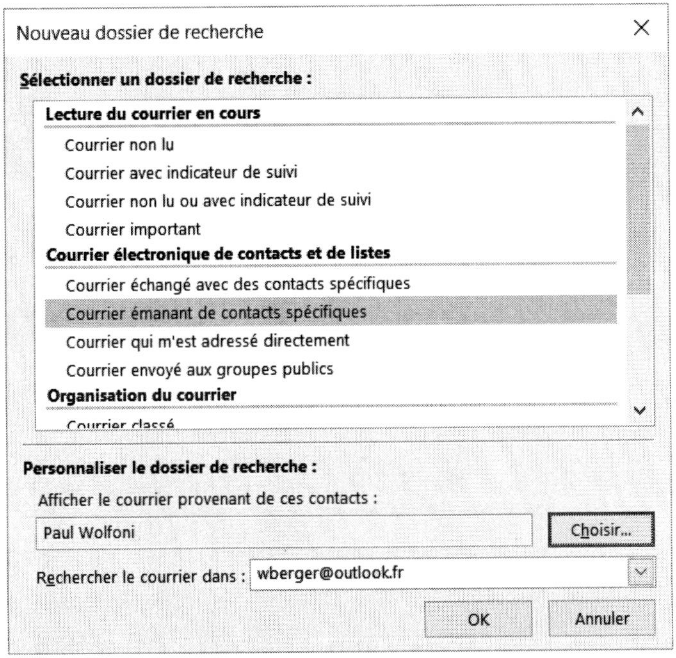

Le dossier de recherche sélectionné ici contiendra le courrier provenant de ***Paul Wolfoni****.*

- Cliquez sur le bouton **OK.**
- Pour visualiser le contenu du dossier de recherche, développez si besoin l'arborescence du dossier **Dossiers de recherche** visible dans le dossier **Courrier** puis cliquez sur le nom du dossier de recherche concerné.

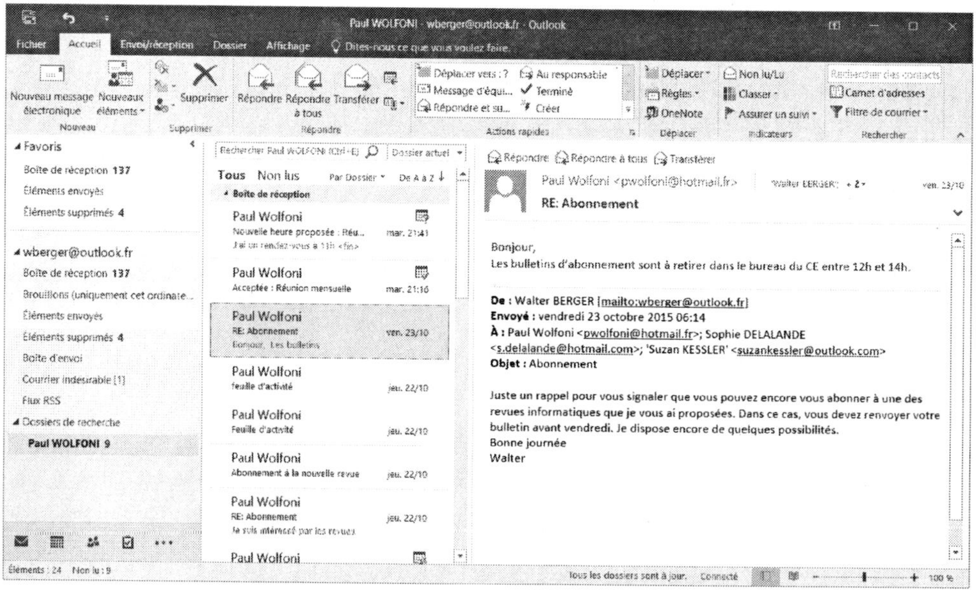

Créer un dossier de recherche personnalisé

- Cliquez sur l'icône **Courrier**  dans la barre de navigation.
- Dans l'onglet **Dossier**, cliquez sur le bouton **Dossier de recherche** visible dans le groupe **Nouveau** ou utilisez le raccourci-clavier Ctrl ⇧ **Z**.

  *Vous pouvez également faire un clic droit sur le dossier **Dossiers de recherche** visible dans le volet des dossiers puis cliquer sur l'option **Dossier de recherche**.*

- Sélectionnez l'option **Créer un dossier de recherche personnalisé** visible dans la zone **Personnalisé** de la zone de liste **Sélectionner un dossier de recherche.**
- Cliquez sur le bouton **Choisir** situé dans la zone **Personnaliser le dossier de recherche.**
- Saisissez le nom de votre dossier de recherche personnalisé dans la zone **Nom** puis cliquez sur le bouton **Critères.**
- Spécifiez les critères à utiliser à l'aide des onglets **Messages**, **Autres choix** et/ou **Options avancées** de la boîte de dialogue **Critères du dossier de recherche** puis cliquez sur le bouton **OK.**

- Cliquez sur le bouton **Parcourir**, cochez les dossiers dans lesquels vous souhaitez effectuer les recherches en fonction des critères définis précédemment puis cliquez sur le bouton **OK**.

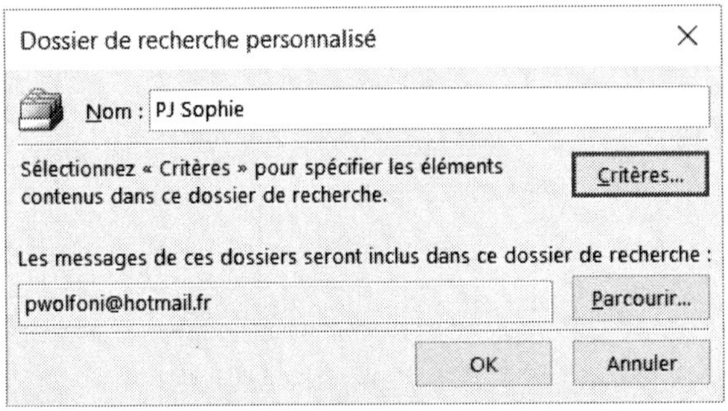

*Le dossier de recherche **PJ Sophie** devra contenir les messages reçus de **Sophie Delalande** auxquels sont associées une ou plusieurs pièces jointes.*

- Cliquez à deux reprises sur le bouton **OK**.
- Pour visualiser le contenu du dossier de recherche personnalisé, développez, si besoin, l'arborescence du dossier **Dossiers de recherche** visible dans le dossier **Courrier** puis cliquez sur le nom du dossier de recherche concerné.
- Pour modifier les paramètres d'un dossier de recherche personnalisé, sélectionnez-le puis, dans l'onglet **Affichage**, cliquez sur le bouton **Personnaliser ce dossier de recherche** du groupe **Actions**. Réalisez les modifications souhaitées puis cliquez sur le bouton **OK**.

Pour ajouter un dossier de recherche à la zone **Favoris** du dossier **Courrier**, faites un clic avec le bouton droit de la souris sur le dossier de recherche concerné puis cliquez sur l'option **Afficher dans les Favoris**.

Supprimer un dossier

Seuls les dossiers créés par vous peuvent être supprimés.

- Activez l'icône du dossier contenant le dossier à supprimer ; si son nom ou son icône n'est pas visible sur la barre de navigation, cliquez sur ••• puis sur le nom du dossier à activer.
- Sélectionnez le dossier à supprimer.

- Dans l'onglet **Dossier**, cliquez sur l'outil **Supprimer ce dossier** visible dans le groupe **Actions** ou appuyez sur la touche Suppr.

  Vous pouvez également faire un clic droit sur le dossier à supprimer puis cliquer sur l'option ***Supprimer le dossier****.*

  S'il s'agit d'un calendrier, l'option ***Supprimer le dossier*** *est remplacée par l'option* ***Supprimer le calendrier****.*

- Cliquez sur le bouton **Oui** pour confirmer la suppression du dossier.

Déplacer un dossier

Depuis la version 2013 d'Outlook, en plus de pouvoir déplacer des dossiers créés par vous, vous pouvez également déplacer les dossiers Outlook par défaut (Boîte de réception, Contacts, Calendrier...).

- Activez l'icône du dossier contenant le dossier à déplacer ou activez le dossier **Dossiers** pour afficher la liste de tous les dossiers ; si le nom ou l'icône du dossier à activer n'est pas visible sur la barre de navigation, cliquez sur ••• puis sur le nom du dossier à activer.
- Sélectionnez le dossier à déplacer.
- Faites glisser le dossier vers son nouvel emplacement.

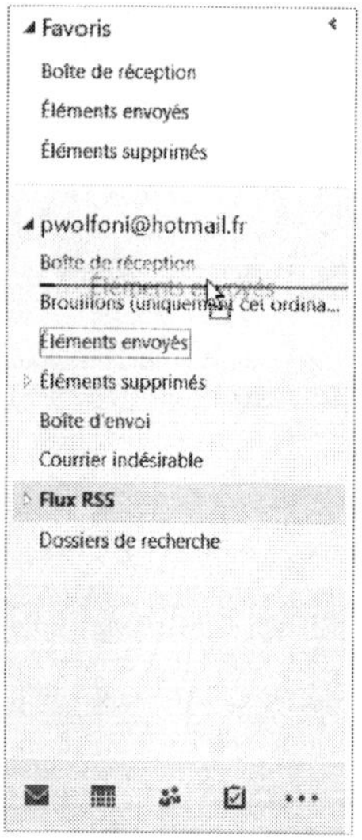

*Sur l'exemple présenté précédemment, le dossier Outlook **Éléments envoyés** va être déplacé sous le dossier **Boîte de réception**.*

- Relâchez le bouton de la souris lorsqu'un trait noir horizontal s'affiche à l'emplacement souhaité.

Vous pouvez également faire un clic droit sur le dossier à déplacer puis cliquer sur l'option **Monter** ou **Descendre**.

Renommer un dossier

Seuls les dossiers créés par vous peuvent être renommés.

- Activez l'icône du dossier contenant le dossier à renommer.
- Sélectionnez le dossier à renommer.
- Dans l'onglet **Dossier**, cliquez sur le bouton **Renommer le dossier** visible dans le groupe **Actions** ou faites un clic droit sur le dossier à renommer puis cliquez sur l'option **Renommer le dossier** ou encore, appuyez sur le touche F2.

*S'il s'agit d'un calendrier, l'option **Renommer le dossier** est remplacée par l'option **Renommer le calendrier**.*

- Saisissez le nouveau nom du dossier.
- Appuyez sur la touche ↵.

Cette modification ne change que le nom du dossier ; son éventuel raccourci n'est pas renommé automatiquement.

Ajouter/supprimer des dossiers dans les Favoris

*Lorsque vous affichez le volet **Courrier** dans le volet des dossiers, vous visualisez la liste des dossiers **Favoris** dans la partie supérieure de celui-ci. Vous pouvez ajouter d'autres dossiers à cette liste qui, par défaut, en contient trois, dans le but d'y accéder rapidement et aisément. Seuls les dossiers contenant des messages électroniques peuvent être ajoutés au dossier **Favoris** ainsi que des dossiers de recherche.*

- Cliquez sur l'icône **Courrier** dans la barre de navigation.
- Si la section **Favoris** n'est pas affichée dans la partie supérieure du volet **Courrier**, dans l'onglet **Affichage**, cliquez sur le bouton **Volet des dossiers** du groupe **Disposition** puis cliquez sur l'option **Favoris**.

- Pour masquer la liste des dossiers **Favoris**, faites un double clic sur l'en-tête **Favoris** ou cliquez sur le symbole ◢ ; un double clic sur l'en-tête **Favoris** ou un clic sur le symbole ▷ permet d'afficher de nouveau la liste des dossiers **Favoris**.
- Pour ajouter un dossier à la liste des **Favoris**, faites un clic droit sur le dossier de courrier à ajouter puis cliquez sur l'option **Afficher dans les Favoris**.

  *Un raccourci du dossier d'origine apparaît désormais dans la liste des **Favoris**.*
- Pour modifier la position d'un dossier dans la liste des **Favoris**, faites un clic droit sur le dossier concerné puis cliquez, selon le cas, sur l'option **Monter** ou **Descendre**.

  *Vous pouvez aussi sélectionner le dossier concerné puis le faire glisser à la position souhaitée dans la liste des **Favoris**.*
- Pour supprimer un dossier de la liste des **Favoris**, faites un clic droit sur le dossier concerné puis cliquez sur l'option **Supprimer du dossier Favoris**.

  Seul le raccourci est supprimé, le dossier d'origine fait toujours partie de la liste des dossiers de courrier.

Pour ajouter un dossier de courrier à la liste des **Favoris**, vous pouvez aussi le faire glisser à l'endroit souhaité dans la liste des **Favoris**.

Associer une page web à un dossier

Il s'agit d'associer à un dossier une page web issue d'Internet ou de l'intranet de votre entreprise.

- Activez l'icône du dossier contenant le dossier concerné.
- Sélectionnez le dossier auquel vous souhaitez associer une page d'accueil.
- Dans l'onglet **Dossier**, cliquez sur le bouton **Propriétés du dossier** visible dans le groupe **Propriétés** ou faites un clic droit sur le dossier puis cliquez sur l'option **Propriétés**.

  *Dans le cas d'un calendrier, l'option **Propriétés du dossier** est remplacée par l'option **Propriétés du calendrier**.*
- Cliquez sur l'onglet **Page d'accueil**.
- Dans la zone **Adresse**, saisissez l'adresse URL de la page web à afficher ou utilisez le bouton **Parcourir** pour la sélectionner.

- Cochez l'option **Afficher par défaut la page d'accueil de ce dossier** si vous souhaitez que la page web s'affiche lorsque vous cliquerez sur le nom du dossier.

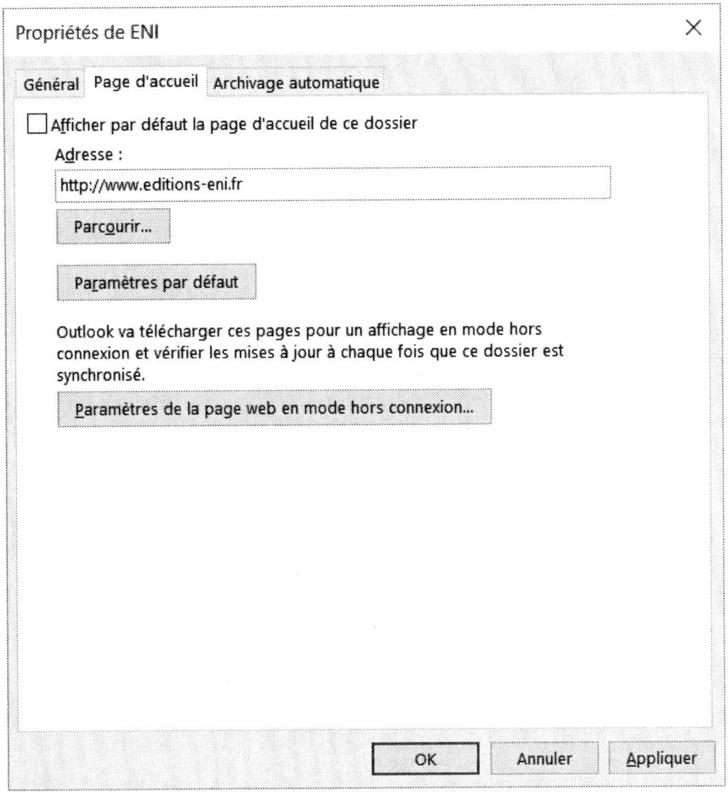

- Cliquez sur le bouton **OK**.

Pour supprimer une page d'accueil, affichez la boîte de dialogue **Propriétés,** cliquez sur l'onglet **Page d'accueil**, sur le bouton **Paramètres par défaut** puis sur le bouton **OK.**

Créer un nouvel élément dans un dossier public

Pour réaliser cette manipulation vous devez avoir l'autorisation de lire, de créer ou de modifier les éléments du dossier public.

- Sélectionnez le dossier **Dossiers** à l'aide du raccourci-clavier Ctrl **6.**
- Si besoin, développez la liste des **Dossiers publics** en cliquant sur le symbole ▷ qui précède son nom.
- Sélectionnez le dossier public dans lequel vous souhaitez créer le nouvel élément.
- Dans l'onglet **Accueil**, cliquez sur le bouton **Nouveau message** du groupe **Nouveau.**
- Complétez l'élément à votre guise.
- Cliquez sur le bouton **Publier.**

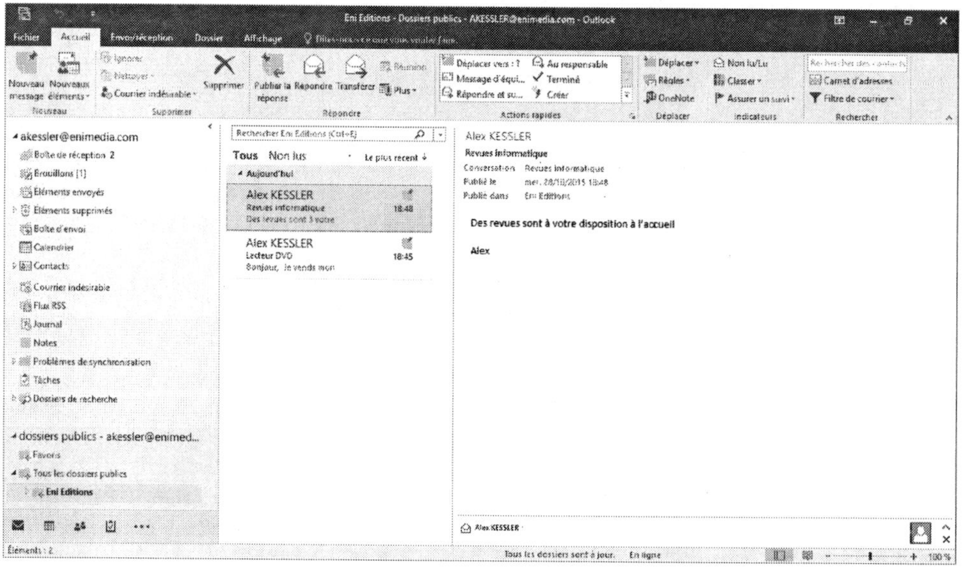

Pour répondre à un message d'un dossier public ou, d'une manière générale, pour gérer les messages d'un dossier public, utilisez les techniques habituelles de gestion des messages.

Copier un fichier dans un dossier public

- Sélectionnez le dossier **Dossiers** à l'aide du raccourci-clavier Ctrl **6**.
- Si besoin, développez la liste des **Dossiers publics** en cliquant sur le bouton ▷ qui précède son nom puis sélectionnez le dossier public dans lequel vous souhaitez copier le fichier.
- Ouvrez ensuite la fenêtre de l'Explorateur de fichiers puis réduisez sa taille de façon à visualiser également la liste des **Dossiers** de l'application Outlook.
- Dans la fenêtre de l'Explorateur de fichiers, cliquez sur le fichier à copier puis faites-le glisser vers le dossier public souhaité dans la liste des **Dossiers**.
- Fermez la fenêtre de l'Explorateur de fichiers.

  Le fichier est désormais visible dans le dossier public.

Partager un dossier

Cette fonctionnalité n'est disponible que si vous utilisez un compte de messagerie Microsoft Exchange Server. Ainsi, vous donnez à une personne le droit de consulter, de modifier, de créer et/ou de supprimer des éléments de votre dossier. Cette possibilité n'est offerte qu'aux propriétaires de dossiers.

Partager un dossier Outlook par défaut

Les dossiers Outlook par défaut sont les dossiers Boîte de réception, Calendrier, Contacts, Journal, Notes et Tâches.

- Sélectionnez le dossier **Dossiers** à l'aide du raccourci-clavier Ctrl **6**.
- Sélectionnez le dossier Outlook par défaut à partager puis, dans l'onglet **Dossier**, cliquez sur l'option **Autorisations du dossier** du groupe **Propriétés**.

  *Vous pouvez aussi faire un clic droit sur le dossier Outlook à partager, cliquer sur l'option **Propriétés** puis sur l'onglet **Autorisations d'accès**.*

  *La boîte de dialogue **Propriétés** s'affiche à l'écran. Le nom du dossier en cours de partage est rappelé dans la barre de titre.*

- Pour ajouter un ou plusieurs utilisateurs à la liste des personnes autorisées à accéder au dossier en cours, cliquez sur le bouton **Ajouter**.

  Pour chaque utilisateur à ajouter, sélectionnez-le dans un carnet d'adresses puis cliquez sur le bouton **Ajouter**.

  Ensuite, validez vos choix en cliquant sur le bouton **OK**.

- Pour retirer un utilisateur, sélectionnez son nom dans la liste **Nom** puis cliquez sur le bouton **Enlever**.
- Pour définir les droits d'accès accordés à un utilisateur, sélectionnez son nom dans la liste **Nom** puis ouvrez la liste **Niveau d'autorisations** de l'encadré **Autorisations**.

  Sélectionnez l'option correspondant au type d'accès que vous souhaitez accorder :

Propriétaire	Accorde toutes les autorisations dans le dossier.
Éditeur principal	Accorde une autorisation pour créer, lire, modifier, supprimer tous les éléments et fichiers et pour créer des sous-dossiers.
Éditeur	Accorde une autorisation pour créer, lire, modifier et supprimer tous les éléments et fichiers.
Auteur principal	Accorde une autorisation pour créer et lire des éléments et fichiers, modifier et supprimer des fichiers que vous créez, et créer des sous-dossiers.
Auteur	Accorde une autorisation pour créer et lire des éléments et fichiers ainsi que pour modifier et supprimer des fichiers que vous créez.
Auteur secondaire	Accorde l'autorisation pour créer et lire des éléments et fichiers.
Relecteur	Accorde une autorisation uniquement pour lire les éléments et fichiers.
Collaborateur	Accorde une autorisation uniquement pour créer des éléments et des fichiers.
Aucun(e)	N'accorde aucune autorisation dans le dossier.

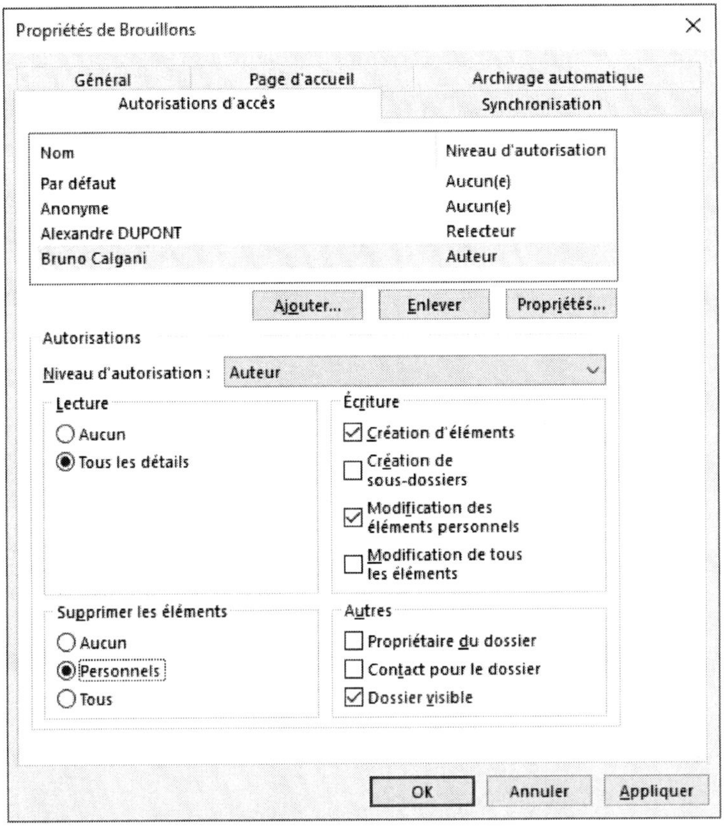

*Les options actives dans les encadrés **Lecture**, **Écriture**, **Supprimer les éléments** et **Autres** changent en fonction de l'option choisie dans la liste **Niveau d'autorisation**.*

- Au besoin, modulez votre sélection de droit d'accès à l'aide des différentes options proposées dans les encadrés **Lecture**, **Écriture**, **Supprimer les éléments** et **Autres**.
- Cliquez sur le bouton **OK**.

Il est possible de partager un dossier personnalisé en utilisant cette méthode mais cela n'a aucun intérêt puisque le ou les utilisateurs avec qui le dossier est partagé, ne pourront pas l'ouvrir.

Partager un dossier personnalisé

Un dossier personnalisé est un dossier qui a été créé par vos soins. Cela peut être un Calendrier, un dossier de Contacts, de Tâches ou de Notes. Par contre, cela ne peut pas être un dossier de courrier personnalisé (créé par vous), ce type de dossier ne pouvant pas être partagé avec un autre utilisateur.

- Sélectionnez le dossier **Dossiers** à l'aide du raccourci-clavier Ctrl **6**.
- Sélectionnez le dossier personnalisé à partager puis cliquez sur l'onglet **Dossier.**
- Selon le dossier sélectionné, cliquez ensuite sur le bouton **Partager le calendrier**, **Partager les contacts**, **Partager les tâches** ou **Partager les notes.**

*Vous pouvez aussi faire un clic droit sur le nom du dossier personnalisé à partager, pointer l'option **Partager** puis cliquer sur l'option **Partager "Nom du dossier"**.*

*Une fenêtre de message dont l'objet est **Invitation de partage**, s'affiche à l'écran.*

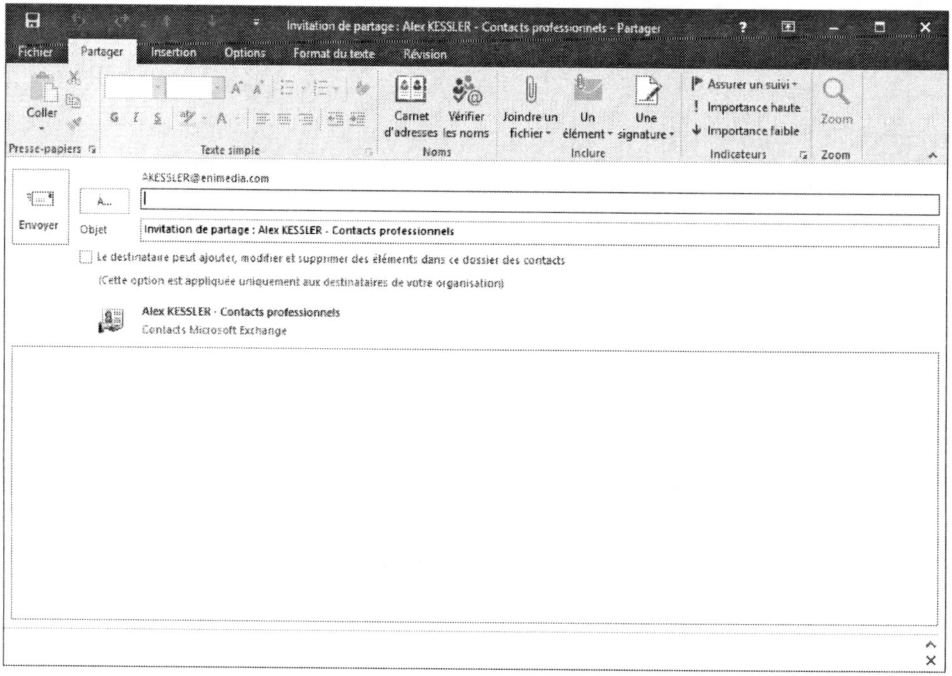

*Vous visualisez ici la fenêtre de message d'une invitation de partage du dossier de contacts personnalisé nommé **Contacts professionnels**.*

- Dans la zone **À**, saisissez les adresses des personnes avec lesquelles vous souhaitez partager votre dossier ou cliquez sur le bouton [À...] pour sélectionner leurs noms dans un carnet d'adresses.
- Modifiez éventuellement l'objet du message dans la zone de saisie **Objet**.
- Autorisez les destinataires à ajouter, modifier ou supprimer des éléments du dossier en cochant l'option **Le destinataire peut ajouter, modifier et supprimer des éléments dans ce "nom du dossier"**. À l'inverse, laissez cette option décochée si vous souhaitez que les destinataires puissent uniquement consulter les éléments du dossier partagé.
- Saisissez éventuellement un texte d'information dans la grande zone de saisie.
- Cliquez sur le bouton **Envoyer**.
- Confirmez le partage du dossier en cliquant sur le bouton **Oui** du message qui s'affiche.

Chaque destinataire invité à partager le dossier reçoit un message dans sa Boîte de réception.

Cette méthode peut également être utilisée pour partager un dossier Outlook par défaut, sauf le dossier Boîte de réception. Dans ce cas, les options de la fenêtre du message changent : veillez à ce que l'option **Autoriser le destinataire à afficher votre "nom du dossier"** soit cochée. Si, en plus de partager votre dossier, vous souhaitez afficher le dossier du destinataire, cochez l'option **Demander l'autorisation d'afficher le "nom du dossier"**. Cette fenêtre peut également être utilisée uniquement pour demander à un destinataire de partager son dossier. Dans ce cas, vous devez décocher l'option **Autoriser le destinataire à afficher "nom du dossier"** puis cocher l'option **Demander l'autorisation d'afficher le "nom du dossier" du destinataire**.

Modifier les autorisations de partage

Les autorisations d'accès à un dossier Outlook par défaut ou à un dossier personnalisé peuvent être modifiées à tout moment.

- Sélectionnez le dossier **Dossiers** à l'aide du raccourci-clavier [Ctrl] **6**.
- Sélectionnez le dossier pour lequel vous souhaitez modifier les autorisations de partage.
- Dans l'onglet **Dossier**, cliquez sur le bouton **Autorisations du dossier** du groupe **Propriétés** ; dans le cas d'un dossier de calendrier, le bouton se nomme **Autorisations du calendrier**.

*Vous pouvez aussi faire un clic droit sur le nom du dossier pour lequel vous souhaitez modifier les autorisations de partage puis cliquer sur l'option **Propriétés** puis sur l'onglet **Autorisations d'accès**.*

- Pour ajouter ou supprimer un utilisateur, utilisez les boutons **Ajouter** et **Enlever**.
- Pour modifier les autorisations d'accès d'une personne, sélectionnez son nom dans la liste **Nom** puis utilisez les options de l'encadré **Autorisations**.

  Pour plus de détails concernant ces options, reportez-vous au sous-titre Partager un dossier Outlook par défaut.

- Lorsque les modifications sont terminées, cliquez sur le bouton **OK**.

  Les modifications réalisées sont immédiatement prises en compte chez les personnes pour lesquelles le dossier est partagé.

Ouvrir un dossier d'un autre utilisateur

Ouvrir un dossier Outlook par défaut

- Dans l'onglet **Fichier**, cliquez sur l'option **Ouvrir et exporter** puis sur le bouton **Dossier d'un autre utilisateur**.
- Dans la zone **Nom**, saisissez le nom de la personne à qui appartient le dossier que vous souhaitez ouvrir ou cliquez sur le bouton **Nom** pour le sélectionner dans un carnet d'adresses.
- Si besoin est, sélectionnez le type de dossier que vous souhaitez ouvrir dans la liste **Type de dossier**.

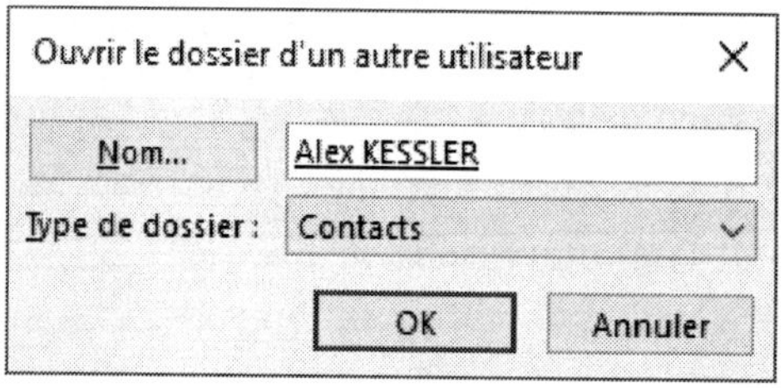

- Cliquez sur le bouton **OK**.

  *Si vous n'avez pas d'autorisation sur le dossier, Outlook le signale ainsi pour le dossier **Boîte de réception**.*

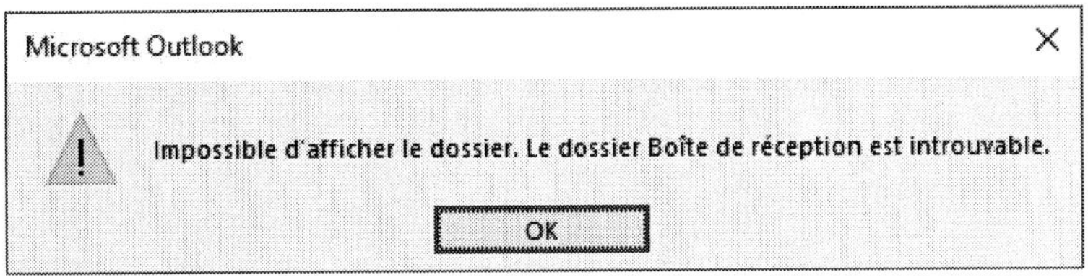

Ou ainsi pour les autres dossiers Outlook :

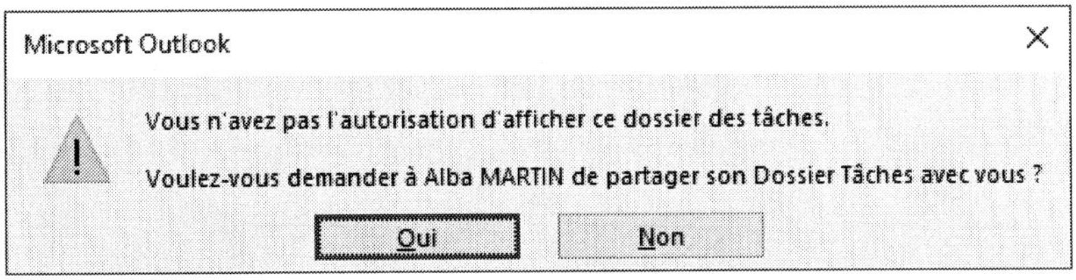

*Dans ce cas, un clic sur le bouton **Oui** permet de demander le partage du dossier par le biais d'un message.*

*Si vous êtes autorisé à partager le dossier **Boîte de réception**, celui-ci s'ouvre à l'écran.*

*Si vous êtes autorisé à partager le dossier **Calendrier**, **Contacts**, **Tâches** ou **Notes**, le dossier partagé s'affiche dans le dossier Outlook correspondant sous le groupe de dossiers **"Nom du dossier" partagés**.*

*Dans l'exemple ci-dessous, vous visualisez le dossier **Tâches** de Walter BERGER dans le groupe de dossiers **Tâches partagées**.*

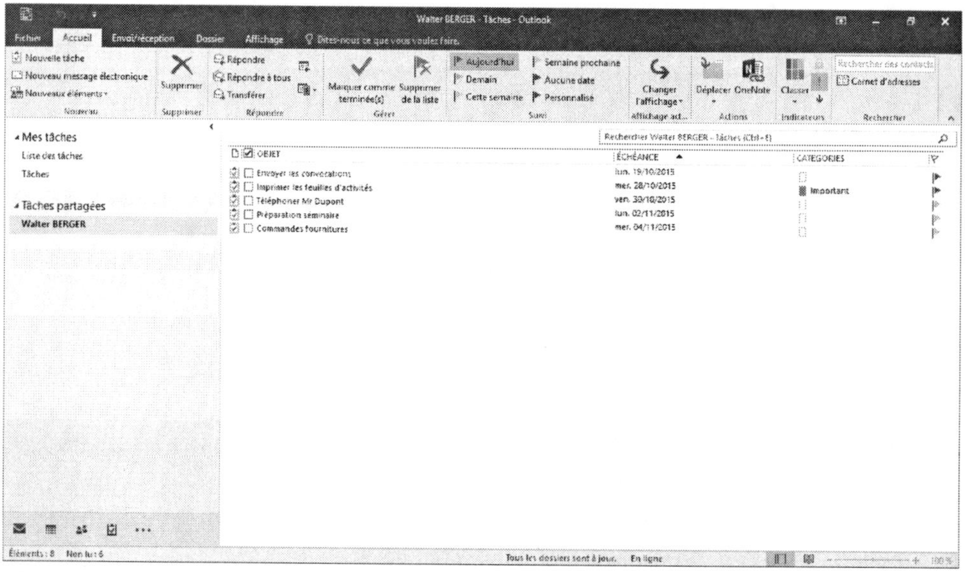

Pour fermer le dossier partagé **Boîte de réception**, cliquez sur un de vos dossiers pour que celui-ci devienne le dossier actif (par exemple, votre dossier **Boîte de réception**).

Pour afficher de nouveau le dossier partagé **Boîte de réception**, vous devez de nouveau cliquer sur l'option **Ouvrir et exporter** de l'onglet **Fichier** puis sur le bouton **Dossier d'un autre utilisateur**.

Pour afficher à tout moment un dossier partagé autre que le dossier Boîte de réception, il vous suffit de cliquer sur le dossier correspondant visible dans le groupe de dossiers **"Nom du dossier" partagés** du dossier Outlook correspondant ; par exemple, pour afficher le dossier **Tâches** de Walter BERGER, vous devez cliquer sur le dossier **Walter BERGER** visible dans le groupe de dossiers **Tâches partagées** situé dans le volet des dossiers du dossier **Tâches**.

Pour supprimer un dossier partagé autre que le dossier Boîte de réception, sélectionnez le type de dossier concerné (Calendrier, Contacts...), faites un clic droit sur son nom visible dans le groupe de dossiers **"Nom du dossier" partagés** du volet des dossiers puis cliquez sur l'option **Supprimer le dossier**.

Dans un dossier partagé, vous ne visualisez pas les éléments rendus privés par le propriétaire (cf. Gestion des éléments - Rendre privé un élément).

Ouvrir un dossier personnalisé

Cela concerne un Calendrier, un dossier de Contacts, de Tâches ou de Notes créé par la personne qui a partagé le dossier.

- Sélectionnez le dossier **Boîte de réception** visible dans le volet des dossiers.
- Ouvrez le message contenant l'invitation du dossier à partager par un double clic dessus.

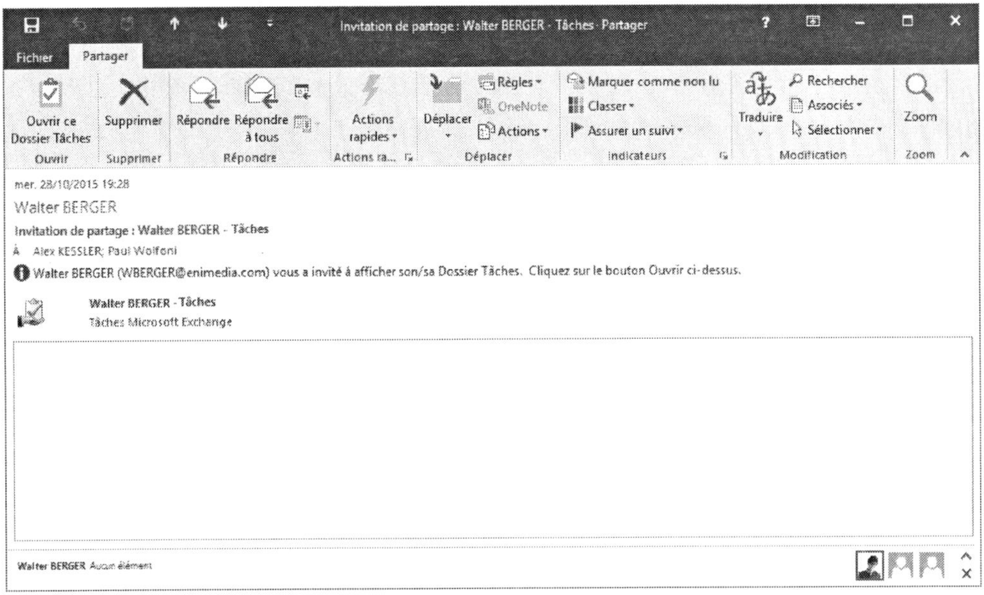

- Cliquez sur le bouton **Ouvrir ce Dossier "nom du dossier"** visible dans le groupe **Ouvrir**.
- Fermez la fenêtre du message de partage du dossier en cliquant sur l'outil ☒.

*Le dossier partagé s'affiche dans le dossier Outlook correspondant sous le groupe de dossiers **"Nom du dossier" partagés**.*

*Dans l'exemple ci-dessous, vous visualisez le dossier de contacts **Contacts professionnels** de Walter BERGER (**Walter BERGER - Contacts professionnels**) dans le groupe de dossiers **Contacts partagés** de Paul Wolfoni.*

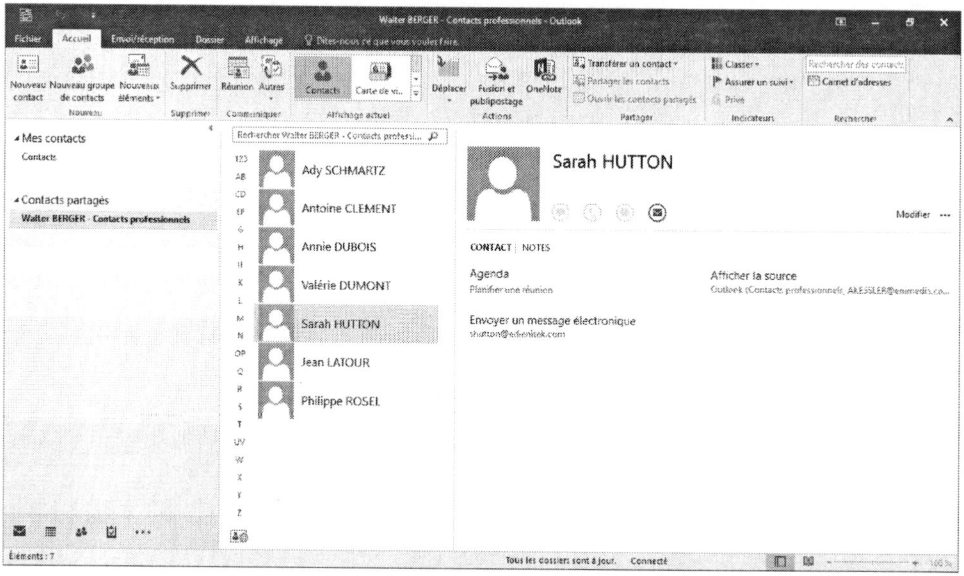

⊡ Utilisez le dossier comme n'importe quel dossier de ce type.

Cette méthode peut être également utilisée pour ouvrir un dossier Outlook par défaut (sauf le dossier Boîte de réception) si celui-ci a été partagé à l'aide de la méthode utilisée pour partager un dossier personnalisé (cf. Partager un dossier - Partager un dossier personnalisé).

Pour ouvrir un dossier partagé, vous pouvez également sélectionner le message contenant l'invitation puis cliquer sur le bouton **Ouvrir ce Dossier "nom du dossier"** visible en haut du volet de lecture.

Connaître vos droits sur un dossier

Lorsque vous n'êtes pas propriétaire d'un dossier (par exemple, pour un dossier partagé ou un dossier public) vous pouvez néanmoins savoir quels sont vos droits sur le dossier.

- Sélectionnez le dossier pour lequel vous souhaitez vérifier vos droits dans le volet des dossiers.
- Dans l'onglet **Dossier**, cliquez sur le bouton **Propriétés du dossier** du groupe **Propriétés** ; dans le cas d'un dossier de calendrier, le bouton se nomme **Propriétés du calendrier**.

  *Vous pouvez également faire un clic droit sur le dossier concerné puis cliquer sur le bouton **Propriétés**.*
- Cliquez sur l'onglet **Résumé** : votre niveau de permission est affiché dans l'encadré **Vos autorisations.**

Si l'onglet **Autorisations d'accès** est proposé à la place de l'onglet **Résumé**, c'est que vous disposez d'une autorisation de propriétaire.

Ajouter un compte de messagerie

Configurer un compte de messagerie Internet

- Dans l'onglet **Fichier**, cliquez sur l'option **Informations** puis sur le bouton **Ajouter un compte** situé au-dessus du bouton **Paramètres du compte.**

  *La boîte de dialogue **Ajouter un compte** s'affiche à l'écran.*

- Pour configurer un compte automatiquement, saisissez les informations concernant les paramètres de votre compte dans les zones appropriées puis cliquez sur le bouton **Suivant.**

  Une fois le compte configuré, cliquez sur le bouton **Terminer** de la boîte de dialogue **Ajouter un compte.**

  Si aucune connexion chiffrée à votre Serveur de messagerie n'est disponible, vous devez configurer votre compte manuellement (cf. ci-après).

- Pour configurer un compte manuellement, activez l'option **Configuration manuelle ou types de serveurs supplémentaires** de la boîte de dialogue **Ajouter un compte** puis cliquez sur le bouton **Suivant.**

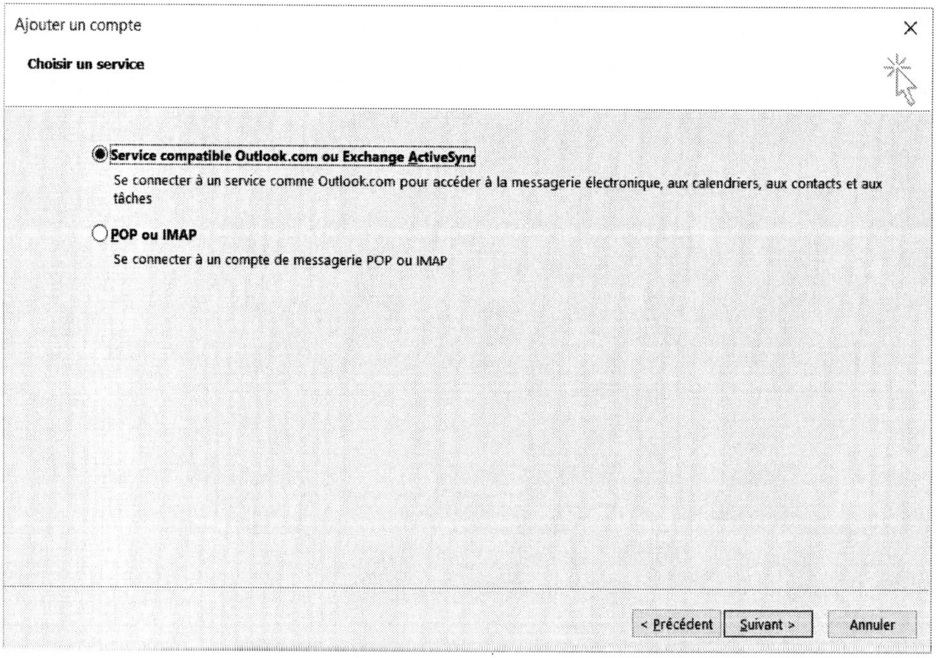

- Activez l'option **POP ou IMAP**. Vous trouverez-ci après une explication succincte des serveurs **POP** et **IMAP** :

POP (*Post Office Protocol*)	Permet de récupérer les messages du serveur. Ces derniers sont téléchargés sur le poste puis supprimés du serveur. De ce fait, vous pouvez les consulter hors connexion.
IMAP (*Internet Mail Access Protocol*)	Permet de récupérer les messages du serveur. Seuls les messages lus sont téléchargés. Les messages demeurent sur le serveur jusqu'à ce que vous demandiez leur suppression. Hors connexion, seuls les messages lus sont accessibles dans leur intégralité ; pour les messages non lus, vous ne visualisez que les en-têtes. Des dossiers de boîte aux lettres peuvent être synchronisés.

- Cliquez sur le bouton **Suivant**.
- Saisissez dans les zones appropriées les informations concernant les paramètres de votre compte.

Ici, le type de serveur utilisé est POP3 pour ajouter un compte de messagerie Hotmail.

- Cliquez éventuellement sur le bouton **Tester les paramètres du compte** pour vérifier le bon fonctionnement de ce compte.
- Cliquez sur le bouton **Suivant.**
- Cliquez sur le bouton **Terminer** de la boîte de dialogue vous félicitant de l'ajout de votre compte.

Dans le cas d'un compte Hotmail, les messages sont remis dans la boîte de réception du dossier Hotmail (ici lucie.gendron@hotmail.fr). Un clic sur le bouton permet d'afficher le contenu du dossier.

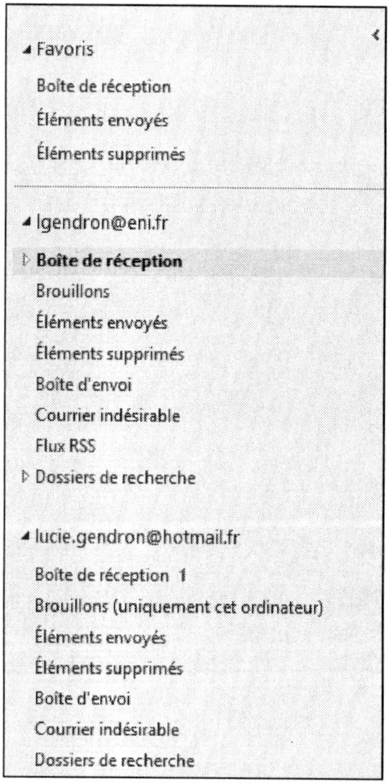

Les messages d'un compte de type POP3 sont remis dans la boîte de réception.

Configurer un compte de messagerie Microsoft Exchange

Vous pouvez configurer plusieurs comptes Exchange dans un même profil Outlook.

- La configuration d'un compte Exchange ne pouvant pas être réalisée lorsqu'Outlook est en cours d'exécution, fermez l'application Outlook.
- Faites un clic droit sur le bouton **Démarrer**  et cliquez sur **Panneau de configuration**.
- Cliquez sur le lien **Comptes d'utilisateur** de la fenêtre du **Panneau de configuration** puis cliquez sur le lien **Mail (Microsoft Outlook 2016)**.
- Cliquez sur le bouton **Comptes de messagerie** de la boîte de dialogue **Configuration de la messagerie** puis cliquez sur le bouton **Nouveau** de l'onglet **Messagerie**.

  *La boîte de dialogue **Ajouter un compte** s'affiche à l'écran.*
- Pour configurer un compte automatiquement, gardez active l'option **Compte de messagerie**, saisissez les informations concernant les paramètres du compte Exchange dans les zones appropriées puis cliquez sur le bouton **Suivant**.

  Une fois le compte configuré, cliquez sur le bouton **Terminer** de la boîte de dialogue **Ajouter un compte**.

  Si aucune connexion chiffrée à votre Serveur n'est disponible, contactez votre administrateur.

Envoyer un message en choisissant un compte

Cette manipulation nécessite qu'au moins deux comptes de messagerie soient installés dans Outlook.

- Créez un message en utilisant les manipulations classiques (cf. Envoi d'un message - Créer et envoyer un message).
- Cliquez sur le bouton 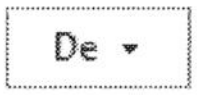

situé dans la zone d'en-tête de la fenêtre du message.

  La liste des comptes de votre profil apparaît.
- Cliquez sur le compte de messagerie à utiliser pour l'envoi de ce message.
- Complétez les différentes zones du message (**À**, **Cc**, **Objet**...) de la fenêtre du message.
- Cliquez sur le bouton **Envoyer**.

Supprimer un compte de messagerie

- Dans l'onglet **Fichier**, cliquez sur l'option **Informations**, sur le bouton **Paramètres du compte** puis sur l'option **Paramètres du compte.**
- Cliquez, si besoin, sur l'onglet **Messagerie.**
- Dans la liste des comptes, sélectionnez celui à supprimer.
- Cliquez sur le bouton **Supprimer.**
- Confirmez la suppression du compte en cliquant sur le bouton **Oui** de la boîte de dialogue **Paramètres du compte.**
- Cliquez sur le bouton **Fermer** de la boîte de dialogue **Paramètres du compte.**

  Les dossiers rattachés au compte supprimé disparaissent de la liste des dossiers.

Groupes d'envoi/réception

Lorsque plusieurs comptes de messagerie sont paramétrés dans Outlook, la synchronisation (envoyer/recevoir) se fait par défaut pour tous les comptes en même temps. Vous pouvez créer des groupes d'envoi/réception pour synchroniser les comptes séparément.

Créer un groupe d'envoi/réception

- Dans l'onglet **Envoi/réception**, cliquez sur le bouton **Groupes d'envoi/réception** du groupe **Envoyer et recevoir** puis cliquez sur l'option **Définir les groupes d'envoi/réception.**

  Vous pouvez également utiliser le raccourci-clavier Ctrl Alt ***S.***
- Cliquez sur le bouton **Nouveau.**
- Saisissez le nom du groupe dans la zone **Nom du groupe d'Envoi/Réception** puis cliquez sur le bouton **OK.**
- Dans la colonne **Comptes**, sélectionnez l'icône du compte à inclure dans le nouveau groupe puis cochez l'option **Inclure le compte sélectionné dans ce groupe.**

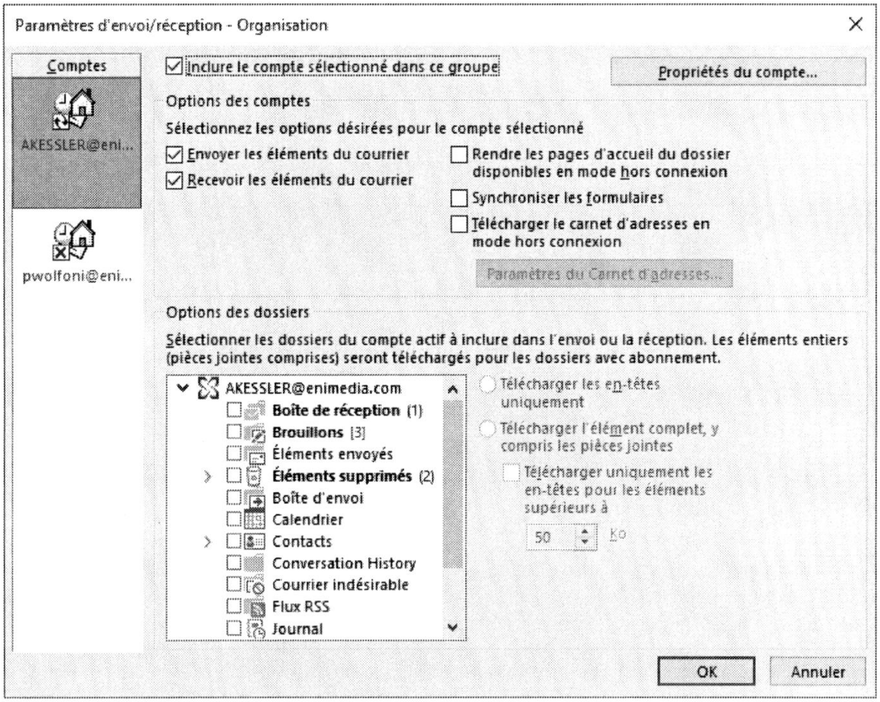

L'icône du compte pwolfoni@enimedia.com apparaît avec une croix rouge car il n'est pas inclus dans le groupe d'envoi/réception Organisation, en cours de création.

- Modifiez éventuellement les options des comptes et des dossiers à l'aide des options des encadrés **Options des comptes** et **Options des dossiers**.
- Si besoin, procédez ainsi pour ajouter les autres comptes à ce groupe d'envoi/réception.
- Lorsque tous les comptes sont ajoutés, cliquez sur le bouton **OK**.
- Modifiez éventuellement les paramètres du groupe à l'aide des options de la zone **Paramétrage du groupe**.
- Cliquez sur le bouton **Fermer**.

Modifier un groupe d'envoi/réception

- Dans l'onglet **Envoi/réception**, cliquez sur le bouton **Groupes d'envoi/réception** du groupe **Envoyer et recevoir** puis cliquez sur l'option **Définir les groupes d'envoi/réception**.

  Vous pouvez également utiliser le raccourci-clavier Ctrl Alt *S.*

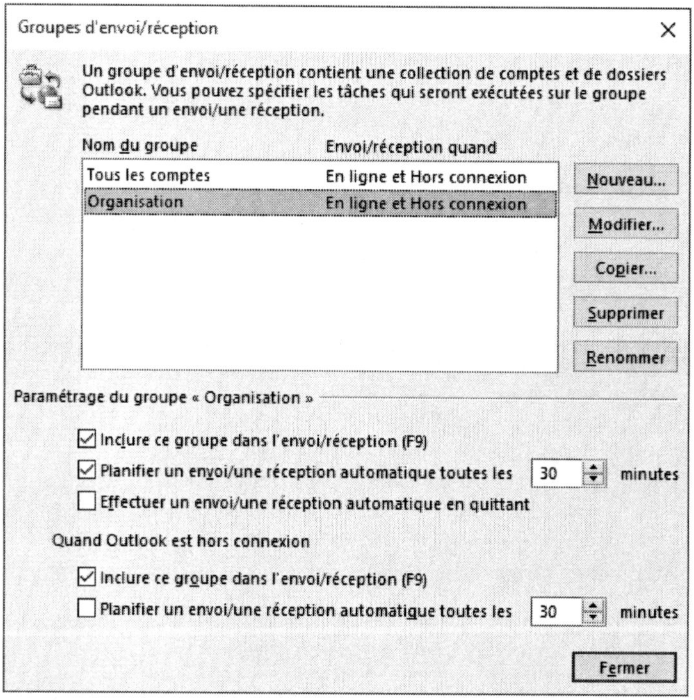

- Dans la liste des groupes, sélectionnez le groupe à modifier.
- Cliquez sur le bouton **Modifier**.
- Dans la colonne **Comptes**, sélectionnez l'icône du compte de messagerie à inclure ou à exclure du groupe puis cochez ou décochez, selon le cas, l'option **Inclure le compte sélectionné dans ce groupe**.

  Les icônes des comptes de messagerie exclus du groupe apparaissent avec une croix rouge.

- Modifiez éventuellement les options des comptes et des dossiers à l'aide des options visibles dans les encadrés **Options des comptes** et **Options des dossiers**.

- Cliquez sur le bouton **OK.**
- Modifiez éventuellement les paramètres du groupe à l'aide des options de la zone **Paramétrage du groupe**.
- Cliquez sur le bouton **Fermer**.

Utiliser un groupe d'envoi/réception

Vous pouvez choisir le groupe de comptes à synchroniser.

- Dans l'onglet **Envoi/réception**, cliquez sur le bouton **Groupes d'envoi/réception** du groupe **Envoyer et recevoir**.
- Cliquez sur le nom du groupe de votre choix.

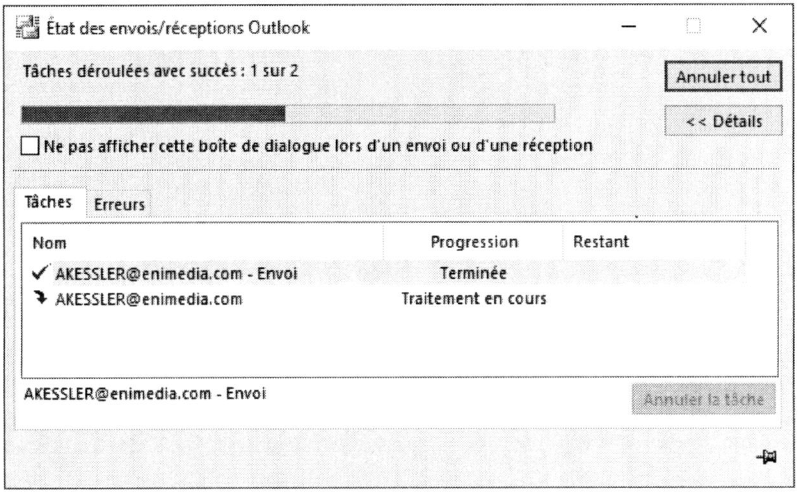

*L'état d'avancement de la synchronisation des comptes du groupe choisi apparaît dans la fenêtre **État des envois/réceptions Outlook**.*

Supprimer un groupe d'envoi/réception

- Dans l'onglet **Envoi/réception**, cliquez sur le bouton **Groupes d'envoi/réception** du groupe **Envoyer et recevoir** puis cliquez sur l'option **Définir les groupes d'envoi/ réception.**

  Vous pouvez également utiliser le raccourci-clavier Ctrl Alt ***S.***

- Dans la liste des groupes, sélectionnez le nom du groupe à supprimer.

- Cliquez sur le bouton **Supprimer**.
- Cliquez sur le bouton **Fermer**.

La sécurité

- Outlook interdit l'accès aux pièces jointes considérées comme étant dangereuses. Cette fonction de sécurité permet de se protéger :
  - **Contre les virus dans les pièces jointes aux messages électroniques** (tels que les fichiers .bat, .exe, .vbs et .js).

    Si une personne vous envoie un de ces types de fichiers dans un message, vous ne pourrez pas afficher la pièce jointe, ni y accéder. Dans la Boîte de réception, l'icône du trombone est associée au message pour vous indiquer que le message contient une pièce jointe et la liste des fichiers joints bloqués apparaît dans la barre d'informations située dans la partie supérieure du message.

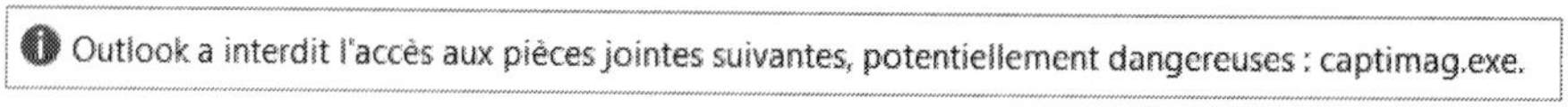

    Si vous essayez d'envoyer un type de fichier bloqué, Outlook vous demande si vous souhaitez envoyer une pièce jointe sensible.

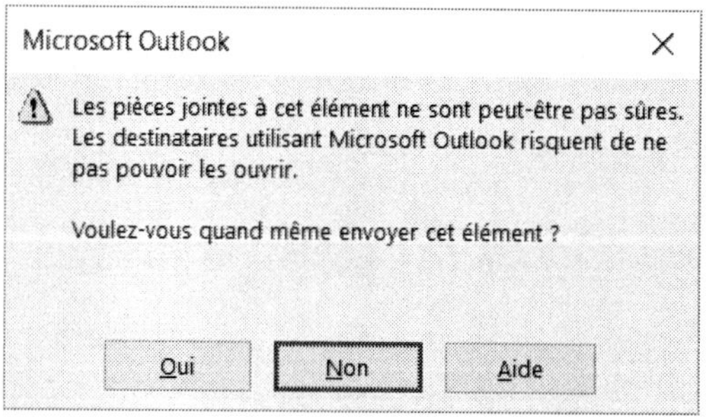

  - **Contre les virus dans les scripts et contrôles ActiveX contenus dans les messages HTML.**

    Si une personne vous envoie un message HTML contenant des scripts et des contrôles ActiveX, les scripts ne s'exécutent pas et les contrôles ActiveX sont désactivés.

- **Contre les virus de macros dans les documents Office.**

  Par défaut dans Outlook, le niveau de sécurité défini pour les macros est de niveau élevé : seules les macros signées par des sources fiables pourront être exécutées, les autres seront désactivées.

Lors de l'ouverture d'un message au format HTML, Outlook permet, par défaut, de bloquer le téléchargement d'images ou d'autres contenus obligeant Outlook à effectuer le téléchargement depuis un serveur web. En effet, si un message électronique tente de se connecter à un serveur web, Outlook bloque cette connexion jusqu'à ce que vous décidiez d'afficher le contenu, permettant ainsi d'éviter d'afficher des courriers indésirables supplémentaires. Ces paramètres de téléchargement peuvent être modifiés par l'intermédiaire de la boîte de dialogue **Centre de gestion de la confidentialité** (onglet **Fichier - Options** - catégorie **Centre de gestion de la confidentialité** - bouton **Paramètres du Centre de gestion de la confidentialité** - catégorie **Téléchargement automatique**).

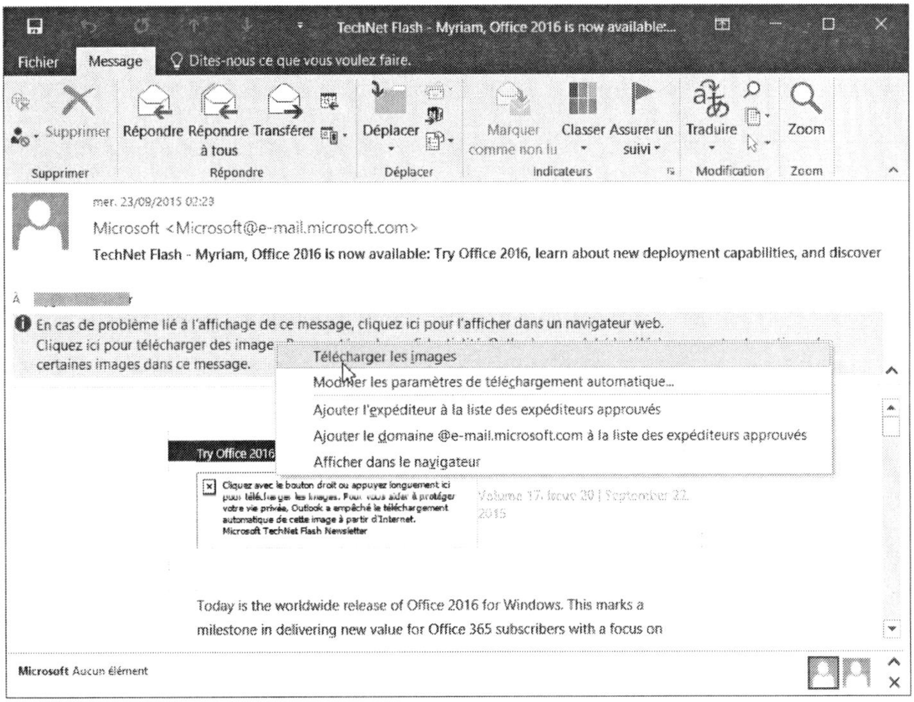

Afficher/masquer des onglets

- Cliquez sur le bouton situé à droite de la barre d'outils **Accès rapide** puis cliquez sur l'option **Autres commandes.**

  Vous pouvez aussi faire un clic droit sur un onglet du ruban puis cliquer sur l'option ***Personnaliser le ruban.***

- Si besoin, sélectionnez la catégorie **Personnaliser le ruban** dans la boîte de dialogue **Options Outlook** qui s'affiche.

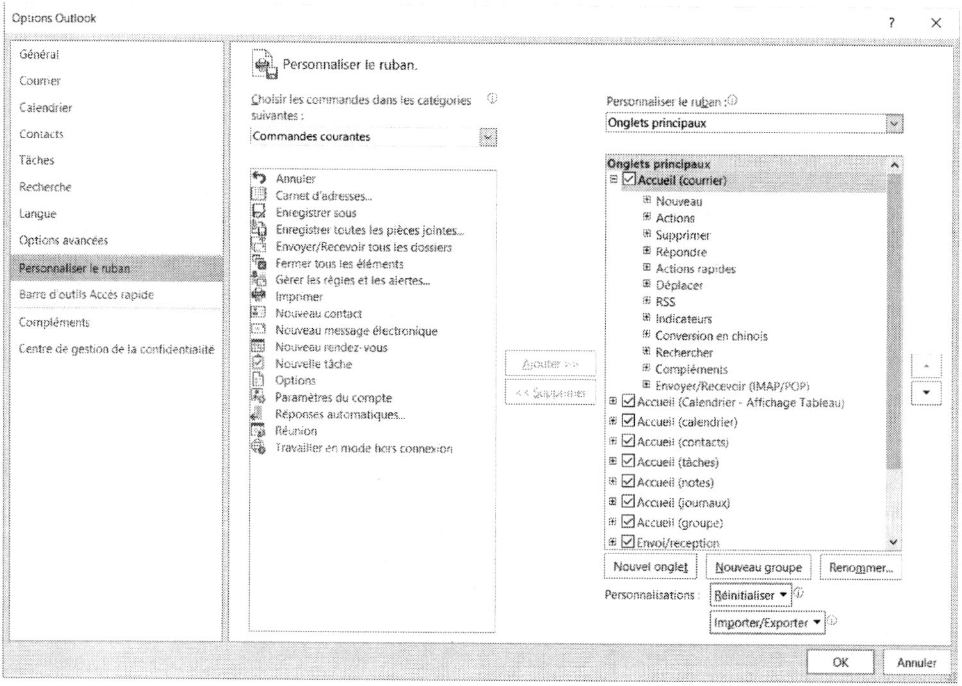

- Ouvrez la liste **Personnaliser le ruban** puis cliquez sur une des options proposées en fonction des onglets que vous souhaitez visualiser dans la zone située sous la liste : **Tous les onglets**, **Onglets principaux** ou **Onglets d'outils** ; par défaut, seuls les onglets principaux sont visibles dans la liste.

*Les **Onglets d'outils** sont les onglets contextuels qui s'affichent dans le ruban uniquement lorsque certains éléments sont sélectionnés. Par exemple, lorsque vous sélectionnez un rendez-vous dans le Calendrier, vous visualisez un onglet supplémentaire nommé **Rendez-vous**. Cet onglet disparaît du ruban lorsque le rendez-vous n'est plus sélectionné.*

- Pour afficher les groupes contenus dans un onglet, cliquez sur l'outil ⊞ associé à l'onglet concerné ; à l'inverse, cliquez sur l'outil ⊟ pour masquer les groupes d'un onglet.
- Pour afficher un onglet dans le ruban, cochez la case située à gauche de son nom.
- Pour masquer un onglet du ruban, décochez la case située à gauche de son nom.

  *Par défaut, seul l'onglet **Développeur** n'est pas affiché dans le ruban.*
- Cliquez sur le bouton **OK** pour appliquer les changements au ruban.

Créer un nouvel onglet/un nouveau groupe

- Faites un clic droit sur un onglet du ruban puis cliquez sur l'option **Personnaliser le ruban.**
- Ouvrez la liste **Personnaliser le ruban** puis cliquez sur une des options proposées en fonction des onglets que vous souhaitez visualiser dans la zone située sous la liste.
- Pour ajouter un nouvel onglet, sélectionnez celui au-dessous duquel vous souhaitez créer le nouvel onglet puis cliquez sur le bouton **Nouvel onglet**.

  *Un **Nouvel onglet** est désormais visible et, par défaut, un groupe est créé en même temps que celui-ci.*
- Pour ajouter un nouveau groupe à un onglet, cliquez sur l'outil ⊞ de l'onglet concerné pour afficher les groupes correspondants. Sélectionnez le groupe au-dessous duquel le nouveau doit être créé puis cliquez sur le bouton **Nouveau groupe**.

  *Le libellé **(Personnalisé)** est ajouté aux noms des onglets et des groupes personnalisés.*
- Cliquez sur le bouton **OK** pour appliquer les changements au ruban.

Gérer les onglets/les groupes

- Faites un clic droit sur un onglet du ruban puis cliquez sur l'option **Personnaliser le ruban.**
- Ouvrez la liste **Personnaliser le ruban** puis cliquez sur une des options proposées en fonction des onglets que vous souhaitez visualiser dans la zone située sous la liste.
- Pour renommer un onglet ou un groupe, sélectionnez-le puis cliquez sur le bouton **Renommer.**

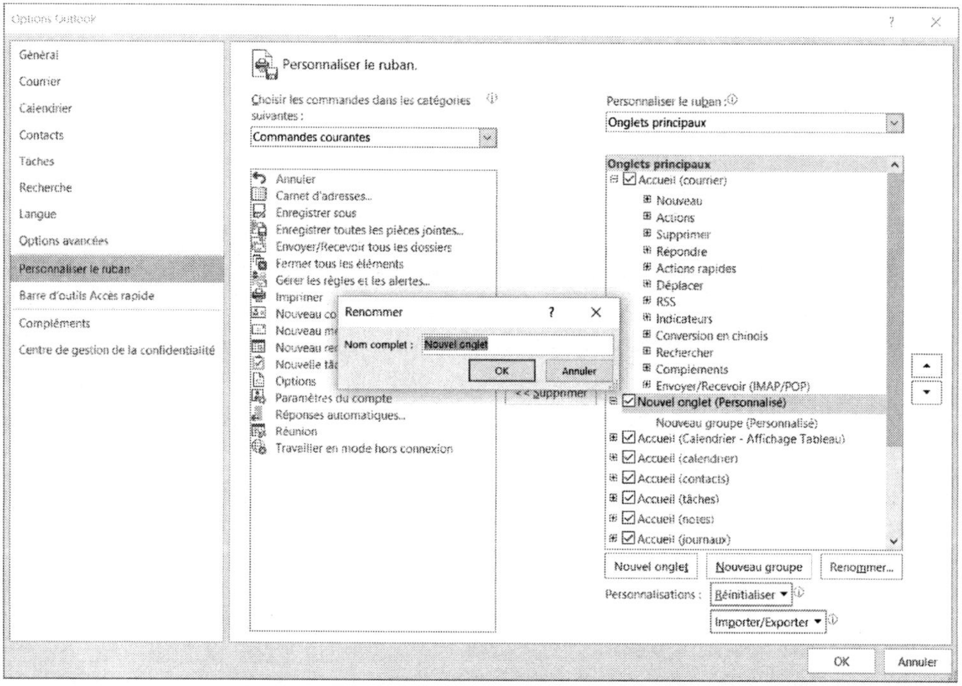

Saisissez le nom de l'onglet ou du groupe dans la zone de saisie **Nom complet** ; s'il s'agit d'un groupe, sélectionnez le symbole à associer à celui-ci.

Cliquez sur le bouton **OK.**

- Pour supprimer un onglet ou un groupe, faites un clic droit sur celui-ci puis cliquez sur l'option **Supprimer.**

Seuls les onglets personnalisés peuvent être supprimés.

- Pour déplacer un onglet ou un groupe, sélectionnez-le puis cliquez autant de fois que nécessaire sur le bouton  pour le déplacer vers le haut ou sur le bouton  pour le déplacer vers le bas.
- Cliquez sur le bouton **OK** pour appliquer les changements au ruban.

Ajouter/supprimer des commandes à des groupes personnalisés

Les commandes peuvent être ajoutées uniquement aux groupes personnalisés.

- Faites un clic droit sur un onglet du ruban puis cliquez sur l'option **Personnaliser le ruban.**
- Ouvrez la liste **Personnaliser le ruban** puis cliquez sur une des options proposées en fonction des onglets que vous souhaitez visualiser dans la zone située sous la liste.
- Sélectionnez ensuite le groupe personnalisé dans lequel la nouvelle commande doit être ajoutée.

  *Le libellé **(Personnalisé)** est ajouté aux noms des groupes personnalisés.*
- Ouvrez la liste **Choisir les commandes dans les catégories suivantes** puis sélectionnez la catégorie contenant les commandes à ajouter.

  Les commandes correspondantes s'affichent dans la zone visible sous cette liste.
- Pour chaque commande à ajouter au groupe, sélectionnez-la dans la zone de gauche puis cliquez sur le bouton **Ajouter**.

  Les commandes ajoutées sont désormais visibles dans le groupe correspondant de la zone de droite.

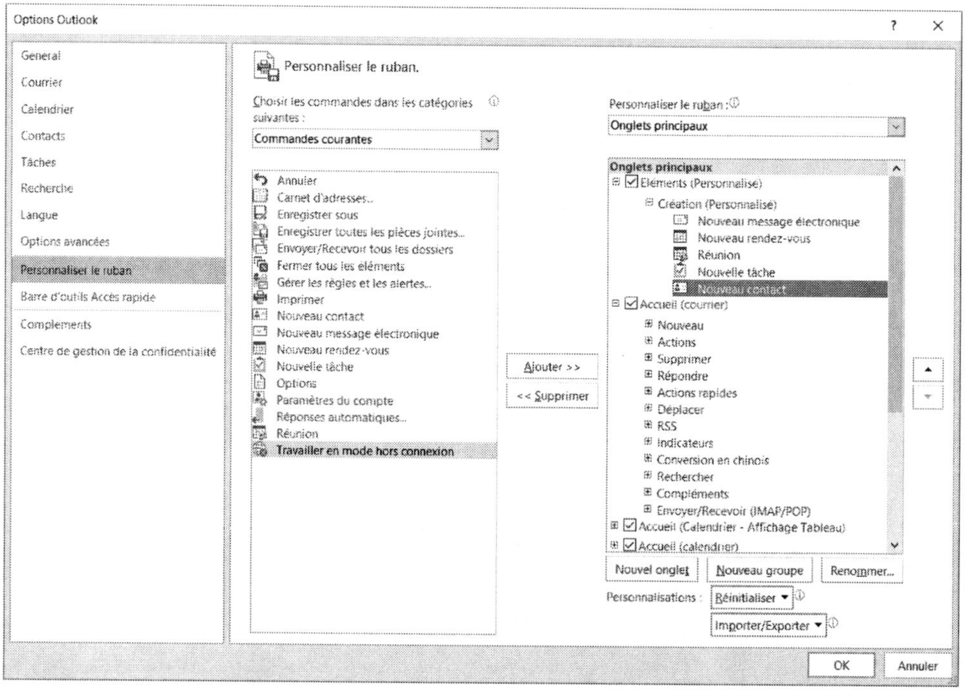

- Pour supprimer une commande d'un groupe personnalisé, sélectionnez-la puis cliquez sur le bouton **Supprimer**.
- Cliquez sur le bouton **OK** pour appliquer les changements au ruban.

Réinitialiser les paramètres par défaut

Vous pouvez annuler la personnalisation du ruban et ainsi retrouver les paramètres définis par défaut par Outlook.

- Faites un clic droit sur un onglet du ruban puis cliquez sur l'option **Personnaliser le ruban**.

- Si seule la réinitialisation d'un onglet est concernée, sélectionnez-le.
- Cliquez sur le bouton **Réinitialiser** puis sur l'une des options suivantes :

  Réinitialiser uniquement l'onglet du ruban sélectionné : pour supprimer toutes les personnalisations de l'onglet sélectionné et ainsi retrouver ses paramètres définis par défaut.

  Réinitialiser toutes les personnalisations : pour supprimer toutes les personnalisations apportées au ruban et à la barre d'outils **Accès rapide** et ainsi retrouver les paramètres définis par défaut.
- Si vous avez choisi de réinitialiser toutes les personnalisations, cliquez sur le bouton **Oui** du message de confirmation qui s'affiche.
- Cliquez sur le bouton **OK** de la boîte de dialogue **Options Outlook**.

Exporter/importer des personnalisations

Les personnalisations apportées au ruban et à la barre d'outils **Accès rapide** *peuvent être exportées dans un fichier qui pourra ensuite être importé sur d'autres ordinateurs.*

- Faites un clic droit sur un onglet du ruban puis cliquez sur l'option **Personnaliser le ruban**.
- Pour exporter les personnalisations du ruban et de la barre d'outils **Accès rapide** dans un fichier, cliquez sur le bouton **Importer/Exporter** puis cliquez sur l'option **Exporter toutes les personnalisations**.

  Sélectionnez le dossier dans lequel le fichier d'exportation doit être enregistré, saisissez le nom de fichier dans la zone **Nom de fichier** puis cliquez sur le bouton **Enregistrer**.

  Outlook créé un fichier d'extension ***.exportedUI****.*
- Pour importer un fichier de personnalisation, cliquez sur le bouton **Importer/Exporter** puis cliquez sur l'option **Importer un fichier de personnalisation**.

  Sélectionnez le fichier de personnalisation d'extension **.exportedUI** puis cliquez sur le bouton **Ouvrir**.

  Cliquez sur le bouton **Oui** du message de confirmation qui s'affiche.

  Les personnalisations existantes sont remplacées par celles contenues dans le fichier importé.
- Cliquez sur le bouton **OK** de la boîte de dialogue **Options Outlook**.

Raccourcis-clavier

Navigation de base

Ctrl 1	Dossier Courrier
Ctrl 2	Dossier Calendrier
Ctrl 3	Dossier Contacts
Ctrl 4	Dossier Tâches
Ctrl 5	Dossier Notes
Ctrl 6	Dossier Liste de dossiers
Ctrl 7	Dossiers Raccourcis
Ctrl Y	Atteindre un dossier
Alt F1	Afficher/masquer le **Volet des dossiers**

Rechercher

Ctrl E	Rechercher un message ou un autre élément
Echap	Effacer les résultats de la recherche
Ctrl ⇧ F	Utiliser la **Recherche avancée**
Ctrl ⇧ Z	Créer un dossier de recherche
F4	Rechercher du texte dans un élément ouvert

Raccourcis communs

Ctrl S ou ⇧ F12	Enregistrer
Alt S	Enregistrer et fermer (sauf dans l'affichage Courrier)
Ctrl Z ou Alt ←	Annuler
Ctrl D ou Suppr	Supprimer un élément
Ctrl P	Imprimer
Ctrl ⇧ Y	Copier un élément
Ctrl ⇧ V	Déplacer un élément
Ctrl F	Transférer en tant que pièce jointe

Ctrl **A**	Sélectionner tout

Message

Ctrl **N** ou Ctrl ⇧ **M**	Créer un message
Ctrl **O**	Ouvrir un message reçu
Ctrl **R**	Répondre à l'expéditeur
Ctrl ⇧ **R**	Répondre à l'expéditeur et tous les destinataires
Ctrl ↵	Envoyer
Ctrl Alt **F**	Faire suivre en tant que pièce jointe
Ctrl **F**	Transférer
Ctrl **Q**	Marquer un message comme lu
Ctrl **U**	Marquer un message comme non lu
Ctrl Alt **J**	Marquer un message comme légitime
Ctrl Suppr	Supprimer et ignorer une conversation
Ctrl ⇧ **B**	Ouvrir le Carnet d'adresses
Ctrl **K**	Vérifier les noms
Ctrl **M** ou F9	Vérifier l'arrivée de nouveaux messages

Calendrier

Alt **n**	Afficher n jours contigus
Alt **0**	Afficher 10 jours
Alt **-**	Afficher la semaine
Alt **=**	Afficher le mois
	En affichage d'un mois :
Alt ↑	Monte d'un mois à partir de la date active
Alt ↓	Descend d'un mois à partir de la date active
Ctrl **B**	Atteindre une date
Ctrl **N** ou Ctrl ⇧ **A**	Créer un rendez-vous
Ctrl **R**	Répondre à une demande de réunion par un message

Contacts

[Ctrl] **N** ou [Ctrl] [⇧] **C**	Créer un contact (dans l'affichage Contacts)
[Ctrl] [⇧] **L**	Créer un groupe de contacts
[Echap]	Fermer un contact
[Ctrl] **F**	Envoyer par messagerie

Notes

[Ctrl] **N** ou [Ctrl] [⇧] **N**	Créer une note

Tâches

[Ctrl] **N** ou [Ctrl] [⇧] **K**	Créer une tâche
[Ctrl] [⇧] [Alt] **U**	Créer une demande de tâche
[Inser]	Marquer comme terminé

Envoyer/Recevoir

[F9]	Envoyer et recevoir dans tous les dossiers
[⇧] [F9]	Envoyer et recevoir dans le dossier actif
[Ctrl] **M**	Démarrer l'envoi et la réception
[Ctrl] [Alt] **S**	Définir des groupes d'envoi/réception

Éléments/groupes

[←]/[→]	Sélectionner l'élément précédent/suivant
[⇧] clic	Sélectionner plusieurs éléments adjacents
[Ctrl] clic	Sélectionner plusieurs éléments non adjacents
[↵]	Ouvrir les éléments sélectionnés
[↵] ou [→]	Développer le groupe
[↵] ou [←]	Réduire le groupe

Symboles

Dossier Boîte de réception

	Message de haute/faible importance
	Message transféré
	Message ayant reçu une réponse
	Message enregistré ou non envoyé
	Demande de réunion
	Demande de réunion acceptée/acceptée provisoirement/refusée
	Réunion annulée
	Demande de tâche
	Tâche acceptée/refusée
	Message avec pièce jointe
	Message doté d'un indicateur de suivi
	Message doté d'un indicateur d'achèvement

Dossier Calendrier

	Rendez-vous
	Réunion
	Demande de réunion
	Réunion ou rendez-vous périodique

Rappel de rendez-vous ou de réunion

Réunion ou rendez-vous privés

Élément du calendrier avec pièce jointe

Dossier Contacts

Contact

Contact avec pièce jointe

Contact avec indicateur de suivi

Contact avec indicateur d'achèvement

Groupe de contacts

Dossier Tâches

Tâche

Tâche acceptée/refusée

Tâche achevée

Tâche affectée à une autre personne/vous étant affectée

Tâche comportant une pièce jointe

Tâche de faible/haute importance

Tâche en cours

Tâche périodique

A

Index

Index

Index

Index